U0717134

中华经典名著

全本全注全译丛书

谢青云◎译注

神仙传

中华书局

图书在版编目 (CIP) 数据

神仙传/谢青云译注. —北京:中华书局,2017.7
(2025.2 重印)
(中华经典名著全本全注全译丛书)
ISBN 978-7-101-12466-8

Ⅰ.神… Ⅱ.谢… Ⅲ.①神–列传–中国②《神仙传》–译文
③《神仙传》–注释 Ⅳ.B933

中国版本图书馆 CIP 数据核字(2017)第 029925 号

书　　名	神仙传	
译注者	谢青云	
丛书名	中华经典名著全本全注全译丛书	
文字编辑	宋凤娣	
责任编辑	张舣方	
装帧设计	毛　淳	
责任印制	韩馨雨	
出版发行	中华书局	
	(北京市丰台区太平桥西里 38 号　100073)	
	http://www.zhbc.com.cn	
	E-mail:zhbc@zhbc.com.cn	
印　　刷	北京盛通印刷股份有限公司	
版　　次	2017 年 7 月第 1 版	
	2025 年 2 月第 11 次印刷	
规　　格	开本/880×1230 毫米　1/32	
	印张 14½　字数 380 千字	
印　　数	80001–88000 册	
国际书号	ISBN 978-7-101-12466-8	
定　　价	35.00 元	

目录

前　言

　　2015年，中国中医科学院中药所研究员屠呦呦因发现青蒿素治疗疟疾的贡献，获得诺贝尔生理学或医学奖，由于她在发现青蒿素的过程中主要从葛洪的《肘后备急方》得到启发，一时使得葛洪和中医药在世界上广为人知。2016年9月4日，为纪念为中华文明做出杰出贡献的葛洪，广东惠州博罗罗浮山风景区内的葛洪博物馆正式建成开馆，挂牌成为广东省的省级爱国主义教育基地。葛洪是魏晋时儒道兼修的一位学者、炼丹家、医药学家，著述丰富，本部《神仙传》即是其众多著作中的一种。

一　作者生平

　　葛洪（284—364），字稚川，自号抱朴子，晋丹阳郡（今江苏句容）人。据葛洪所著《抱朴子·外篇·自叙》中所述，其家族源自上古帝王葛天氏，葛天氏后变为一诸侯国，故其后人以葛为姓。葛洪出身官宦世家，其先祖在西汉时为官，并曾起兵讨伐过王莽，后其子浦庐在东汉光武帝时以军功封骠骑大将军，封下邳僮县侯，食邑五千户。浦庐弟葛文因跟随其兄立有战功而未封爵，浦庐乃让爵位于弟，而举家迁至丹阳郡。葛洪祖父葛系，三国时在吴国历任县令、吏部侍郎、御史中丞、吏部尚书等职，并最终得封吴寿县侯。葛洪的父亲葛悌，也在吴国从县令做到中书郎、廷尉平、中护军等职，又被拜为会稽太守。还未赴任时，晋国就攻破了吴国西边的边境，于是朝野一致推荐他去守卫边疆，葛悌领兵前去，但还是改变不了吴国覆灭的命运。吴国归顺晋国后，葛悌继续为官，在河北肥乡县令任上颇有才德清廉之名，后被调任邵陵太守，在任上去世。

葛洪在家排行第三，其父去世时，他年仅十三岁。小时候因备受父母宠爱没怎么被督促学习，等到父亲去世，家道中落，全家陷于贫困，他则每日被迫辛苦劳作，而家中之前的藏书因毁于兵火，导致他想读书而不能。于是他只好去别家借书学习，用砍柴换来的钱购买纸笔，因纸张缺乏，只能在一张纸上反复书写，以致字迹最后都无法辨认。

葛洪十六岁时学习《孝经》《论语》《诗》《易》等儒家经典，又广涉各家，所读各类史书以及诸子百家等书近万卷。葛洪对当时流行的术数之学，如河洛谶纬、星历算术之类虽有所涉猎，但他主要偏好神仙养生之学，又喜欢各种神异方术。葛洪每听闻有异人方术，不管多远，都要去询问，这为他写作《神仙传》打下了良好的基础。另外他晚年也曾学习过风角、望气、三元、遁甲、六壬、太一等占卜之术，只是未能深入研究。

另外他因为年少时体弱多病，也曾习武强身。年轻时曾学过射箭，并在战场上射杀过敌军，又会单刀、双戟等兵器，晚年还学过棍术。由此可知他并非一介文弱书生，而是文武韬略皆备之人。

在晋惠帝太安年间，蛮族将领石冰随张昌作乱，曾攻下扬州、江州等地，义军大都督吴兴太守顾秘邀请葛洪担任将兵都尉共同平叛，于是葛洪招募数百人，跟随大军一起作战。叛乱平定后他因治军严明有战功，被大都督加封为伏波将军。战事一结束，葛洪就弃甲还乡，想去洛阳搜求异术方书，不愿居功为官。但是当时去洛阳的道路因为战乱被封堵，江东陈敏又反叛使其不能回家。正在为难之际，碰到了他以前的朋友嵇含，因嵇含要去广州做刺史，于是就上书让葛洪做自己的参军。

葛洪应允后，就被提前派到广州督军，但不幸嵇含未到任即被仇人杀害，使得葛洪一直滞留在广州。虽然屡次被地方官征召，他都没有出仕。

葛洪在广州羁留约十年，期间曾去过扶南国游历（见《道藏·太清金液神丹经》卷下，扶南国辖境大致相当于今柬埔寨全境及老挝南部、越南南部和泰国东南部一带），又结识了南海太守鲍靓，鲍靓也是位儒道兼修之人，据说曾跟从方士阴长生学过道术。鲍靓善相术，知葛洪不凡，就把道术传授给了葛洪，并将女儿鲍姑许配给他为妻。鲍姑是中医历史上四大女名医之一，也是我国医学史上第一位女灸学家。

建兴四年(316)，葛洪携妻返回家乡。建武元年(317)，东晋开国，司马睿即位，念葛洪有旧功，赐爵关内侯。葛洪虽不愿为官食禄，但考虑到国家刚刚安定，须彰明赏罚之事稳定人心，故此便接受了。

后来司徒王导征召葛洪为州主簿，又转司徒掾，迁谘议参军。葛洪的朋友干宝（《搜神记》作者）认为他"才堪国史"，推荐他做散骑常侍，但被他拒绝。咸和五年(330)，葛洪听说交阯产丹砂，求为勾漏（今广西北流附近）令。于是率子侄南下，至广州时，为刺史邓岳挽留，邓岳表示愿供他原料在此炼丹，于是他隐居罗浮山，修行炼丹，著书讲学。邓岳曾上表推荐他做东官太守，他又推辞不就。

关于葛洪的卒年，因史料匮乏，史学界一直有争议，主要有六十一岁和八十一岁两说。据说他临终时曾在罗浮山致疏邓岳云："当远行寻师，克期便发。"邓岳仓促往别，还未赶到时，他便过世了。

葛洪年轻时曾跟随老师郑隐学道。郑隐本为儒生，晚年拜葛洪的从祖葛玄为师，学习道术。葛玄为三国时著名的方士，方术传承自左慈。葛洪在郑隐处学道时，多得其偏爱，弟子五十余人中，独葛洪见到郑隐很多秘藏的道书，这为他写作《抱朴子·内篇》，整理魏晋之前的道教方术打下了基础。另外，葛洪在其岳父鲍靓处所学，则更加丰富了他的道学知识，使得他对神仙修炼等种种道术有了更广泛深入的了解，这些经历为他晚年的著述奠定了丰厚的基础。

综观葛洪的一生，他始终有着儒家兼济天下的情怀，他一生勤于著述，写《抱朴子·外篇》，希求自成一家，影响后世，即是这种思想的体现。但是由于身处乱世，且受当时隐逸文化的影响，他最终选择弃官归隐，修道术以独善其身，在行为上体现出了道家的风范。

因为时代的背景和家庭的渊源，使得葛洪一生对神仙学说笃信不疑，对此，我们不必对其过于苛责。

二　主要著作和成就

葛洪十五六岁时即能写作诗赋杂文，并行于世，二十多岁时规划写作成一家之言的系统著作，但前期所作多流失，在晋元帝建武年间（317—318），才安定下来著书立说。据其所述，其所著有《内篇》二十卷，《外篇》五十卷，碑、颂、诗、赋百卷，军书、檄移、章表、笺记三十卷，《神仙传》十卷，《隐逸传》十卷。又抄五经七史百家之言、兵事、方技、短杂、奇要三百一十卷。另有《金匮药方》百卷，《肘后备急方》四卷。惟多亡佚，明《正统道藏》和《万历续道藏》共收其著作十三种。唐房玄龄等《晋书·葛洪传》说："洪博闻深洽，江左绝伦。著述篇章，富于班马。"将葛洪与班固、司马迁并提，这是对其著作成就的极高赞誉。

葛洪在《抱朴子·外篇》中，专论人间得失，臧否世事。主张治乱世应用重典，提倡严刑峻法匡时佐世，对儒、墨、名、法诸家兼收并蓄，尊君为天。他不满于魏晋清谈，主张文章、德行并重，立言当有助于教化。可以说《外篇》是其儒家经世治国思想的体现。

葛洪在《抱朴子·内篇》中的《金丹》和《黄白》篇中，系统地总结了东晋以前的炼丹成就，具体地介绍了一些炼丹方法，记载了大量的古代丹经和丹法，勾画了中国古代炼丹的历史梗概，也为我们提供了原始实验化学的珍贵资料，如"丹砂烧之成水银，积变又还成丹砂"（《金丹》）的记载，又如"以曾青涂铁，铁赤色如铜"（《黄白》），描述了铁置换出铜的反应等等。葛洪对魏晋之前的炼丹总结,对隋唐炼丹术的发展具有重大影响,成为炼丹史上一位承前启后的著名炼丹家。

葛洪也是道教史上有名的目录学家,他所著《抱朴子·内篇·遐览》是道教史上第一部道经目录,记录道经、道符 261 种,1299 卷,是极其重要的史料。

葛洪还精通医学和药物学,主张道士兼修医术。"古之初为道者,莫不兼修医术,以救近祸焉"(《抱朴子·内篇·杂应》),认为修道者如不兼习医术,一旦"病痛及己",便"无以攻疗",不仅不能长生成仙,甚至连自己的性命也难以保全。他的医书中有中国关于天花的最早记载,此外还有关于传染病如恙虫病的症候及诊治。他所编撰的《肘后备急方》,是一本简便实用的急救医疗手册,其中记载的用青蒿素治疗疟疾的方法,意外促成了一千多年后中国人获得诺贝尔奖。

关于道教,葛洪对以往的神仙信仰和各种方术进行了系统的整理和理论阐述,并对民间道教和某些"流俗道士"的言行进行了批评。他曾走访过大量的民间道士,"余周旋徐、豫、荆、襄、江、广数州之间,阅见流移俗道士数百人矣"(《抱朴子·内篇·金丹》)。他认为许多道士要么造假,要么出于嫉妒,致使仙道不传,他对那些不肯虚心学习的道士深恶痛绝,"诸虚名之道士,既善为诡诈,以欺学者;又多护短匿愚,耻于不知,阳若以博涉已足,终不肯行求请问于胜己者,蠢尔守穷,面墙而立;又不但拱默而已,乃复憎忌于实有道者而谤毁之,恐彼声名之过己也"(《抱朴子·内篇·勤求》)。他又对那些借道教名义,搞欺人惑众的行为进行了深刻的批判:"曩者有张角、柳根、王歆、李申之徒,或称千岁,假托小术,坐在立亡,变形易貌,诳眩黎庶,纠合群愚,进不以延年益寿为务,退不以消灾治病为业,遂以招集奸党,称合逆乱,不纯自伏其辜,或至残灭良人,或欺诱百姓,以规财利。""又诸妖道百余种,皆煞生血食。"(《抱朴子·内篇·道意》)葛洪对当时道教中的种种不良现象的批判,至今仍有现实意义。

　　葛洪在批判道教不良现象的同时，也对当时很多儒生不信神仙之说进行了批判，他在《抱朴子·内篇·自序》中说："世儒徒知服膺周孔，椎梏皆死，莫信神仙之事，谓为妖妄之说，见余此书，不特大笑之，又将谤毁真正。"于是，出于为道教神仙修炼学正名之目的，他对道教修炼的方法和理论进行了系统整理，为道教从原始民间宗教转变为成熟的以仙道为中心的官方宗教，奠定了坚实的基础，对中国道教的发展和兴旺，在理论和实践上都做出了重大贡献。

三　《神仙传》的创作背景和后世影响

　　（一）创作背景

　　出于对生命无限的向往，中国自古就有神仙传说，神仙信仰也一直绵延不绝。最早在《山海经》中即记载有昆仑、蓬莱等神山仙岛，其中皆有仙人居住。此后战国时期楚国屈原的《离骚》和《远游》，作为游仙诗的鼻祖，以丰富的想象勾勒出神仙的形象。总体来说，神仙们的特点一是长生不死，二是神通广大。如《庄子·逍遥游》："藐姑射之山，有神人居焉，肌肤若冰雪，绰约若处子。不食五谷，吸风饮露。乘云气，御飞龙，而游乎四海之外。其神凝，使物不疵疠而年谷熟。"

　　汉代以前，人们普遍相信有神仙存在，但对凡人如何成仙，却没有太多的方法。当时人们认为要想成仙，需要跟仙人接触，向他们求取仙草仙芝服用，以获不死。秦始皇和汉武帝正是出于这种思想，发起了长期的大规模的求仙活动。但随着秦皇汉武求仙活动的失败，知识界开始对是否有神仙产生怀疑，西汉司马迁在《史记》中，就对汉武帝的求仙活动进行了揭露，说其"终无有验"，其后东汉王充在《论衡》一书中对长生成仙思想和当时的各种神仙方术进行了批驳："物无不死，人安能仙？"魏晋时的向秀对同为"竹林七贤"的嵇康提出的"神仙可信"思想也进行过批判。

　　另一方面，以嵇康为代表的知识分子则相信有神仙存在，但是由于现实中未见到成仙之人，嵇康于是提出了神仙"特受异气，秉之自然，非积学所能致也"(《养生论》)，嵇康认为神仙是一类特别的存在，非凡人可以修炼而成的。

与嵇康的观点相反，东汉时传出的道教经典《太平经》，在肯定有神仙存在的同时，特别强调了"仙可学致"。《太平经》中说："夫人愚，学而成贤，贤学不止成圣，圣学不止成道，道学不止成仙，仙学不止成真，真学不止成神，皆积学不止所致也。"此说指出了凡人成仙新的路径，即不通过仙人，仅靠自我努力学习也可成仙，这对传播道教起到了极大的推动作用。

葛洪相信有神仙存在，并且吸收《太平经》和嵇康的思想。他一方面说："按仙经以为诸得仙者，皆其受命偶值神仙之气，自然所禀，故胞胎之中，已含信道之性。"(《抱朴子·内篇·辨问》)另一方面，他又认为"仙可学致"，认为不管什么人，只要坚持修炼、服药，都可以成仙。这些思想在《神仙传》中，皆有案例，如墨子、刘根被认为有"仙骨"，是天生该成仙的人，还有些普通百姓，如王兴、赵瞿等则只是坚持服药，最后也成了仙。所以《神仙传》里的人物故事都显得很真实，其中的人物基本都有明确的姓名和出生地或活动地，成仙的方法和过程也交代得很详细，极大地降低了神仙的神秘感，这样对普通人来说显得很有吸引力，让他们觉得成仙并非遥不可及、高不可攀之事，也因此起到了很好的辅教作用。

葛洪因为家族渊源，曾深入学习各种道术，对神仙之说深信不疑；同时他又不满当时的道教和道士们的种种恶劣言行使得仙道不传，故作《抱朴子·内篇》，以示后世学人成仙之法。但世人依然对神仙是否存在存有疑虑，所以他又作《神仙传》作为补充案例，与《抱朴子·内篇》形成呼应，欲使世人打消疑虑，从而能一心求道。

因此，《神仙传》可视为一本辅教之作，它的中心思想就是"神仙实有"和"仙学可致"。葛洪在《抱朴子·内篇》中提到了仙分三品，即天仙、地仙、尸解仙,而成仙途径则有服食(包括服用金丹和各种仙药)、行气、思神守一、导引、房中等,《神仙传》中的人物也基本都是采用这些方法走上成仙之路的。

另外葛洪因为看到署名西汉刘向的《列仙传》过于简略,并且有些人物故事失于玄虚,不能起到很好的宣教作用,因此《神仙传》的写作又带有其个人引导的特色。如麻姑的故事最早见于署名三国魏曹丕《列异传》,内容十分简短:

> 神仙麻姑降东阳蔡经家,手爪长四寸。经意曰:"此女子实好佳手,愿得以搔背。"麻姑大怒。忽见经顿地,两目流血。

此段文字中麻姑的形象比较模糊,并且难以引起读者的好感。但在《神仙传·王远》篇中,麻姑成了一个长寿的年轻美貌女子,调皮活泼,很容易引发读者喜爱,所以后世的麻姑形象基本都是沿袭《神仙传》而来。

《神仙传》中的人物传记有大量的比较详细的故事细节,有些可能是葛洪根据传说所进行的加工,有些则是葛洪依据个人的想象进行了再创作。所以《神仙传》的写作,是葛洪对很多的原始材料进行加工、整理和再创作的过程,这样的创作极大增加了故事的趣味性和可信度,也使其具有较高的文学价值。

(二)后世影响

葛洪的《神仙传》对后世产生了广泛而深远的影响,为我们带来了很多至今耳熟能详的成语和文化典故,如"一人得道,鸡犬升天""沧海桑田""杏林""橘井"等。

《神仙传》的文字,与同时代的同类作品如《列仙传》相比,可读性强,人物形象丰满,细节丰富,同时它的故事独立成篇,并有一定的故事模式,这些对后世的文学创作产生了一定影响,如唐宋的志异小说,元代及其之后的戏曲,现代的武侠小说,都带有其故事模式的痕迹。另外,《神仙传》中所描述的种种神通幻术,如变身术、分身术、隐身术、千里透视术、腾云驾雾术、搬运术等,也被后世如《西游记》这样的文学作品所继承和发扬。而以《神仙传》的故事为基础,在全国各地,则衍生出了大量的相关传说和历史遗迹。

《神仙传》中涉及很多历史人物,其故事也被史书所引用,如南朝宋裴松之注《三国志》、南朝宋范晔撰《后汉书》、唐房玄龄等修《晋书》就有不少文字引自《神仙传》。

中国古典诗词中的"游仙诗"是一个很大的门类,屈原的《离骚》《远游》是其肇端,《神仙传》出现后,其故事广泛传播,唐宋游仙诗中,多有用其人物典故入诗者。

《神仙传》所产生的最大的影响恐怕就是对道教了,后世道教在《神仙传》的基础上,不断增添神仙人物,使得道教的神仙谱系不断丰富。出现了《续仙传》《墉城集仙录》《洞仙传》《女仙传》《历代真仙体道通鉴》等一大批道教神仙人物传记。而《神仙传》所记载的一些人物如皇初平、茅君、董奉、苏仙公等,至今在民间仍享有香火,祭祀不绝。葛洪的《神仙传》也直接影响了历史上另一位著名的道士陶弘景,唐姚思廉《梁书》中说:"(陶弘景)年十岁,得葛洪《神仙传》,昼夜研寻,便有养生之志。"陶弘景比葛洪晚约百年,后成为道教上清派一代宗师,其所著《真诰》一书中多处引用了《神仙传》。

另外,由葛洪开创的修仙文化,历代皆有承继,如近代道教学者陈撄宁,曾把我国古代的修仙文化作为一门独立的学说,从儒释道三教中剥离出来单独提倡,提出了"仙学"这一概念,希望从此摆脱宗教教义对修仙文化的束缚。他说:"仙学乃实人实物、实情实事、实修实证,与彼专讲玄理之事不同。"颇有葛洪遗风。

以上这些都是葛洪遗留给我们的宝贵文化遗产。

四　译注说明

《神仙传》有两大版本系统,一为文渊阁《四库全书》本,一为"广汉魏丛书"本。本次译注以《道藏精华录》中所收录的《神仙传》为底本,属

"广汉魏丛书"本一系。

之所以选择《道藏精华录》本，有两大原因，一是因为它所收录的神仙数目为94人，比《四库全书》本的84人要多。唐朝时有人称《神仙传》共收190人，如果此说为真，则传世的版本人物总数都不到原版的一半，所以选择收录人数较多的版本，是希望尽可能让广大读者了解原书的概貌。另外本书也将《四库全书》本收录而《道藏精华录》本未收录的《太阴女》《太阳女》《乐子长》三篇附在后面，这样共有97篇，成为目前较为完整的一个版本。

其次，对比《四库全书》本和《道藏精华录》本的文字，后者的讹误和遗漏要更少一些。如《四库全书》本中没有收录《老子》篇，而老子在道教中被认为是众仙之祖，地位非常重要。葛洪在《老子》篇中对当时关于老子的种种传说加以总结、评说，是研究老子的重要资料，所以《四库全书》本对《老子》篇的遗漏，是一项重大缺失。同时，《四库全书》本中《栾巴》《刘安》《张道陵》等篇的文字，与《道藏精华录》本相比，有许多删减，这样会使人无法了解原著的完整思想。比如《张道陵》篇《四库全书》本删减了张道陵七试赵升的内容，而唐代《艺文类聚》卷八十六中引《神仙传》明确说有张道陵七试赵升之事，可知葛洪《神仙传》原文中是有这个内容的。又如《四库全书》本《栾巴》篇除有删减外，又掺入了一段无关文字，其中提到著名的导引术"八段锦"，易使人误以为八段锦起源于晋朝。这都是我们不选择《四库全书》本为底本的原因。

当然现在的各家版本都不是葛洪《神仙传》的原版了，包括其中的部分篇目如《麻姑》《苏仙公》等是否是葛洪《神仙传》的原篇目，都存在疑问（见《文献季刊》2010年1月第一期，《〈太平广记〉中〈神仙传〉考》），但是基于文字内容等综合考虑，《道藏精华录》本中的《神仙传》更为完整，也更接近原版精神，故选之作为本次校译和注解的底本。

本书对《神仙传》全书进行了题解、注释和现代白话翻译。题解主要概述或提示每篇故事的主要内容，并列举学术界对一些问题认识的歧异之处，以供读者参考。注释主要集中于字词的疏解、典故名物的介绍及道教术语的解说，以期对读者深入了解和理解人物有所助益。翻译在直译的基础上力求畅达。

　　因本人水平有限，此次译注，虽勉力而成，仍觉尚有诸多不足，望读者阅读之余给予指正。本书写作过程中，得到中华书局编辑宋凤娣老师诸多帮助，同时也大量参考了近代各位专家学者的最新研究成果，特别是原中华书局胡守为《神仙传校释》一书。在此一并致谢。

谢青云

2017 年 3 月

序

【题解】

本篇为葛洪《神仙传》的自序,大致讲述了其著作的缘由。

据本篇所述,葛洪写作此书,一是为了解答弟子们对世间是否真有神仙的疑惑,二是对自己所著的《抱朴子·内篇》的补充说明,三是因为署名西汉刘向所著的《列仙传》过于简略,并且多有遗弃,所以葛洪写作此书,也是对《列仙传》遗漏的神仙人物进行补充完善。

葛洪很清楚,神仙之事过于玄妙,不为普通世俗之人所能理解和接受,所以他明确说,本书主要是给那些"知真识远",有志于求仙的人看的,对于世俗之人,他并不要求他们能接受,所谓"思不经微者,亦不强以示之"。

予著《内篇》①,论神仙之事,凡二十卷。弟子滕升问曰②:"先生云,仙化可得,不死可学,古之得仙者,岂有其人乎?"

答曰:"秦大夫阮仓所记③,有数百人,刘向所撰④,又七十余人。然神仙幽隐,与世异流,世之所闻者,犹千不得一者也。

【注释】

①《内篇》：指东晋葛洪的《抱朴子·内篇》，今存二十篇，该书集汉晋金丹术之大成，主论神仙修炼之事，杂有医药、化学等方面的知识，是研究我国古代道教史和科学技术史的重要资料。葛洪在《抱朴子·外篇·自叙》里说："其《内篇》言神仙方药、鬼怪变化、养生延年、禳邪却祸之事，属道家。"

②滕（téng）升：葛洪弟子，生平不可考。

③阮（ruǎn）仓：题为西汉刘向所撰《列仙传》卷下赞云："余尝得秦大夫阮仓撰《仙图》，自六代迄今有七百余人。"唐房玄龄等《隋书·经籍志二》云："又汉时，阮仓作《列仙图》，刘向典校经籍，始作《列仙》《列士》《列女》之传，皆因其志向，率尔而作，不在正史。"

④刘向（约前77—前6）：本名更生，字子政，汉高祖弟楚元王刘交四世孙，目录学家，文学家。著有《别录》，为中国最早的目录学著作。另外，他根据历代史料轶事，撰成《说苑》《新序》《列女传》等，又从秦汉符瑞灾异之记，推衍撰成《洪范五行传》，还整理了《战国策》和诸子百家的著作，对中国文化的传承做出了巨大的贡献。今传题为刘向所撰的《列仙传》，学界普遍认为是他人托名之作。

【译文】

我写作《抱朴子·内篇》，论述与神仙相关的事，共有二十卷。弟子滕升问我："先生您说，神仙可以修得，长生不死可以学到，那么古代那些成仙的人，真的都存在吗？"

我回答他："秦朝大夫阮仓所记载的神仙，有几百人，刘向所写的，又有七十多位。但是神仙大多在幽静的地方隐居生活，与世俗之人不同，他们能被世上的人知晓的，几千个里也没有一个。

　　"故宁子入火而陵烟①，马皇见迎于护龙②，方回变化于云母③，赤将茹葩以随风④，涓子饵术以著经⑤，啸父别火于无穷⑥，务光游渊以哺薤⑦，仇生却老以食松⑧，邛疏煮石以练形⑨，琴高乘鲤于砀中⑩，桂父改色以龟脑⑪，女丸七十以增容⑫，陵阳吞五脂以登高⑬，商丘咀菖蒲以无终⑭，雨师炼五色以属天⑮。

【注释】

①宁子入火而陵烟：宁子，即宁封子，又称"龙跷真人"，事见《列仙传》。传说他是古代仙人，原是黄帝的陶正（掌管烧陶事务），遇神人教以五色烟火法，后积薪自焚，其形随烟气升冉，灰烬遗骨，时人葬之于宁北山中。这种死后火化的行为不是中原地区的风俗，可能来自当时的周边国家，如《墨子·节葬下》记载："秦之西有仪渠之国者，其亲戚死，聚柴薪焚之，熏之，谓之登遐。"陵，通"凌"，指宁封子随烟火升腾。后道教中又传说其为黄帝师，授黄帝《龙跷经》，被封为五岳真人，总司五岳。

②马皇见迎于护龙：马皇，即马师皇，传说为黄帝时马医，事见《列仙传》。传说他曾为龙治病，后多有龙来求其医治，有一天，有龙来把他驮走了。

③方回变化于云母：见《列仙传·方回》篇，其中说方回为尧帝时隐士，尧帝聘他为闾士。他炼食云母，也用之为人治病。他隐于五柞山，历尧、舜、禹，至夏时成仙而去。云母，一种硅酸盐矿物，也作药用，《抱朴子·内篇·仙药》中称服云母可"令人飞行长生"。

④赤将茹(rú)葩(pā)以随风：赤将，即赤将子舆，《列仙传》中说赤将子舆为黄帝时人，他专以百草花为食，至尧帝时为木工，能随风雨上下。因常在市中卖缴（系在箭上的丝绳），故又称缴父。

茹,吃。葩,花。

⑤涓(juān)子饵术(zhú)以著经:涓子,其事见《列仙传》:"涓子者,齐人也。好饵术,接食其精,至三百年乃见于齐。著《天地人经》四十八篇。"另外《列仙传》又说他著有《琴心论》三篇。《琴心》一名《太上琴心文》,是道教上清派《黄庭内景经》的别称,为内观修炼之法。饵术,指服食中药白术。

⑥啸父别火于无穷:啸父,据《列仙传》,其为冀州人,曾在曲周(今河北邱县古城营乡)街市上以补鞋为生,后人奇其不老,求其术而不得,只有梁母得其作火法,后与梁母别,"列数十火而升西"。此处"别"当为"列"之误。

⑦务光游渊以哺(bǔ)薤(xiè):务光,夏朝时人,隐士,事见《列仙传》。其中说他"耳长七寸,好琴,服蒲韭根"。并说殷汤打败夏桀(夏朝最后一位君主)后,曾想把天下让给务光,务光不接受,就在身上绑上石头,自沉于蓼水。《庄子》一书中对其事迹也有记载,但说他自沉于庐水。哺,指口中含着食物。薤,又称藠头,多年生草本百合科植物的地下鳞茎,可作调料或佐餐食品。

⑧仇生却老以食松:仇生,据《列仙传》记载,为殷汤时人,曾为木正(古代五行官之一,属于春官)三十多年,而越来越年轻强壮,经常服食松脂。他曾在尸乡(今河南洛阳偃师西)北山上作石室,后周武王曾来祭祀过他。

⑨邛(qióng)疏煮石以练形:邛疏,事见《列仙传》,为周封史,能行气炼形,煮石髓而服,谓之石钟乳,后往来太室山(今河南登封北)中。练形,此处指修炼形体,以使长生。

⑩琴高乘鲤于砀(dàng)中:琴高,据《列仙传》记载,为赵人,以善鼓琴为宋康王舍人,他修炼涓子和彭祖的道术,在冀州涿郡之间生活了二百多年。一日遁入涿水中取龙子,与弟子约定归来之日,并告弟子为其建祠堂。到约定之日,他果然乘赤鲤来到祠中,停

留一个月后，又进入水中而去。砀中，指砀郡，在今河南商丘一带。

⑪桂父改色以龟脑：据《列仙传》，桂父，象林（在今越南岘港以南武嘉河之南）人。色黑而时白、时黄、时赤，南海人见而尊事之。常服桂及葵，以龟脑和之。

⑫女丸七十以增容：首见《列仙传》，北宋李昉等《太平广记》中引《女仙传》作"女几"。据《列仙传》，女丸原为市集上一卖酒的妇人，因所卖之酒甜美，有仙人路过而饮之，留下道书五卷，是讲修炼房中术的书。后来她就设室留少年行房中术，"如此三十年，颜色更如二十"。后弃家与仙人同去。

⑬陵阳吞五脂以登高：陵阳，即陵阳子明，后世传说他曾任陵阳（今属安徽泾县西部）县令。《列仙传》中说，陵阳是铚乡（今安徽宿县西南）人，好钓鱼，曾钓得一白龙而放之，后得一白鱼，腹中有书，教之服食等法。于是，他上黄山"采五石脂，沸水而服之"。三年，龙来迎去，把他送到陵阳山（位于今安徽黄山市太平湖中游西北岸）上，他又在山上待了一百多年。五脂，指青石脂、黄石脂、黑石脂、白石脂、赤石脂，为硅酸盐类矿物多水高岭石，药用多为赤石脂。

⑭商丘咀(jǔ)菖蒲以无终：商丘，即商丘子胥。《列仙传》中说，商丘子胥是高邑（又名凤城，今属河北石家庄下辖县）人，他喜欢放猪吹竽，七十岁了还没有娶妻，也不衰老，有人问他养生之术，他说只服食白术和菖蒲根，加上饮水，就一直保持不饥饿也不变老的状态，他在世间三百多年。咀，在嘴里细细玩味。菖蒲，多年生草本植物，生于沼泽地、溪流或水田边。菖蒲是中国传统文化中可防疫驱邪的灵草，端午节有把菖蒲叶和艾草捆在一起插于檐下的习俗。菖蒲根茎可制香料，入药可化痰开窍。

⑮雨师炼五色以属天：雨师，指赤松子，又名赤诵子，道教中称左圣

南极南岳真人、左仙太虚真人，是掌管布雨的神仙。《列仙传·赤松子》篇说：赤松子者，神农时雨师也。服水玉以教神农，能入火不烧。至昆仑山上，常入西王母石室中，随风雨上下。练五色，意甚不明，古代有女娲炼五色石以补天的神话，此处或指类似情况。

【译文】

"所以宁封子能在火焰中随着烟气上下飞腾，马师皇因为医龙而被迎走，方回炼食云母而产生变化，赤将子舆服食百花而随风上下，涓子服食白术而留下仙经，啸父在一列火中获得生命的无穷，务光食薤以沉渊而去，仇生不老因服食松脂，邛疏煮食石钟乳以修炼形体，琴高乘鲤鱼而飞来砀中，桂父服食龟脑而变换颜色，女九七十岁还能改变颜容，陵阳子明吞食五色石脂而登上高山，商丘子胥咀嚼菖蒲得以寿命无穷，雨师赤松子炼五色石用于补天。

"子先辔两虬于玄途①，周晋跨素鹤于缑氏②，轩辕控飞龙于鼎湖③，葛由策木羊于绥山④，陆通匦遏纪于橐庐⑤，萧史乘凤而轻举⑥，东方飘帻于京师⑦，犊子鬻桃以沦神⑧，主柱飞行以饵砂⑨，阮丘长存于睢岭⑩，英氏乘鱼以登遐⑪，修羊陷石于西岳⑫，马丹回风以上徂⑬，鹿翁陟险而流泉⑭，园客蝉蜕于五华⑮。"

【注释】

①子先辔(pèi)两虬(qiú)于玄途：子先，即呼子先。《列仙传》上说，呼子先是汉中关下的一个占卜师，有一百多岁，有一天有仙人给他送来两条茅狗，他送了一条给卖酒的老妇人，他们骑上后狗变成了龙，最后把他们带到了华山上。辔，驾驭。虬，古代传说中

有角的小龙。玄途,指成仙之路。

②周晋跨素鹤于缑(gōu)氏:周晋,即王子乔,被奉为王姓始祖。
《列仙传》中说,王子乔是周灵王的太子晋,所以又称周晋。他好
吹笙作凤凰鸣,道士浮丘公把他接到了嵩山待了三十年,后来桓
良去见他,他说:"告我家,七月七日,待我于缑氏山头。"后来果
然看到他在山头乘着白鹤,几天后飞走了。缑氏,指缑氏山,周
时又称"抚父堆",位于古缑氏镇东南约六公里,在今河南洛阳东
南四十公里处偃师府店镇南,离嵩山不远。

③轩辕控飞龙于鼎湖:轩辕,即黄帝。《列仙传·黄帝》篇中说:黄
帝者,号轩辕。《列仙传》引仙书,说黄帝采首山之铜,铸鼎于荆
山,鼎成,有龙垂须下迎之,于是黄帝升天而去。群臣有拽着龙
须和黄帝的弓一起飞升的,都堕地而不得飞,于是一起望帝而悲
号。后世把黄帝飞升之处称作鼎湖,把黄帝的弓称为乌号。鼎
湖,在荆山,荆山又名覆釜山,在今河南灵宝阌乡南,现存有《轩
辕黄帝铸鼎原碑铭并序》(刻于唐贞元十七年,即公元 801 年),
是最早的记载黄帝铸鼎内容的碑刻。

④葛由策木羊于绥(suí)山:葛由,据《列仙传》记载,葛由是羌人(藏
族古称),生活在周成王时期,好刻木为羊售卖,一天骑羊去西
蜀,西蜀王侯贵人追随他,他后来上了绥山,那些追随他的人都
成了仙,没有回来。策,鞭打。绥山,《列仙传》中说,绥山多桃,
在峨眉山西南。

⑤陆通匜(zā)退纪于橐(tuó)庐:陆通,据《列仙传》记载,陆通为楚
狂客接舆,他好养生,食橐庐、木实(中药枳椇子)、芜菁子(即中
药蔓荆子)。他"在蜀峨眉山上,世世见之,历数百年去"。《论
语·微子》中曾有楚狂接舆遇孔子而歌的记载。匜退纪,指经历
久远。橐庐,即中药枸杞,《抱朴子·内篇·仙药》中说:"象柴。
一名托卢是也。或云仙人杖,或云西王母杖,或名天精,或名却

老,或名地骨,或名苟杞也。"

⑥萧史乘凤而轻举:《列仙传》记载,萧史是秦穆公时人,善吹箫,秦穆公把女儿弄玉嫁给了他,他教会弄玉吹箫,感得凤凰飞来,弄玉跨凤,萧史乘龙,夫妇一同仙去。成语"乘龙快婿"即源于此。

⑦东方飘帻(zé)于京师:东方,指东方朔。《列仙传·东方朔》篇称其为武帝时人,曾为官,至汉宣帝时,辞官避乱世,"置帻官舍,风飘之而去"。帻,头巾。

⑧犊(dú)子鬻(yù)桃以沦神:《列仙传·犊子》篇中称犊子为邺(古地名,在今河北临漳西)人,少年时在黑山采松子、茯苓服食。几百年间,时壮时老,时好时丑,世人乃知其为神仙,后来与家乡卖酒的阳都女生活在一起,因不被乡人所容,他们一起被逐出,辗转在潘山卖桃李等。鬻,卖。

⑨主柱飞行以饵砂:据《列仙传·主柱》篇,主柱的家乡不明,他和道士上宕山,说山中有数万斤丹砂,当地官吏听说后就把山封了,但是丹砂还是从山中飞流出来,于是只好听凭他取用。主柱后来给县令章君明炼丹药,三年炼成神砂飞雪,县令服了五年,与主柱一起飞去。砂,此处指丹药。

⑩阮(ruǎn)丘长存于睢(suī)岭:阮丘,即黄阮邱。《列仙传·黄阮邱》篇中说,黄阮邱为睢山上道士,耳朵有七寸长,没有牙齿,能一天行走四百里路。他在山上种葱、薤一百多年而人不知,时常下山卖药,被朱璜发现,人们才知道他是神人。有次大地震,把道路都震坏了,但是他事先告知了山下的人,于是人们开始世代供奉他。睢岭,不能确知所在,今湖北南漳县西北李庙镇有睢山,或是。

⑪英氏乘鱼以登退:英氏,即子英。《列仙传》记载,子英为舒乡人,善捕鱼,有次捕得一条红色鲤鱼,因为颜色好看,就拿回家放养在水池中,一年后那条鱼长到一丈多长,并生出角和翅膀,子英

很奇怪,向鱼跪拜,鱼说:"我是来接你的,你骑上我的背,我和你一起升天。"于是子英就跨在它背上腾空走了。七十年后,子英每年都回家一次,每次都是鱼来接送他。

⑫修羊陷石于西岳:据《列仙传》,修羊是魏人,在华山石室中修道,卧石上而石穿。他很少吃东西,时常吃黄精。后来他以道术去见汉景帝,汉景帝留他在官中,但几年未见他显现任何道术,于是下诏问他,来人还没问完,就见他在床上化作一头白羊,白羊胁部有题字"修羊公谢天子"。白羊被放到灵台,后又不知所踪。西岳,指西岳华山,在今陕西华阴南。

⑬马丹回风以上徂(cú):据《列仙传》,马丹是春秋时晋国耿地(据唐李泰《括地志》记载,古耿国在绛州龙门县东南十二里,约为今山西新绛及其周边)人,他曾在晋为官,前661年晋献公灭耿国时,他辞官而去。至晋国赵宣子执政时,他又回来。当时的晋灵公要逼他做官,但是突然来了一阵旋风把屋顶掀开,马丹走进旋风中飞升而去,当时北方的老百姓都尊崇奉祠他。徂,往,去。

⑭鹿翁陟(zhì)险而流泉:鹿翁,指鹿皮公。据《列仙传》,鹿皮公是淄川(今山东淄博)人,年轻时在官府中做木匠,技艺精湛。当地的一座小而高的山上有神泉,人们都到不了那里,于是鹿皮公跟府君要了三十个木匠,做了四条梯道,爬了上去。他在上面建了祠堂和房屋,住了下来,并且把梯道拆掉两条以表明决心。他在山上服食灵芝,饮用神泉水,待了七十年。淄水发洪水时,他三次下山招呼宗族躲到半山腰,救了六十多人。洪水过后,他把族人送下山,当时他穿着鹿皮衣,又回到了山上。过后一百多年,他又下山在集市上卖药。陟,登高。

⑮园客蝉蜕(tuì)于五华:据《列仙传》,园客是济阴(今山东菏泽)人,他相貌好,性格善良,乡人都想把女儿嫁给他为妻,他没有同意。他种植五色香草,食用它们的果实。有一天,有五色飞蛾飞

到香草的末梢上，他把它们收纳起来当蚕养，当蚕结茧的时候，有美女来与他共同收茧，得一百二十只，每只茧大如瓮，一只茧需要六十天才能抽净丝，当所有的蚕茧都抽尽丝的时候，他们就一起走了，不知所踪。后世济阴人世代祭祀桑蚕，并且会专门设一间祭室。《列仙传》中又说，也有人说园客是陈留济阳（今河南开封陈留镇一带）人。根据其中的叙述，园客可能是第一个教给当地老百姓如何养蚕的人，被当地人传作了神仙。蝉蜕，指化作神仙而去。五华，五色香草。

【译文】

"呼子先在成仙之路上驾着两条龙，周晋在缑氏山跨着白鹤飞去，轩辕黄帝在鼎湖骑着飞龙，葛由鞭打着木羊进入了绥山，陆通因食枸杞而长命，萧史夫妇乘着龙凤而飞升，东方朔的头巾在京师里飘舞，犊子卖桃也成仙，主柱服食丹药而成仙飞行，黄阮邱在睢岭上长生不死，子英乘鲤鱼而登上仙位，修羊在西岳华山把石头都睡陷，马丹在旋风中飞上天，鹿皮公越过艰险才得到神泉，园客因食用五色香草而脱壳成仙。"

予今复抄集古之仙者，见于仙经、服食方及百家之书①，先师所说，耆儒所论②，以为十卷，以传知真识远之士。其系俗之徒，思不经微者，亦不强以示之。则知刘向所述，殊甚简略，美事不举。此传虽深妙奇异，不可尽载，犹存大体，窃谓有愈于刘向多所遗弃也。

晋抱朴子葛洪稚川题③

【注释】

①仙经：此处泛指与神仙修炼相关的书籍。服食方：指记载通过服食成仙的方法。汉武帝之前，迷信成仙长生的人以求仙人仙药

为主，但仙人仙药最终无人得到，所以汉武之后，服食修炼逐渐盛行，服食对象也从传统的玉英、金珠扩大到矿物、植物类药物，并在两汉之际，形成了一具有等级差异的仙药谱系，所以葛洪在当时能见到数量庞大而丰富的各类服食方书。

②耆（qí）儒：指德高望重的儒生、读书人。

③晋抱朴子葛洪稚（zhì）川题：抱朴子为葛洪自称的号，稚川是其字。

【译文】

我现在再次把古代的神仙事迹摘抄记录下来，这些故事都来自神仙修炼相关的书籍以及各种服食仙方的记载，还有各家的书籍，还有我老师告诉我的，以及德高望重的老先生们所谈论过的，我把它们共编成十卷，希望把这些传给那些能辨别真假、见识高远的人。一般的世俗普通人，想不到那些微言大义的，也不勉强拿给他们看。看完我这本书，就知道刘向的《列仙传》中所记述的神仙故事，都太简略了，使得修仙这样的好事不能为世人所知。这本《神仙传》所述虽然深奥奇妙，但也没能把所有的神仙事迹都搜罗进来，只是保留了一些主要人物的事迹，个人认为对刘向《列仙传》所遗漏舍弃的那些神仙人物，是一个很好的补充完善。

晋抱朴子葛洪稚川题

卷一

广成子

【题解】

广成子,传说中的道家人物,最早出现在《庄子》一书中。对比此篇与《庄子》书中有关广成子的内容,两段文字基本相同,且《庄子》书中所述更为详细,所以可以推断,《神仙传》的这段故事是从《庄子》一书中节录而来。

除了《神仙传》中的这段记述,葛洪又在自己所著的《抱朴子·内篇·登涉》中提到黄帝和广成子:"昔圆丘多大蛇,又生好药,黄帝将登焉,广成子教之佩雄黄,而众蛇皆去。"说明广成子精通医药。

黄帝见广成子的故事,主要是作者想通过广成子之口,讲述欲要治理天下,必先从自身修炼得道入手,阐述治国和修身是一体的关系。其中提到所谓修身之道的要诀就是要"守其一""处其和",既要能做到摒弃干扰,保持内心清净,如"无视无听,抱神以静",也要能养形固精,"无劳尔形,无摇尔精",这样才能长生不死,这是道家所追求的一种修道的理想境界。

南北朝时的道经《太上老君开天经》把广成子说成是太上老君在黄帝时代的化身:"黄帝之时,老君下为师,号曰广成子,消息阴阳,作《道戒经》道经。"就是说在黄帝的时代,太上老君下凡为道教天师,号曰广成子,根据阴阳的消长变化,作了《道戒经》一书。

明代小说《封神演义》则对广成子进行了重新塑造,说他是道教玉虚宫元始天尊门下,住九仙山桃源洞,为阐教"十二金仙"之一,多次帮助姜子牙出战,曾和太华山云霄洞赤精子共同救下殷纣王的两个儿子,破了金光圣母所摆的金光阵等。

广成子者,古之仙人也。居崆峒之山石室之中①。黄帝闻而造焉,曰:"敢问至道之要②?"广成子曰:"尔治天下,禽不待候而飞,草木不待黄而落③,何足以语至道?"黄帝退而闲居,三月后,往见之。

膝行而前,再拜请问治身之道。广成子答曰:"至道之精④,杳杳冥冥⑤,无视无听,抱神以静⑥,形将自正⑦;必静必清,无劳尔形,无摇尔精⑧,乃可长生。慎内闭外,多知为败⑨。我守其一,以处其和,故千二百岁而形未尝衰。得我道者,上为皇;失吾道者,下为土⑩。将去汝,入无穷之门,游无极之野⑪,与日月齐光,与天地为常,人其尽死,而我独存矣。"

【注释】

① 崆峒(kōng tóng)之山:叫崆峒山的地方共有五处,黄帝见广成子的崆峒山,一说在甘肃平凉境内,如西汉司马迁《史记·五帝本纪》:"(黄帝)西至于空桐,登鸡头。"一说在今河南临汝西南,如唐舒元舆《桥山怀古》诗:"襄城迷路问童子,帝乡归去无人留。崆峒求道失遗迹,荆山铸鼎余荒丘。"北宋乐史《太平寰宇记·河南道八·汝州》记载:"崆峒山在县西南四十里,有广成子庙,即

黄帝问道于广成子之所也。"考《庄子》原文"闻广成子在于空同之上,故往见之"。有学者认为,"空同"是庄子杜撰的一个词,本为"空明""混同"的意思,表明广成子得道的一种境界,后世将之等同于"崆峒山",是神仙家的一种附会。

②至道之要:"道"是中国道家的核心概念,指万物总的规律和法则,是道家修行所要体悟的最高追求。道家认为,如果把握了"道",则能顺应万物的规律去治理和改造世界。至道,指最高的"道"。

③禽不待候而飞,草木不待黄而落:这是广成子指责黄帝没有治理好天下,导致大自然规律被打乱,自然运行遭破坏。禽不待候而飞,指飞禽没有按照天气物候进行迁徙。候鸟的迁徙都是有时间规律的,如二十四节气中的"雨水",讲到节气与自然的变化:鸿雁来,草木萌动。就是说到了雨水节气,大雁就要从南方飞到北方去。

④至道之精:《老子·二十一章》说:"道之为物,惟恍惟惚。惚兮恍兮,其中有象;恍兮惚兮,其中有物。窈兮冥兮,其中有精;其精甚真,其中有信。"所以"至道之精"是指"道"在生成或化生万物的过程中,最先产生的精微物质,这种精微物质能够顺应"道"的运行而组成世界。

⑤杳杳(yǎo)冥冥(míng):微妙精深的样子,这里指至道之精似有似无的一种存在状态。

⑥抱神以静:"神"是中国文化的一个重要概念,这里指主宰生命功用、生起变化的能力。道家修炼术语中又将之称为"元神",以与后天意识活动的"识神"相区别。在中国传统医学里"神"即是指维持生命运行的一种功能,在五脏中为心所主,现代系统论中的self-organization power(自组织能力)接近其内涵。"神"的功能可以通过静养、内观等手段经过气的强化而得到加强,故此处说

"抱神以静",即是在静中养神的一种方法,后世发展成道教修炼的静功,如内丹术等。

⑦形将自正:道家的修炼里认为通过守神的静功,到一定的阶段,生命的神和气变得强大之后,会反过来对身体进行自我优化和调整,具体的一些表现就是打坐时会脊柱变直、身体变端正等。

⑧无摇尔精:中国传统医学认为,精、气、神是维持生命运行的三要素,精是人体内的精微物质,是提供生命活力的物质基础。道家认为,可以通过修炼,"炼精化气""炼气化神",从而让生命摆脱物质态易生易灭的束缚,达到成仙长生不老的状态。但人体内的"精"难以储存,易于消耗,所以克制自身欲望,保持体内的"精"不被耗用,也是修行的一个必备条件。"无摇尔精"即广成子告诫黄帝,不要贪图过多的外在欲望而消耗身体的精气。

⑨多知为败:道家的修行中,认为过于追求外在的知识,是对生命的一种滥用,如《庄子·内篇·养生主》中说:"吾生也有涯,而知也无涯。以有涯随无涯,殆已!已而为知者,殆而已矣!"就是说生命是有限的,而外界的知识是无限的,用有限的生命去追求无限的知识,那生命就会产生危险。所以,道家强调静心息虑以涵养生命。

⑩"得吾道者"几句:《庄子·在宥》此句原为:"得吾道者,上为皇而下为王;失吾道者,上见光而下为土。"

⑪入无穷之门,游无极之野:这里的"无穷之门""无极之野"都是比喻得道后不再受时空限制的一种理想境界。无穷,指数不尽的。无极,指没有边界的。

【译文】

广成子是古代的仙人。他住在崆峒山的石室中。黄帝听说他后去拜访他,问他道:"敢问要修成最高的道的要诀是什么?"广成子说:"你治理天下,飞禽还没到物候就飞走了,树木花草还没有变黄就凋落了,怎么能跟你讲最高的道呢?"黄帝退了回去,反省了三个月,又去拜见他。

黄帝双膝跪着前行到广成子面前,向他拜了两拜,再请教修身之道。广成子答道:"最高的道所生成的精气,是微妙难寻的,如果做到既不看也不听,在静中涵养你的神识,那么你的身体会自然端正起来;让内心保持清净,不过度劳累你的身体,不动用耗损你的精气,就可以长生了。谨慎地守住内心,不起念虑,不受外界的干扰,如果过多地追求外在的知识,你的内心就会败坏。我只是守住一心不乱,让生命始终处于和谐的状态,所以现在一千二百岁了,形体还没有出现衰老。得到了我所说的道的人,才可以做世上的合格统治者;不遵循我所说的道的人,则最终死去变成尘土。我就要离开你了,进入无穷之地的大门,遨游于没有边界的原野,与日月的光芒一样长久,与天地一起常在,人们都死尽了,我还独自存在。"

卢敖　若士

【题解】

卢敖见若士,最早见于《庄子》轶文,即后世学者从古籍中辑录出来的被郭象所删的《庄子》一书原文,但后来这些原文大部分也已佚失。有学者认为,这个卢敖即秦始皇时同徐福一起出海为秦始皇求仙的方士"卢生",因秦始皇晚于庄子,所以这篇故事不大可能出自《庄子》一书。笔者认为,这篇故事文字和寓意都比较符合《庄子》一书的思想和风格,来源于《庄子》的可能性比较大,把卢敖说成是秦始皇时的卢生,可能是流传过程中产生的误解。

这篇故事的完整文字最早见于《淮南子·道应训》,《神仙传》引录时稍有改动。大意讲述卢敖见到仙人若士,自夸几乎游览了天地的四方尽头,想要和仙人若士交朋友,但被若士讥笑其见识浅陋,因为在若士看来,他所见的并不是天地真正的尽头,意在说明修道的境界是无止境的。文中若士所述遨游的地方,实喻指修道人士所能达到的一种精神境界,故事寓意真正得"道"之人对"道"的体认是没有穷尽的。

　　若士者①,古之仙人也,莫知其姓名。燕人卢敖者,以秦时游乎北海②,经乎太阴③,入乎元阙④,至于蒙谷之山⑤,而见若士焉。其为人也,深目而玄准⑥,鸢肩而修颈⑦,丰上而杀下⑧,欣欣然方迎风而舞,顾见卢敖,因遁逃乎碑下⑨。卢仰而视之,方踡龟壳而食蟹蛤⑩。

　　卢敖乃与之语曰:"唯以敖焉,背群离党,穷观六合之外⑪。幼而好游,长而不渝⑫,周行四极⑬,唯此极之未窥,今睹夫子于此,殆可与敖为友乎?"若士淡然而笑曰:"嘻⑭!子中州之民⑮,不宜远而至此,此犹光乎日月,而载乎列星。比乎不名之地,犹窔奥也⑯。昔我南游乎冈莨之野⑰,北息乎沉默之乡⑱,西穷窈冥之室⑲,东贯鸿洞之光⑳。其下无地,其上无天。视焉无见,听焉无闻。其外有沃沃之汜㉑,其行一举而千万余里,吾犹未之能究也。今子游始至于此,乃语穷观,岂不陋哉!然子处矣,吾与汗漫期于九垓之上㉒,不可以久驻。"乃举臂竦身,遂入云中。卢敖仰而视之,不见乃止,恍惚若有所丧也。

　　敖曰:"吾比夫子也,犹黄鹄之与壤虫也㉓。终日行不离咫尺㉔,而自以为远,不亦悲哉!"

【注释】

　　①若士:这两字原意是"好像有那么个人",是作者用浪漫手法创造

的一个仙人，后代指仙人，如唐代唐彦谦《乱后经表兄琼华观旧居》诗："长忆映碑逢若士，未曾携杖逐壶公。"元顾瑛《金粟冢中秋日燕集》诗："东海招若士，西池访阿缑。"东汉王充在《论衡·道虚篇》中曾说："或时卢敖学道求仙，游乎北海，离众远去，无得道之效，惭于乡里，负于论议，自知以必然之事见责于世，则作夸诞之语，云见一士。其意以为有（仙），求（仙）之未得，期数未至也。"王充这里是为了批判世人妄求成仙的迷信思想，而指"若士"是卢敖求仙失败后因担心被人议论所编造出来的人物。

②燕（yān）人卢敖者，以秦时游乎北海：这段话在《淮南子·道应训》以及王充《论衡》所引的文字中都未见，应该是葛洪所加。葛洪在其所著的《抱朴子·内篇》中称秦始皇被卢敖和徐福等人欺骗，而西汉司马迁的《史记》中记载的是一个叫"卢生"的人和徐福等一起为秦始皇去海外求仙，这大概是后世有人把"卢敖"误认作秦始皇时"卢生"的原因。燕人，燕国的人。燕，周代分封的诸侯国之一，在今河北北部和辽宁南部，战国时曾为七雄之一，后被秦国所灭。北海，此处非确指某处，指北方的地域。

③太阴：亦指北方，《淮南子·道应训》高诱注："太阴，北方也。"

④元阙（què）：元，通"玄"。应为避讳字"玄"。《淮南子》中作"玄阙"，指北方之山。以下此类避讳字径改，不再出注。

⑤蒙谷：山名，古代传说日入之处。《淮南子·天文训》："（日）至于蒙谷，是谓定昏。"高诱注："蒙谷，北方之山名也。"

⑥玄准：高高的鼻子。

⑦鸢（yuān）：俗称老鹰，属于鹰科的一种小型的鹰，捕食蛇、鼠、蜥蜴、鱼等，静立时常常两肩上耸。

⑧杀：此处是束紧的意思。

⑨砒：通"圵（bǐ）"。山脚。

⑩蹺：此处通"倦（juàn）"。古代楚国人把倨叫作"倦"。倨，两腿伸

直分开而坐。蛤(gé)：即蛤蜊，一种带壳软体动物，栖浅海沙中，肉可食。

⑪六合：指空间里的上下和四方，也泛指天地或宇宙。

⑫渝：改变，违背。

⑬四极：四方最远的地方。

⑭嘻(xī)：叹词，此处带有轻蔑的意思。

⑮中州：古指中原，约为今河南、山西黄河流域一带。

⑯窔(yào)奥：指深奥幽远的地方。窔，室内东南角，也指幽深之处。奥，室内的西南角，泛指房屋及其他深处隐蔽的地方。

⑰罔㟢(wǎng lǎng)之野：指遥远到没有山的地方。罔，无、没有的意思。㟢，指山。

⑱沉默：指寂静、安静的地方。也指得道的人所达到的一种精神境界。

⑲窈冥(yǎo míng)：深远渺茫貌。此指极深远的地方。

⑳鸿(hòng)洞：西汉高诱注《淮南子·原道训》："鸿，大也。洞，通也。"形容虚空混沌，漫无涯际。

㉑沃沃之汜(sì)：沃沃，形容水流洪大的样子。汜，原指不流通的水沟，此处代指流水。

㉒汗漫：渺茫不可知意，后附会为仙人的名字。唐李白《庐山谣寄卢侍御虚舟》诗："先期汗漫九垓上，愿接卢敖游太清。"九垓(gāi)：亦作九畡、九陔。中央至八极之地，此处泛指整个天地。

㉓犹黄鹄(hú)之与壤虫也：这句话是卢敖拿黄鹄与壤虫相比较，感叹自己与若士的差距太大。鹄，雁形目鸭科雁亚科天鹅的一种，因飞得很高，所以常用来比喻志向远大的人。壤虫，即螳螂。一说为幼虫。壤，通"蠰(náng)"。

㉔咫(zhǐ)尺：比喻相距很近。咫，中国古代长度单位，在周代指八寸，合现市尺六寸二分二厘。

【译文】

若士是古时的仙人，没人知道他的姓名。燕国人卢敖，在秦朝时游历北海，经过北方，进入北方的山中，来到蒙谷山，见到若士。若士这个人，双目深陷而鼻子高挺，像老鹰一样耸着肩，脖子很长，上半身壮硕而下半身却修长，正兴高采烈地要迎风而舞，回头时看到卢敖，于是逃跑到山脚下。卢敖仰起头看，若士正伸腿坐在龟壳上吃着螃蟹和蛤蜊。

卢敖于是和他说道："只有我卢敖，离开人群和朋友，看尽了上下四方之外的地方。我年幼时喜欢游历，长大后也未曾改变，曾到过四方最远的地方，只有这个地方还没有来过，现在看到您在这里，大概可以跟我做朋友吧？"若士不以为然地笑着说："唉！你这个中原人，不怕路途遥远来到这里，也算是与日月同光，可被铭记于星空的行为了。但跟你去过的那些不知名的地方相比，还有更加幽深的地方。过去我曾游历到南方没有山的荒野，到过北方无声的地界，去过西方深远的尽头，穿过漫无边际的东方。我去的地方，它的下面没有大地，它的上面没有天空。什么也看不到，什么也听不见。它的外面有洪大不息的流水，我跨一步就能行走几千万里，但还是不能了解它的全部。现在你才游历到这里，就说自己看尽了世界，岂不是见识太浅陋了吗！你在这待着吧，我和汗漫在九垓之上有约定，不能长久待在这里。"若士于是举起两臂，纵身向上一跳，就升入云中。卢敖抬头看着他，一直到看不见了才停下来，感觉精神恍惚，像丢了东西一样。

卢敖说："我跟若士比，就像黄鹄和螳螂的差别。我整天游走，却没有跨出咫尺的距离，还自以为走了很远，不是很可悲吗！"

老子

【题解】

老子是我国古代伟大的哲学家和思想家、道家学派创始人，也被中国道教尊为始祖。相传为其所著的《道德经》一书中，老子提出"道"化万物的思想，用"道"来解释宇宙生成和万物运行，该书还充满了朴素的哲学思辨，如"祸福相倚""高下相成""有无相生"等。书中还有关于养生、修身、治国、兵法以及修"道"等的种种智慧，也因此，《道德经》和《易经》《论语》一起被认为是对中国人影响最深远的三部思想巨著。

老子的影响也远播到国外，《道德经》的外文译本总数近五百种，涉及十七种欧洲文字，在译成外国文字的世界文化名著发行量上，《圣经》排第一，《道德经》高居第二。德国哲学家黑格尔、尼采，俄罗斯大作家列夫·托尔斯泰等世界著名学者对《道德经》都有深入的研究，并都有专著或专论问世。黑格尔说："中国哲学中另有一个特异的宗派……是以思辨作为它的特性。这派的主要概念是'道'，这就是理性。这派哲学及与哲学密切联系的生活方式的发挥者是老子。"

但是关于老子的真实身份，在司马迁写《史记》时就已经模糊不清，现在主流的观点是比较认同司马迁的一个说法，即老子姓李，名耳，字聃，在周代曾做过掌管图书的"守藏室之史"。随着近代考古学的发展，对老子其人和《道德经》一书，学界又有了一些新认识。比如1973年马王堆汉墓出土的帛书《道德经》表明，《道德经》在汉初是不分章的，只分上、下两篇，且顺序是上篇为"德篇"、下篇为"道篇"，与现在王弼在河上公本基础上整理的八十一章版《道德经》通行本有别。1993年出土于湖北荆门郭店楚墓的竹简本《道德经》则是现在能见到的最早版本，它的出土表明《道德经》至少在战国中晚期就已经成书。综合其他方面的一些考古发现，有人猜测，《道德经》的作者有两个人，"德篇"为周代先祖古公亶父，"道篇"为周宣王时一个叫"单逨"的大臣，但证据仍嫌不足。

总之，因为不确定老子的身份，导致与其相关的各种传说层出不穷，在此篇中，葛洪收集了当时关于老子的传说，并对其中的一些荒诞不经的说法进行了批判，认为是一些"浅见道士"为了吸引别人来学习老子，而对老子进行的神化。他认为老子是一个因"得道"而成仙的人，并十分推崇和赞赏老子"道"的智慧。

老子者，名重耳①，字伯阳，楚国苦县曲仁里人也②。其母感大流星而有娠，虽受气天然，见于李家③，犹以李为姓。

或云，老子先天地生。或云，天之精魄④，盖神灵之属。或云，母怀之七十二年乃生，生时，剖母左腋而出，生而白首，故谓之老子。或云，其母无夫，老子是母家之姓。或云，老子之母，适至李树下而生老子，生而能言，指李树曰：以此为我姓。

或云，上三皇时为玄中法师⑤，下三皇时为金阙帝君⑥，伏羲时为郁华子⑦，神农时为九灵老子⑧，祝融时为广寿子⑨，黄帝时为广成子⑩，颛顼时为赤精子⑪，帝喾时为禄图子⑫，尧时为务成子⑬，舜时为尹寿子⑭，夏禹时为真行子⑮，殷汤时为锡则子⑯，文王时为文邑先生⑰，一云，守藏史⑱。

或云，在越为范蠡⑲，在齐为鸱夷子⑳，在吴为陶朱公㉑。皆见于群书，不出神仙正经，未可据也。

【注释】

①重耳：在西汉司马迁《史记》中，只说老子姓李名耳，重耳一名来源于道教神话传说。传说中老子是上古盘古开天辟地不久的神仙，为了能来到人间传播道教，寄胎于下凡仙女腹中，后经过八十年，从其左胁下生出，到六岁时，因耳朵大，自称重耳，字伯阳。

②楚国：又称荆、荆楚，是中国历史上商朝后期至春秋战国时期的一个诸侯国，最早兴起于丹江流域的丹水和淅水交汇的淅川一带，公元前223年被秦国所灭。其全盛时的最大辖地大致为现

在的湖北、湖南全部，重庆、河南、安徽、江苏、江西、浙江、贵州、广东部分地方。苦县：古县名，春秋时又叫相，大约在今河南鹿邑。因为历史上苦县的名称和行政中心不断变动，导致现在关于老子的出生地产生了两种说法，一说在今河南鹿邑县城东十里的太清宫镇，另一说法是在安徽涡阳县涡北街道郑店村的天静宫，两地为此争论不绝。里：街巷。

③见：同"现"。出现。

④精魄：精神魂魄。魄，指依附形体而存在的精神。

⑤上三皇：在托名东晋葛洪所著道教神仙类典籍《元始上真众仙记》中记载，上三皇为上古时期的三位神仙首领，"天皇即玉清圣境元始天尊盘古氏是也""地皇即上清真境灵宝天尊地皇是也""人皇即太清仙境道德天尊人皇是也"。玄中法师：又称"玄中大法师"或"玄中大法师静老天尊"，道教中指的是老子在上三皇时的化身，也是老子十号之一。

⑥下三皇：《元始上真众仙记》中指称近古的三位神仙首领，即天皇太昊伏羲氏、地皇炎帝神农氏、人皇黄帝轩辕氏。金阙帝君：原为道教上清派神祇，又称金阙后圣太平帝君、后圣九玄金阙帝君、金阙圣君、皇天上清金阙帝君、金阙后圣李君等，也是老子十号之一，传为下三皇中地皇时的神仙，会在"壬辰之年三月六日"下临世间传教，后在唐宋年间与太上老君合为一人。

⑦伏羲（xī）：风姓，又写作宓羲、庖牺、包牺、伏戏，亦称牺皇、皇羲、太昊，《史记》中称伏牺。他是古代传说中中华民族人文始祖，历史记载中的"三皇五帝"之首，也是中国医药学鼻祖之一。相传伏羲人首蛇身，与女娲兄妹相婚，生儿育女。他根据天地万物的变化，发明创造了八卦，创造文字结束了"结绳记事"的历史。现伏羲庙，又称太昊陵，位于河南淮阳。郁华子：传伏羲氏时老子降世所称的号。南宋谢守灏《混元圣纪》记载，伏羲时老子降世，

居荒野,号郁华子。清刘锦藻《续文献通考》记载,老子伏羲时
出,授《天皇内文》,一号宛华,称田野子,作《元阳经》。

⑧神农:中国上古时期姜姓部落的首领尊称,据传生于陕西宝鸡姜
水(今清姜河流域),因他发明了刀耕火种的方法,教会民众垦荒
种植,是中国农业的开创者,故号神农氏,道教将其尊为五谷神
农大帝,又号魁隗氏、连山氏、列山氏等。又因其善于用火,故又
称炎帝。据说他发明了饮食用的陶器和炊具,并发现治病的草
药等。传说炎帝部落曾和黄帝部落结盟,共同击败了蚩尤部落,
后两个部落开始融合,炎帝和黄帝共同被尊为华夏人文始祖。
九灵老子:传老子在神农氏时期降生世间所称的号。

⑨祝融:其身份传说有多种,一说是炎帝四世孙,一说是黄帝后裔,
一说为南方火神,曾受天帝之命而杀鲧,与共工大战。《左传》中
称其为五正中的火正(一种官职),东汉班固《白虎通》中将他与
伏羲、神农并称为三皇。道教中称其为赤帝,在衡霍山(即南岳
衡山),属于五方神中的南方之神,又为南海之神,号赤精成子。
广寿子:相传为老子在祝融时降生世间所称的号。

⑩黄帝:中国古部落首领,被尊为华夏人文始祖,在《史记》中,被列
为五帝之首,称其为少典之子,姓公孙,名轩辕,号有熊氏,先后
打败炎帝和蚩尤而夺得天子之位。后世关于黄帝的传说很多,
如命令仓颉造字,向岐伯请教医学,向广成子请教修仙,据说舟
车、弓矢、房屋等都是其发明,其妃嫘祖发明了养蚕抽丝制衣的
技术,后世被尊为蚕神。现陕西黄陵县有黄帝陵,每年都有祭祀
活动。

⑪颛顼(zhuān xū):《史记》中称其为黄帝之孙,名高阳,上古五帝之
一,传说中国在颛顼时才真正实现统一,他按区域将中国划分为
九州。赤精子:相传为颛顼时老子的化身,后小说《封神演义》
中,将其塑造为元始天尊十二大弟子之一。

⑫帝喾(kù)：《史记》中称其为黄帝曾孙，颛顼族子，五帝之一，因生于高辛(今河南商丘高辛镇)，又称高辛氏，传说二十四节气由其创立。禄图子：又作录图子，相传为老子在帝喾时代降生世间所称的号。南宋谢守灏《混元圣纪》记载，帝喾时老君降世，居于江滨，号录图子。元赵道一《历世真仙体道通鉴》中称，老子帝喾时降于江湄，曾讲授《黄庭经》，又传授给帝喾《九天真灵三天宝符》，后升天为玄宫真人。

⑬尧：帝喾之子，名放勋，五帝之一。传说尧是位贤明的君王，他曾让大臣制作历法，分定四时，并设立谏鼓和谤木，让老百姓可以随时向他表达意见，并开创了王位的"禅让制"。传说围棋也是他发明的。务成子：相传为老子在尧时降生世间所称的号，《混元圣纪》称，老子于尧帝时降世，居姑射山，号务成子。东汉班固《汉书·艺文志》中记载有以务成子命名的《务成子阴道》三十六卷，属于房中类；东晋葛洪《抱朴子·内篇·金丹》中记载有"务成子丹法"，属于道家的炼丹术。

⑭舜：《史记》中记载是尧帝之后的君王，传说他有两个瞳仁，故名重华。其年轻时以至孝闻名，后尧帝考察他多年，最后把帝位禅让给他，他在位时多有政绩。尹寿子：传为老子在舜帝时降生世间的号，《历世真仙体道通鉴》中说，尹寿子在虞舜时，降于河阳，说《道德经》，教以无为之道。又传道于彭祖。一云：作《通玄真一经》七十卷，《道德经》千二百卷。

⑮夏禹：史称大禹、帝禹，为夏后氏首领、夏朝开国君王，其父名鲧。相传鲧治理洪水不成功，被舜所杀，后来禹继承鲧的事业，治理黄河有功，受舜禅让而继承帝位，死后葬于会稽山(今浙江绍兴南)。真行子：相传为老子在夏禹时降生世间所称的号，《混元圣纪》记载夏禹时老子降世，居商山，号真行子。《历世真仙体道通鉴》中称：真行子，一号宁真子。禹时降于商山，教以勤俭之道，

授禹九畤书及灵宝五符、治水真文。

⑯殷汤：即成汤，传为帝喾之后，商部族首领，商朝开国君主。曾打
　败夏朝最后一个国君夏桀，在亳（今河南商丘）建都，史称商朝，
　是中国历史上第二个奴隶制王朝。锡则子：传老子在殷汤时降
　生世间所称的号，《混元圣纪》称：商汤时，老君降世，居于潜山，
　号锡则子。

⑰文王：即周文王，姬姓，名昌，周朝奠基者。其父原为商代西伯
　侯，父死而代，故又称西伯昌。相传他曾被商纣王囚于羑里而演
　《周易》，其子周武王姬发灭商后建立周朝，追尊他为周文王。文
　邑先生：相传为老子在周文王时降生世间所称的号。

⑱守藏史：《史记》中称老子为"周守藏室之史也"，一般认为是掌管
　周朝图书典籍的官吏。

⑲越：即春秋时的越国。春秋末期，越国著名君主勾践消灭吴国，
　势力范围一度达到山东、安徽、江西等地，雄踞东南，而勾践本人
　也成为春秋五霸之一。范蠡（lí）：字少伯，春秋时期楚国宛地三
　户邑（今河南淅川）人，被后人尊称为"商圣"。相传他出身贫贱，
　但博学多才，因不满当时楚国的政治黑暗，而与好友文种一起投
　奔越国，并一起辅佐越王勾践消灭了吴国。传说他功成名就之
　后隐居到齐国，化名为鸱夷子皮，期间三次经商而成巨富，又三
　散家财，后老死于陶地，世称陶朱公。《列仙传》中有其传，已将
　其神化为仙人。

⑳齐：周朝时山东半岛的一个诸侯国。周武王封吕尚（姜子牙）于
　齐（初封在今河南，后迁至山东），由于国君为姜姓吕氏，故又称
　"姜齐"或"吕齐"，后被田氏取代，史称田齐。其疆域大致为今山
　东偏北的大部及河北西南部。鸱夷子：《史记》中称范蠡到齐国
　后，自改名为鸱夷子皮。

㉑吴：周朝时诸侯国之一，约在今江苏苏州、无锡及浙江湖州一带，

传为周武王的两个伯父所创,其末代吴王夫差为越王勾践所杀
而亡国。陶朱公:陶,地名,古属吴国,在今江苏无锡的五里湖,
《史记》中称范蠡老死于此,故世称其为陶朱公。

【译文】

老子,名重耳,字伯阳,是古代楚国苦县曲仁里人。他的母亲感应
一颗大流星而怀孕,虽然是接受天然胎气而生,但是出现在李家,所以
还是以李为姓。

有人说,老子是出生在天地之前的。有人说,老子是上天的精魄,
大概属于神灵一类的东西。有人说,老子的母亲怀了他七十二年才把
他生下来,出生时,他剖开了母亲的左边腋下而出,老子出生时就满头
白发,所以叫老子。有人说,他的母亲没有丈夫,老子是母亲家族的姓。
有人说,老子的母亲刚好走到一颗李树下生了老子,老子一出生就能说
话,指着李树说,用这个作为我的姓。

有人说,上三皇时老子是玄中法师,下三皇时老子是金阙帝君,伏
羲时老子是郁华子,神农时老子是九灵老子,祝融时老子是广寿子,黄
帝时老子是广成子,颛顼时老子是赤精子,帝喾时老子是禄图子,尧帝
时老子是务成子,舜帝时老子是尹寿子,夏禹时老子是真行子,殷汤时
老子是锡则子,周文王时老子是文邑先生,另一种说法,说老子是周朝
时掌管图书典籍的官吏。

有人说,在越国老子是范蠡,在齐国老子是鸱夷子,在吴国老子是
陶朱公。这些说法出现在各家书中,并非出自与神仙相关的正宗经典
里,不可作为依据。

葛稚川云:洪以为老子若是天之精神,当无世不出。俯
尊就卑,委逸就劳,背清澄而入臭浊,弃天官而受人爵也①。
夫有天地则有道术②,道术之士,何时暂乏? 是以伏羲以来,

至于三代③，显名道术，世世有之，何必常是一老子也。皆由晚学之徒，好奇尚异，苟欲推崇老子，故有此说。

其实论之，老子盖得道之尤精者，非异类也。按《史记》云：老子之子名宗，仕魏为将军④，有功，封于段⑤。至宗之子汪、汪之子言、言之玄孙瑕，仕于汉。瑕子解，为胶西王太傅⑥，家于齐。

则老子本人灵耳⑦，浅见道士，欲以老子为神异，使后代学者从之，而不知此更使不信长生之可学也。何者？若谓老子是得道者，则人必勉力竞慕；若谓是神灵异类，则非可学也。

或云：老子欲西度关，关令尹喜知其非常人也⑧，从之问道。老子惊怪，故吐舌聃然⑨，遂有老聃之号。亦不然也，今按《九变》及《元生十二化经》⑩，老子未入关时，固已名聃矣。老子数易名字，非但一聃而已。

所以尔者，按《九宫》及《三五经》及《元辰经》云⑪：人生各有厄会⑫，到其时，若易名字，以随元气之变⑬，则可以延年度厄。今世有道者，亦多如此。

老子在周，乃三百余年，二百年之中，必有厄会非一，是以名稍多耳。欲正定老子本末，故当以史书实录为主，并老仙经秘文，以相参审。其他若俗说，多虚妄。

【注释】

①爵：古代君主赐予贵族的封号，分为公、侯、伯、子、男五等，此处代指官位。

②道术：此词源于《庄子·天下》篇中："天下之治方术者多矣，皆以

其有为不可加矣。古之所谓道术者,果恶乎在?"庄子意指能修道、行道的学术,后世指道家的法术,古代主要有经法、忏法、斋、醮、符咒、禁咒、隐遁、乘蹻、驱邪、伏魔、降妖、消灾、祈禳、房中术、神仙术、辟谷等。北宋张君房《云笈七签》卷四十五云:"道者,虚无之至真也;术者,变化之玄伎也。道无形,因术以济人;人有灵,因修而会道。人能学道,则变化自然。"所以道教中人常有"道无术不行"的说法,就是说"道"寓于"术",行术就是演道之意。

③三代:原指历史上的夏、商、周三个朝代,此处指离作者最近的汉、魏、晋三个朝代。

④魏:战国时诸侯国之一,由晋国被魏、韩、赵三家瓜分而来,约在今河北魏县和河南开封一带,曾为战国时七雄之一。

⑤段:西汉司马迁《史记·老子韩非传》原文为"封于段干",即魏国的段邑和干邑这两个地方,故李姓后世也以封邑为氏,称段干氏。段,今山西运城夏县东部。干,干河流域一带,即姚家河一带。

⑥胶西王:即刘卬,汉刘邦孙,其父刘肥。汉文帝时被立为胶西国王,汉景帝时因参与叛乱,兵败被杀。其地约在今山东高密西南一带。太傅:又称太子太傅,为辅导太子的官员。

⑦人:原为"神"字,据北宋李昉等《太平广记》改。

⑧关令尹(yǐn)喜:传说为掌管函谷关的官员尹喜,一说"尹喜"一名为汉人误传,"关尹"原为周代官职名,因《列子·仲尼》中有"关尹喜曰"一句,而被后人误读为"尹喜"。尹喜在道教中被称为文始先生,传为周代大夫,他精通历法,善观天文,习占星之术,能知古今未来之事,曾著《关尹子》九篇,后自请为函谷关令,而得遇老子,留老子著述《道德经》等。

⑨聃(dān):原指耳朵长而大,此处指舌头伸得很长。

⑩今按《九变》及《元生十二化经》：《九变》及《元生十二化经》应为道教著作，今已不传，内容不详。

⑪按《九官》及《三五经》及《元辰经》：《九官》《三五经》《元辰经》应为道教著作，今已不传，内容不详。

⑫厄(è)会：指众灾会合、厄运来临的时候。在道教说法里，修道的人在达到某一阶段或在人世存活太久时，会遭遇到特别的灾难。

⑬元气：古人指产生和构成天地万物的原始物质，同时能推动世界的变化和运行，如《鹖冠子·泰录》："天地成于元气，万物乘于天地。"《太平经》："道无所不能化，故元气守道，乃行其气，乃生天地。"

【译文】

葛洪评说：葛洪认为老子如果是属于上天的精灵或神仙，应当在每个时代都会现身。他会放下高贵的地位去做一个卑贱的人，他会放弃安逸的生活而去辛苦劳作，他会离开清静的世界而进入臭秽的浊世，他会放弃上天的官位而接受人世的爵位。自有天地以来就有道术，有道术的人，什么时候少过呢？所以从伏羲以来一直到三代，以道术而扬名的，世世代代都有，又为什么一定是老子一个人。那些关于老子的传说都是些后世学道之人，因为喜欢奇特，崇尚怪异，一心想推崇老子，所以才生出这些说法。

若按实际情况来推论老子，他大概属于得道人士中的杰出之才，但并非不是人类。按《史记》的说法：老子的儿子名叫李宗，在魏国做将军，有军功，而被封赏在段这个地方。到李宗的儿子李汪、李汪的儿子李言、李言的玄孙李瑕，又在汉代做官。李瑕的儿子李解，是胶西王的太傅，家在齐国。

所以老子本来是人中的聪慧之士，见识浅薄的道士们，想把老子塑造成神异之人，让后世学道的人跟他学习，而不知道这样做会更加使人不相信长生不老是可以学习的了。为什么这么说呢？要是说老子是一个得道的人，则人们必定勤奋努力地争着仰慕学习他；要是说老子属于神灵异类，那么就不是常人可以学习的了。

有人说：老子想从西方出关，守关的官长尹喜知道他不是普通人，向他请问修道的事。老子很惊讶，所以才把舌头吐出很长，然后有"老聃"的称号。这个说法也是不对的，现在根据《九变》和《元生十二化经》，老子在还没有入关的时候，就已经叫"聃"了。老子几次改变名字，并非只有一个"聃"而已。

之所以有这种情况，按照《九宫》《三五经》和《元辰经》的说法：人的一生会有灾难降临的时候，到那时，要是改变名字，顺应元气的变化，就可以延长寿命，度过灾难。这个时代有道的人，也大多这么做。

老子在周代，生活了有三百多年，二百年之间，必定不止一次有灾难降临，这就是为什么他的名字稍微多些。想要搞清楚老子身份的始末，应该以史书实际的记录为主，和神仙的经典秘籍一起，相互参照分析。其他那些世俗的传说，多属虚妄之言。

洪按《西升中胎》及《复命苞》及《珠韬玉机》《金篇内经》①，皆云：老子黄白色，美眉，广颡长耳②，大目疏齿，方口厚唇；额有三五达理，日角月悬③；鼻纯骨双柱，耳有三漏门；足蹈二五，手把十文④。以周文王时为守藏史，至武王时为柱下史⑤。时俗见其久寿，故号之为老子。夫人受命，自有通神远见者，禀气与常人不同⑥，应为道主，故能为天神所济，众仙所从。

是以所出度世之法，九丹八石⑦，金醴金液⑧；次存玄素守一⑨，思神历藏⑩，行气炼形⑪，消灾辟恶，治鬼养性⑫，绝谷变化⑬，厌胜教戒⑭，役使鬼魅之法⑮，凡九百三十卷，符书七十卷⑯，皆《老子·本起》中篇所记者也⑰，自有目录。其不在此数者，皆后之道士，私所增益，非真文也。

　　老子恬淡无欲⑱，专以长生为务者，故在周虽久，而名位不迁者，盖欲和光同尘⑲，内实自然，道成乃去，盖仙人也。

【注释】

①《西升中胎》及《复命苞》及《珠韬玉机》《金篇内经》：均为道教典籍，今已不存，内容不详。

②颡（sǎng）：额头。

③日角月悬：在额角处有日月的图案凸显出来。

④文：同"纹"。指手上有特别的纹理。

⑤柱下史：周秦时代的官名，相当于汉代以后的御史。掌文书及记事，同时纠察弹劾百官，因其常侍立殿柱之下，故名。

⑥与：原为"是"，据《太平广记》改。

⑦九丹：外丹名词。用草木、矿石药物经过烧炼而成，服之可以长生成仙的九种丹药。《上清道宝经》卷四"九丹者"注："第一丹名九华，第二神符，第三龙丹，第四还丹，五饵丹，六炼丹，七深丹，八伏丹，九寒丹。"《抱朴子·内篇·金丹》作丹华、神符、神丹、还丹、饵丹、炼丹、柔丹、伏丹、寒丹。八石：常作为炼丹用的八种矿石药物，具体说法不一，一般指朱砂、雄黄、云母、空青、硫黄、戎盐、硝石、雌黄。

⑧金醴（lǐ）：在道教炼养之术中指口中津液，一些道教养生家认为，通过吞咽口中津液可以滋养五脏，延年益寿。金液：有多种说法，道教内丹术中指肺之液，也有指元气。外丹术中指用药物所炼成的药液，也代指水银。

⑨玄素：玄女和素女，传说她们以房中术（古代的性保健活动）授黄帝，后世流传有《素女经》。《抱朴子·内篇·微旨》："知玄、素之术者，则曰：'唯房中之术，可以度世矣。'"守一：道教修养之术，

认为通过"守一",可以让人的精神合一,从而能提高生命质量,延年益寿。道教《太平经》中有专门介绍"守一"的方法。

⑩ 思神历藏:指通过冥想、内观身内脏腑所驻神灵的方法进行的修炼,为道教上清派的主要修法,代表著作有《黄庭经》。藏,通"脏"。脏腑。

⑪ 行气:又称服气、炼气,分外息法和内息法两大类。外息法一般是以呼吸吐纳结合闭息所进行的炼养活动,葛洪《抱朴子·内篇·极言》中说:"夫吐故纳新者,因气以长气。"神仙家认为人的禀气有定数,当损耗过大时,则出现寿命的伤损,故可以通过行气法来补益,古代流传的有蛤蟆行气、龟行气等。内息法是以静坐养神、养气的方式进行的训练,如胎息法等,现存最早的内息法文献为约战国时期的《行气玉铭》。炼形:指通过导引动作,来使身体气血运行通畅、身体柔和、健康长寿的锻炼方法。

⑫ 鬼:原指人死后的灵魂,此处指人身中一些不良的习性。

⑬ 绝谷:即辟谷,古人认为可以通过此法养生延年。葛洪在《抱朴子·内篇·杂应》篇中专论辟谷,并考证辟谷的方法有几百种,他在书中说道:"欲得长生,肠中当清;欲得不死,肠中无滓。"对辟谷的功效和注意事项都有论述。一般绝谷期间不吃谷类食物,但会吃一些药物并配合导引服气等方法。

⑭ 厌(yā)胜:意即厌而胜之,旧时民间一种避邪祈吉活动,系用法术诅咒或祈祷以达到制胜所厌恶的人、物或魔怪的行为,日常生活中常见的如桃剑、门神之类。

⑮ 鬼魅(mèi):泛指鬼怪之物。

⑯ 符:道教驱使鬼神或帮助人与神进行沟通交流的秘文,图形一般为文字和符号的结合体,使用时用笔墨写在纸上。按道教的说法,符的功效与写符人的诚心相关。《清微元降大法》中说:符者,阴阳契合之具也。惟天下之至诚者能用之,诚苟不至,自然不灵。

⑰《老子·本起》：一本介绍老子的书，今已不存，内容不详。

⑱恬（tián）淡：指人内心清心寡欲的一种状态。

⑲和光同尘：出自《老子·四章》"和其光，同其尘"一句，原意为不对事物有尊和卑的偏向，以免引起贵和贱的分别心，后引申为与世浮沉，随波逐流而不立异。

【译文】

葛洪查阅《西升中胎》《复命苞》《珠韬玉机》《金篇内经》，它们都说：老子黄白皮肤，眉毛很美，额头宽阔耳朵很长，眼睛很大，牙齿稀疏，四方大口嘴唇很厚；他的额头有十五道横贯的皱纹，额角两端似有凸出的日月的形状；他鼻子很端正，鼻骨似两根柱子挺立，耳朵上有三个耳孔；他一步可以跨出一丈远，双手上有十道纹路。在周文王时为守藏史，在周武王时是柱下史。当时的人看到他很长寿，所以称他为老子。人受天地之命，必然有一些通达神明而又有智慧远见的人，他的禀赋气质与平常人不一样，就会成为得道之人，所以能得到天上的神仙们的帮助，被学仙之人所追随。

因此老子发明了很多济世度人的方法，有内服的九种丹药和八种矿石，有漱咽津液之法；又留存玄女、素女房中养生的方法，守一养生的方法，冥想身内脏腑之神的方法，行气术和导引锻炼形体的方法，消除各种灾难和避开厄运的方法，制服心中恶念存养心性的方法，辟谷不食和让身体变化的方法，制服对手的厌胜法，修道应遵循的教导和规矩，驱使鬼魅的方法，共有九百三十卷，符文七十卷，这些都在《老子·本起》篇中有记载，都有目录。凡不在这些著作中的，都是后来的道士们私自增添的，并不真正是老子的著作。

老子是内心清净无欲的人，专心致力于修炼长生之道，所以他在周朝虽然时间很久，但在官职上没有什么升迁，大概是想与尘世共浮沉，让内心被自然之道所充满，待修道成功之后再离去，大概就成了神仙了。

孔子尝往问礼①，先使子贡观焉②。子贡至，老子告之曰："子之师名丘，相从三年，而后可教焉。"

孔子既见老子，老子告曰："良贾深藏若虚③，君子盛德若愚。去子之骄气与多欲淫志，是皆无益于子也。"

孔子读书，老子见而问之曰："何书？"

曰："《易》也④，圣人亦读之。"

老子曰："圣人读之可也，汝曷为读之⑤？其要何说？"

孔子曰："要在仁义⑥。"

老子曰："蚊虻嘬肤⑦，通夕不得眠，今仁义惨然而汩人心⑧，乱莫大焉。夫鹄不日浴而白，乌不日染而黑，天之自高矣，地之自厚矣，日月自明矣，星辰固自列矣，草木固有区矣。夫子修道而趋，则以至矣，又何用仁义！若击鼓以求亡羊乎？夫子乃乱人之性也。"

老子问孔子曰："亦得道乎？"

孔子曰："求二十七年而不得也。"

老子曰："使道可献人，则人莫不献之其君矣；使道可进人，则人莫不进之其亲矣；使道可告人，则人莫不告之兄弟矣；使道可传人，则人莫不传之其子矣；然而不可者，无他也，中无主而道不可居也。"

孔子曰："丘治《诗》《书》《礼》《乐》《易》《春秋》，诵先王之道，明周、召之迹⑨，以干七十余君而不见用，甚矣人之难说也。"

老子曰："夫六艺⑩，先王之陈迹也，岂其所陈哉？今子所修者，皆因陈迹也。迹者，履之出，而迹岂异哉？"

孔子归，三日不谈。子贡怪而问之。孔子曰："吾见人之用意如飞鸟者，吾饰意以为弓弩而射之，未尝不及而加之也；人之用意如麋鹿者⑪，吾饰意以为走狗而逐之，未尝不衔而顿之也；人之用意如渊鱼者，吾饰意以为钩缗而投之⑫，未尝不钓而制之也。至于龙，乘云气，游太清⑬，吾不能逐也。今见老子，其犹龙乎，使吾口张而不能翕⑭，舌出而不能缩，神错而不知其所居也。"

【注释】

①孔子（前551—前479）：名丘，字仲尼，春秋时期鲁国人，儒家学派的创始人。据说他晚年修订了六经，即《诗》《书》《礼》《乐》《易》《春秋》。其思想言行被弟子记录整理成《论语》一书，应是中国思想史上影响深远的一部著作。孔子见老子问礼的说法，最早见于《庄子》一书。礼：指周代的礼教。因为孔子处于春秋末期，正是周朝衰落，各诸侯国并起的时期。当时周王室地位下降，礼崩乐坏，各诸侯国相互征伐兼并，战争不断。孔子的政治理想是想通过推行礼制，约束各诸侯国，通过礼教，使国家恢复到周代早期稳定有序的状态。

②子贡：孔子的弟子，姓端木，名赐，字子贡，善雄辩，有政治才能，曾任鲁国、卫国相辅。他还善于经商，并因经商而成巨富，被认为是儒商的始祖。

③贾（gǔ）：做买卖的商人。

④《易》：即《周易》，被称为群经之首，本为古代占卜的书，后被列入儒家经典。《周易》包括《经》《传》两部分。《经》是在专门从事卜筮的巫史们长期经验和记录的基础上逐渐形成的。《传》是对《经》的解释和说明，又称《易传》。《易经》分六十四卦，《易传》分

为七种十篇。《周易》主要是用阴阳卦象来表示事物演进变化的过程,包含了一定的哲学辩证思想。《史记》中称孔子晚年喜欢读《周易》。

⑤曷(hé):怎么,为什么。

⑥仁义:儒家的重要伦理范畴,其本意为仁爱与正义,后成为儒家道德的最高标准,有"杀身成仁,舍生取义"之说。

⑦虻(méng):昆虫的一科,种类很多,身体灰黑色,生活在野草丛里,雄的吸植物的汁液,雌的吸人、畜的血。噆(zǎn):叮咬。

⑧汩(gǔ):扰乱。

⑨周、召:即周公旦和召公奭。周公旦是周文王第四子,周武王的弟弟,相传他制礼作乐,建立典章制度,被尊为儒学奠基人,称为"元圣",也是孔子最推崇的人物之一。他曾帮助武王打败商纣王,建立周朝,被封于鲁国(今山东南部,兼涉河南、江苏、安徽三省小部分地区)。周武王死后,他代为摄政,平定管叔、蔡叔叛乱,在周武王的儿子成王成年后移交了王位。召公奭,周王室的宗亲,为建立、巩固西周政权做出了突出的贡献。周武王灭掉商纣王以后,把召公封在北燕(今北京及河北中北部),是后来燕国的始祖。周成王时,他出任太保,位列三公之一,与周公共同摄政,并与周公分陕而治,为发展周朝初期的农业和经济做出重要贡献。

⑩六艺:含义有二,一指礼、乐、射、御、书、数六种技能,是周朝的贵族教育体系中教授的主要内容。二指六经,即《诗》《书》《礼》《乐》《易》《春秋》,是春秋时期孔子开私学所教授的六部经典。此处指后者。

⑪麋(mí)鹿:俗称"四不像",是一种中国特产的珍稀动物。

⑫缗(mín):钓鱼绳。

⑬太清:这里指天空。

⑭翕(xī)：合，聚。

【译文】

孔子曾去老子那里请教关于周礼的事，他先派子贡去探访。子贡到了后，老子告诉他说："你的老师名字叫丘，他如果能跟随我三年，然后我才能教导他。"

孔子最终见到老子，老子告诉他说："善于经商的人会把财富藏得很深，就像他没有财富一样；君子修养到很高的道德后往往显得很愚讷。你应该去掉你身上的骄气和过多的欲念妄想，这些对你都没有好处。"

孔子在读书，老子看见了问他："读的什么书？"

孔子说："《周易》，圣人也读它。"

老子说："圣人读它是可以的，你读它有什么用？它的要义是什么？"

孔子说："要义是阐述仁义。"

老子说："蚊虻叮咬皮肤，搞得人整晚都睡不着，就像现在有人痛心疾首地宣扬仁义扰乱人心一样，是制造大乱。天鹅不用每天清洗羽毛就很白，乌鸦不用每天染色也很黑，天空是自己变高的，大地是自己变厚的，太阳和月亮都是自己发光的，星辰是自己排列好的，花草树木生来就有区别。你要是向着修道的方向行进，则道自会来居，又何必用仁义！那不是敲着鼓寻找逃跑的羊吗？你这是扰乱人的本性啊。"

老子问孔子："你已经得道了吗？"

孔子说："我求索了二十七年也没有得道。"

老子说："假使道能拿出来献给别人，那么没有一个人不献给他的君王；假使道能拿出来送给别人，那么没有一个人不送给他的亲人；假使道可以告诉别人，那么没有一个人不告诉他的兄弟；假使道可以传给别人，那么没有一个人不把它传给他的子孙；但是都没有做到，没有别的原因，那些人心中没有承载道的能力，则道不能降临到他们身上。"

孔子说:"我删定《诗》《书》《礼》《乐》《易》《春秋》六经,弘扬前代君王的道,阐明周公、召公的宏伟业绩,用它们来游说七十多个君王,都没有被采用,人真是太难被说服了。"

老子说:"六艺是前代君王过时的东西了,这个怎么能拿出去向他们说教呢? 你现在所学习的,都是因为太过陈旧了,所以才说服不了别人。'迹'就是鞋子踩出来的脚印,鞋子如果不换,踩出来的脚印能有什么区别吗?"

孔子回来后,沉默了三天不说话。子贡很奇怪地问他。孔子说:"我遇见人家的心思像飞鸟一样飘逸时,我就构造一个弓箭去射他,没有不成功射落的;如果别人的心思像麋鹿一样敏捷跳跃时,我就构造一只奔跑的猎狗去追逐他,也没有不咬到嘴里并拿住他的;别人的心思要是像潜在深渊里的鱼一样深藏不露时,我就是构造一个带钓钩的绳子投下去,也没有不钓出来并制服住他的。至于龙,乘着云气往来,遨游在天空之中,我就追不上了。现在见到老子,他就像龙一样,惊得我张着嘴合不上,吐着舌头缩不回,精神恍惚,都不知道他人在哪里。"

阳子见于老子①,老子告之曰:"虎豹之文,猿猱之捷②,所以致射也。"

阳子曰:"敢问明王之治?"

老子曰:"明王之治,功盖天下而似不自己;化被万物而使民不恃;其有德而不称其名;位乎不测而游乎无有者也③。"

【注释】

①阳子:即孙阳,字伯乐,相传为秦穆公时人,善相马。

②猱(náo):古书上说的一种猿猴。

③"功盖天下而似不自己"几句：这几句化用《老子·二章》中的一
　　段话："是以圣人处无为之事，行不言之教。万物作焉而不辞，生
　　而不有，为而不恃，功成而弗居。夫唯弗居，是以不去。"这是道
　　家理想中的"无为而治"的政治状态。即一个国家的领导者顺其
　　自然，不做过多干预，整个国家也能依道而行，井井有条而不
　　混乱。

【译文】

　　孙阳子见到老子，老子对他说："虎豹因为身上斑纹太美丽，猿猴因
为活动太过敏捷，所以才导致被人射杀。"

　　孙阳子说："请问圣明的君王应该怎么治理国家？"

　　老子说："圣明的君王治理国家，功劳盖世但却似与自己无关；教化
万物却又不使老百姓产生依赖；他有很高的德行但却并不被老百姓所
歌颂；没人知道他人在哪里，但他却又无处不在。"

　　老子将去，而西出关，以升昆仑①。关令尹喜占风气②，
逆知当有神人来过，乃扫道四十里，见老子而知是也。老子
在中国③，都未有所授，知喜命应得道，乃停关中。

　　老子有客徐甲④，少赁于老子⑤，约日雇百钱，计欠甲七
百二十万钱。甲见老子出关游行，速索偿不可得，乃倩人作
辞⑥，诣关令⑦，以言老子。而为作辞者，亦不知甲已随老子
二百余年矣，唯计甲所应得直之多⑧，许以女嫁甲。甲见女
美，尤喜，遂通辞于尹喜。得辞大惊，乃见老子。

　　老子问甲曰："汝久应死，吾昔赁汝，为官卑家贫，无有
使役，故以'太玄清生符'与汝⑨，所以至今日，汝何以言吾？
吾语汝，到安息国⑩，固当以黄金计直还汝，汝何以不能忍？"

　　乃使甲张口向地，其"太玄真符"立出于地，丹书文字如

新,甲成一聚枯骨矣。喜知老子神人,能复使甲生,乃为甲叩头请命,乞为老子出钱还之。老子复以太玄符投之,甲立更生。喜即以钱二百万与甲,遣之而去。并执弟子之礼,具以长生之事授喜。

喜又请教诫,老子语之五千言,喜退而书之,名曰《道德经》焉。

尹喜行其道,亦得仙。汉窦太后信老子之言[11],孝文帝及外戚诸窦,皆不得不读,读之皆大得其益。故文景之世,天下谧然[12],而窦氏三世保其荣宠。

太子太傅疏广父子[13],深达其意,知"功成身退"之义,同日弃官而归,散金布惠,保其清贵。及诸隐士,其遵老子之术者,皆外损荣华,内养生寿,无有颠沛于险世。其洪源长流所润,洋洋如此,岂非乾坤所定,万世之师表哉!故庄周之徒[14],莫不以老子为宗也。

【注释】

①昆仑:原为道教神山,被称为"百神之乡",相传为西王母所居之处。今昆仑山在新疆和西藏之间,西接帕米尔高原,东延入青海境内。

②占风气:即风角占候术,是古代占卜术中很重要的一支,唐瞿昙悉达《开元占经》中就专门有"风占"一节,主要通过对风的分析而占卜所要发生的事。

③中国:上古时,华夏族建国于黄河流域一带,以为居天下之中,故称中国,而把周围其他地区称为四方。后泛指中原地区。

④客:这里指佣人。

⑤赁：租借。此处意为被雇佣。

⑥倩：请别人代自己做某事。

⑦诣(yì)：到，特指到尊长那里去。

⑧直：通"值"。酬劳。

⑨太玄清生符：一种能起死回生的符。

⑩安息国：又名阿萨息斯王朝或安息帝国，是亚洲西部的伊朗高原地区古典时期的奴隶制王国。建于公元前247年，开国君主为阿尔撒息，226年被波斯萨珊王朝代替。全盛时期的安息帝国疆域北达小亚细亚东南的幼发拉底河，东抵阿姆河，《史记》《汉书》和《后汉书》都对其有记载。

⑪窦(dòu)太后：即汉文帝刘恒的皇后，汉景帝刘启的母亲。史载窦太后好黄老之说，要求景帝和窦氏国戚都要读老子的书，并用老子休养生息的理念治国，形成了汉代文帝和景帝时期国家繁荣昌盛的稳定局面，史称"文景之治"。

⑫谧(mì)然：平静的样子，指国家安宁。

⑬疏广：字仲翁，号黄老，东海兰陵(今属山东临沂)人，西汉名臣。疏广从小好学，精于《论语》《春秋》，汉宣帝地节三年(前67)封为太子太傅。疏广信奉黄老之学，任太傅五年后，因感老子"知足不辱，知止不殆"，"功遂身退，天之道"之说，称病辞官与侄子俱还乡。还乡后将皇帝所赐黄金遍赠乡里，教化一方。乡人感其散金之惠，在二疏宅旧址筑一座方圆三里的土城，取名为"二疏城"；在其散金处立一碑，名"散金台"，在二疏城内又建二疏祠，祠中雕塑二疏像，世代祭祀不绝。

⑭庄周：即庄子，姓庄名周，字子休(亦说子沐)，春秋时宋国蒙(今河南商丘，一说安徽蒙城)人。他在哲学思想上继承和发展了老子"道法自然"的观点，使道家真正成为一个学派，他也成为道家的重要代表人物。著有《庄子》一书，道教中也称《南华经》。

【译文】

老子将要离开中原,西出函谷关,以便登临昆仑山。关令尹喜占卜风气,得知会有神人来过关,于是清扫了四十里道路,看到老子时就知道是他了。老子在中原时,没有教授过任何人,知道尹喜命中应当得道,于是暂住关中。

老子有个佣人名叫徐甲,从小就受雇于老子,当时约好每天一百工钱,至今共计欠徐甲七百二十万钱。徐甲见老子要出关远游,不能马上索要到工钱,于是请人写了封文书,拜见关令,告诉他老子欠钱这件事。那个为他写文书的人,也不知道徐甲已经跟随老子二百多年了,计算了一下徐甲应该拿到的工钱发现有很多,就许诺把女儿嫁给他。徐甲见那女子很漂亮,特别高兴,所以就把文书呈递给了尹喜。尹喜看到文书后大吃一惊,于是去见老子。

老子责问徐甲:"你早就应该死了,我当初雇佣你,是因为我官职卑微,家里贫困,没有可以使唤的人,所以给你'太玄清生符',让你能活到今天,你怎么还来告我?我告诉过你,到安息国后,一定会计算好工钱用黄金偿还给你,你怎么就不能忍耐一下呢?"

于是让徐甲对着地面张开嘴,老子的"太玄真符"顿时落在地上,丹书上的文字就像新写的一样,而徐甲则立刻变成了一架骷髅骨。尹喜知道老子是神人,能再次让徐甲复生,于是替徐甲磕头请求饶他一命,请求自己出钱代老子偿还给他。老子又将太玄符投给徐甲,徐甲立刻复活了。尹喜于是给徐甲二百万钱,打发他走了。尹喜同时拜老子为师,执弟子礼,老子于是把长生之术都教给了尹喜。

尹喜又向老子请示教导和训诫,老子对他说了五千多字大义,尹喜回去后书写了下来,命名为《道德经》。

尹喜遵照老子的道而修行,也得以成仙。汉代窦太后信奉老子的话,于是孝文帝和窦氏外戚,都不得不读老子的书,读后都大有收益。所以汉文帝和汉景帝的时候,天下安宁,而窦氏三代也得以保住荣耀尊宠的地位。

　　汉代太子太傅疏广叔侄,也深深领会了《道德经》的要旨,知道"功成身退"的大义,同一天弃官回家,广散金钱,布施恩惠,保住了清名和尊贵。至于诸多隐士,凡是遵照老子的道术修行的,都外弃荣华富贵,内养而得寿延年,没有在险恶的世事中遭遇颠沛流离。老子的大道源远流长,润泽所及,洋洋洒洒,怎能不说是天地造就的,万世的师表呢!所以像庄周这样的人,没有不以老子为宗师的。

彭祖

【题解】

　　彭祖是古代著名的养生家,传说他活了八百岁,历经尧帝时代至殷商时代,为尧帝时大彭氏国(今江苏徐州)人。西汉司马迁《史记·楚世家》中称其先祖为颛顼,其父为陆终,共有兄弟六人,彭祖排行第三,并说:"彭祖氏,殷之时尝为侯伯,殷之末世灭彭祖氏。"可知按《史记》所述,彭祖当为一氏族,非指一人。据此,清代学者孔广森认为,世传的彭祖八百岁可能是由彭国存在的年限附会而来,并不是彭祖这个人的实际寿命。今江苏徐州境内为古大彭氏国所在地,当地至今有不少关于彭祖的传说。

　　汉代之前,彭祖以善于养生和长寿闻名。如《荀子·修身》:"扁善之度,以治气养生则后彭祖,以修身自名则配尧、禹。"《庄子·逍遥游》:"而彭祖乃今以久特闻,众人匹之,不亦悲乎?"《庄子·刻意》篇中则提到彭祖善导引养生术:"吹呴呼吸,吐故纳新,熊经鸟申,为寿而已矣。此导引之士、养形之人,彭祖寿考者之所好也。"在这里,庄子认为彭祖是一类以练习呼吸吐纳、锻炼导引以求长寿的养生家,也因此,后世流传的导引术中多有以彭祖冠名的术势,如《太清导引养生经》中有"彭祖导引图",明《养生导引法》中有"彭祖谷仙卧引功"等。世传以彭祖命名的著作有《彭祖经》，还有《道藏》中收录的《彭祖摄生养性论》，都是有关养生的专著。战国楚屈原《楚辞·天问》中曾提到彭祖为帝尧烹调野鸡汤，所以一般也认为他善于食疗养生。

彭祖的故事也见于题为西汉刘向所撰的《列仙传》，东晋干宝的《搜神记》中也有收录，二者文字内容相似且都比较简略。但是却已将其神仙化。如《列仙传》描述彭祖："常食桂芝，善导引行气。历阳有彭祖仙室，前世祷请风雨，莫不辄应。常有两虎在祠左右，祠迄，地即有虎迹云。后升仙而去。"葛洪此篇对彭祖的描述则详细得多，尤其提到彭祖精于房中术，是《列仙传》所无。

房中术本是汉以前以讲述性生活保健和生殖健康为主的医学知识的总称，据东汉班固《汉书·艺文志》记载，当时的房中著作就有八家，一百八十六卷，可见其内容之丰富。后来由于历史原因，其书多散佚，清末学者叶德辉从中外古籍中辑出《素女经》《素女方》等，编纂而成"双梅景闇丛书"。1973 年长沙马王堆汉墓出土的《十问》《天下至道谈》也属于房中养生的专篇，《十问》中尚记载有王子乔与彭祖的对答。

关于彭祖精于房中养生术的说法，汉代之前未见记载。《汉书·艺文志》中著录房中八家，并无以彭祖命名的书，直到东晋葛洪在《抱朴子·内篇·释滞》中称"房中之法十余家"，其中便有了彭祖，而在《抱朴子·内篇·极言》中，他简略地提到了彭祖与殷王、采女的故事，并说此传说来自《彭祖经》，可知当时即有《彭祖经》传世。

关于《彭祖经》一书，应是后人编纂的以彭祖命名的书，今已佚，其中有不少关于彭祖论述房中术的内容，极有可能是汉代之后的人的附会之作，但葛洪对其中的论述较为认可。他在《抱朴子·内篇·微旨》中讲到"房中之事"，认为"彭祖之法，最其要者"。而本篇中彭祖的主要观点，即是修道求仙者不必完全禁欲，但对房中之事要掌握好分寸，慎重对待。这些思想都值得进一步研究。

葛洪对彭祖的态度较为矛盾，一方面有赞赏，如在《抱朴子·内篇·勤求》中说:"若彭祖、老子,止人中数百岁,不失人理之欢,然后徐徐登遐,亦盛事也。"一方面又有所质疑,如在《抱朴子·内篇·对俗》中说"吾更疑彭祖之辈,善功未足,故不能升天耳。"

　　此篇中,作者借彭祖之口,指出修道不必完全禁欲,但需要掌握好分寸,慎重对待房中术,其思想值得进一步研究。

　　彭祖者,姓篯讳铿①,帝颛顼之玄孙也。殷末,已七百六十七岁,而不衰老。少好恬静,不恤世务②,不营名誉,不饰车服,唯以养生治身为事③。王闻之,以为大夫④,常称疾闲居,不与政事。善于补导之术,服水桂、云母粉、麋角散⑤,常有少容。然性沉重,终不自言有道,亦不作诡惑变化鬼怪之事。窈然无为⑥,少周游,时还独行,人莫知其所诣⑦。伺候,竟不见也。有车马而常不乘,或数百日,或数十日,不持资粮,还家,则衣食与人无异。常闭气内息⑧,从旦至中,乃危坐拭目⑨,摩搦身体⑩,舐唇咽唾⑪,服气数十⑫,乃起行言笑。其体中或疲倦不安,便导引闭气⑬,以攻所患。心存其体,面、九窍、五脏、四肢、至于毛发,皆令具至。觉其气云行体中,故于鼻口中达十指末,寻即体和。王自往问讯,不告。致遗珍玩,前后数万金,而皆受之,以恤贫贱,无所留。

【注释】

①姓篯(jiān)讳铿(kēng):讳,古时称死去的皇帝或尊长的名字时的用法。

②不恤:不考虑,不忧虑。

③治身:即修身,即不断地陶冶身心,涵养德性。

④大夫：古代官名。周代在国君之下有卿、大夫、士三等；各等中又分上、中、下三级，后因以大夫为任官职者之称。秦汉以后，中央要职有御史大夫，备顾问者有谏大夫、中大夫、光禄大夫等。唐宋尚存御史大夫及谏议大夫。明清全废。

⑤水桂：即中药肉桂，可补元阳，暖脾胃，除积冷，通血脉。主治命门火衰，肢冷脉微，亡阳虚脱，腹痛泄泻等症。云母粉：又称云珠、云华、云英、云液、云砂、璘石等，为硅酸盐类矿物。中医经典《神农本草经》中说其主身皮死肌，中风寒热，如在车船上，除邪气，安五脏，益子精，明目，久服轻身延年。主要功效为纳气坠痰，止血敛疮，可治虚喘，眩晕，惊悸，癫痫等症。麋角散：麋鹿角的粉，中药鹿角一般用梅花鹿和马鹿的角，功效为温肾阳，强筋骨，行血消肿，可用于阳痿遗精，腰脊冷痛等症状的治疗，麋鹿角功效类似。

⑥窈（yǎo）然：幽静而深沉的样子。无为：语出《老子·三十七章》"道常无为而无不为"。意指顺应自然之道，不刻意作为。

⑦诣（yì）：到，古时特指到尊长那里去。

⑧闭气内息：是古代静坐修行到一定功夫时所出现的一种状态，其时，心肺的呼吸变得极其微弱，似有似无，而下腹丹田部位出现一起一伏似呼吸的状态，叫闭气，也叫内息或胎息。

⑨危坐：古代指两膝跪地，耸起上身的坐姿。后泛指端坐，直身而坐。拭（shì）目：古人用于眼睛保健的一种方法，做法为锻炼结束时，摩擦双手使手心发热，再用手心捂住两目，轻轻揉动。

⑩摩搦（nuò）：搓摩、按摩的意思。

⑪舐（shì）：舔。咽唾：即吞咽口中津液，古人认为常吞咽津液可以补气，使人强壮。隋巢元方等《诸病源候论·虚劳羸瘦候》："朝朝服玉泉，使人丁壮，有颜色，去虫而牢齿也。玉泉，口中唾也。"

⑫服气：即食气法，是通过专门的呼吸方法吸纳自然界的清气用于

养生。南朝梁陶弘景《养性延命录》中说："食气者神明而寿。"

⑬导引：一类通过动作配合呼吸和意识的引导以使关节滑利、肌肉柔和、气血运行顺畅的养生术，也是中医里可通过自我锻炼而达到治疗效果的方法。西晋李颐在《庄子集解》里注"导引"为"导气令和，引体令柔"。世传八段锦、易筋经即此类。

【译文】

彭祖，姓篯名铿，是颛顼帝的玄孙。殷朝末年，已经七百六十七岁了，但却不衰老。彭祖年少时喜欢清静，不理凡尘俗世，不追求名誉，不装饰车马、衣服，只把养生和修身作为最重要的事。殷王听闻他的德行，就聘他为大夫，彭祖却经常以生病为借口闲居在家，不参与政事。彭祖精通补益、导引之类的养生术，常常吃水桂、云母粉、麋角散，容貌一直看起来很年轻。但是彭祖心性稳重，一直不说自己有道术，也不做那些怪异的、惑乱人心的装神弄鬼的事。他清静无为，很少出游，偶尔出去也是一个人走，人们都不知道他去了哪里。如果有人跟着，他一会儿就不见了。他有车马却很少乘坐，有时候一出门就几百天，有时候几十天，也不带路费干粮，回家后，穿衣吃饭和平常人没什么两样。他常常行闭气胎息法，从早晨一直到中午结束，然后端坐，用手轻揉双目，按摩全身，舔双唇、咽津液，行服气法几十次后，才起身行走，与人谈笑。如果他偶尔感到身体疲倦不舒服，就用导引、闭气的方法来对治病症。他用意念存守身体，从脸、九窍、五脏、四肢到全身的毛发，都要让意念走到。这时会感觉气在体内像云一样运行，从鼻子、嘴一直通达到十指末端，一会儿就觉得身体舒适了。殷王亲自去询问彭祖养生的方法，彭祖不告诉他。殷王送给他的珍宝玩物，前前后后有几万金，彭祖都收了下来，然后用来帮助那些贫苦的老百姓，自己一点都不留。

又采女者①，亦少得道，知养性之方，年二百七十岁，视之如五六十岁。奉事之于掖庭②，为立华屋紫阁③，饰以金玉。乃令采女乘辒辌④，往问道于彭祖。既至再拜⑤，请问延年益寿之法，彭祖曰："欲举形登天，上补仙官，当用金丹⑥，此元君、太一⑦，所以白日升天也。此道至大，非君王之所能为。其次当爱养精神，服药草，可以长生，但不能役使鬼神，乘虚飞行。身不知交接之道⑧，纵服药，无益也。能养阴阳之意，可推之而得，但不思言耳，何足怪问也。吾遗腹而生⑨，三岁而失母，遇犬戎之乱⑩，流离西域⑪，百有余年。加以少怙⑫，丧四十九妻，失五十四子，数遭忧患，和气折伤。冷热肌肤不泽，荣卫焦枯⑬，恐不度世。所闻浅薄，不足宣传。大宛山有青精先生者⑭，传言千岁，色如童子⑮，步行日过五百里，能终岁不食，亦能一日九食，真可问也。"

【注释】

①采女：原为"朵女"，据文渊阁《四库全书》本改。原为汉代六宫的一种称号，因其选自民家，故曰"采女"。后用作宫女的通称。

②掖（yè）庭：宫中官署名，掌后宫贵人采女事，以宦官为令丞。

③紫阁：道教认为，紫色为祥瑞之色，所以紫阁一般也代指神仙住所。

④辒辌（píng）：辒车和辌车的并称，后泛指四面有屏蔽的车子。辒，古代一种有帷盖的车。辌，古代一种有帷幔的车，多供妇女乘坐。

⑤至：原为"而"，据北宋李昉等《太平广记》改。

⑥金丹：指用朱砂、铅、硫磺等烧炼而成的东西，道教中称之为金丹，认为人吃了有长生不死的功效。葛洪在《抱朴子·内篇·金丹》中说："烧之愈久，变化愈妙。黄金入火，百炼不消，埋之，毕天不朽。服此二物，炼人身体，故能令人不老不死。"宋以后变成

内丹名词，指神、气在体内相凝而发生的一种变化状态。

⑦元君、太一：原为"九召太一"，据文渊阁《四库全书》本改。元君，一般指女仙称号，《洞真高上玉帝大洞雌一玉检五老宝经》称："夫称元君也，皆女子之神也。"《文昌大洞仙经》："结中元真精魂名元君，即太一元君也。元君谓之雌一，盖女人为之，女仙得道，皆号元君，为最极贵之称。"也有指元君为老子母亲，如唐段成式《酉阳杂俎》："李母，本元君也，日精入口而有孕。"太一，又称太乙、泰一、天一等。秦汉时期，太一被认为是紫微宫北极天帝或天帝大皇，是天中央主宰四方的最高神，《史记·封禅书》："天神贵者太一，太一佐曰五帝，古者天子以春秋祭太一东南郊。"就是说汉代之前，以"太一"为最高神，春秋两季时对其祭祀，但是至汉武帝时，"太一神"的祭祀活动定在正月十五元宵节。唐张守节《史记正义》中说："泰一，天帝之别名也。"北宋陆佃注《鹖冠子·泰鸿》："泰一，天皇大帝也。"唐张铣注《文选》中扬雄的《甘泉赋》："太一，天神也，居于紫微宫。"

⑧交接之道：即房中术，男女交接的方法。

⑨遗腹：意为父亲死后出生的孩子，此处指没有父亲而出生的孩子。

⑩犬戎（róng）：古代少数民族名，又叫猃狁，活跃于今陕、甘一带，西周末代君主周幽王受其攻击而亡国。他们一直与中原华夏民族征战不断，到唐朝，中原民族还把一切西北游牧民族统称为"犬戎"和"戎狄"。也有人指其为古羌族的一支。

⑪西域：汉以来对玉门关、阳关以西地区的总称。狭义专指葱岭以东而言，广义则指凡通过狭义西域所能到达的地区，包括亚洲中西部、印度半岛、欧洲东部和非洲北部在内。后亦泛指我国西部地区。

⑫怙（hù）：原为"枯"，据文渊阁《四库全书》本改。依靠、仗恃的

意思。

⑬荣卫：也称"营卫"，中医术语，泛指人体的气血。荣，指血的循
　　环。卫，指气的周流。

⑭大宛山有青精先生者：大宛山和青精先生，是杜撰的地名和
　　人物。

⑮童子：古人十五岁成童，二十岁成年，故童子指十五至二十岁，相
　　当于现代标准里的青少年。

【译文】

　　有一个采女，年少时学过道术，懂一些养生的方法，二百七十岁了，
看起来就像五六十岁一样。殷王把她供养在掖庭，为她建造高大的紫
色楼阁，并用金玉做装饰。殷王于是让采女坐着华贵的马车，去向彭祖
询问成仙之道。采女见到彭祖向他拜了两拜，请教延年益寿的方法，彭
祖说："想要让身体飞升进入天界，补入天宫的官位，应当服用金丹，这
是元君、太一之所以能白日飞升成仙的原因。但这是最高的道术，不是
君王能做到的。其次就是爱惜养护好精神，服用药草，也可以做到长
寿，但不能做到驱使鬼神，凌空飞行。不知道房中养生的方法，即使服
用药物，也没有用处。关于怎么调养阴阳，可以去推断体会，却不能用
语言说清楚，这不值得奇怪地询问。我是遗腹子出生，三岁时失去母
亲，又遇到犬戎的战乱，流落到西域有一百多年。加上我缺少可以依靠
的人，死过四十九个妻子，失去了五十四个儿女，屡遭忧患，身体的元气
受到损伤。我常常感到冷热不调，皮肤也没有光泽，气血枯竭，恐怕不
能在世间活多久了。我的见识浅薄，不够资格宣传大道。大宛山上有
个叫青精先生的，传说有一千多岁了，面貌看起来就像个青少年，一天
能走五百多里路，能一年都不吃东西，也能一天吃九顿饭，他才是可以
问道的人。"

采女曰："敢问青精先生是何仙人者也？"

彭祖曰："得道者耳，非仙人也。仙人者，或竦身入云①，无翅而飞；或驾龙乘云，上造天阶；或化为鸟兽，游浮青云，或潜行江海，翱翔名山；或食元气，或茹芝草②；或出入人间而人不识，或隐其身而莫之见。面生异骨，体有奇毛，率好深僻，不交俗流。然此等虽有不死之寿，去人情，远荣乐，有若雀化为蛤③，雉化为蜃④，失其本真，更守异气。余之愚心，未愿此已。入道当食甘旨⑤，服轻丽，通阴阳，处官秩耳⑥。骨节坚强，颜色和泽，老而不衰，延年久视⑦，长在世间。寒温风湿不能伤，鬼神众精莫敢犯，五兵百虫不可近⑧，嗔喜毁誉不为累，乃可为贵耳。"

【注释】

①竦（sǒng）身：竦，通"耸"。伸长脖子，提起脚跟站着。见《卢敖若士》篇："乃举臂竦身，遂入云中。"

②茹（rú）：吃。芝草：即中药灵芝，古人认为灵芝是仙草，东汉成书的《神农本草经》里记载有赤、黑、青、白、黄、紫六种灵芝，功用有别，但基本都能延年益寿。

③雀化为蛤：古代民间传说，蛤蜊为麻雀入海所化，东晋干宝《搜神记》中言："百年之雀，入海为蛤。"也有指为黄雀，如《太平广记》引《述异记》言："淮水中，黄雀至秋化为蛤，至春复为黄雀。雀五百年化为蜃蛤。"同时蛤又能化为雀，如唐段成式《酉阳杂俎》中记载："蛤蜊，候风雨，能以壳为翅飞。"雀，麻雀。蛤，蛤蜊。浅海里生长的一种有壳软体动物。

④雉（zhì）化为蜃（shèn）：古人以为海里或沙漠里出现的幻景为蜃气所化，所以叫"海市蜃楼"。同时蜃又是雉入海所化，如《礼记·月令》载"雉入大水为蜃"，东晋干宝《搜神记》亦载"千岁之

雉，入海为蜃"。这些是古人物化思想的体现。雉，俗称"野鸡"，属于鸡形目体型略大的鸟，栖于开阔林地和田野，成小群觅食。雄的尾长，羽毛鲜艳美丽。雌的尾短，羽毛黄褐色，体较小，善走而不能久飞。蜃，大的蛤蜊。《周礼·掌蜃》注："蜃，大蛤也。"《国语·晋语》注："小曰蛤，大曰蜃，皆介物，蚌类也。"

⑤甘旨：美味的食品。

⑥官秩：指授予官职。秩，古代官吏的俸禄。

⑦久视：长久地活着。《老子·五十九章》："是谓深根固柢，长生久视之道。"《吕氏春秋·重己》："无贤不肖，莫不欲长生久视。"高诱注："视，活也。"

⑧五兵：五种古代常用兵器，各家所指不一，此处泛指各种兵器，代指战争、刀兵等灾患。百虫：泛指各种虫兽等灾害。

【译文】

采女说："请问青精先生是哪种仙人呢？"

彭祖说："青精先生是得道的人，不是仙人。真正的仙人，有的能耸身跳入云中，没有翅膀也能飞行；有的能驾龙乘云，游走天庭；有的能变化成鸟兽，飞翔在青天白云之中，或者潜入江河湖海游走，或者翱翔在名山大川之间；有的只吸食元气，有的只嚼服灵芝；有的在人世间出没而别人认不出来，有的隐藏他的身体使谁都看不到。仙人常常脸上长得骨骼奇异，身上有着特别的毛发，喜欢住在幽静偏僻的地方，不与世俗之人交往。但是这些仙人虽然有不死的寿命，却避开人情世故，远离世俗的荣辱欢乐，就像鸟雀变成了蛤蜊，野鸡变成了海蜃一样，失去了人的本性，变成了异类。以我愚钝的想法，不希望变成这样。人入道修行就应当享受世间的美味，穿轻巧精美的衣服，精通男女阴阳之事，做一官半职才好。使自己骨骼强壮，面貌和肌肤都充满光泽，年老而不衰败，不断延长寿命好好活着，永久地待在人世间。寒、温、风、湿之气不能伤害，各类鬼神和精怪也不敢来侵犯，刀兵之灾和虫兽之害不能近身,愤怒和喜悦、诽谤和赞美都不牵挂于心,才是最好的修行。"

　　"人受气,虽不知方术①,但养之得宜,常至百二十岁,不及此者,伤也。小复晓道,可得二百四十岁,加之可至四百八十岁,尽其理者,可以不死,但不成仙人耳。养寿之道,但莫伤之而已。夫冬温夏凉,不失四时之和②,所以适身也;美色淑姿,幽闲娱乐,不致思欲之惑,所以通神也;车服威仪,知足无求,所以一志也;八音五色③,以悦视听,所以导心也。凡此皆以养寿,而不能斟酌之者,反以速患。古之至人④,恐下才之子,不识事宜,流遁不还,故绝其源。故有"上士别床,中士异被,服药百裹,不如独卧";"五音使人耳聋,五味使人口爽"⑤。苟能节宣其宜适,抑扬其通塞者,不以减年,得其益也。凡此之类,譬犹水火,用之过当,反为害也。不知其经脉损伤⑥,血气不足,内理空疏⑦,髓脑不实,体已先病。故为外物所犯,因气寒酒色,以发之耳。若本充实,岂有病也。夫远思强记伤人,忧喜悲哀伤人,喜乐过差、忿怒不解伤人,汲汲所愿伤人⑧,阴阳不顺伤人。有所伤者数种,而独戒于房中,岂不惑哉? 男女相成,犹天地相生也,所以神气导养,使人不失其和。天地得交接之道,故无终竟之限;人失交接之道,故有伤残之期。能避众伤之事,得阴阳之术⑨,则不死之道也。天地昼分而夜合,一岁三百六十交,而精气和合,故能生产万物而不穷。人能则之,可以长存。次有服气,得其道则邪气不得入,治身之本要。其余吐纳、导引之术,及念体中万神⑩,有含影守形之事⑪,一千七百余条;及四时首向,责己谢过^⑫,卧起早宴之法^⑬,皆非真道,可以教初学者,以正其身。人受精养体,服气炼形,则万神自守其真,不然者,则荣卫枯悴^⑭,万神自逝,悲思所留者也。人为道,不务其本而逐其末,告以至言而不能信,见约要之书,谓之轻浅,而不尽服诵,观夫《太清北神中经》之属^⑮,以此自疲,至死无益,不亦悲哉? 又人苦多事,少能弃世独往山居穴处者,以道教之,终不能行,是非仁人之意也。但知房中闭气,节其思虑,适饮食则得道也。吾先师初著《九节都解》《指教》《韬形》《隐遁》,尤为《开明》《四极》《九室》诸经^⑯,万三千首,为以示始涉门庭者。"

【注释】

①方术:专指道教采药炼丹及养身之术。如葛洪在《抱朴子·内篇·金丹》中说:"余少好方术,负步请问,不惮险远。"

②不失四时之和:古人认为,人要养生,应该顺应四季阴阳的消长变化。如中医经典《黄帝内经》中就要求做到"和于阴阳,调于四时"(《素问·上古天真记》),并说"夫四时阴阳者,万物之根本也。所以圣人春夏养阳,秋冬养阴,以从其根"(《素问·四气调神大论》)。

③八音:中国古代根据制作材料对乐器的分类,指金、石、土、革、丝、木、匏、竹八类,此处泛指各类乐器。五色:指青、赤、白、黑、黄五种颜色,古代以此五者为正色,此处泛指各种颜色。

④至人:这里指具有很高的道德修养,能顺应自然之道养生而长寿之人。《黄帝内经·素问·上古天真论》中曾把修道的人分成四种层次,依次为真人、至人、圣人、贤人,其中说"至人""亦归于真人"。

⑤五音使人耳聋,五味使人口爽:出自《老子·十二章》:"五色令人目盲,五音令人耳聋,五味令人口爽,驰骋畋猎令人心发狂。"意思是声色、游乐、口腹之欲会干扰人的本性,从而有害于养生。五音,指我国古代五声音阶中的五个音级,即宫、商、角、徵、羽,唐以后又名合、四、乙、尺、工。此处指各种美妙的音乐。五味,指酸、甜、苦、辣、咸五种味道,此处代指各种美味食物。

⑥经脉:经络和血脉,中医认为经络是推动人体内血气运行的通道,包括主干和分支,可内属脏腑、外络肢节。经脉为纵行干线,络脉为横行分支,包括十二经脉、奇经八脉、十二经别、十五络脉、孙络、十二经筋及十二皮部等。《黄帝内经·灵枢·经脉》说:"经脉者,所以能决死生,处百病,调虚实,不可不通。"说明经络对人体健康的重要性。

⑦内理:即"腠(còu)理"。中医指皮下肌肉之间的空隙。

⑧汲汲(jí):形容心情急切,努力追求的样子。

⑨阴阳之术:此处指房中术。

⑩念体中万神:指道教上清派的存思身内之神法,见于道教经典《黄庭内景经》中,它由早期道教《太平经》中"五脏神"的观念发展而来,认为人体中有三部八景二十四神,通过存思体内各神的色、形、气、服饰、姓名等,可以让身体阴阳和顺,脏腑调匀,而无疾病。并认为"可用存思登虚空",就是这种方法也可以用来修仙。存思时要求长时间的专心一致、矢志不移,《黄庭内景经》中说:"昼夜七日思勿眠,子能行此可长存,积功成炼非自然,是由精诚亦由专。"后世道教在此基础上进一步发展,认为人身中五脏六腑、百官九窍以致毛发皆有"神",故有"万神"之说,如《太清中黄真经》说:"百关九节皆神宅也,脏腑无邪气,所生即万神。"这里的"神"实际上是道教对人体生命功能的一种拟人化。

⑪含影守形:原作"舍影守形",据文渊阁《四库全书》本改。含影守

形，也是存思的方法，葛洪《抱朴子·内篇·地真》中说："道术诸经，所思存念作，可以却恶防身者，乃有数千法。如含影藏形，及守形无生，九变十二化二十四生等，思见身中诸神，而内视令见之法，不可胜计，亦各有效也。"《三洞珠囊》卷五引葛仙公《五千文经序》云："静思期真，则众妙感会，内观形影，则神气长存。"《抱朴子·内篇·遐览》中提到有《含景图》《守形图》各一卷。北宋张君房《云笈七签·杂修摄部四》中则记载有具体的存思"影人"的方法。

⑫四时首向，责己谢过：即"首过"法，道教中的忏悔法，实施时面朝选定的方向告白忏悔自身的过错，以达到消除疾病或消灾避祸的目的。南朝宋范晔《后汉书·刘焉传》说张鲁行五斗米道，"有病但令首过而已"。

⑬卧起早宴：指顺应四季阴阳的变化起居养生。《黄帝内经·素问·四气调神大论》中提到，春天和夏天要"夜卧早起"，秋天要"早卧早起"，冬天则要"早卧晚起"。宴，通"晏"。迟，晚。

⑭悴（cuì）：衰弱，疲萎。

⑮《太清北神中经》：未见著录，道教中传有《太清中经》，不知是否为同一本书。根据上下文，应该是一本很庞杂的巨著。

⑯《九节都解》《指教》《韬形》《隐遁》，尤为《开明》《四极》《九室》：这些都是道教经书，"指教"原为"指"，今据文意补。《抱朴子·内篇》中有《节解经》《蹈形记》《隐守记》《开明经》，北宋李昉等《太平御览》中有《四极明科经》《指教经》，此段疑文字有脱漏或错讹，也有人指"吾先师……以示始涉门庭者"为葛洪所加的注杂入彭祖所说的话中。

【译文】

"人受天地之气而生，即使不知道一些养生的方术，但要是做到恰当养生，一般也能活到一百二十岁，没能活到这么大的，就是伤害了生命。稍微再懂点养生之道的，就可以得到二百四十岁的寿命，再多懂一点的，可能活到四百八十岁，要是完全明白了养生的道理，就可以做到不死，但不能成为仙人。养生长寿的道理，只要做到不伤害生命就行。冬天要温暖，夏天要凉爽，适应四季的气候变化，让身体安适；有美女相伴，休闲娱乐，就不产生欲念的困扰，让情志保持舒畅；有车马和服饰维持出行的庄重，知道满足，自然就没有其他欲求，这样让志趣专一；有八音五色，使视听能愉悦身心，这样可以导正心念。凡是这些都可以养生长寿，但如果不能把握住它们，反倒会很快招致疾病。古代的至人，担心无知之辈，不了解事物的宜忌，耽乐放纵而流连忘返，所以从源头上断绝了这些养生方法。因此才出现"上等修道的人与妻子分床而睡，中等修道的人与妻子各盖一个被子，服药再多也不如一个人独卧"；"听多了音乐会损害人的听力，吃多了美味会败坏人的胃口"等等说法。要是能对欲望进行合理地节制和疏导，过多时要节制，压抑时要疏导，就不会减低寿命，还能获得好处。人的这些欲念，就像水火一样，一旦过用，反倒成为危害。不知道人的经脉受了损伤，血气不满，肌肤腠理空虚，脑髓不足，是身体已经处于病态了。所以一旦受到外界侵犯，因为寒邪之气或酒色过度，就会把病引发出来。要是身体的根本充实，怎么会生病。深谋远虑或强行记忆会伤人，忧愁欢乐、悲哀过度会伤人，太过高兴、生气得不到纾解会伤人，一心急于达成愿望会伤人，阴阳不调会伤人。能使生命受到伤害的原因很多，但是至人却特别强调要谨慎房中之事，不是让人迷惑吗？男女相配，就像天地相生一样，所以需要在行房时导养神气，不使身体状态失和。天地遵循交合之道，所以没有终止的时限；人失去了交合之道，所以才会有伤病的时候。能够避免众多伤害生命的事情，得到阴阳养生术，就掌握不死之道了。天地白天分开而夜晚聚合，一年交会三百六十次，因此精气和合，所以能孕育产生万物而不会穷尽。人如果能效法天地，也可以像天地一样长存。其次有服气术，知道这个道术则邪气不能侵入身体，这是修身的根本。其余还有吐纳法、导引术，以及存念身中万神，含影守形这些修炼方法，一千七百多条；还有一年四季的省察，反省自我，忏悔过错，起床和睡觉分早晚的方法，这些都不是真正的修道，但可以用来教给初学者，用来端正身心。人受精气涵养身体，用服气法修炼身体，则身中万神各自安守本位，不这样的话，则气血耗竭，万神会各自散去，到时就只剩悲伤后悔了。人们修道，不在根本上下功夫却追逐细枝末节，告诉他精深玄妙的话而他却不能相信，他看到简明扼要的书，却说内容浅薄，也不用心阅读理解，常常读些像《太清北神中经》一类的书，用这些把自己搞得身心疲惫，到死都没有收获，不是很可悲吗？另外有的修行人苦于受到太多世俗事务纠缠，很少能离世独自往山洞中居住修行，把大道教给了他，最终他还是不能实行，这就违背传道之人的本意了。但是如果能知道房中术、闭气法，节制思想念虑，调理好饮食，则也可以得道。我的老师曾著有《九节都解》《指教》《韬形》《隐遁》，尤其又写了《开明》《四极》《九室》诸种经书，有一万三千多条，都是给那些刚刚入门的人作指示的。"

采女具受诸要，以教王，王试之有验。殷王传彭祖之术，屡欲秘之。乃下令，国中有传祖之道者诛之，又欲害祖以绝之。祖知之，乃去，不知所之。其后七十余年，闻人于流沙之西见之[1]。王不常行彭祖之术，得寿三百岁，气力丁壮，如五十时。得郑女妖淫，王失道而殂[2]。俗间言传彭祖之道杀人者，由于王禁之故也。后有黄山君者[3]，修彭祖之术，数百岁犹有少容。彭祖既去，乃追论其言，以为《彭祖经》。

【注释】

①流沙之西：古代指敦煌以西的地区。原为"流沙之国西"，"国"为

衍文,今据文渊阁《四库全书》本改。

②殂(cú):死亡。

③黄山君:相传为商朝末年人,身世不详。传说他整理了彭祖的言论,编辑而成《彭祖经》一书。

【译文】

采女把彭祖养生的要领都学会了,把它教给了殷王,殷王试行后很有效。殷王得到了彭祖的养生之术,多次想要秘而不宣。于是颁布命令,国内有传播彭祖养生术的人一律杀掉,他又想把彭祖害死,以断绝彭祖道术的传播。彭祖知道后,就逃走了,不知去了哪里。过了七十多年后,听人说在西方流沙之地见过他。殷王不经常修行彭祖的养生术,但也活到了三百岁,气力强健,像五十岁的人。殷王后来得到一个郑氏女子,和她肆意淫乱,终于失去了道行而死。民间流传说传播彭祖之道的人会被杀死,这是因为殷王禁止它传播。后来有个黄山君,修炼彭祖养生术,几百岁了面容还和年轻人一样。彭祖离开之后,他把彭祖的言论进行了整理,就成了《彭祖经》。

魏伯阳

【题解】

魏伯阳,大致生活在汉桓帝(147—167)时期前后,是东汉著名的炼丹家,其事迹未见于正史,主要记载于此篇及南宋曾慥的《道枢》和五代道士彭晓的《周易参同契分章通真义》一书的序言中。《道枢》里记载魏伯阳名翱,字伯阳,号云牙子,并说他游长白山时,遇真人传授炼丹之法后著书。彭晓则说魏伯阳是东汉会稽上虞(今属浙江)人,不知师承于谁,并说他"博赡文词,通诸纬候",曾把所撰的《周易参同契》传给了青州的徐从事(从事,对地方长官所聘幕僚的称呼),徐从事又对其进行了注解,并传授给了同乡淳于叔通,才得以传世。近代有人指魏伯阳为汉桓帝时尚书魏朗之子,尚缺乏直接证据。

说到魏伯阳,就不得不提及他所著的《周易参同契》。这本书在道教中影响很大,被尊为"万古丹经王",历代多有注解,仅《正统道藏》就收入唐宋以后注本十一种,宋代朱熹也曾为其作过注。近代以来,此书在科技界、宗教界、气功界、哲学界引起广泛注意。被译成英文,传播到国外。前苏联的《苏联大百科全书》和《普通化学教程》都对此书做过介绍。英国李约瑟博士的《中国科学技术史》设有专题探讨《周易参同契》的科学内容。

历史上,围绕《周易参同契》是讲的炼制外丹还是修炼内丹,曾存在很大的争议,主要原因是《周易参同契》成书后,很多人按其所说的方法炼制丹药,都没有成功,并导致多起服用后中毒致死的案例,其中就包括唐朝的好几位皇帝。直到五代时道士彭晓鉴于历史的教训,以及自身缺乏化学炼丹知识的实践认知,而将其解为内丹修炼的文献,此后附和者甚多,经北宋张紫阳的进一步阐发,以及随后的道教内丹学派的推崇,使得多数人都将其作为内丹文献来解读了。

但是,从葛洪此篇中,我们明显看出,魏伯阳所炼制的是用于服用的外丹,这个问题,在彭晓之前其实比较清楚。问题出在自魏伯阳之后,因为他的炼丹方法没能得到很好的传承,以至于基本没有人再能炼制成功,导致多起中毒事件的发生,才引起后人怀疑,从而转将其方法解释为炼制内丹。可喜的是《参同契》中所描述的具体的化学炼制过程,已被近代学者破解(详见林中鹏、〔日〕早岛妙听著《中华古导引学》,北京体育大学出版社2014年版)。《周易参同契》的炼丹过程大致为用金属汞和硫磺,先在不密封的情况下,烧炼成黑色的硫化汞,再放到密闭的坩埚一类的容器中,长时间加热转化成红色的硫化汞,也就是中药朱砂的有效成分。因为前者是有毒的物质,后者无毒,在烧炼过程中,如果条件控制不好,漏入氧气,生成剧毒的氧化汞,或转化不完全,没有全部生成红色硫化汞,则人吃了往往中毒而死,这就是促使彭晓和张紫阳等人去反思，把《参同契》指为内丹修炼术的原因。

关于服丹的功效，魏伯阳曾在《参同契》中说，古人服用芝麻之类的尚且能延年长寿，那么把不败朽的金属汞炼制成丹药服用，则更可以长生了。葛洪也认为："金汞在九窍，则死人为之不朽，况服食乎！"意思是：既然金和水银塞于死人的九窍都能使死人不腐烂，那么活人服用金丹，就更应该长生了。这些都反映了古人因条件所限，对所炼制丹药功用认知方面的缺陷。

虽然魏伯阳没能炼出令人长生不老的"仙丹"，但以他为代表的一批古代炼丹家，在不断的探索和实践中，对中国的化学、医药学和养生学等，却做出了巨大的贡献，其成就和活动需要我们重新认识和评价。

《抱朴子·内篇·遐览》中记有《魏伯阳内经》，今已不存。

魏伯阳者，吴人也①，本高门之子②，而性好道术。后与弟子三人，入山作神丹③。丹成，知弟子心怀未尽，乃试之曰："丹虽成，然先宜与犬试之，若犬飞，然后人可服耳；若犬死，即不可服。"乃与犬食之，犬即死，伯阳谓弟子曰："作丹唯恐不成，今既成而犬食之死，恐是未合神明之意，服之恐复如犬，为之奈何？"弟子曰："先生当服之否？"伯阳曰："吾背违世路，委家入山，不得道亦耻复还，死之与生，吾当服之。"乃服丹，入口即死。弟子顾视相谓曰："作丹以求长生，服之即死，当奈此何？"独一弟子曰："吾师非常人也，服此而死，得无有意耶？"因乃取丹服之，亦死。余二弟子相谓曰："所以得丹者，欲求长生耳，今服之既死，焉用此为？不服此药，自可更得数十岁在世间也。"遂不服，乃共出山，欲为伯阳及死弟子求棺木。二子去后，伯阳即起，将所服丹纳死弟子及白犬口中，皆起。弟子姓虞，遂皆仙去。道逢入山伐木人，乃作手书与乡里人，寄谢二弟子，弟子乃始懊恨。伯阳作《参同契》《五相类》④，凡三卷，其说如解释《周易》，其实假借爻象⑤，以论作丹之意。而世之儒者，不知神丹之事，多作阴阳注之，殊失其旨矣。

【注释】

①吴人：泛指江苏南部和浙江北部一带出生的人，此处为周代诸侯国之一吴国所在地。

②高门：指父辈为高官或名门望族。有人据此推测，魏伯阳为东汉魏朗之子，因汉桓帝前后，魏朗曾官至尚书，且也是会稽上虞人，以博学多才闻于世，精于《春秋》《图纬》，时称"八俊"之一，著有《魏子》三卷。

③入山：此山为今安徽巢湖市四鼎山，现存有魏伯阳"白犬试丹"遗迹。

④《五相类》：原为《五行相类》，唐宋祁等《旧唐书·经籍志下》著录有魏伯阳撰《周易五相类》一卷，实为魏伯阳在《参同契》基础上进行的"补塞遗脱"之作，是对《参同契》的补充完善。有指今《参同契》中五言句为《参同契》、四言句为《五相类》。

⑤爻象：指《周易》中六爻相交成卦所表示的事物形象、形迹。爻，《周易》中组成卦的符号。"—"为阳爻，"－－"为阴爻。每三爻合成一卦，可得八卦；两卦（六爻）相重则得六十四卦。爻含有交错和变化之意。每一爻和每一卦都有相对应的解释说辞，称爻辞。

【译文】

魏伯阳是吴地出生的人，他本来是名门望族子弟，但生性喜欢道术。后来他跟三个弟子进山炼丹。丹炼成了，但魏伯阳知道弟子们心中有疑虑，于是试探他们说："丹药虽然炼成了，但最好先拿狗试一下，要是狗能飞升，然后人才能服用；要是狗死了，就不能服用。"于是拿给狗吃，狗很快就死了，魏伯阳对弟子们说："炼丹最怕炼不成，现在既然炼成了，但狗吃完却死了，恐怕是丹药还没达到神明的要求，服用了恐怕也会像狗一样，这该怎么办呢？"弟子们问："先生您觉得应当服用吗？"魏伯阳说："我放弃了世俗的生活，离家入山，不能得道的话也耻于再回去了，不管是死是生，我都要服下它。"于是把丹药吃了下去，一入口就死了。弟子们面面相觑地说道："炼丹是为了求得长生不老，服下去就死了，这可怎么办？"只有一个弟子说："我们的老师不是普通人，服用这个死了，别是有意的吧？"于是取丹药服用，也死了。剩下两个弟子彼此商量道："之所以要得到丹药，是想求得长生不老，现在既然吃下去就死，还要它干什么？不吃这个丹药，还可以在世间多活几十年。"于是都没有服用，他们一起出山，想要给魏伯阳和死了的弟子求副棺材。二人走后，魏伯阳就起来了，将自己吃的丹药纳入死了的弟子和白狗的口中，于是他们都苏醒了过来。这个弟子姓虞，于是一起成仙而去。路上碰到进山砍柴的人，魏伯阳就写了一封信给家乡的人，让他们寄给两个弟子以表示感谢，那两个弟子看到信后懊悔不已。魏伯阳著有《参同契》《五相类》，共有三卷，内容似乎是为《周易》作注解，但其实是假借《周易》中的爻象说辞，来论述炼丹的原理。但是俗世的儒生，不知道炼制神丹是怎么回事，多从阴阳的角度去注解它，从而失去了它本来的意思。

华子期

【题解】

关于华子期的详细资料，历代记载不多，除了此篇外，北宋乐史所撰的《太平寰宇记》中称他是秦汉时人，曾师事商山四皓。唐五代杜光庭著《天地宫府图》指"七十二福地第三十四泉源,在罗浮山中,华子期治之",清屈大均《广东新语》对此说进行了补充:"安期生常与李少君南之罗浮。罗浮之有游者,自安期始。自安期始至罗浮,而后桂父至焉。其后朱灵芝继至,治朱明耀真洞天;华子期继至,治泉源福地,为汉代罗浮仙之宗。"从以上记载结合本篇大致可以推断,华子期出生于今安徽淮南,后去陕西拜师学习,学成后又去了广东罗浮山,并在那里授徒传道。

华子期者,淮南人也①。师甪里先生②,受《仙隐灵宝方》。一曰《伊洛飞龟秩》,二曰《白禹正机》,三曰《平衡》③。按合服之,返老还少,日能行五百里,能举千斤,一岁十易皮,如蝉蜕④,后乃得仙去。

【注释】

①淮南:指淮河以南、长江以北的地区,为今安徽淮南一带。

②甪(lù)里先生:甪里,复姓,文渊阁《四库全书》本作"禄里"。相传甪里先生为秦博士,因逃避秦始皇焚书坑儒的迫害,与东园公、绮里季、夏黄公隐居于陕西商洛丹凤县商山,因其四位白发皓须、德高望重,西汉扬雄首称这四人为"四皓",后曹植、李白、白居易、陶渊明等都写有关于商山四皓的诗。西汉司马迁《史记·留侯世家》中说,刘邦欲废太子刘盈,吕后向张良问计,张良请出四皓,辅助太子,终让刘邦保留了太子刘盈的地位。

③"受《仙隐灵宝方》"几句:东晋葛洪的《抱朴子·内篇》中曾提到这三篇,并称"皆仙术也"。可知是修仙一类的书,具体内容已不详。

④蝉蜕(tuì):蝉蛹在出土后所脱的外壳,一般都保持着完整的外

形，可入药。

【译文】

华子期是淮南人。他曾师从角里先生学习，得到了《仙隐灵宝方》。第一篇名《伊洛飞龟秩》，第二篇名《白禹正机》，第三篇名《平衡》。按其中的方法合药服下，人就从衰老逐渐变得年轻，一天能走五百里路，能上举一千斤重的东西，一年之中换了十次外皮，就像蝉脱壳一样，后来修炼成仙而去。

卷二

白石先生

【题解】

白石先生，又称白石生、白石子，相传为上古仙人，到彭祖时已经二千多岁了，因为不愿上天为官，所以一直隐居在人间，其事迹主要记载于此篇，后世所引也多源于此。

从此篇可以看出，白石先生本来是个普通的凡人，但是通过自身的努力，最终得以成仙，并且他淡泊名利，不愿上天为官，只愿常驻人间。此篇把一个有个性的普通凡人的成仙经历描绘得具体而生动。

白石先生者，中黄丈人弟子也①。至彭祖时，已二千有余岁矣。不肯修升天之道，但取不死而已，不失人间之乐。其所据行者，正以交接之道为主②，而金液之药为上也③。初以居贫，不能得药，乃养羊牧猪，十数年间，约衣节用，置货万金，乃大买药服之，常煮白石为粮④，因就白石山居⑤，时人故号曰白石先生。

亦食脯饮酒⑥，亦食谷食。日行三、四百里，视之色如四十许人。性好朝拜事神,好读《幽经》及《太素传》⑦。彭祖问之曰:"何不服升天之药?"答曰:"天上复能乐比人间乎,但莫使老死耳。天上多至尊相奉事,更苦于人间。"故时人呼白石先生为隐遁仙人,以其不汲汲于升天为仙官⑧,亦犹不求闻达者也。

【注释】

①中黄丈人:道家仙人,北宋张君房《云笈七签·轩辕本纪》中说黄帝曾在青城山"礼谒中黄丈人",可知为黄帝时人,署名唐王松年《仙苑编珠》中引《神仙传》作"中黄大夫",明曹学佺《蜀中广记》所引,作"中皇丈人"。唐段成式《酉阳杂俎》中记录有《中黄丈人经》。

②交接之道:即房中养生术。

③金液之药:指服用的外丹药物。唐张九垓《张真人金石灵砂论·释金液篇》中说:"若修金液,先炼黄白,黄白得成,乃达金石之理……药金若成,乃作金液,黄赤如水,服之冲天。"黄白即是黄金和白银,因为金液丹药需要用黄金白银去炼制,故而必须要有一定的财力。

④常煮白石:南朝梁陶弘景《真诰》卷五中说:煮白石自有方也。白石之方,白石生所造也。北宋李昉等《太平御览》卷六六九引《仙经》说:煮白石方,东府左卿白石先生造也,皆真人所授,但未见真本,世有两本,以省少者为佳。就是说煮食白石,有一定的方法。白石,中药阳起石异名,有温肾壮阳的功效。

⑤白石山:据北宋乐史《太平寰宇记》:虢州(在今河南三门峡市)朱阳县柏谷,白石先生隐此得仙。故白石山应在此地。

⑥脯(fǔ):肉干。

⑦《幽经》：指《相鹤经》，明周履靖有辑佚本，南朝梁萧统《文选·鲍照〈舞鹤赋〉》："散《幽经》以验物，伟胎化之仙禽。"李善注："《相鹤经》者，出自浮丘公，公以经授王子晋。崔文子者，学仙于子晋，得其文，藏于嵩高山石室，及淮南八公采药得之，遂传于世。"北宋林逋《山中寒食》有诗："有客新尝寒具罢，据梧慵复散《幽经》。"文渊阁《四库全书》本作"《仙经》"。《太素传》：陶弘景《真诰》中称："《太素传》者，道书也。学此应奉太上老君、上清皇人。"

⑧以其不汲汲于升天为仙官：陶弘景《真诰》卷五中称白石先生，"又名白石子，为东府左仙卿"。这个官职应该是后世所演绎的。

【译文】

白石先生是中黄丈人的弟子。到彭祖的时候，他已经有两千多岁了。他不肯修炼升上天宫的道术，只修炼不死之身而已，这样就不会失去人世间的欢乐。他所依据的修行方法，就是以男女交接之道为主，同时服用上好的金液之药。他最初因为家里贫穷，不能获得药物，于是饲养和放牧猪羊，十几年间，节约衣服日用等，储存了万金的货资，于是大量购买药物服用，经常煮白石做粮食，因为在白石山居住，当时的人称呼他白石先生。

他也吃肉喝酒，也吃稻谷做的食物。一天能走三四百里路，看上去容貌像四十多岁的人。他生性喜欢朝拜和侍奉神仙，喜欢读诵《幽经》及《太素传》。彭祖问他："为什么不服用升天的药呢？"他回答说："天上的快乐哪能比得过人间，只要不使自己老死就行了。天上多是身份尊贵的神仙相互共事，比人间更加苦啊。"所以当时的人称呼白石先生为隐遁的仙人，因为他不急着升上天宫做官，也就像不愿被别人知道他的名字。

皇初平

【题解】

皇初平,又名黄初平,后世称为黄大仙,著名道教神仙,也是汉族民间信仰之一。皇初平为东晋时人,南宋末倪守约在《金华赤松山志》中指其生于晋成帝咸和三年(328)农历八月二十三日。皇初平出生于浙江金华兰溪黄湓村(一说浙江金华义乌赤岸镇),原是当地一个放羊的牧童,后传说在金华山中修炼得道升仙。其事迹最早见于《神仙传》,后《金华府志》《金华县志》《浙江通志》及《兰溪县志》等都有记载。

民间传说皇初平擅长炼丹,知医术,得道之后在民间惩恶劝善,有求必应,故对其信仰一直不衰。据《金华赤松山志》记载,金华山在东晋时即建有祭祀他的赤松宫,此宫在宋真宗大中祥符元年(1008)奉诏更名"宝积观",后因1951年建山口冯水库,使此观沉入水底。宋朝时,在宋孝宗淳熙十六年(1189)和宋理宗景定三年(1262),皇初平分别得到"养素真人"和"养素净正真人"两次封号,在今传说其羽化之地——金华北山"洞天福地"双龙洞左侧建有金华观,金华观辖朝真、冰壶、双龙三洞,香火一直很旺盛。

黄大仙的信仰在清末被传入广东,后又传入香港、东南亚及台湾等地,影响甚大,各地分别建有坛祠,其中香港九龙的黄大仙区、黄大仙祠颇有名。

皇初平者,丹溪人也①。年十五,家使牧羊,有道士见其良谨,便将至金华山石室中②,四十余年,不复念家。其兄初起,行山寻索初平,历年不得。后见市中有一道士,初起召问之曰:"吾有弟名初平,因令牧羊,失之四十余年,莫知死生所在,愿道君为占之。"道士曰:"金华山中有一牧羊儿,姓皇,字初平,是卿弟非疑。"初起闻之,即随道士去求弟,遂得相见。悲喜语毕,问初平羊何在,曰:"近在山东耳。"初起往视之,不见,但见白石而还,谓初平曰:"山东无羊也!"初平曰:"羊在耳,兄但自不见之。"初平与初起俱往看之,初平乃叱曰:"羊起!"于是白石皆变为羊数万头。初起曰:"弟独得仙道如此,吾可学乎?"初平曰:"唯好道,便可得之耳。"初起便弃妻子,留住,就初平学。共服松脂、茯苓③,至五百岁,能坐在立亡,行于日中无影,而有童子之色。后乃俱还乡里,亲族死终略尽,乃复还去。临行,以方授南伯逢④。初平改姓赤氏,号松子⑤,初起号赤须子⑥。其后服此药得仙者数十人。

【注释】

①丹溪:具体地点不详,后世传说在今浙江金华兰溪,也有说是浙江义乌赤岸镇。丹溪也指仙人们所居住的地方。三国魏曹丕《典论·论却俭等事》:"适不死之国,国即丹溪。"

②金华山:现浙江金华山,又名长山、常山。广义上指金华北部的山脉,狭义上指金华市区北面山峰(壶瓶山),属道教名山胜地,主峰海拔一千三百余米,面积约 2.5 平方公里。山间双龙、冰壶、朝真三洞合称"金华洞",为道教第三十六小洞天,名曰"金华洞元洞天"。金华山有一山峰名赤松山,传为古仙人黄初平修道成仙之地。山上有金华观、赤松亭、"五洞十景"等自然景观及道教古迹,为浙江道教名山之一。

③松脂:主要是松树或松类树干分泌出的树脂,古人认为久服可轻身、不老延年,又名松膏、松肪,药用主治恶疮头疡、白秃等。茯

苓：多孔菌科真菌茯苓的干燥菌核，药用渗湿利水，益脾和胃。
古人认为茯苓是千年松脂或松根所化，久服可不饥、延年或
不死。

④临行，以方授南伯逢：此句原无，今据北宋张君房《云笈七签》卷
一〇九所引《神仙传》补入。南伯逢，相传为黄初平弟子，事迹
不详。

⑤初平改姓赤氏，号松子：此处原文句有错讹，今据署名唐王松年
《仙苑编珠·上卷》引《神仙传》校补。

⑥初起号赤须子：原文为"初起改字为鲁班"，意不甚通，今据《仙苑
编珠·上卷》引《神仙传》校改。

【译文】

　　皇初平是丹溪人。十五岁时，家里让他去放羊，有个道士看他善良
憨厚，就把他领到金华山的石洞中，他一待就是四十多年，也不想念家
乡。他的哥哥叫皇初起，进山寻找他，好几年也没找到。后来在街市上
见到一个道士，皇初起就向他打听："我有个弟弟叫皇初平，因为让他放
羊，而走失了四十多年，不知他的死活，也不知在哪里，恳求道长给算一
卦。"道士说："金华山中有一个放羊的小孩，姓皇字初平，是你的弟弟没
错了。"皇初起听后，就跟着道士去找弟弟，于是得以相见。兄弟两人悲
喜交加一番交谈，初起就问初平羊哪里去了，初平说："就在附近东边的
山坡上。"初起去查看，没看见，只看到一堆白石头，就回来了，对初平
说："东边的山坡上没有羊啊！"初平说"羊都在的，只是哥哥你看不见罢
了。"初平就和哥哥一起去看，初平对着白石堆大声喝道："羊儿起来！"
于是那堆白石头立刻就变成了几万头羊。初起说："弟弟你竟然学到这
样的神仙道术，我能学吗？"初平说："只要一心向道，就可以学成。"初起
就离弃了妻子儿女，留在初平那里住了下来，跟着初平学道。他们一起
服用松脂、茯苓，活到了五百岁，他们能坐在那里忽然消失，在太阳下行
走而不见影子，而且面容像少年一样。后来他们一起回到家乡，发现所

有的亲戚族人差不多都死光了,于是就又回去了。临走的时候,他们把仙方传给了南伯逢。初平后来改姓赤,号松子,初起号赤须子。后世服用他们的药而成仙的有好几十人。

王远

【题解】

王远为汉代较有影响的一位仙人,葛洪在《抱朴子·外篇·自叙》中说,欲"委桑梓,适嵩岳以寻方平、梁公之轨"。这里的方平就是王远,可见葛洪本人对他也比较崇敬,《抱朴子·内篇·登涉》中还记有"王方平雄黄丸"。

王远、麻姑和蔡经的故事最早见于魏晋时期的《列异传》,但是都比较简略,相互之间的关联性也不强,至葛洪创作《神仙传》时,才把他们联系到一起,并丰富了故事情节。

本篇是葛洪对当时关于王远等人的民间传说基础上的再加工,从中可以看出民众神仙信仰的主要内容,如长生不死以及种种神通变化的能力。王远的修道成仙,成仙官后再掌管人间事务的经历,对后世的神仙传说影响较大。后世在本篇基础上又衍生了很多传说,如麻姑的故事等。

王远,字方平,东海人也①。举孝廉②,除郎中③,稍加中散大夫④。学通五经⑤,尤明天文、图谶、《河》《洛》之要⑥,逆知天下盛衰之期,九州吉凶⑦,如观之掌握。后弃官,入山修道。道成,汉孝桓帝闻之⑧,连征不出。使郡国逼载⑨,以诣京师⑩。远低头闭口,不答诏。乃题宫门扇板四百余字⑪,皆说方来之事。帝恶之,使削去。外字适去,内字复见,墨皆彻板里,削之愈分明。

【注释】

①东海:郡名,秦时所置,楚汉之际也称郯郡。治所在郯(今山东郯
城北)。西汉时辖境相当今山东费县、临沂,江苏赣榆以南,山东
枣庄,江苏邳州以东和宿迁、灌南以北地区。其后历代屡有设
置,辖境及治所亦有变迁。

②举孝廉:汉朝的一种由下向上推选人才为官的制度。孝廉,即符
合儒家"孝顺"道德的子孙和清正廉明的官吏。举孝察廉原为察
举二科,通常情况下,孝廉又往往连称而混同为一科。两汉的官
员任用是察举与考试相辅而行、相互为用的,察举之后,是否选
得其人,还要经过考试,而后才能量才录用。

③郎中:官名,即帝王侍从官的通称。其职责为护卫、陪从,随时建
议,备顾问及差遣。战国始有,秦汉沿置。

④中散大夫:官名,简称中散。西汉王莽时置,或称东汉光武置,掌
论议政事,员额三十人。

⑤五经:五部儒家经典,即《诗》《书》《礼》《易》《春秋》。其称始于汉
武帝建元五年(前 136)。其中《礼》,汉时指《仪礼》,后世指《礼
记》;《春秋》,后世并《左传》而言。东汉班固《白虎通·五经》:
"五经何谓?谓《易》《尚书》《诗》《礼》《春秋》也。"

⑥天文:指日月星辰等天体在宇宙间分布运行等现象,中国古人把
风、云、雨、露、霜、雪等地文现象也列入天文范围。图谶(chèn):
古代方士或儒生结合《河图》《洛书》编造的关于帝王受命征验一
类的书,多为隐语、预言,属于带有政治色彩的迷信活动。其说
始于秦,盛于东汉。南宋洪迈《容斋三笔·光武符坚》载:"符坚
禁图谶之学,尚书郎王佩读谶,坚杀之,学谶者遂绝。"《河》《洛》:
《河图》《洛书》的简称。在先秦原指圣人帝王所接受的祥瑞之

物，在两汉逐渐将《河图》与创制八卦联系起来，将《洛书》和《尚书·洪范》的九畴联系起来，并发展出"龙马负图，神龟贡书"的神化情节，后经东汉光武帝刘秀把《河图》《洛书》作为继承皇位的天命根据，使《河图》《洛书》演变发展成为有文字、成篇章的书籍，而且和谶纬之学融合在一起，名之曰图谶。至宋朝，对《河图》《洛书》的研究又出现一大转变，陈抟、刘牧、王安石、苏轼、朱熹、蔡元定等名儒以"图十书九"等图式来解释《周易》的原理，出现了各种图式和图说，后人称之为图书学派；而欧阳修、程颐、薛季宣、林至等人则疑古辨伪，认为自汉至宋的所谓《河图》《洛书》皆为附会之作，不足为凭，后人称为反图学派。

⑦九州：古代分中国为九州，说法不一。《尚书·禹贡》作冀、兖、青、徐、扬、荆、豫、梁、雍；《尔雅·释地》有幽、营州而无青、梁州；《周礼·夏官·职方》有幽、并州而无徐、梁州。后以"九州"泛指天下，全中国。

⑧汉孝桓帝：即东汉汉桓帝刘志，祖父是河间孝王刘开，父亲是蠡吾侯刘翼，母亲系刘翼妾匽明。他十五岁被梁冀迎立为帝，第二年改年号为"建和"，以后又换了六个年号。在位二十一年，死后谥号孝桓皇帝，庙号为威宗。

⑨郡国：郡和国的并称。汉初，兼采封建及郡县之制，分天下为郡与国。郡直属中央，国分封诸王、侯，封王之国称王国，封侯之国称侯国。南北朝仍沿郡、国并置之制，至隋始废国存郡。后亦以郡国泛指地方行政区划。

⑩诣（yì）：特指到尊长那里去。

⑪扇板：即门板。

【译文】

王远，字方平，汉代东海郡人。由举孝廉入仕，被任命为郎中，逐渐升为中散大夫。王远学识渊博，精通五经，对天文、图谶以及《河图》《洛书》等深有研究，他对天下的兴衰变化，全国的吉凶祸福之事，均能先知先觉，了如指掌。后来，他辞去官职，入山潜心修道。修道成功后，汉桓帝听闻了他的事，多次征召他，他都不出山相见。桓帝于是让郡守强行把王远送上车，接进了京师。见到桓帝，王远低着头，闭口不言，不回答桓帝的问话。后来他在皇宫的大门上题写了四百多字，内容都是关于未来的事。桓帝很不喜欢这些题字，就叫人把字削掉。但是刚削去表面的字迹，里面的字迹就显现出来，写字的墨水都透进了木板里面，越削字迹越清晰。

　　远无子孙，乡里人累世相传供养之。同郡太尉陈耽①，为远营道室，旦夕朝拜之，但乞福，未言学道也。远在陈家四十余年，陈家曾无疾病死丧，奴婢皆然。六畜繁息②，田桑倍获③。远忽语陈耽曰："吾期运当去，不得久停，明日日中当发。"至时远死。耽知其仙去，不敢下著地，但悲啼叹息曰："先生舍我，我将何怙④？"具棺器烧香，就床衣装之。至三日夜，忽失其尸，衣冠不解，如蛇蜕耳。远卒后百余日，耽亦卒。或谓耽得远之道化去；或曰，知耽将终，故委之而去也。

【注释】

①郡：古代行政区域，秦代以前郡比县小，从秦代起比县大。太尉：官名。秦至西汉设置，为全国军政首脑，与丞相、御史大夫并称三公，汉武帝时改称大司马。东汉时，太尉与司徒、司空并称三公。历代亦多曾沿置，但渐变为加官，无实权。陈耽（dān）：字汉公，东海（今山东郯城北）人，汉灵帝时任司徒，以忠著称，历位三司。他因进言帝宦官十常侍祸国殃民，被诬下狱，与刘陶俱遭十

常侍谋杀。按南朝宋范晔《后汉书·灵帝纪》，陈耽于东汉灵帝
熹平三年（174）二月官太尉，五年（176）五月罢免，在位约有
两年。

②六畜：指猪、牛、羊、马、鸡、狗六种禽畜。泛指家畜。

③田桑：种田和养蚕。泛指农事。

④怙（hù）：依靠，仗恃。

【译文】

　　王远没有子孙，他家乡的人一代接一代地供养他。同郡有个做过
太尉的叫陈耽，为王远建了一间修道的房子，早晚过来朝拜，但是只是
跟他祈福，没有说要学道。王远在陈家待了四十多年，陈家一直没有人
生病或死去，连奴婢都这样。陈家六畜繁衍不息，农耕桑蚕都有成倍的
收成。有一天，王远忽然对陈耽说："我应当离开的日子到了，不能长久
在这停留，明天中午应该就会出发。"一到时间，王远就死了。陈耽知道
王远成仙而去，不敢马上入土埋葬，只是一边悲伤痛哭一边叹息道："先
生离我而去，我还能依靠谁呢？"于是准备好棺材烧着香，就用王远生前
在床上穿的衣服连人一起装了进去。到了第三天夜里，忽然不见了王
远的尸体，但是他穿的衣服帽子都在，也没有解开过的样子，就像蛇蜕
皮走了一样。王远死后一百多天，陈耽也去世了。有人说陈耽是得到
了王远的仙术化身走了；也有人说，王远知道陈耽即将命终，所以就假
借死亡离他而去。

　　初，远欲东入括苍山①，过吴②，住胥门蔡经家③。蔡经
者，小民耳，而骨相当仙④，远知之，故住其家。遂语经曰：
"汝生命应得度世⑤，欲取汝以补官僚耳。然少不知道，今气
少肉多，不得上去，当为尸解⑥，如从狗窦中过耳⑦。"于是告
以要言，乃委经而去。经后忽身体发热如火，欲得冷水灌

之。举家汲水灌之,如沃燋石⑧。如此三日,消耗骨立,乃入室,以被自覆。忽然失之,视其被内,唯有皮,头足具,如蝉蜕也。去十余年,忽还家,容色少壮,鬓发鬒黑⑨。语家人曰:"七月七日,王君当来,其日可多作饮食,以供从官。"

【注释】

①括苍山:在今浙江丽水东南,是浙江名山之一,史书载,登之见苍海,以其色苍苍然接海,故名括苍。

②吴:今江苏苏州。

③胥门:位于苏州城西万年桥南。胥门作东西向,为春秋吴国建造都城时所辟古门之一,以遥对姑胥山(即姑苏山)得名。蔡经:传为王远弟子,《天地官府图》记载:"七十二福地之第十丹霞洞(在今江西抚州南城县麻姑山)为蔡经得道之处,属蔡治之。"今苏州洞庭东山、吴山一带相传曾为蔡经炼丹隐居之处,曾被命名为蔡仙乡。

④骨相当仙:指相骨术,属于古代相术的一种,主要通过观察或揣摸骨骼来断人命禄的看相方法。古代相学中曾有"相人之身,以身为主"的说法,因此有人把看相就称为相骨。东汉王充所著《论衡》中有"相骨"一章,即泛指相学。现有史料证明,相骨术至晚起于汉代,发展于魏晋南北朝,极盛于唐代,此后历代不衰,且与整个相术体系融合,成为相学中最重要的内容之一。

⑤度世:指离开世间而成仙。

⑥尸解:道家指修道者元神离开肉体而成仙,此处是蔡经成仙的一种手段。道教中描述尸解表现形式有多种,有的尸解时遗体与生前没有什么变化;有的尸解时遗体会消失,只留下衣服;有的尸解时,遗体的骨骼部分会消失,只留下其他组织;有的尸解时

会留下头发，身体不见。又白天尸解的叫"上尸解"，夜晚尸解的叫"下尸解"。

⑦狗窦（dòu）：狗洞。

⑧燋（zhuó）：同"灼"。意为用火烧。

⑨鬓发鬒（zhěn）黑：鬓发稠密浓黑。

【译文】

王远自从离开陈耽家后，起初想去东边的括苍山，他经过苏州，住在骨门附近的蔡经家里。蔡经是一个普通老百姓，但是天生骨相应该成仙，王远心里清楚，所以才住在他家。王远对蔡经说："你生下来就命中注定要离世成仙，上天想让你去补天宫官职的空缺。但是你年轻时不知修炼的道术，现在气少肉多，不能升天而上，只能用尸解的办法了，尸解就像从狗洞中钻过去一样。"于是王远把秘诀告诉了蔡经，就留下蔡经走了。蔡经按秘诀修炼后，有一天忽然身体像着火一样发热，想要用冷水浇灌自己。蔡经全家取水浇他身上，就像泼在烧热的石块上一样。这样折腾了三天，蔡经瘦得只剩下骨头，于是到屋子里，用被褥把自己全身盖上。忽然他的身体不见了，掀开被褥看时，只有一具皮囊，脚和头都在，像蝉留下空壳一样。蔡经走后十多年，忽然有一天回家来了，看起来很年轻强壮，鬓发稠密浓黑。他对家人说："七月七日，王远仙师会来，那天要多做些吃喝，好供养他的随从官。"

至其日，经家乃借瓮器①，作饮食百余斛②，罗列布置庭下。是日，王君果来。未至，先闻金鼓箫管人马之声，比近皆惊，莫知所在。及至经舍，举家皆见远冠远游冠③，朱衣，虎头鞶囊④，五色绶带剑⑤，黄色少髭⑥，长短中形人也。乘羽车⑦，驾五龙⑧，龙各异色，前后麾节、幡旗导从⑨，威仪奕奕⑩，如大将军也。有十二伍伯⑪，皆以蜡封其口，鼓吹皆乘龙,从天而下,悬集于庭。从官皆长丈余,不从道衢⑫。既至,从官皆隐,不知所在,唯独见远坐耳。

【注释】

①瓮(wèng)器:古代用于盛放酒菜等的陶器。

②斛(hú):中国旧量器名,亦是容量单位,一斛本为十斗,后来改为五斗。

③远游冠:古代头冠,秦汉以后历代沿用,至元代始废。为太子诸王所戴,南朝宋范晔《后汉书·舆服志下》:"远游冠,制如通天,有展筒横之于前,无山述,诸王所服也。"道家仙人往往也用之。

④虎头鞶(pán)囊:用虎头装饰的小皮囊,一般围在腰侧,以作盛物之用。

⑤五色绶(shòu)带:绶,一种丝质带子,古代常用来拴在印纽上,用来拴印章或剑柄等。五色绶特以彰显高贵。

⑥髭(zī):嘴上边的胡须。

⑦羽车:用羽毛装饰的车子,常用来指道教神仙乘坐的车子。

⑧五龙:即五色龙,分别为青龙、赤龙、黄龙、白龙、黑龙,由五方神、五行神变化而来。

⑨麾(huī)节:指挥旗和作为指挥调度信用象征的符节。幡(fān)旗:旗帜。

⑩奕奕:盛大、众多的样子。

⑪伍伯:亦作"伍百"。指役卒,多为舆卫前导或执杖行刑。

⑫道衢(qú):大路,道路。

【译文】

到了那一天,蔡经家借了许多盛酒菜的瓮器,做了一百多斛饭菜,在院子里依次摆好。这一天,王远果然来了。人还没到,先听到传来锣鼓箫管的演奏声和人马喧哗的声音,远近的人听到了都很吃惊,都不知道是从哪里传来的。等队伍来到蔡经家,全家就看到王远戴着远游冠,穿着朱红的衣服,腰里围着一个虎头鞶囊,挎着一把系着五色绶带的宝剑,面色微黄,嘴上有少许胡须,是个不高不矮中等身材的人。王远乘坐的是用羽毛装饰的车子,驾着五条神龙,每条龙的颜色都不一样,前后有人拿着旗帜、符节引领开路,威严隆重,像个大将军一样。有十二个杂役人员跟随,都用蜡涂在嘴上,吹奏乐器的人员也都乘着龙,从天而降,悬空聚集在院子里。还有些随从的仙官,身高都有一丈多,但没从大路上过来。等到队伍都来齐了,那些随从的仙官就隐身不见了,也不知道藏在哪里,只看到王远一个人坐着。

　　须臾,引见经父母兄弟。因遣人召麻姑①,亦莫知麻姑是何人也。言曰:"王方平敬报,久不到民间,今来在此,想姑能暂来语否?"须臾信还,不见其使,但闻信语曰:"麻姑载拜,不相见忽已五百余年,尊卑有序,拜敬无阶。烦信承来,在彼食顷即到。先受命当按行蓬莱②,今便暂往,如是当还,还便亲觐③,愿未即去。"

【注释】

①麻姑:见本书《麻姑》篇。

②蓬莱(lái):又称蓬壶。神话中渤海里仙人居住的三座神山之一,另两座为方丈、瀛洲。

③亲觐(jìn):朝见地位尊贵的人或朝拜圣地。

【译文】

　　一会儿,蔡经向王远一一引见自己的父母和兄弟。王远要派遣人去请麻姑来相会,蔡经也不知道麻姑是什么人。传信的使者向麻姑汇报道:"王方平敬报,因为他很久不到民间来了,今天来到蔡经家,想问下麻姑能不能抽空来聊聊?"一会儿报信的人就回来了,但看不到人,只听他传过来麻姑的话说:"麻姑向您请安了,跟您竟然有五百多年没见面了,我们尊卑有序,敬拜不能不分品阶。劳烦您派遣信使过来,请您在那边稍稍等会儿,我很快就过来。因为之前受命要去蓬莱巡视一下,我现在马上就去,去完就回,回来后就亲自过来拜见您,希望您到时还没离开。"

　　如此两时,闻麻姑来。来时亦先闻人马声。既至,从官半于远也。麻姑至,蔡经亦举家见之。是好女子,年可十八九许,于顶上作髻①,余发散垂至腰。衣有文彩②,又非锦绮③,光彩耀目,不可名状,皆世之所无也。入拜远,远为之起立。坐定,各进行厨④,皆金盘玉杯。肴膳多是诸花⑤,而香气达于内外。擘脯而食之⑥,云:"麟脯⑦。"麻姑自说云:"接侍以来,已见东海三为桑田⑧。向到蓬莱,又水浅于往日会时略半耳,岂将复为陵陆乎?"远叹曰:"圣人皆言海中复行扬尘也。"

【注释】

①髻(jì):盘在头顶或脑后的发结。

②文彩:艳丽而错杂的色彩。

③锦绮(qǐ):彩色的丝织品。

④行厨:指所携带的酒食。

⑤肴膳(shàn):指饭菜食物。

⑥擘(bāi):用手撕开。脯(fǔ):肉干。

⑦麟:麒麟,古代神话传说中的一种动物,地上走兽以其为尊。其形象一般为集狮头、鹿角、虎眼、麇身、龙鳞、牛尾于一体,是传说

中的瑞兽。

⑧已见东海三为桑田：成语"沧海桑田"即源于此，比喻世事变化
　巨大。

【译文】

这样过了两个时辰，就听到麻姑来了。来的时候也是先听到人马喧哗的声音。来到后，麻姑的随从仙官只有王远的一半。麻姑来到后，蔡经也引全家相见。麻姑是个很漂亮的女子，看起来年龄像十八九岁的样子，她头顶上盘了一个发结，其余的头发下垂到腰间。麻姑衣服上的色彩和花纹都很艳丽，但是又不像丝织品做的，非常光彩耀眼，无法形容，都是人世间没见过的。麻姑进来拜见王远，王远起立迎接。坐定后，各自呈上所携带的饮食，都是用金盘玉杯所盛放。食物大多是用各种花所制成，因而香气四溢，充满屋内外。王远撕开一块肉干，边吃边对麻姑说："这是麒麟肉。"麻姑说道："自从上次接待您之后，已经三次见到东海变成桑田了。刚去蓬莱，又看到海水比我们上次相见时浅了约有一半，这不是又要变成山陵陆地了吗？"王远感叹："圣人们都说，大海中又要扬起尘土了。"

　　麻姑欲见蔡经母及妇等，时经弟妇新产数日，姑见知之，曰："噫①，且立勿前。"即求少许米来，得米掷之堕地，谓以米祛其秽也②，视其米皆成丹砂③。远笑曰："姑故年少也，吾老矣，不喜复作如此狡狯变化也④。"远谓经家人曰："吾欲赐汝辈美酒，此酒方出天厨，其味醇浓，非俗人所宜饮，饮之或能烂肠，今当以水和之，汝辈勿怪也。"乃以斗水⑤，合升酒搅之，以赐经家人。人饮一升许，皆醉。良久酒尽，远遣左右曰："不足复还取也。"以千钱与余杭姥⑥，乞酤酒⑦。须臾信还，得一油囊酒⑧，五斗许。使传余杭姥答言："恐地上酒

不中尊饮耳。”

麻姑手爪似鸟，经见之，心中念曰：“背大痒时，得此爪以爬背，当佳之。”远已知经心中所言，即使人牵经鞭之，谓曰：“麻姑神人也，汝何忽谓其爪可爬背耶？”但见鞭着经背，亦莫见有人持鞭者。远告经曰：“吾鞭不可妄得也。”

【注释】

①噫（yī）：表示感慨、悲痛、叹息等语气的叹词。

②秽（huì）：污浊的，肮脏的，丑恶的。

③丹砂：即朱砂，矿物名，色深红，古代道教徒用以化汞炼丹，中医作药用，也可制作颜料。

④狡狯（kuài）：儿戏，游戏或玩笑。也形容人诡诈，机灵。

⑤斗：中国市制容量单位，十升为一斗，十斗为一石。

⑥余杭姥（mǔ）：道家仙人。明彭大翼《山堂肆考·仙教·卖酒》中称，余杭姥嫁在西湖农家，善于用百花酿酒，因为王方平向她买过酒，感觉很甘美，所以以后神仙们经常下凡来喝她的酒，并给她一个丸药作为酒钱，余杭姥服用后也成仙了。这可能是后人在葛洪《神仙传》基础上的一个演绎。姥，年老的妇女。

⑦酤（gū）：买酒。

⑧油囊：涂有桐油的可盛液体的布袋。唐张说《苏摩遮》词之三："油囊取得天河水，将添上寿万年杯。"

【译文】

麻姑想见见蔡经的母亲和他家的女性眷属等，蔡经的弟媳此时刚刚生产完没几天，麻姑一见就知道了，说："哎呀，你先站住不要往前走了。"当即要了一些米来，拿到米后抛掷在蔡经弟媳身前的地上，说要用米祛除一下秽气，再看地上的米都变成朱砂了。王远笑着说："麻姑还是年轻啊，我老了，不喜欢再搞这些游戏变化的事了。"王远对蔡经家人说："我想赐给你们一些美酒，这些酒是刚从天宫的厨房拿来的，它的味道特别醇香浓烈，不适合世间凡俗的人喝，喝了可能会烂掉肠胃，现在应该拿水调和一下，你们这些人不要见怪。"于是用一斗水，量一升酒放进去搅拌均匀，用来赐给蔡经的家人。他家人喝了一升多的，都醉了。过了好长时间，酒都喝完了，王远差遣左右随从人员说："不够了再回去取来。"用一千钱给余杭姥，要买酒。一会儿工夫信使就回来了，带回来一油囊的酒，大概五斗多。信使传达余杭姥的回话："怕地上的酒不能让诸位天尊喝得满意。"

麻姑的手长得像鸟爪一样，蔡经看见了，心中默念道："后背痒得厉害的时候，要是能用这个手挠挠背，那真是太好了。"王远已经得知蔡经心中所想的话了，就让人牵来蔡经鞭打他，对他说："麻姑是个仙人，你怎么忽然说她的手可以用来抓背？"只看到鞭子打在蔡经的后背上，也没看到有人拿着鞭子。王远对蔡经说："我的鞭子可不是随便就能拿得到的。"

经比舍有姓陈者，失其名，尝罢县尉①，闻经家有神人，乃诣门叩头②，求乞拜见，于是远使引前与语。此人便欲从驱使，比于蔡经。远曰："君且向日而立。"远从后观之曰："噫！君心邪不正，终未可教以仙道，当授君地上主者之职司。"临去，以一符并一传③，著以小箱中，与陈尉。告言："此不能令君度世，止能存君本寿，自出百岁向上，可以禳灾治病④。病者命未终及无罪者，君以符到其家，便愈矣。若邪鬼血食作祟祸者⑤，便带此符，以敕社吏，遣其鬼。君心中亦当知其轻重，临时以意治之。"陈以此符治病有效，事之者数百家，寿一百一十岁而死。死后子弟行其符，不复验矣。

【注释】

①县尉：主管治安的官名。秦汉县令、县长下置尉，掌一县治安，历代因之。

②诣（yì）：到，特指到尊长那里去。

③符：道教驱使鬼神或帮助人与神进行沟通交流的秘文，图形一般为文字和符号的结合体，使用时用笔墨写在纸上。按道教的说法，符的功效与写符人的诚心相关。《清微元降大法》中说：符者，阴阳契合之具也。惟天下之至诚者能用之，诚苟不至，自然不灵。传：古代指用于通关过所的通行证一类的文书，一般用木板制作，把字符刻写在上面，此处是指道教中可用于召唤鬼神的法器。

④禳（ráng）灾：祛除灾祸。禳，除也。

⑤血（xuè）食：谓受享祭品。古代杀牲取血以祭，故称。

【译文】

蔡经的邻居里有个姓陈的人，名字已经弄不清了，曾经在县尉的任上被罢免了，听说蔡经家里来了神人，就来登门磕头问礼，乞求拜见，于是，王远让人把他领到身前说话。这个人就想跟从王远听他差遣，像蔡经一样。王远说："你先迎着太阳站着。"王远从他身后观察了一会儿说："唉！你这人心术不正，还是不能教给你成仙的道术，只应当传授你管控人间事务的一些职能。"临走的时候，王远拿一道符传，放到一个小箱子里给陈尉。对他说："这个不能让你出世成仙，只能让你获得本有的寿命，自然能活过百岁以上，也可以用来祛除灾祸，救治病人。那些寿命还没到期限及无罪的人，你带着符到他们家，他们的病就好了。要是那些享用血食的恶鬼捣乱惹祸，就带上这道符，用它来传令给仙吏，把那些恶鬼赶走。你心里也要知道所遇到事情的轻重，临时看情况处理。"陈尉用这道符给人治病都有效，有几百户人家一直侍奉他，他活了一百一十岁才死去。他死后，他的子孙和弟子们再去用那道符时，就不再有效了。

远去后,经家所作饮食,数百斛皆尽,亦不见有人饮食也。经父母私问经曰:"王君是何神人^①,复居何处?"经曰:"常在昆仑山,往来罗浮、括苍等山^②,山上皆有宫室。主天曹事^③,一日之中,与天上相反覆者十数过。地上五岳生死之事^④,皆先来告王君。王君出城,或不尽将百官^⑤,唯乘一黄麟^⑥,将十数侍人。每行常见山林在下,去地常数百丈,所到则山海之神皆来奉迎拜谒。"

其后数十年,经复暂归家,远有书与陈尉,其书廓落^⑦,大而不工。先是人无知方平名远者,因此乃知之。陈尉家于今世世存录王君手书,并符传于小箱中。

【注释】

①王君:南宋潘自牧《记纂渊海》卷八六,言十大洞天,第三西城山,名太玄总真之天,即王方平真人所理。故仙传中称方平为"西城王君"。

②罗浮:山名,在今广东博罗,北宋乐史《太平寰宇记》称为博罗山。相传原只有罗山,在其西有座浮山,是蓬莱山的一部分,后来漂洋过海,来到此地,与罗山合为一体,所以叫作罗浮山。葛洪曾在此山修道,道教称为"第七洞天",山上有佛寺和道观等多处古迹。

③天曹:道家所称天上的官署。

④五岳:我国五大名山的总称,古书中记述略有不同,一般认为是东岳泰山、南岳衡山、西岳华山、北岳恒山、中岳嵩山。周代时就有对五岳的祭祀,汉代时形成制度。五岳的命定跟我国古代"五行""五方"思想有关,古人认为五岳可以通天地、兴风雨、主万物生长等,以后又发展成可以掌人间生死、贵贱、修短等。五岳的

主管神在宋代被封帝,后总称五岳大帝。

⑤或不尽将百官:原文为"尽将百官从行",与下文意不通顺,今据文渊阁《四库全书》本改。

⑥黄麟:传说中的瑞兽麒麟。因其身上鳞片闪耀金色,故称。

⑦廓(kuò)落:结构松散之意。

【译文】

王远走后,蔡经家所做的几百斛饭菜都被吃得一干二净,可是也没看到有人吃喝。蔡经的父母悄悄问蔡经:"王仙人是什么神仙,住在哪里呢?"蔡经说:"他平时住在昆仑山,也经常来往于罗浮山、括苍山等地,这些山上都有他住的宫殿。王仙人主管天曹的事,一天之内,要往来天上十几次。地上的五岳掌管的人间生死之事,也都先来告知王仙人。王仙人出城,有时候不带百官,只乘坐一头黄色的麒麟,带十几个随从。每次出行经常看见山林在脚底下飞驰,离地往往有几百丈高,每到一地,当地的山神或海神都会出来迎接拜见。"

又过了几十年,蔡经临时回了趟家,王远写了封信给陈尉,字写得松散随意,大而潦草。先前没人知道王方平名叫王远,因为这封信才知道。陈尉家到今天还有世世代代保存下来的王远的亲笔信以及那道给陈尉的符传,一起都放在小箱子里。

伯山甫

【题解】

伯山甫,汉代人,关于他的故事,后世多引自此篇,文字差别不大,只在相传由唐人所编纂的《女仙传》中,引用这个故事时,指汉使在"西河城东"见到伯山甫的外甥女鞭笞老翁,故后世留下"西河少女"的典故,代指返老还童的女仙,文渊阁《四库全书》收录时采用了《女仙传》的说法。

　　作者在本篇中通过伯山甫和其外甥女的经历,主要是想告诉世人,世上存在着长生不老的仙药,如果能得到并坚持服用,就能成仙并返老还童。

　　伯山甫者,雍州人也①。入华山中精思服食②,时时归乡里省亲③,如此二百年,不老。到人家,即数人先世以来善恶功过,有如目见,又知方来吉凶,言无不效。

　　其外甥女年老多病,乃以药与之,女时年已七十,转还少,色如桃花。汉武遣使者行河东④,忽见城西有一女子⑤,笞一老翁⑥,俯首跪受杖。使者怪问之,女曰:"此翁乃妾子也⑦,昔吾舅氏伯山甫,以神药教妾,妾教子服之,不肯,今遂衰老,行不及妾,故杖之。"使者问女及子年几,答曰:"妾已一百三十岁,儿八十。"后入华山去。

【注释】

①雍(yōng)州:古九州之一,名称源于陕西宝鸡凤翔境内的雍山、雍水。其位置相当于现在陕西关中平原、陕北地区,甘肃大部(除去东南部),青海的东北部以及宁夏部分地方。东汉光武帝时始置为行政区,后历代多有沿革。

②华山:山名,五岳之一,古称"西岳"。在陕西华阴南,北临渭河平原,属秦岭东段,又称太华山。华山是道教圣地,历代皆有道士入山修炼并修建道观,现有道教宫观二十余座,最早的建造历史可追溯至汉武帝时。精思:道家修炼方法,主要是指先把意念集中到某一事物上,再慢慢忘掉这一念头,达到一种无思无想的境界,道家之"守一"法与此类似。北宋张君房《云笈七签·诸家气法·服气十事》中说:"夫神仙法者,与此法了无有异。此法精思

静虑，安形定息，呼吸绵绵，神气自若，百病不生，长存不死，所谓身安道隆度世法也。"服食：指修道人士长期服用一些被认为可以延长寿命或者有助于成仙的东西，多为草药或矿物等炼制的丹药，常常结合辟谷一起进行。

③省（xǐng）亲：指回家看望父母、尊长等。

④汉武：汉武帝刘彻的省称，西汉司马迁《史记》记载其曾听信方士之言，大搞求仙活动。河东：古地区名。黄河流经山西、陕西两省，自北而南一段之东部，指今之山西省。秦汉时置河东郡、唐初置河东道，开元间又置河东节度使，宋置河东路，明废。

⑤城西：具体所在位置已不可考。

⑥笞（chī）：用鞭杖或竹板打。

⑦妾：谦辞，旧时女人自称。

【译文】

伯山甫是雍州地区的人。他进入华山中，长期精思和服食，也经常回家看望父母和尊长，这样过了两百多年，一直没有衰老。他到人家里做客，就如数家珍地说出这家人前世和今生所做过的好事和坏事，就像亲眼看到一样，他又能预知即将要发生的吉凶等事，所说没有不应验的。

他的外甥女年老多病，于是伯山甫就送药给她，这个女子当时已经七十岁了，但是慢慢地变年轻起来，脸色像桃花一样娇艳。汉武帝派遣使者去河东地区求仙，忽然在城西碰到一个女子，正在打一个老翁，老翁低着头跪着接受着木棍的杖罚。使者很奇怪地问是怎么回事，女子说："这个老头是我的儿子，以前我的舅舅伯山甫，教给我制神药的方法，我让儿子服用，他不肯，所以他现在衰老了，走路都不如我，因此拿棍子打他。"使者问女子和他儿子岁数有多大了，女子回答说："我已经一百三十岁了，儿子有八十岁了。"后来他们就进入华山了。

马鸣生

【题解】

马鸣生，又作马明生，相传是东汉时人，传说汉代另一道家人物阴长生即其弟子，而根据南朝陈马枢《道学传》及北宋张君房《云笈七签》等书记载，东晋葛洪的岳父鲍靓从学于阴长生得道诀，葛洪又从学于鲍靓，如果这个传承关系为实，则葛洪的道术也多从他而来。

在各种修仙道术之中，葛洪主要推崇外丹服食。他在《抱朴子·内篇·金丹》中说："长生之道，不在祭祀事鬼神也，不在导引与屈伸也，升仙之要，在神丹也。"此篇即有此意。

马鸣生的故事在《云笈七签·马明生真人传》中略有演绎，传其受太真夫人神药救治，又随安期生周游天下，并得其《太清金液神丹方》。

马鸣生者，临淄人也①，本姓和，字君贤。少为县吏，捕贼，为贼所伤，当时暂死，忽遇神人，以药救之，便活。鸣生无以报之，遂弃职随神。初但欲治金疮方耳②，后知有长生之道，乃久随之，为负笈③。西之女几山④，北到玄丘⑤，南至庐江⑥，周游天下，勤苦历年，及受《太清神丹经》三卷归⑦，入山合药服之。

不乐升天，但服半剂，为地仙，恒居人间。不过三年，辄易其处⑧，时人不知是仙人也。架屋舍，畜仆从车马，并与俗人皆同，如此展转经历九州五百余年。人多识之，悉怪其不老。后乃白日升天而去。

【注释】

①临淄(zī)：齐国故城，在今山东淄博。周初封吕尚于齐，建都于此，名营丘，至齐胡公迁都薄姑(薄姑亦称蒲姑，在今山东博兴湖滨镇寨卞村西北)，齐献公元年(前859)又迁回，称临淄。春秋战国时先后作为姜齐与田齐的国都达六百三十多年，是当时东方重要的政治、经济、文化中心，亦为列国中最繁华的都市之一。故城包括大城与小城两部分，总面积达十五多平方公里。城内文化遗存丰富。城东北有韶院村，传为孔子在齐闻《韶》乐，三月不知肉味之地。现故城内设临淄文物管理所，辟有出土文物陈列室。

②金疮方：指专门用于治疗伤口的药方。金疮，中医指刀箭等金属器械造成的伤口。

③负笈(jí)：背着书箱。笈，书箱。

④女几(jǐ)山：又名花果山、姑瑶山、石鸡山等，距河南宜阳县城西约五十公里，距洛阳约九十公里。唐代时，女几山被列为道教七十二福地之一。因风景优美，自晋唐以来就是中原地区的旅游胜地。

⑤玄丘：原为传说中的地名，最早见于西汉刘向《列女传·契母简狄》："(简狄)与其妹姊浴于玄丘之水。有玄鸟衔卵过而坠之……简狄得而含之，误而吞之，遂生契焉。"后世泛称神仙居处。

⑥庐江：汉代因江置庐江郡，隋朝置庐江县，现在是安徽合肥下辖县，是周瑜故里，温泉之乡，矿业大县。

⑦《太清神丹经》：原为"太阳神丹经"，据文渊阁《四库全书》本改。《太清神丹经》全称《太清金液神丹经》《上清金液神丹经》，简称《金液神丹经》，此书元脱脱等《宋史·艺文志》著录，北宋王尧臣等《崇文书目·道书类》、南宋郑樵《通志·艺文略·道家》皆著

录为《金液神丹经》三卷,近代陈国符先生在《道藏源流考》中,以
《太清金液神丹经》中歌诀用韵情况,指出卷上及卷中一部分为
古经,在西汉末东汉初出世,其余部分为后人掺入之文。相传此
经由阴长生传出。

⑧辄(zhé):总是,就。

【译文】

马鸣生是临淄人,本来姓和,字君贤。年轻时在县里做小官,追捕
盗贼时被贼所伤,当时就昏死过去,偶然遇到一个仙人,用药救他,他就
活了过来。鸣生没有什么可以回报仙人的,就放弃了官职跟着神仙走
了。马鸣生一开始只想学些治疗金疮的药方,后来知道仙人有长生的
道术,就一直跟随着,为神仙背书箱。西边到过女几山,北边到过玄丘,
南边去过庐江,环游天下,勤勤恳恳许多年,很是辛苦,直到仙人传授他
三卷《太清神丹经》,他才回去,入山炼药服用。

马鸣生不喜欢升天,只服了半剂药,成了地上神仙,长久在人间居
住。他一般不超过三年,就换一个住地,当时的人也不知道他是个仙
人。他也建很多房子,蓄养很多仆人和车马,与世俗之人没什么两样,
这样五百年间,不断转移地方,把九州都转了个遍。很多人都认识他,
都很奇怪他一直不衰老。后来有一天,他在白天飞升上天而去。

李八百

【题解】

李八百是汉族民间传说中的蜀中八仙之一,属于道教神仙。蜀中
八仙之说见于晋代,因为他们都在蜀地成仙,故有此称呼,东晋谯秀在
《蜀记》中载:"容成公、李耳、董仲舒、张道陵、严君平、李八百、范长生、
尔朱先生为蜀之八仙"。

本文的李八百因相传长寿八百岁而得名,后世多有道士也被如此

称呼,以彰显神异,如李家道里的李阿和李宽(见《李阿》篇)以及东晋道士李脱、宋代虎耳先生李洞宾以及《瑞安府志》里记载的年代不详的道士李真等。

　　因文中拜李八百为师的唐公房为西汉末期人,故可推断李八百应也在这一时期活动。另据《陕西通志》记载,李八百住汉中洋县的寒泉山,历经夏、商、周,后唐公房拜其为师,这些应是在《神仙传》之后的演绎。

　　本篇主要讲述李八百度唐公房成仙的经过,因为唐公房不计家财、不畏污秽地对李八百一心施救,使得他通过了李八百的考验而最终成仙,说明了成仙需要行善的道理。葛洪在《抱朴子·内篇·对俗》中说人要想修炼成地仙,需要做三百善事;想要成天仙,需要做一千二百善事,如果"积善事未满,虽服仙药,亦无益也",本篇正可为其注脚。

　　今存有汉代《仙人唐公房碑》,所述公房之事与本篇内容无共同处,所以本篇应是葛洪在另一个传说基础上的创作。

　　李八百,蜀人也①。莫知其名,历世见之,时人计其年八百岁,因以为号。

　　或隐山林,或出市廛②。知汉中唐公房③,有志不遇明师,欲教授之。乃先往试之,为作客佣赁者④。公房不知也。

　　八百驱使用意,异于他客,公房爱异之。八百乃伪病困,当欲死。公房即为迎医合药,费数十万钱,不以为损,忧念之意,形于颜色。八百又转作恶疮⑤,周遍身体,脓血臭恶,不可忍近。

　　公房为之流涕曰:"卿为吾家使者,勤苦历年,常得笃疾⑥,吾取医欲令卿愈,无所吝惜⑦,而犹不愈,当如卿何?"

【注释】

①蜀：周代所封的诸侯国之一，在四川成都一带，今为四川省的别称。

②市廛(chán)：市中的商店，也指商店云集的地方。

③唐公房：也有的版本写作"唐公昉"，是陕西城固一带从汉代开始就一直延续至今的民间崇拜的道教神仙。据原来保存在陕西城固的庙宇，后迁移到了西安碑林第三室的《仙人唐公房碑》记载，唐公房是汉中城固人，王莽新朝(9—23)时在世，后来得道，最后合家"鸡犬升天"，故事与本篇有异。据相关专家考证，该碑约为后汉时期制造，是为纪念城固唐公房庙的重修及扩建而立，城固县今有其庙观遗址。民间对唐公房的神仙崇拜主要在城固一带流传，并演化出一些跟他有关的传说，如西晋张华《博物志》中提到的"唐鼠"及北魏郦道元《水经注》中提到的当地"婿水"名称的由来等。道教中也多对其有记述，如南朝梁陶弘景所著《真诰》中，把唐公房列为主人生死的天上功曹，北宋乐史《太平寰宇记》则记载公房曾拜李八百为师等。

④佣赁：指受雇于人。

⑤恶疮：病名，亦名久恶疮，恶毒疮，顽疮。指脓液多且严重而顽固的外疡。近人往往把一些恶性肿瘤，也称为恶疮。

⑥笃疾：指重症，不治之症。

⑦吝惜：舍不得，顾惜。

【译文】

　　李八百是蜀地人。没有人知道他的姓名，好几代都有人看到他，当时的人计算他的年龄有八百岁了，就用"八百"来称呼他。

　　他有时隐居在深山老林之中，有时又在街头闹市出没。他知道汉中的唐公房，有志学道但一直没有遇到明师指点，就想去教授他。于是决定先过去试探他一下，寄居在他家做雇工。唐公房并不知道这个情况。

　　李八百被使唤做事都很用心,跟别的雇工不一样,唐公房特别喜欢他。李八百于是假装得了重病,病得要死的样子。唐公房就为他请医生拿药,花费几十万金钱,但不觉得有什么损失,反而对他担忧挂念的神色都表露在脸上。李八百又变生恶疮,全身都长满了,流着脓血,散发着恶臭,让人难以忍受,不敢靠近。

　　唐公房流着泪对他说:"您做我家的佣人,勤劳辛苦了好几年,却一直患着重病,我找大夫来想要把您治好,没有什么舍不得的,但您的病还是不好,该拿您怎么办呢?"

　　八百曰:"吾疮不愈,须人舐之①,当可。"公房乃使三婢②,三婢为舐之。八百又曰:"婢舐不愈,若得君为舐之,即当愈耳。"公房即舐。复言:"无益。"欲公房妇舐之,最佳。又复令妇舐之。八百又告曰:"吾疮乃欲差③,当得三十斛美酒浴身④,当愈。"公房即为具酒,著大器中。八百即起入酒中浴,疮即愈,体如凝脂,亦无余痕。

　　乃告公房曰:"吾是仙人也,子有志,故此相试。子真可教也,今当授子度世之诀⑤。"乃使公房夫妻并舐疮三婢,以其浴酒自浴。即皆更少,颜色美悦。以丹经一卷授公房,公房入云台山中作药⑥,药成,服之仙去。

【注释】

①舐(shì):用舌头舔。

②婢:被役使的女子。

③差:同"瘥(chài)"。病愈。

④斛(hú):中国旧量器名,亦是容量单位,一斛本为十斗,宋代后改

为五斗。汉代一斛约为现代的六十千克。

⑤度世：古人把超脱凡尘，成仙而去称为"度世"。

⑥云台山：位于河南焦作修武和山西陵川县交界处，古称宁北山，传说传授黄帝御龙飞云之术的宁封子葬于此山。东汉泛称太行山，魏王曹丕死后曾葬于其南麓，后人称那里为古汉山。魏晋时，曾有"竹林七贤"在此山活动，直到东晋才被称为云台山。唐代也称覆釜山，其东部被称为天门山，清代也被称小北顶，当代称云台山。

【译文】

李八百说："我的恶疮好不了，必须要有人来舔它，这样才能好。"公房就招来三个婢女，让她们给八百舔疮。李八百又说："婢女舔不好，要是您能给我舔一下，就应该能好。"公房就舔了。李八百又说："没用。"他想要唐公房的夫人来舔，那样最好。唐公房又再次让他夫人舔了。李八百又告诉他说："我的恶疮就要好了，要是能得到三十斛好酒来洗浴身体，就会好。"唐公房就为他准备好酒，放在一个很大的容器里。李八百就起身走到酒中洗浴，恶疮立刻就好了，身体也变得像凝冻的油脂一样光洁白润，并且身上也没有任何瘢痕。

李八百于是告诉公房说："我是仙人，看你有学道修仙的志向，所以才这样考验你。你确实是可以教授的人，现在就传授你成仙的秘诀。"于是让公房夫妇和那三个舔疮的婢女，用他洗浴过的酒来沐浴，他们也立刻就变年轻了，容貌皮肤都变得漂亮好看。李八百把一卷如何炼丹的经书传授给了公房，公房就进入云台山中制药，丹药制成，服下后就成仙而去了。

李阿

【题解】

据东晋葛洪《抱朴子·内篇·道意》中说："或问李氏之道起于何

时，余答曰：'吴大帝时，蜀中有李阿者，穴居不食，传世见之，号为八百岁公……'"可知李阿为三国时人，而葛洪所说的"李氏之道"即流传于魏晋时期影响较大的一个道派——李家道，李阿被奉为创始人。

李家道起源于四川，似乎最初是汉末蜀中的一个方士集团。三国时一个叫李宽的道士传道至吴国，因他用符水为人治病很灵验，故影响渐大，招致众多信徒，世人以为李宽就是李阿，因李阿号李八百，故也称李宽为"李八百"，但据葛洪的考证，李阿和李宽应为两人。

李家道以祝水神符为人治病，与天师道相类似，但与葛洪主张的炼丹服食以求长生不死的金丹道又有不同，属于天师道的支系。东晋葛洪时期，李家道仍在江南盛行，晋以后渐渐衰退，或有说融入天师道之中。李家道的信徒在鼎盛时曾遍及今山东、安徽、河南、湖北、陕西、甘肃、四川等地，信徒中除了汉族外，还有少数民族。

李阿的事迹主要见于此篇，另北宋张君房《云笈七签·二十八治·二十四治》篇中曾记李阿在平冈治修道，其"第五平冈治"云："山在蜀州新津县，去成都一百里，昔蜀郡人李阿于此山学道得仙，白日升天。"

李阿者，蜀人①，传世见之，不老。

常乞于成都市，所得，复散赐与贫穷者。夜去朝还，市人莫知所止。

或往问事，阿无所言，但占阿颜色。若颜色欣然，则事皆吉；若容貌惨戚②，则事皆凶；若阿含笑者，则有大庆；微叹者，则有深忧。如此候之，未曾不审也③。

【注释】

①蜀：周代所封的诸侯国之一，在四川成都一带，今为四川省的别称。

②戚：忧愁，悲哀。

③审：果然，一定。

【译文】

李阿是蜀地人，连着几世都有人见过他，从不见他衰老。

他经常在成都集市上乞讨，把乞讨来的东西，分给贫穷的人。他晚上离去早晨又回来，人们都不知道他住哪里。

要是有人来找他问卜事情，李阿都不说话，来人只要看他的脸色就可以判断了。要是他的脸色很高兴的样子，则事情一定很顺利；要是他的面容看起来很凄惨，则事情一定会有凶险；要是他面带笑容，则会有喜庆的大事发生；要是他轻轻地叹息，则说明事情会有波折。照着这个去判断，没有不应验的。

有古强者①，疑阿异人，常亲事之。试随阿还所宿，乃在青城山中。

强后复欲随阿去，然身未知道，恐有虎狼，私持其父大刀。阿见而怒强曰："汝随我行，那畏虎也！"取强刀以击石，刀折坏。强忧刀败，至旦随出。阿问强曰："汝愁刀败也？"强言实恐父怪怒。阿则取刀左手击地，刀复如故。

强随阿还成都，未至，道逢人奔车。阿以脚置其车下，轹脚②，皆折，阿即死。强怖，守视之。须臾，阿起，以手抚脚而复如常。

强年十八，见阿年五十许，强年八十余，而阿犹然不异。

后语人，被昆仑山召③，当去，遂不复还也。

【注释】

①古强：《抱朴子·内篇·祛惑》中说："昔有古强者，服草木之方，

又颇行容成玄素之法,年八十许,尚聪明不大羸老,时人便谓之为仙人,或谓之千载翁者……"或为同一人。

②轹(lì):车轮碾过。

③昆仑山:原为道教神山,被称为"百神之乡",相传为西王母所居之处,今昆仑山在新疆和西藏之间,西接帕米尔高原,东延入青海境内。

【译文】

有个叫古强的,怀疑李阿是有异术的人,经常亲近服侍他。一次试着跟随李阿回到他的住地,发现是在青城山里面。

古强后来还想跟着李阿进山,但是因为他没有道术,怕碰到虎狼等野兽,就悄悄带着父亲的大刀。李阿看见了就生气地对古强说:"你跟着我走,哪里还怕什么老虎!"拔出他的刀往石头上砍,刀就被砍弯弄坏了。古强心里忧愁着刀被弄坏了,直到早晨跟随着李阿出来。李阿问古强道:"你是担心刀被弄坏了?"古强回答说其实是怕父亲怪罪他。李阿就拿过刀来用左手举起砍向地面,刀就恢复了原来的样子。

古强跟着李阿回成都,还没到的时候,路上碰到个人正赶着一辆马车在奔跑。李阿把脚伸到车下面,车轮就压了过去,脚都断了,李阿立即就昏死了过去。古强很害怕,守在他的身边看着他。过了一会儿,李阿起身,用手抚摸了一下脚,腿脚立刻就恢复了正常。

古强十八岁时,看李阿年龄大概五十几岁,等到古强八十多岁时,李阿的面貌依然没有什么变化。

李阿后来告诉别人,他被昆仑山那里征召,应当要走了,于是就再也没有回来。

卷三

河上公

【题解】

据今人考证，河上公可能为东汉中后期人，其注解的老子《道德经》，又名《河上公章句》，或《道德经章句》，为最早的《道德经》流行注本。河上公的主要贡献是将《道德经》分成八十一章，并用极简单的语言从养生之道的角度阐说《道德经》义理，同时阐发治国之道，主张通过自身修炼而长生不老，是道家思想向道教理论过渡的一个重要标志。他的注本通行于道教中，被道士所广泛使用，与通行于文人系统的王弼注《道德经》齐名。

另西汉司马迁《史记·乐毅传》中曾记载的一个"河上丈人"，相传为仙人安期生的老师，曾被很多人误认作是河上公，但如果按照史书所述，实际上他们的生活年代相差约有三百年，所以应该不是同一个人。

本篇主要讲述汉文帝向河上公请教老子《道德经》义理的故事，因西汉初年汉文帝、汉景帝以道家思想治国，黄老之学兴起，老子《道德经》在社会上十分流行。文帝、景帝遵照老子思想，采取了休养生息的国策，从而产生了历史上有名的"文景之治"，这是本篇的历史背景。

河上公者,莫知其姓字①。汉文帝时②,公结草为庵于河之滨③。

帝读《老子经》④,颇好之,敕诸王及大臣皆诵之⑤,有所不解数事,时人莫能道之。闻时皆称河上公解《老子经》义旨,乃使赍所不决之事以问⑥。

公曰:"道尊德贵,非可遥问也。"帝即幸其庵⑦,躬问之。

帝曰:"普天之下,莫非王土;率土之滨,莫非王臣⑧。域中四大,王居其一⑨。子虽有道,犹朕民也,不能自屈,何乃高乎?"

【注释】

①姓字:姓氏和名字,犹姓名。古代有身份的人,除名之外,一般在成年后会取字,同辈和属下只许称尊长的字而不能直呼其名。

②汉文帝:即刘恒(前202—前157),是汉高祖刘邦第四子,母薄姬,汉惠帝刘盈之弟,西汉第五位皇帝。他性好节俭,在位时奉行黄老"无为而治"的政策,励精图治,兴修水利,废除肉刑,使汉朝进入强盛安定的时期,与其子汉景帝刘启所统治的时期一起在历史上被合称为"文景之治"。他深具孝心,曾经亲自为母亲薄氏尝药,是民间传说《二十四孝》中亲尝汤药的主角,死后谥曰孝文皇帝。

③庵:圆形草屋。河之滨:历史上,包括葛洪等人都认为河上公即《史记》中记载的河上丈人,而传说中河上丈人修仙得道之处在琅邪(今山东日照)天台山,故"河之滨"可能指此处。

④《老子经》:即老子《道德经》,又称《道德真经》《老子》《五千言》《老子五千文》,相传是春秋时期老子所著。《吕氏春秋》注称为《上至经》,在汉初汉景帝尊为《道德经》,唐高宗尊称《道德经》为

《上经》，唐玄宗时更尊称此经为《道德真经》。老子《道德经》是中国历史上最伟大的著作之一，其中包含深刻的辩证思想和养生、治国等内容，对中国哲学、科学、政治、宗教等产生过深刻影响。

⑤敕(chì)：指帝王的诏书或命令。

⑥赍(jī)：怀抱着，带着。

⑦幸：指帝王到达某地。

⑧"普天之下"几句：出自《诗经·小雅·北山》。

⑨域中四大，王居其一：出自《老子·二十五章》，原文为："有物混成，先天地生。寂兮寥兮，独立而不改，周行而不殆，可以为天下母。吾不知其名，字之曰'道'，强为之名曰'大'。大曰逝，逝曰远，远曰反。故道大、天大、地大、王亦大。域中有四大，而王居其一焉！人法地，地法天，天法道，道法自然。"也有版本作"道大、天大、地大、人亦大"。

【译文】

河上公这个人，没有人知道他的姓名。在汉文帝时，他在河边用茅草盖了座小屋居住。

汉文帝经常诵读《老子经》，十分喜欢这本书，就下令王孙和大臣们都要诵读，但是他对书中有几处不理解，当时的人也说不明白。文帝听到当时社会都在传言，说河上公能解释《老子经》的意义和要旨，就派使者带着他不明白的问题去询问。

河上公说："道德是最尊贵的东西，是不能够隔着遥远的距离询问的。"文帝就来到他的茅草屋，亲自向他请教。

文帝说："全天下都是帝王的领土；凡是在水土上生活的人，都是帝王的臣民。世界上有四样东西最为尊贵，帝王即是其中之一。你虽然是有道之人，但依然属于我的臣民，你怎么就不能委屈一下自己，反而显得比我还要高贵呢？"

　　公即抚掌坐跃,冉冉在虚空中①,去地数丈,俯仰而答曰:"余上不至天,中不累人,下不居地,何民臣之有?"帝乃下车稽首曰②:"朕以不德,忝统先业③。才小任大,忧于不堪。虽治世事,而心敬道,直以暗昧④,多所不了,唯愿道君有以教之。"

　　公乃授素书二卷⑤,与帝曰:"熟研之,此经所疑皆了,不事多言也。余注此经以来,一千七百余年,凡传三人,连子四矣,勿以示非其人。"言毕,失其所在。须臾,云雾晦冥⑥,天地泯合⑦。帝甚贵之。

　　论者以为文帝好老子之言,世不能尽通,故神人特下教之,而恐汉文心未至信,故示神变,所谓"圣人无常心,以百姓心为心"耶⑧。

【注释】

①冉冉:慢慢升起。

②稽(qǐ)首:古时的一种跪拜礼,叩头至地,是九拜中最为恭敬的。

③忝(tiǎn):有愧于,是一种谦虚的说法。

④暗昧(mèi):愚昧。

⑤素书:泛指道书。

⑥晦冥(míng):光线昏暗。

⑦泯(mǐn)合:指天地被黑暗笼罩成一片的状态。泯,消灭,丧失。

⑧圣人无常心,以百姓心为心:出自《老子·四十九章》,这里的"圣人"指老子理想中的执政者。

【译文】

　　河上公拍了下手掌,坐在那里腾空而起,慢慢升到虚空中,离地几丈高,低头看看又抬头答到:"我上不触天,中不连及别人,下不居住地面,有哪个可以让我做臣民呢?"文帝于是下车来跪拜道:"我没有什么德行,勉强统领着先祖们的大业。才能不足却责任重大,一直忧虑自己不堪重任。我虽然治理着国事,但是心里敬道,只是因为生性愚钝,很多事都不明白,十分希望有道的您能教导我。"

河上公于是传授给汉文帝两卷书,对他说:"深入去研读它,《老子经》的疑问就都会明白的,不需要多说什么。我注解这本经书以来,有一千七百多年了,只传授过三个人,加上你就四个了,不要把它拿给不适合的人看。"说完,就不见了。过了一会儿,云雾把天地变得一片昏暗,天地都被笼罩在了一起。汉文帝十分珍重那本书。

评议此事的人认为汉文帝喜欢老子的书,但他那个年代的人还不能都弄通其中的意思,所以神人才特意下凡来教授他,又担心汉文帝内心不能完全相信,所以才对他演示神通变化,这就是所谓的"圣人没有自己一贯的想法,他始终把老百姓的所思所念当成他的想法"吧。

刘根

【题解】

刘根在魏晋时影响较大,除本篇外,其事迹也见于葛洪同时代的东晋干宝所著的《搜神记》。刘根原为汉代方士,南朝宋范晔《后汉书·方术传下》引述了《搜神记》的内容,说他是颍川人,在嵩山隐居,有召鬼之术。本篇对刘根事迹描述较为详细,应该是葛洪根据当时的有关传说加工而成。

魏晋时稽康作《答难养生论》,曾提到"刘根遐寝不食,或谓偶能忍饥"。约为东晋前后有《刘根列传》一篇流传,未题撰人。唐高适诗《同熊少府题卢主簿茅斋》中有"江山归谢客,神鬼下刘根"句,可见其在魏晋之后依然有一定影响。

刘根者,字君安①,京兆长安人也②。

少明五经③,以汉孝成皇帝绥和二年举孝廉④,除郎中⑤。

后弃世学道,入嵩高山石室⑥。峥嵘峻绝之上⑦,直下五千余丈。冬夏不衣,身毛长一二尺。其颜色如四、五十岁人,深目多须,鬓皆黄⑧,长三四寸。每与坐,或时忽然变著高冠玄衣,人不觉换之时。

衡府君自说⑨,先祖与根同岁者,至王莽时⑩,频使使者请根,根不肯往。衡府君使府掾王珍问起居⑪,根不答,再令功曹赵公往山达敬⑫,根唯言谢府君,更无他言。

后颍川太守高府君到官⑬,郡民大疫⑭,死者过半。太守家大小悉得病,高府君复遣珍往求根,请消除疫气之术。珍叩头述府君之言,根教言,于太岁宫气上⑮,掘地深三尺,以沙著其中,及酒沃之⑯。君依言,病者悉愈,疫气寻绝,每用有效。

【注释】

① 字:古代有身份的人,除名之外,一般在成年后会取字。详见《河上公》篇注。

② 京兆:又称京兆尹。汉武帝时,京兆为长安的一个辖区,相当于郡级行政单位,与右扶风、左冯翊并称三辅,共治长安。长安:长安地名始于秦朝,是西汉、隋、唐等朝的都城,在今陕西西安一带。

③ 五经:指儒家的经典《诗》《书》《礼》《易》《春秋》。原为六经,《乐》因亡于秦末战火,所以到汉朝时,只剩五经。

④汉孝成皇帝：即汉成帝刘骜（前51—前7），西汉第十二位皇帝，汉元帝刘奭与孝元皇后王政君所生的嫡子。在位时荒于酒色，使得外戚擅政，农民起义爆发，为王莽篡汉埋下了祸根。绥和：汉成帝的第七个年号（前8—前7），汉哀帝即位沿用至年末，次年改元建平。举孝廉：汉代选拔官员的一种方式，汉代以孝治国，认为任用官员"德"比"才"重要，所以地方官都有向中央举荐地方孝子以供任用的职责。详见《王远》篇注。

⑤除：此处指任命官职。郎中：古代官职名称，始于战国，秦汉沿置，主要掌管门户、车骑等事；内充侍卫，外从作战，为尚书、侍郎之下的高级官员。隋唐至清，各部皆设侍郎、郎中、员外郎为各部要职，清末始废。

⑥嵩高山：即嵩山，古称"外方"，夏商时称嵩高、崇山，西周时称天室山。是道教五岳圣地的中岳，属伏牛山系，地处河南登封西北。嵩山历史文化深厚，其太室山下的中岳庙，始建于秦朝，是嵩山道家的象征。太室山南麓的嵩阳书院，是嵩山儒家的象征，是中国古代四大书院之一。少室山中以武术闻名于天下的少林寺，是嵩山佛教的象征。

⑦峥嵘：形容山的高峻突兀或建筑物的高大耸立。

⑧鬓（bìn）：脸旁靠近耳朵的头发。

⑨府君：汉代对一郡最高行政长官的称谓。由周代至秦，郡比县大，周时一郡含四县。

⑩王莽（前45—23）：字巨君，新都哀侯王曼次子、西汉孝元皇后王政君之侄、王永之弟，属于西汉外戚。他早先谦恭俭让，礼贤下士，在朝野素有威名。西汉末年，因社会动乱，王莽篡汉成立新朝，为新太祖，也称建兴帝或新帝，公元8至23年在位。他在位时宣布推行新政，史称"王莽改制"，但终未成功，后在长安死于乱军之中。

⑪掾(yuàn)：佐助，后为副官佐吏或官署属员的通称。

⑫功曹：汉代郡守有功曹史、县有主吏，功曹史简称功曹，主吏即为功曹。功曹除掌人事外，还参与一郡或县的政务。北齐后称功曹参军。唐时，在府的称为功曹参军，在州的称为司功。

⑬颍(yǐng)川：郡名，秦王嬴政17年(前230)置。以邻颍水得名，治所在阳翟(今河南许昌禹州)。辖境相当今河南登封、宝丰以东，尉氏、鄢城以西，新密以南，叶县、舞阳以北。其后治所屡有迁移，辖境渐小，最大时管辖至今驻马店地区，隋初废，唐肃宗至德年间曾改许州为颍川郡。

⑭大疫(yì)：流行瘟疫，是跟年时有关的比较严重的传染病。古代中医用五运六气解释流行病的发生，叫作"运气学说"，主要内容是认为日月星辰的运行会对地球产生周期性的影响，从而对地球上物候产生周期性改变，同时也影响人体相关脏腑疾病的发生和流行病的产生，在某些年份，运气运行到某个点产生叠加效应时，就会有大的流行病。

⑮太岁宫气：指木星当年所在的方位所属的宫中。大约自秦、汉时起，人们把太岁所在方位视为凶方，无论是谁都不敢与太岁所在的凶方相对立，如建屋造房，或迁徙、婚嫁等，否则就算是在太岁头上动土，将可能招致祸殃，而古代的方士则认为只要用相应方法压制太岁的影响，就可解除相关灾祸。太岁，又称太岁星君，简称"岁君"，太岁就是天上的木星，古人称木星为岁星或太岁，它既是星辰，也是民间奉祀的神祇。古人观测天象，认为岁星十二年运行一周天，便将黄道分为十二等分，并以每年太岁所在的部分来计年。这十二等分后来又发展成根据天上星座确定的十二宫，每宫中都有对应的宫神，并对应陆地上的分野，如"磨蝎宫丑次，星纪神君，宰吴越扬州分野，统乙丑、丁丑、己丑、辛丑、癸丑五将"。

⑯沃(wò)：灌溉，浇。

【译文】

刘根，字君安，是京兆长安人。

他年轻时就通晓儒家五经，在汉孝成皇帝绥和二年被举荐为孝廉，并被授予郎中一职。

刘根后来放弃世俗生活去学道，进入嵩山的石洞中。那石洞在陡峭的绝壁之上，下临地面有五千多丈高。他四季都不穿衣服，身上的毛长有一两尺，容貌看起来像四五十岁的人，他眼窝深陷，胡须浓密，鬓角发黄，有三四寸长。当有人陪他一起坐谈时，他有时忽然变成戴着高帽穿着黑色衣服的样子，别人都觉察不出他什么时候换的衣服。

衡府君亲自说过，他的先祖跟刘根同龄，到王莽在位的时候，他不断派遣使者来邀请刘根，刘根却不肯去。衡府君让府吏王珍去问候刘根的生活起居，刘根也不答话，又派功曹赵公到山里去向他表达敬意，刘根只说了句感谢府君，就再也没别的话了。

后来颍川太守高府君为官上任，遇到本郡发生严重的疫病，死了一多半人。太守家里大大小小都得了病，高府君又派王珍去向刘根求助，请教他消除疫病的办法。王珍向刘根磕着头转述府君的话，刘根告诉他说，在太岁宫所在方位之上，在地上挖个三尺深的坑，用沙子填满，再用酒来浇满它。高府君按他的话做了，得病的人就都好了，疫病也很快消失了，以后每次这样做都有效。

后太守张府君①，以根为妖，遣吏召根，拟戮之②。一府共谏府君，府君不解。如是诸吏达根，欲令根去，根不听。

府君使至，请根。根曰："张府君欲吾何为耶？间当至耳，若不去，恐诸君招咎，谓卿等不敢来呼我也。"根是日至府时，宾客满座，府君使五十余人持刀杖绳索而立，根颜色不变。

府君烈声问根曰："若有何道术也?"答曰："唯唯③。"府君曰："能召鬼乎?"曰："能。"府君曰："既能,即可促鬼至厅前,不尔当大戮②。"根曰："召鬼至,易见耳。"

借笔砚及奏案④,铿铿然作铜铁之声⑤,闻于外。又长啸,啸音非常清亮,闻者莫不肃然,众客震悚⑥。须臾,厅上南壁忽开数丈,见兵甲四五百人,传呼赤衣兵数十人,赍刀剑,将一车,直从坏壁中入来。又坏壁复如故,根敕下车上鬼,其赤衣便乃发车上被。

见下有一老翁老姥,大绳反缚。囚之,悬头厅前。府君熟视之,乃其亡父母也。府君惊愕流涕,不知所措。鬼乃责府君曰："我生之时,汝官未达,不得汝禄养⑦。我死,汝何为犯神仙尊官,使我被收,困辱如此,汝何面目,以立人间!"府君下阶叩头,向根伏罪受死,请求放赦先人⑧。根敕五百兵将囚出,散遣之。

车出去,南壁开,后车过,壁复如故。既失车所在,根亦隐去,府君惆怅恍惚⑨,状若发狂。妻登时死,良久,乃苏。云见府君家先捉者,大怒,言汝何故犯神仙尊官,使我见收,今当来杀汝。其后一月,府君夫妇男女皆卒。

【注释】

①张府君:东晋干宝《搜神记》中作"史祈"。

②戮(lù):杀。

③唯唯:答应的声音。

④奏案:放奏章的几案。案,古时狭长的桌子。

⑤铿铿(qiāng)：象声词，形容金属撞击等响亮、清脆之声。

⑥悚(sǒng)：害怕，恐惧。

⑦禄(lù)：古代官吏的俸给。

⑧赦(shè)：免除或减轻刑罚。

⑨惆(chóu)怅：因失意或失望而伤感、懊恼。

【译文】

后来的太守张府君，认为刘根属于妖妄之人，就派遣捕吏去召他过来，准备杀了他。整个郡府的官吏都来劝说府君不要那样做，府君不答应。这样官吏们都来告诉刘根，想叫刘根逃走，刘根没有听从。

张府君的使者来了，请刘根过去。刘根说："张府君找我有什么事呢？我一会儿就过去，要是不去，怕给你们招来麻烦，说你们不敢来喊我过去。"刘根当天到府上时，宾客把郡府都坐满了，府君安排了五十多个人拿着大刀、木棍、绳索等站立两旁，刘根面不改色。

府君大声喝问刘根："你有什么道术？"刘根回答说："不敢不敢。"府君说："你能召来鬼吗？"刘根说："能。"府君说："既然能，就马上把鬼召到厅前来，做不到就杀了你。"刘根说："召鬼来，很容易就看到。"

刘根跟府君借了毛笔和砚台，还有放奏章的长桌子，弄得铿铿作响，像铜铁撞击的声音，屋外都能听到。刘根又长啸一声，啸音非常清脆响亮，听到的人都不自觉的恭敬起来，所有的客人都十分震惊害怕。过了一会儿，大厅上南边的墙壁忽然分开几丈远，看到有穿着盔甲的士兵四五百人，相传招呼着穿红衣服的士兵几十人，拿着刀剑，押着一辆车，径直从崩开的墙壁里出来。很快崩坏的墙壁恢复原样，刘根喝令车上的鬼下来，穿红衣服的士兵就把覆盖在车上的被子拿开。

众人看到从车上下来一个老头和一个老太婆，被很粗的绳子反绑着。士兵们押着他们，在大厅前低着头。张府君仔细看了看，竟然是他已经去世的父母。府君吃惊地流下泪，呆立不知所措。两个鬼开口责怪府君说："我们在世的时候，你还没做大官，没有享受过你的俸禄供养。我们死了,你怎么得罪尊贵的仙官,连累我们被收押,这样被捆住受辱,你还有什么脸面,在人间立足啊!"张府君走下台阶向刘根磕头,承认自己有罪愿意受死,求刘根先把自己的父母赦免放走。刘根命令五百个士兵将囚犯带出去,把他们遣散走了。

囚车出去时,南边的墙壁又打开了,等囚车过去,墙壁又恢复了原来的样子。车子消失不见,刘根也隐身不见了,府君心情抑郁,志意恍惚,像要发疯的样子。他的妻子随即就昏死过去,过了好一会儿,才苏醒过来。说是看到府君家之前被捉拿的家人,他们都很愤怒,说你们为什么要得罪神仙,让我们被收监,马上就会来杀死你们。其后一月之内,府君夫妇和他们家子女都死了。

府掾王珍,数得见,数承颜色欢然时,伏地叩头,请问根学仙时本末。

根曰:"吾昔入山精思①,无所不到,后如华阴山②,见一人,乘白鹿车,从者十余人,左右玉女四人③,执采旄之节④,皆年十五六。余载拜稽首,求乞一言。神人乃告余曰:'尔闻有韩众否⑤。'答曰:'实闻有之。'神人曰:'我是也。'余乃自陈曰:'珍少好道而不遇明师,颇习方书,按而为之,多不验,岂根命相不应度世也⑥?有幸今日得遇大神,是根宿昔梦想之愿。愿见哀怜,赐其要诀。'神未肯告余,余乃流涕自搏⑦,重请。神人曰:'坐,吾将告汝。汝有仙骨,故得见吾耳。汝今髓不满,血不暖,气少,脑减,筋息肉沮⑧,故服药行气,不得其力。必欲长生,且先治病十二年,乃可服仙药耳。夫仙道有升天蹑云者⑨;有游行五岳者;有服食不死者;有尸解而仙者⑩。凡修仙道,要在服药。药有上下,仙有数品。

不知房中之事⑪，及行气导引⑫，并神药者，亦不能仙也。药之上者，有九转还丹、太乙金液⑬，服之，皆立登天，不积日月矣。其次有云母、雄黄之属⑭，虽不即乘云驾龙，亦可役使鬼神，变化长生。次乃草木诸药，能治百病，补虚驻颜，断谷益气⑮，不能使人不死也。上可数百岁，下即全其所禀而已，不足久赖也。'余顿首曰：'今日蒙教，乃天也。'神人曰：'必欲长生，先去三尸⑯，三尸去，即志意定，嗜欲除也。'乃以神方五篇见授云：'伏尸常以月望晦朔⑰，上天白人罪过，司命夺人算⑱，使人不寿。人身中神，欲得人生，而尸欲得人死。人死，则神散无形之中，而成鬼。祭祀之，则得歆飨⑲，故欲人死也。梦与恶人斗争，此乃尸与神相战也。'余乃从其言，合服之，遂以得仙。"

【注释】

①精思：属于道家内修方法，指精诚存思，修身炼性。详见《伯山甫》篇注。

②华阴山：即五岳的西岳华山，位于陕西渭南华阴，在陕西西安以东一百二十公里处。华山历史悠久，公元前3世纪就有"华山"之名，山名最早出现在《山海经》和《禹贡》中。据清代国学大师章太炎和历代专家学者考证，华夏民族最初形成并居住于"华山之周"，名其国土曰华，其后人迹所至，遍及九州，华之名始广。所以中华之"华"，源于华山，因此，华山有"华夏之根"之称。相传黄帝曾在此召集部落联盟的会议，历史上也多有君王来此祭拜。华山也是道教主流全真派圣地。截至2013年，华山有七十二个半悬空洞，道观二十余座，其中玉泉院、都龙庙、东道院、镇岳宫被列为全国重点道教宫观。

③玉女:指仙女或美女。

④旄(máo):古代用牦牛尾装饰的旗子。

⑤韩众:也有版本作"韩终",古代传说中的仙人,具体事迹不详。历代文献中对他的记述也不统一。战国楚屈原《楚辞·远游》中有:"奇傅说之托辰星兮,羡韩众之得一。"王逸注:"众,一作'终'。"洪兴祖补注引《列仙传》:"齐人韩终,为王采药,王不肯服,终自服之,遂得仙也。"西汉司马迁《史记·秦始皇本纪》则记载其为秦始皇采药的使者:"因使韩终、侯公、石生求仙人不死之药。"明代曹学佺撰《蜀中广记》引晋王隐《蜀记》记载韩众在德阳炼丹,遇到刘根,传授给他五道神方。后世以"韩众"泛指神仙,如唐李白《古风》之四:"惟应清都境,长与韩众亲。"

⑥度世:度脱人世苦难,得道成仙。

⑦自搏(bó):自己捶打自己。

⑧沮(jǔ):坏,败坏。

⑨蹑(niè):踩,踏。

⑩尸解:道家指修道者元神离开肉体而成仙,表现形式多种。详见《王远》篇注。

⑪房中之事:即房中术。详见《彭祖》篇注。

⑫行气导引:呼吸配合肢体运动,有时配合意念活动的一种导引养生术。详见《老子》篇注。

⑬九转还丹:外丹名词,是用矾石、空青、白石英、丹砂、雄黄、雌黄、水银等药物烧炼而成的丹药,炼制方法见《太极真人九转还丹经要诀》。后世也用作内丹术语,指内丹修炼时的火候调节尺度。太乙金液:道家的外丹,具体成分和炼制法不详。

⑭云母:硅酸盐类矿物,中医经典《神农本草经》中说其主身皮死肌,中风寒热,如在车船上;除邪气,安五脏,益子精,明目等,道教认为按法服食可以长生。雄黄:别名石黄、黄石,为含硫化砷

的矿石,也是一种中药,道教认为炼制后服用可以成仙。《神农本草经》认为其主寒热,鼠瘘恶疮,疽痔死肌,杀精物、恶鬼、邪气、百虫毒、胜五兵等等。炼食之,轻食神仙。

⑮断谷:又称辟谷,即不食五谷,是道教一种修炼神仙的方法。这种方法虽然不吃五谷,但是往往要配合服用药物及锻炼导引、服气等。

⑯三尸:东晋葛洪《抱朴子·内篇·微旨》称三尸在人身中,"虽无形而实魂灵鬼神之属",并说三尸希望人早死,人死则他们就能做鬼,享受人们祭祀的物品了。还说三尸在每年的庚申之日,上天庭报告,诉说人在世间的罪过,所以魏晋道教视灭"三尸"为修道所必需阶段,求仙者必须先要去除三尸,然后才能修炼得道成仙。后世道教又把三尸叫做三虫、三彭、三尸神、三毒,并发展出上中下"三尸九虫"等说法。北宋张君房《云笈七签》中有《太上三尸中经》说:"上尸"名彭倨,在人头中,伐人上分,令人眼暗、发落、口臭、面皱、齿落。"中尸"名彭质,在人腹中,伐人五藏,少气多忘,令人好作恶事,噉食物命,或作梦寐倒乱。"下尸"名彭矫,在人足中,令人下关搔扰,五情涌动,淫邪不能自禁。《中山玉柜服气经》、唐段成式《酉阳杂俎》则称"上尸"名青姑,"中尸"名白姑,"下尸"名血姑,所述作为大同小异。从内涵来看,"三尸"实是人体的生理衰老及种种欲望等,道教将其概念化并赋予人格。

⑰望:每月十五月圆之日。晦:每月最后一日。朔:每月月初,又指新月。

⑱司命:指天上掌管人寿命长短的神仙。

⑲歆飨(xīn xiǎng):祭祀鬼神时所用的祭品、香火。

【译文】

府吏王珍,好几次见到刘根,每次见他心情愉悦时,就跪地磕头,请问他学仙求道的本末经过。

刘根说:"我以前到山里练习精思,没有哪里没去过,后来到华山,看到一个人,坐着白鹿拉的车,随从有十几个,左右各有四名少女,拿着牦牛尾做的旗子,年龄都在十五六岁。我一再向他跪拜磕头,求他对我说句话。那个神人于是对我说:'你听说过韩众吗?'我说:'听说确实有这个人。'神人说:'我就是。'我于是自我介绍说:'我年轻时就向往学道,但一直没遇到高明的老师,自学过很多方书,按照书上说的去做,很多却没有效验,难道是我命中注定不能得道成仙吗?今天有幸遇到大神,是我长久以来梦中都在期待的愿望,万望您可怜我,把修仙的要诀赐给我。'神人还是不肯告诉我,我于是捶胸痛哭,再次恳请。神人说:'你坐吧,我跟你讲。你有成仙的骨相,所以才有机会见到我。你现在骨髓不满,血不温暖,少气,脑力不够,筋肉松弛衰败,所以虽然你服药和练习行气法,但是却没有收获。一定想要长生不死,你必须先用十二年来治病,然后才能服用仙药。神仙的道术有在天空踏着祥云飞行的;有在五岳山川之间自由穿行的;有通过服食而变得长生不死的;还有通过尸解的方式成仙而去的。凡是想修炼成仙得道,要诀都是必须服食丹药。药也分上品和下品,仙也分好几品。不知晓房中术,还有行气、导引法,以及神药的炼制法,也不能成仙。上品的丹药有九转还丹、太乙金液,服用了它们,就可以立即登天成仙,不需要积累时间去修炼。其次有云母、雄黄之类,虽然服用了它们不能立即乘云驾龙飞升,但也可以获得驱使鬼神的能力,得到变化之术并长生不死。再次一等就是用草木之类的药,它们能治疗各种疾病,补益人体虚损,延缓衰老,帮助人辟谷和增长气力,但不能让人长生不死。最多能让人活到几百岁,一般也就是保全人的健康而已,不能长久的依赖它们。'我磕头下拜说道:'今天承蒙您的指教,真是天意啊。'神人说:'一定想要长生,得先除去身体内的三尸,三尸去除后,人的志意才能安定,各种欲望也就没有了。'神人于是传授我五篇神方,并说道:'人体内潜伏的三尸经常在望、晦、朔这几天上天报告人所犯的罪过,司命就会根据人的罪过来减损人的岁数,让人不能长寿。人身中的神，希望人能长生，但三尸却希望人早死。人一死，则人的神就离散消失于无形之中，变成了鬼。人们祭祀鬼，三尸就得到祭祀品享用，所以三尸希望人早死。人有时做梦梦到跟坏人打斗，那就是体内的伏尸和身中的神在打架。'我依照他说的去做，炼成神药服用，就得道成仙了。"

珍又每见根书符了，有所呼召，似人来取。或数闻推问，有人答对，及闻鞭挞之声①，而悉不见其形，及地上时时有血，莫测其端也。

根乃教珍守一行气②，存神坐③，三纲六纪④，谢过上名之法⑤。

根后入鸡头山仙去⑥。

【注释】

①挞（tà）：用鞭棍等打人。

②守一行气：道家修养之术，即用入静的方式，把精神意念置于一处，以培养身中真气，该方法可使人体身心和谐，促进健康长寿，具体修炼方法须人指导。

③存神：道家静坐修养的方法，又名思神、存思、存想、冥想等等，主要内容为存思人体之中、天地之间各种"神灵"。《太平经》中说："万神……皆随人盛衰。""静身存神，即病不加也，年寿长矣，神明佑之"。《太平经》中同时提到的存思"五脏神"的方法，认为可使外游人体的五脏神复归人身，起到"万疾皆愈"的作用。存神法后与道教仪式等结合，变得比较繁琐。该法起于汉代，盛行于东晋南北朝时期，是道教上清派的主要修行方法，该派的存神练法也多达几十种，《黄庭经》为其代表著作。

④三纲六纪：道教帮助飞升成仙的修炼方法，是按照星宿设计的一
　　种步法，练习时须配合呼吸及咒语。《云笈七签·三洞经教部·
　　太上飞行九神玉经》中"反行法"篇有介绍，并说：春步七星名曰
　　"步三纲"，夏步七星名曰"蹑六纪"。

⑤谢过上名：即向上天报告姓名，忏悔罪过，是道家斋戒仪式。道
　　教认为不能持斋戒及有罪之人，不能升天成仙。《云笈七签·斋
　　戒·特斋》引《无上秘要》说，有一修仙人，因未能持斋，死后被派
　　遣做千年树精，不能升天成仙，后家人为其建斋，请道士烧香念
　　经，为他谢过三日，才得以升天。

⑥鸡头山：位于甘肃庆阳镇原开边镇政府东约一公里处，因形似鸡
　　头而得名，西汉司马迁《史记》中记载黄帝和秦始皇都曾登临
　　此山。

【译文】

王珍又看见刘根每次画完符，就对着什么人招呼了一下，然后就好
像有人来取走了。有几次听到他在审问，有人回话，还能听到鞭子抽打
的声音，但都看不到人形，有时地上会经常看到血迹，都猜不出是怎么
回事。

刘根教给王珍守一行气，存神静坐，三纲六纪，谢过上名斋戒的
方法。

刘根后来进入鸡头山中成仙走了。

李仲甫

【题解】

关于李仲甫的事迹主要见于此篇，按文中所述，他学道于王君（即
王远），所以应该也是东汉晚期人。

葛洪《抱朴子·内篇·辨问》云："仲甫假形于晨凫"，与篇中仲甫变

化为鸟情节对应。

北宋张君房《云笈七签·道教经法传授部·道教相承次第录》说："太上老君命李仲甫出神仙之都，以法授江南左慈，字元放，故令继十六代为师相付。"就是说他曾在三国时教授过左慈，但此说未见有其他佐证。

李仲甫者，丰邑中益里人也①。少学道于王君，服水丹②，有效。兼行遁甲③，能步诀隐形④。年百余岁，转少。

初隐百日，一年复见形，后遂长隐，但闻其声，与人对语、饮食如常，但不可见。

有书生姓张，从学隐形术。仲甫言："卿性褊急⑤，未中教。"然守之不止，费用数十万，以供酒食，殊无所得。

张患之，乃怀匕首往。先与仲甫语毕，因依其声所在，腾足而上，拔匕首，左右刺斫⑥。仲甫已在床上，笑曰："天下乃有汝辈愚人，道学未得而欲杀之。我宁得杀耶？我真能死汝，但恕其顽愚，不足问耳。"

使人取一犬来，置书生前，曰："视我能杀犬否？"犬适至，头已堕地，腹已破。乃叱书生曰⑦："我能使卿如犬行矣！"书生下地叩头。乃止，遂赦之。

仲甫有相识人，居相去五百余里，常以张罗自业⑧。一旦，张罗得一鸟，视之，乃仲甫也。语毕，别去。是日，仲甫已复至家。

在民间三百余年，后入西岳山去⑨，不复还也。

【注释】

①丰邑：即今江苏徐州丰县，汉属沛郡丰邑。里：相当于现代的乡

镇的建制。

②水丹:方士所炼的一种丹药。北宋沈括《梦溪笔谈·补笔谈卷
　三·杂志》中曾说有一姓李的士人,能做水丹,方法是"以清水入
　土鼎中,其下以火然之,少日则水渐凝结如金玉,精莹骇目。"并
　说炼水丹主要靠水火调节的功夫,有一点差错,水丹就会化去。

③遁甲:古代方士术数学之一,主要用于占卜,起于《易纬·乾凿
　度》太乙行九宫法,盛于南北朝。其法以十干的乙、丙、丁为三
　奇,以戊、己、庚、辛、壬、癸为六仪。三奇六仪,分置九宫,
　而以甲统之,再推算甲子、甲寅、甲辰、甲午、甲申、甲戌六甲的阴
　数,以趋吉避凶,故称"遁甲"。南朝齐王俭《今书七志》有《遁甲
　经》。

④步诀:即步纲,是按一定口诀所踏的步法。北宋元妙宗《太上助
　国救民总真秘要》中说:"按禹步纲斗、掌目之诀,为道之大要,法
　之元纪也。步纲者,乘于正气以御物。"

⑤褊(biǎn)急:脾气急躁。

⑥斫(zhuó):斧刃。引申为用刀、斧等砍。

⑦叱(chì):大声呵斥。

⑧张罗:张网捕鸟。

⑨西岳山:即华山。见《伯山甫》篇注。

【译文】

　　李仲甫是丰邑中益里人。他年轻时跟王君学习道术,服食水丹,有
效验。同时他会遁甲法,能按照口诀踏步隐身。他到一百多岁时,又变
年轻了。

　　他起初只隐身几百天左右,一年后再现出形体,后来就长期隐身,
别人只能听到他的声音,跟人说话、吃喝都跟平常一样,只是见不到他
的人。

　　有个书生姓张,想跟他学隐身术。仲甫说:"你的性格狭隘急躁,不

适合教你。"但是书生一直跟着他，并花费几十万钱，供给他饮酒吃喝，但还是一无所得。

张生于是怀恨在心，在怀里揣着一把匕首去找仲甫。他先跟仲甫说话，再根据他说话的声音判定他所在的位置，然后双脚跳起就冲了上去，拔出匕首，向左右乱砍乱刺。仲甫早已坐在床上，笑着说："天下还真有你这么愚昧的人，道术没学到就要杀人。我是能被杀死的吗？我可以杀死你，但宽恕你愚昧无知，不值得向你问罪。"

仲甫让人找来一条狗，放在书生面前，说："看我能不能杀死这条狗？"狗刚到面前，头就掉在了地上，肚腹也已经被破开。于是仲甫呵斥书生说："我能让你像这条狗一样！"书生趴在地上磕头。仲甫于是停止了斥骂，赦免了他。

仲甫有个认识的人，居住地距他相隔了五百多里，那人平常以张网捕鸟为生。一天早晨，他张网捕获了一只鸟，看时，却是李仲甫。仲甫就跟他说了会儿话，告别离去。当天，仲甫就回到了家。

李仲甫在人间生活了三百多年，后来进入西岳华山，就没再回来。

李意期

【题解】

李意期，一作李意其，其故事主要见于此篇。其中刘备向他问卜的一段事，西晋陈寿《三国志·蜀书·蜀先主传》裴松之的注引用了葛洪的《神仙传》内容，在元末明初小说《三国演义》中，他又被称为李意。

李意期者，本蜀人①，传世见之。汉文帝时人也②，无妻息。

人欲远行速至者，意期以符与之，并丹书两腋下③，则千里皆不尽日而还。

或说四方国土宫观市廛④,人未曾见,闻说者,意不解。意期则为撮土作之⑤,但盈寸,其中物皆是,须臾消灭。

或行,不知所之,一年许复还。于是乞食,得物,即度与贫人。于城都角中,作土窟居之,冬夏单衣,饮少酒,食脯及枣栗⑥。

【注释】

①蜀:古为四川成都一带,今为四川省界内。详见《李阿》篇注。

②汉文帝:即汉文帝刘恒。详见《河上公》篇注。

③丹书:此处指以墨书写符文的朱漆竹简,古代术士用其施展法力。

④市廛(chán):城市中商店云集的街区。

⑤撮(cuō):聚起,多指用簸箕状的器具铲起东西。

⑥脯(fǔ):水果蜜渍后晾干的成品,果干。

【译文】

李意期本来是蜀地人,好几代人都见过他。他是生活在汉文帝时的人,没有妻子儿女。

有人要去远方希望能尽快到达,意期就拿了道符给他,并把丹书夹在那人两侧的腋窝下,于是一千里的路都不需要一天就能赶回来。

他有时跟人说起四周国家的风土人情和宫殿建筑及市集样貌,别人都未曾看见过,听他说的人,也不是很明白。李意期就聚土建造起来,建好后只有一寸大小,其中都是他说的那些事物,但一会儿就消失不见了。

他有时出行,也不知道去了哪里,一年多后又回来了。意期把乞讨得来的东西,都送给贫困的人。他在城墙的一角,做了个土窟洞住着,冬天和夏天都穿着单衣,偶尔喝点酒,吃各种果干,还有大枣及板栗。

刘玄德欲伐吴,报关羽之死[1],使迎意期。意期到,甚敬之,问其伐吴吉凶。意期不答,而求纸,画作兵马器仗十数万,乃一一裂坏之,曰:"咄[2]!"又画作一大人,掘地埋之,乃径还去。备不悦,果为吴军所败,十余万众,才数百人得还,甲器军资略尽。玄德忿怒,遂卒于永安宫[3]。

意期少言,人有所问,略不对答。蜀人有忧患,往问之,凶吉自有常候。但占其颜色若欢悦,则善;惨戚,则恶。后入琅琊山中[4],不复见出也。

【注释】

[1]刘玄德欲伐吴,报关羽之死:刘玄德即三国时刘备(161—223),东汉末年幽州涿郡涿县(今河北涿州)人,西汉中山靖王刘胜的后代,三国时期蜀汉开国皇帝、政治家,西晋陈寿《三国志》为其立传称他为"先主"。关羽(? —220),为其结拜兄弟,三国名将,赤壁之战后被刘备任命为襄阳太守,留守荆州。建安二十四年(219),关羽攻打魏国樊城(今湖北襄樊),曹操派于禁前来增援,关羽擒获于禁,斩杀庞德,威震华夏,后曹操派徐晃前来增援,东吴吕蒙又偷袭荆州,关羽腹背受敌,兵败被吴军所擒并被杀。刘备为了替关羽报仇,章武元年(221)发兵攻打吴国,章武二年(222)在夷陵之战中被吴将陆逊打败,死伤部众约八万余人。第二年,刘备在愤恨羞愧中,死于白帝城(今四川奉节东)中。

[2]咄(duō):表示惊怪。

[3]永安宫:为刘备托孤的故址。章武二年(222),刘备被东吴大将陆逊火烧连营八百里,败归巫山建平,还守鱼复,改县名永安,营

房亦名永安宫，现位于重庆奉节师范学校院内。

④琅琊（láng yá）山：琅琊，古也作琅邪（古音 láng yé），亦作琅玡，是
　山东东南沿海地区的古老地名，历史上曾有琅琊邑（县）、琅琊
　国、琅琊郡、琅琊道，涵盖今山东临沂以及青岛、诸城、日照一带。
　琅琊治所临沂曾诞生了以琅琊王氏、琅琊颜氏、琅琊诸葛氏为代
　表的世家大族。琅琊山，据北宋乐史《太平寰宇记》卷二四"诸城
　县"条下记载，在今山东诸城东南一百四十里。今山东青岛琅琊
　镇有琅琊台风景区。

【译文】

　　刘备想要讨伐吴国，为关羽之死报仇，派人把李意期请来。意期来
了后，刘备对他十分尊敬，向他询问征伐吴国的吉凶。李意期不回答，
却要来纸笔，在纸上画出十几万的兵马武器，又一点点把纸撕坏，说道：
"唉！"又画了一个大人，然后在地上挖坑把它埋了，做完这些就径自回
去了。刘备看完很不高兴，后来果然被吴军打败，十几万兵马，只有几
百人回来了，兵甲武器军用物资都丧失殆尽。刘备忿恨恼怒，接着就死
在永安宫里。

　　李意期很少跟人说话，有人来问他事，他也不怎么回答。蜀地人有
担心的事，就去问他，是吉是凶都有特定的表现。要是看到他脸色欢快
愉悦，说明是好事；要是他的表情很凄惨，就有坏事发生。后来他进入
琅琊山，就再也没人看见他出来过了。

王兴

【题解】

　　王兴，其故事主要见于此篇。元赵道一《历世真仙体道通鉴》卷七
中也有一篇关于王兴的故事，是在本篇基础上的扩展，大意说他服菖蒲
后并未立即成仙升天，后来又做了浦江主簿，因向往修仙，辞官隐居在

四川浦江县境内的秋长山继续修行，九年后才飞升而去。有人说《仙鉴》中增加的情节，可能是与蜀中另一名王兴的故事混淆了。

王兴者，阳城人也①。居壶谷中②，乃凡民也。不知书，无学道意。

汉武上嵩山③，登大愚室④，石起道宫⑤，使董仲舒、东方朔等⑥，斋洁思神⑦。

至夜，忽见有仙人，长二丈，耳出头巅⑧，垂下至肩。武帝礼而问之，仙人曰："吾九嶷之神也⑨，闻中岳石上菖蒲⑩，一寸九节，可以服之长生，故来采耳。"忽然失神人所在。

帝顾侍臣曰："彼非复学道服食者，必中岳之神，以喻朕耳。"为之采菖蒲服之，经二年，帝觉闷不快，遂止。

时从官多服，然莫能持久。唯王兴闻仙人教武帝服菖蒲，乃采服之不息，遂得长生。邻里老少皆云世世见之，竟不知所之。

【注释】

①阳城：县名，古称获泽，隶属于山西晋城，位于山西东南端。阳城是历史文化名城，相传上古时舜帝曾在那里生活过。

②壶谷：具体地点不详，《历世真仙体道通鉴》作"宛谷"。

③汉武：汉武帝刘彻是西汉第七位皇帝，在制度、经济、军事、文化上都有建树，曾接受董仲舒的建议，"罢黜百家，独尊儒术"，并开创了察举制选拔人才。但他对外征伐过度，不免有"穷兵黩武"之嫌。汉武帝晚年因"巫蛊之祸"冤杀了很多人，并迷信于求仙，四处搜罗方士仙方。嵩山：又名嵩高山，即五岳中的中岳嵩山，

在河南境内。详见《刘根》篇注。

④大愚室：嵩山上的石室，具体位置不详。

⑤石起道宫：据东汉班固《汉书·武帝纪》，汉武帝应该是在元封二年（前109）登临嵩高山，并"令祠官加增太室祠"，所以此处应指在嵩山太室山上修建道宫。

⑥董仲舒（前179—前104）：河北衡水景县广川镇大董古庄人（汉属广川郡），被誉为公羊大师、儒家大儒。汉武帝即位后，董仲舒曾被作为贤良人士推举给武帝，武帝就治国安邦、天人感应等问题策问于他，对答内容被编为《天人三策》。董仲舒著《春秋繁露》等，提出了"天人感应""大一统"学说。董仲舒认为，"道之大原出于天"，自然、人事都受制于天命，因此反映天命的政治秩序和政治思想都应该是统一的。董仲舒的儒家思想维护了汉武帝的集权统治，所以汉武帝采纳了其"罢黜百家，独尊儒术"的意见，从此后，汉代在思想界树立了儒家思想的正统权威地位，后世影响十分深远。董仲舒在汉武帝元光元年（前134），任江都易王刘非国相十年，元朔四年（前125），任胶西王刘端国相，四年后辞职回家。此后，在家著书，朝廷每逢大事，都会派使者去征询他的意见。《历世真仙体道通鉴》中引《神仙传》，此处写作"董仲君"，董仲君是当时方士。东方朔：生卒年不详，本姓张，字曼倩，西汉平原郡厌次县（今山东德州陵城区）人。汉武帝即位，征四方贤能，东方朔上书自荐，诏拜为郎。后任常侍郎、太中大夫等职。他性格诙谐，言词敏捷，滑稽多智，常在武帝前谈笑取乐，他曾言政治得失，陈农战强国之计，并对汉武帝多有规谏，但汉武帝始终把他当俳优看待，不予重用，使其一生不得志。东方朔一生著述甚丰，有《答客难》《非有先生论》等名篇，后人也有很多假托其名而作的文章。《列仙传》中有其传，并已开始出现将其神化的倾向。

⑦思神：即存神，是一种修行方法。见《刘根》篇注。

⑧巅（diān）：一般指山顶，此指头顶。

⑨九嶷（yí）：山名，又名苍梧山，位于湖南南部永州宁远境内，宁远城南六十里，相传舜安葬于此山。

⑩菖蒲（chāng pú）：水生植物，多年生草本，也是一味中药，主要用其根茎。《神农本草经》将其列为上品，认为其味辛温，主风寒湿痹，咳逆上气，开心孔，补五脏，通九窍，明耳目，出声音。久服轻身，不忘不迷或延年。中医认为菖蒲根茎"一寸九节者上"，东晋葛洪《抱朴子·内篇·仙药》中说："菖蒲生须得石上，一寸九节已上，紫花者尤善也。"

【译文】

王兴是山西阳城人。他居住在壶谷那里，是一个普通老百姓。他不识字，也没有想学道成仙的心思。

汉武帝上嵩山，登上大愚室，命人用石头建起几座修道的宫殿，让董仲舒、东方朔等人，斋戒沐浴后，专门在此思神静修。

到夜里的时候，汉武帝忽然看到有个仙人，身高二丈，耳朵上面高过头顶，下面垂到两肩。武帝向他行礼并问候，仙人说："我是九嶷山的神，听说中岳嵩山石头上长的菖蒲，一寸生有九节，服了可以长生不老，所以来采集。"说着话，神人忽然就不见了。

武帝看看左右侍臣说："他肯定不是来服食修道的，必定是中岳山的神仙，来通告我的。"侍臣们就为武帝采菖蒲服用，吃了两年，武帝觉得心里发闷不舒服，就不再吃了。

当时很多跟从武帝的官员也一起服用，但是都没能坚持长久。只有王兴听说有仙人教武帝服食菖蒲，就一直不停地采集并服用，于是就获得了长生。邻居老老少少说世代都有人见过他，最后也不知道他去了哪里。

赵瞿

【题解】

本篇主要讲述一个病人坚持服食，最终也得以成仙的故事。《抱朴子·内篇·仙药》中也对赵瞿事有较完整收载。

葛洪在神仙方术之中，特别重视金丹大药，认为服食金丹金液是"仙道之极"，所以他在强调内修的同时，也特别注重服食的作用。因为在他的观念中，人可以通过服食，获得被服食物的一些特性，如他认为："黄金入火，百炼不消，埋之，毕天不朽，服此二物，炼人身体，故能令人不老不死。"（《抱朴子·内篇·金丹》）所以人可以通过服食"假外物以自坚固"，获得健康长寿等特性。本篇中赵瞿虽以服食松子和松脂而获病愈成仙，但也表达了同样的意思。

另外，葛洪本身也是位医药学家，在他所著的中医方书《肘后备急方》卷五中，将这个故事作为用松脂治疗麻风病的有效医案收录。

赵瞿者，字子荣，上党人也①。得癞病②，重垂死。或告其家云："当及生弃之，若死于家，则世世子孙相蛀耳。"

家人为作一年粮，送置山中，恐虎狼害之，从外以木寨之③。瞿悲伤自恨，昼夜啼泣，如此百余日。

夜中，忽见石室前有三人，问瞿何人。瞿度深山穷林之中，非人所行之处，必是神灵。乃自陈乞，叩头求哀。其人行诸寨中，有如云气，了无所碍。问瞿："必欲愈病，当服药，能否？"瞿曰："无状多罪，婴此恶疾④，已见疏弃，死在旦夕，若刖足割鼻而可活⑤，犹所甚愿，况服药，岂不能也？"神人乃以松子、松柏脂各五升赐之⑥，告瞿曰："此不但愈病，当长生耳,服半可愈,愈即勿废。"瞿服之未尽病愈,身体强健,乃归家。

家人谓是鬼,具说其由,乃喜。遂更服之,二年,颜色转少,肌肤光泽,走如飞鸟。年七十余,食雉兔皆嚼其骨⑦。能负重,更不疲极。年百七十,夜卧,忽见屋间光有如镜者,以问左右,云不见。后一日,一室内尽明,能夜书文。再见面上有二人,长三尺,乃美女也,甚端正,但小耳。戏其鼻上,如此二女稍长大,至如人,不复在面上,出在前侧。常闻琴瑟之声⑧,欣然欢乐。

在人间三百余年,常如童子颜色。入山,不知所之。

【注释】

①上党:古指山西东南部,今天则主要为山西长治辖区。春秋时该地区属晋,及至战国,韩、赵、魏三家分晋,上党地区亦被三家瓜分,并分别在自己所控制的上党地区设置有上党郡。

②癞(lài)病:即麻风病。麻风是由麻风杆菌引起的一种慢性传染病,主要病变在皮肤和周围神经。临床表现为麻木性皮肤损害,神经粗大,严重者甚至肢端残废。本病在世界上流行甚广,我国则流行于广东、广西、四川、云南以及青海等地。1949年后由于积极防治,本病已得到有效控制,发病率显著下降。古代老百姓认为该病是由身体生虫而得,故下文说"则世世子孙相蛀耳"。

③寨(zhài):防守用的栅栏。

④婴:通"撄(yīng)"。意为触犯、接触。

⑤刖(yuè):古代一种砍脚的酷刑。

⑥松子:即松树的种子,既可食用,又可做中药。可祛风湿,润五脏,充饥,逐风痹寒气,滋润皮肤。神仙家认为久服,轻身延年不

老。另有润肺功能,治燥结咳嗽。明缪希雍《本草经疏》谓其"味甘补血,血气充足,则五脏自润,发白不饥。仙人服食,多饵此物,故能延年,轻身不老"。松柏脂:松树的树脂,古人认为服用后可以除病延年,东晋葛洪《抱朴子·内篇·仙药》中将其归为上等仙药,认为服用后可以"身安命延,升为天神",并说"松柏脂沦入地千岁,化为茯苓。"唐孙思邈《千金翼方》中有"服松柏脂"篇,介绍松柏脂的采集、加工及服用方法。并认为加工后的松柏脂,可以"久服神仙不死。"

⑦雉(zhì):即野鸡。详见《彭祖》篇注。

⑧瑟(sè):弦乐器,似琴,长近三米,古有五十根弦,后为二十五根或十六根弦。

【译文】

赵瞿,字子荣,山西上党人。他得了麻风病,病重得快要死了。有天对家人说:"应该趁我活着把我扔了,要是哪天死在家里,恐怕会传染给后世子孙都要得这病被虫蛀死。"

于是家里人就给他准备了一年的粮食,把他送到山里,又怕有虎狼等野兽来吃他,就在他屋前用木头围了一圈栅栏。赵瞿一个人在那里十分悲伤痛苦,白天晚上都止不住地啼哭,这样过了有一百多天。

有天半夜,他忽然看到石屋前有三个人,他们问赵瞿是什么人。赵瞿暗想这深山老林中,不是人应该来的,他们必定是神灵之类。于是向他们讲述自己的遭遇,磕头乞求他们哀怜自己。那些人在栅栏中行走,就像云气在飘动,没有任何障碍。他们就问赵瞿:"若是想病好,必须服药,你能接受吗?"赵瞿说:"无故受这么多罪,被这个病缠身,已经被家人疏远离弃了,我是早晚都要死的人,即使砍掉我的脚割去我的鼻子而能让我活命,都是非常愿意的事,何况服药,怎么不能?"神人就赐给他松子和松柏脂各有五升,告诉他说:"这些不但能治病,还能让你长生,吃一半病就可以好,好了也不要停服。"赵瞿没吃完药病就好了,身体也变得很强壮健康，于是就回家了。

家人看到他时以为他是鬼，赵瞿把前因后果说了一遍，家人才开始十分欢喜。赵瞿继续服药，坚持了二年，容貌变得更加年轻，肌肤也变得有光泽，走路像飞鸟一样轻快。七十多岁了，吃野鸡兔子都能把骨头嚼碎。他还能背重东西，一点也不觉得累。到他一百七十岁的时候，有天晚上睡觉，忽然看见屋子里有光像镜子一样明亮，他问身边的人，都说没看见。到第二天，整个屋子都变得很明亮，并能在晚上写字。他又看到脸上有两个小人，有三尺长，都是美女，长得十分端庄，只是身材小罢了。那两人在他鼻子上玩闹，这样渐渐的两个女子开始长大，长到跟成人差不多大时，就不再待在他脸上了，就在他身前出没。赵瞿经常听到她们演奏琴瑟的声音，十分愉快欢乐。

赵瞿在人间待了三百多年，面貌一直都像个少年。后来他进入深山，不知道去了哪里。

王遥

【题解】

王遥传说是东汉的名医，其事迹最早见于此篇。从文中看，他治病手段可能是用的中医里的祝由术，另外他也会一些禁咒等法术。古代方士修仙，先要做到身体无病，所以一般都会些医药知识以自保，有些也给人看病，故往往留有医名。

王遥者，字伯辽，鄱阳人也①，有妻无子。颇能治病，病无不愈者。亦不祭祀②，不用符水、针药③。其行治病，但以八尺布帊④，敷坐于地⑤，不饮不食，须臾病愈，使起去。

其有邪魅作祸者⑥，遥画地作狱，因召呼之，皆见其形，入在狱中。或狐狸、鼍、蛇之类⑦，乃斩而燔烧之⑧，病者即愈。

【注释】

①鄱(pó)阳：位于江西东北部，鄱阳湖的东岸，春秋时期为楚番邑，秦始皇二十六年(前221)置番阳县，属九江郡，西汉名鄱阳县，属豫章郡。

②祭祀(sì)：置备供品对神佛或祖先行礼，表示崇敬并祈求保佑。

③符水：道士画符箓或烧符箓于水中，让病人喝下治病的水。

④布帕(pà)：包头或擦手、脸用的布或绸，多为方形。帕，同"帕"。

⑤敷(fū)：布置，铺开。

⑥魅(mèi)：传说中的鬼怪。古人认为，自然界的动物可以化作精怪，附在人身上，使人生病。

⑦鼍(tuó)：亦称扬子鳄、鼍龙、猪婆龙。爬行动物，吻短，体长二米多，背部、尾部均有鳞甲，穴居江河岸边。

⑧燔(fán)：：焚烧。

【译文】

王遥，字伯辽，是鄱阳人，他有妻子但没有儿女。他很会治病，没有治不好的。他治病时不用祭祀鬼神，也不用符水、针灸草药。他治病的时候，只用约八尺大小的布巾，铺在地上，让病人坐上去，这样不吃不喝，一会儿病就好了，然后就让他们起身离去。

如果是鬼怪精灵作祸害人，王遥就在地上画一个监狱，然后召唤它们，就能让这些鬼怪现形，并把它们收到监狱里去。有时是狐狸、鳄鱼、蛇之类，就把它们砍成两截烧死，病人就好了。

遥有竹箧①，长数寸，有一弟子姓钱，随遥数十年，未尝见遥开之。

一夜，大雨晦暝②，遥使钱以九节杖，担此箧，将钱出，冒雨而行。遥及弟子，衣皆不湿，所行道，非所曾经。又常有两炬火导前，约行三十里许，登小山，入石室。

室中有二人，遥既至，取弟子所担箧发之，中有五舌竹簧三枚③，遥自鼓一枚，以二枚与室中二人并坐鼓之。良久，遥辞去，收三簧，皆纳箧中，使钱担之。室中二人出送，语遥曰："卿当早来，何为久在俗间？"遥答曰："我如是当来也。"

遥还家百日，天复雨，遥夜忽大治装。遥先有葛单衣及葛布巾④，已五十余年，未尝著此，夜皆取著之。其妻即问曰："欲舍我去乎？"遥曰："暂行耳。"妻曰："当将钱去不？"遥曰："独去耳。"妻乃泣涕曰："为且复少留。"遥曰："如是还耳。"因自担箧而去，遂不复还。

后三十余年，弟子见遥在马蹄山中⑤，颜色更少，盖地仙也⑥。

【注释】

①箧（qiè）：箱子一类的东西，一般由竹条或木条制成。

②晦暝（huì míng）：昏暗，阴沉。

③竹簧（huáng）：远古称簧，又称响篾、吹篾、弹篾、口琴、口弦等，历史悠久，传说为女娲所作，是我国很多少数民族所用的乐器，在各民族中称呼不一。它可以独奏、齐奏、合奏或为歌舞伴奏。竹簧形制多样，一般用质地坚硬、干透的竹片削制而成。根据簧片数目的不同，有单片竹簧和多片竹簧。因演奏方法不同，有用手指弹拨和用丝线抻动的竹簧。根据形状和头部样式的不同，又

分为凸头形、网针形、平头形、锥形和管状等多种。竹簧的声音主要靠吹气使簧舌震动而产生。

④葛（gé）单衣及葛布巾：用葛纤维织成的布做的衣服或布巾，一般夏天穿着比较舒服凉爽。葛是豆科葛属多年生草质藤本植物，茎可编篮做绳，纤维可织布。

⑤马蹄山：在江西鄱阳县，为道家七十二福地中的第五十二福地，此处因留有仙人骑马飞升时的马蹄印而得名。

⑥地仙：道家指住在人间，可以长生不死的仙人，比飞升上天的仙人要低一级。东晋葛洪《抱朴子·内篇·论仙》："按《仙经》云：'上士举形升虚，谓之天仙；中士游于名山，谓之地仙；下士先死后蜕，谓之尸解仙。'"

【译文】

王遥有个竹箱，有几寸长，有个姓钱的弟子，跟随他几十年了，也没见他打开过。

一天晚上，天空下着大雨，一片昏暗阴沉，王遥让弟子用九节竹杖，担着这个竹箱，带他出门，冒着大雨出行。王遥和弟子的衣服都没有被淋湿，所走的路，也是未曾走过的。又一直有两个火把在前面引路，大概走了三十多里路，爬上一座小山，进入一个石屋中。

屋里有两个人，王遥来到后，拿过弟子担的竹箱并打开，其中有三个五舌的竹簧，王遥自己吹奏一个，另两个给了屋里那两人，一起坐着吹奏。过了好久，王遥告辞而去，收回三个竹簧，都放到竹箱里，让弟子担着。屋子里的两个人出来送行，对王遥说："您应该早点过来，为什么在尘世间待那么久？"王遥回答说："我办完事自然就来了。"

王遥回家待了一百天，天又开始下雨，他夜里忽然穿起很正式的衣服。王遥以前有套葛布单衣和葛布头巾，已经五十多年没穿了，晚上都取出来穿上。他妻子就问他："你想舍下我走了吗？"王遥说："只是暂时离开一下。"妻子说："要带上弟子一起走吗？"王遥说："我一个人离开。"

妻子于是哭泣道："为我就再多留些日子吧。"王遥说："办完事就回来。"于是就自己担着竹箱走了，再也没有回来。

三十多年后，他的弟子看见王遥在马蹄山里，容貌看起来更加年轻了，大概属于地仙一类。

李常在

【题解】

关于李常在相关的文献资料较少，详情已不可考，其事迹主要见于此篇。从文中看，他也善于治病，应属于方士之类。

李常在者，蜀郡人也①。少治道术，百姓累世奉事，计其年，已四五百岁而不老，常如五十许人。

治病困者，三日，微者一日愈。在家有二男一女，皆已嫁娶，乃去。去时，从其弟子曾家、孔家，各请一小儿，年皆十七八。家亦不知常在欲何去，即遣送之。

常在以青竹杖度二儿遣归，置其家所卧之处，径还，勿与家人语。二子承教，以杖归家，家人了不见，儿去后，乃各见死在床上。二家哀泣，殡埋之②。百余日，弟子从郫县逢常在③，将此二儿俱行。二儿与弟子，泣语良久，各附书到二家。发棺视之，唯青竹杖耳，乃知非死。

【注释】

①蜀郡：蜀郡以四川成都一带为中心，所辖范围随时代先后而有不同。成都附近原为古蜀国所辖，后为秦国所灭，并在前277年设为蜀郡，汉承秦制，至三国蜀章武元年（221）蜀郡又被改为汉嘉

　　郡,西晋永嘉后废。

②殡(bìn):停放灵柩或把灵柩送到墓地去。

③郫(pí)县:位于今四川成都西北部川西平原腹心地带。郫县古称
　　"郫",最初是古蜀国的都邑。相传距今二千七八百年前的蜀王
　　杜宇、鳖灵,都以郫为都邑。秦灭巴蜀之后两年,即秦惠文王后
　　元十一年(前314),秦在巴蜀同时实行分封制与郡县制。此后即
　　以郫邑作为蜀郡的属县,称郫县,此为郫县建置之始。

【译文】

　　李常在是蜀郡人。他年轻时钻研道术,好几代老百姓都信奉他,计算一下他的年纪,已经有四五百岁了,但他一点也不衰老,一直像五十几岁的人。

　　李常在给病重的人治疗,三天就能好,病轻的一天就痊愈。他在家里的时候,有两个儿子和一个女儿,都已经各自嫁娶了,于是他也要离去。临走的时候,从他的弟子曾家和孔家,分别要求带走一个小孩,年纪都在十七八岁。那两家人也不知道常在要去哪里,就把孩子派遣过来送给了他。

　　常在后来用青竹竿把两个孩子送回家,让他们把竹竿放到家里他们睡觉的地方,然后直接返回,不要跟家人说话。二人答应照办,拿着竹竿回家,家里人始终都没看见他们,等他们走了,家人发现他们都死在了床上。两家人很是悲伤,痛哭了一番,就把他们用棺材装好埋了。一百多天后,常在的弟子在郫县遇到常在,他正带着这两个孩子一起走。二个孩子跟他的弟子哭着说了很久的话,又各自写信让他带回家。他们两家见信后把棺材打开看,只见青竹竿而已,于是知道他们并没有死。

　　后三十余年,居地肺山①,更娶妇,常在先妇儿,乃往寻求之。未至十日,常在谓后妻曰:"吾儿欲来见寻,吾当去,

可将金饼与之。"及至，求父所在，妇以金与之。儿曰："父舍我去数十年，日夜思恋，闻父在此，故自远来觐省②，不求财也。"乃止。

三十日，父不还，儿乃欺其母曰："父不还，我去矣。"至外，藏于草间。常在还语妇曰："此儿诈言如是，当还，汝语之：'汝长，不复须我，我在法，不复与汝相见。'"乃去。少顷，儿果来，母语之如此。儿自知不复见其父，乃泣涕而去。

后七十余年，常在忽去，弟子见在虎寿山下居③，复娶妻，有父子。

世世见之如故，故号之曰"常在"。

【注释】

①地肺山：按唐五代杜光庭《洞天福地记》，地肺山为道家七十二福地之第一福地，是位于江苏句容的茅山，但河南灵宝枯枞山、商州上洛商山和陕西秦岭的终南山都曾被称为地肺山，此处具体所指何处，已不可考。

②觐省（jìn xǐng）：看望父母、尊亲。

③虎寿山：具体位置已不可考，东晋葛洪《抱朴子·仙篇·仙药》有"牛角芝，生虎寿山"之语。

【译文】

后来的三十多年时间里，李常在都在地肺山居住，又娶了个妻子，他之前的妻子和儿子，就想过来找他。在他儿子来的前十天，常在对后妻说："我儿子想来找我跟我见面，我应当离开，你可以把金饼给他。"等他儿子到来后，问父亲去了哪里，后妻就把金饼给他。他儿子说："父亲舍弃我离家几十年了，我日夜思念，听说父亲在这里，所以才大老远的过来拜见他，我不是来求财的。"于是后妻就作罢了。

　　过了三十天,他父亲还不回来,儿子就欺骗后母说:"父亲不回,我走了。"他走到外面,躲藏在草丛中。李常在回家后对妻子说:"这个孩子是假意这样说,他应该还会回来。他回来时你就对他转达我的话:'你长大了,不再需要我了,我是在修行道法的人,不会跟你再见面了。'"说完就又走了。过了一会儿,儿子果然回来了,后母就把他父亲说的话告诉了他。儿子知道不会再见到他父亲了,就哭着走了。

　　后来又过了七十多年,常在忽然有一天又离去了,他的弟子看到他在虎寿山下居住,又娶了个妻子,还有儿子。

　　因为世世代代都有人见他这样,所以就称呼他为"常在"。

卷四

刘安

【题解】

刘安（前179—前122），西汉皇族，汉高祖刘邦之孙，淮南厉王刘长之子，其父死后，受封淮南王，事迹主要见于西汉司马迁《史记》和东汉班固《汉书》。刘安奉汉武帝之命所著《离骚传》是最早对屈原及其《离骚》作高度评价的著作。他曾组织门客编写《淮南鸿烈》（亦称《淮南子》）一书。这部书的思想内容以道家思想为主，同时夹杂着先秦各家的学说，是汇聚战国至汉初黄老之学理论体系的代表作。《淮南子》一书在阐明哲理时，旁涉奇物异类、鬼神灵怪，保存了一部分神话材料，像"女娲补天""后羿射日""共工怒触不周山""嫦娥奔月""大禹治水""塞翁失马"等古代神话，主要靠本书得以流传，《汉书·艺文志》将之列为杂家类。《汉书·淮南衡山济北王传》中说，刘安"作为《内书》二十一篇，《外书》甚众，又有《中篇》八卷，言神仙黄白之术，亦二十余万言"，但现在流传下来的《淮南子》仅为其中的《内书》，《外书》《中篇》都已失传，胡适曾评价这本书："道家集古代思想的大成，而淮南书又集道家的大成。"

刘安也是豆腐的创始人。豆腐本名菽乳（即豆汁），据传是刘安在炼丹时,用泉水磨制豆汁,又用豆汁培育丹苗,意外的将盐卤(一说石膏)混到豆汁中而形成,现每年9月15日,在安徽淮南都会举办一年一度的豆腐文化节。

历史上刘安正处于汉武帝想要削藩的时候,刘安不能顺应历史大势,想通过谋反来自保,最后事不成,被迫自杀身亡。

本篇是在历史基础上糅合传说,把刘安说成是最后得道成仙去了,这可能是刘安死后一些同情他的人所编造的故事。刘安当时为了谋反,曾广泛结交各界人士,《汉书》中说他"招致宾客方术之士数千人",这其中既有当时的社会名流,也有一些方士,这些人受他的恩惠较多。其次刘安组织编写的《淮南鸿烈》中就有不少篇章"言神仙黄白之术",说明他本人对神仙之术也很有研究。另外,刘安还组织炼丹实践活动,豆腐就是炼制丹药过程中一个偶然发现,这些都是对刘安进行神化的基础。所以,他死之后即有关于其得道成仙的传说。东汉王充在《论衡·道虚篇》里引儒书说:"淮南王学道,招会天下有道之人,倾一国之尊,下道术之士,是以道术之士,并会淮南,奇方异术,莫不争出。王遂得道,举家升天。畜产皆仙,犬吠于天上,鸡鸣于云中。此言仙药有余,犬鸡食之,并随王而升天也。"其后,东汉的《风俗通义》中也简略记载了刘安成仙的事迹。葛洪在《神仙传》序言中说《神仙传》的创作是"抄集古之仙者,见于仙经服食方,及百家之书,先师所说,耆儒所论",可见"刘安"的故事是葛洪从前人的书中抄录增改而来。另外,与葛洪同时代的干宝《搜神记》中记有八公见淮南王的故事,并录有刘安所歌《淮南操》。

汉淮南王刘安者,汉高帝之孙也①。其父厉王长,得罪徙蜀,道死,文帝哀之,而裂其地尽以封长子,故安得封淮南王②。

时诸王子贵侈③,莫不以声色游猎犬马为事,唯安独折节下士。笃好儒学④，兼占候方术⑤，养士数千人，皆天下俊士⑥。

作《内书》二十二篇，又《中篇》八章，言神仙黄白之事。名为《鸿宝万毕》三章，论变化之道，凡十万言⑦。

武帝以安辩博有才，属为诸父⑧，甚重尊之，特诏及报书，常使司马相如等共定草⑨，乃遣使召安入朝。尝诏使为《离骚经传》⑩，受诏，食时便成⑪，奏之。安每宴见⑫，谈说得失，及献诸赋颂⑬，晨入夜出。

【注释】

①汉高帝：即汉太祖高皇帝刘邦（前256—前195），汉代开国皇帝。

②"其父厉王长"几句：刘安的父亲刘长，是汉高祖刘邦与赵王的美人赵姬所生，也是汉文帝刘恒的异母兄弟。在公元前196年被封为淮南王，曾击杀辟阳侯审食其为其母报仇。后因受汉文帝宠爱，骄纵跋扈，并于公元前174年，与匈奴、闽越首领联络，图谋叛乱，事泄被拘。朝臣议以死罪，文帝赦之，废王号，谪徙蜀郡严道邛邮（严道县，今四川雅安），途中绝食而死，谥号厉王。后汉文帝怜悯其子，将厉王原封地分为三处，各封其三子为王。刘安为厉王长子，袭封为淮南王。

③侈（chǐ）：浪费，夸大。

④儒学：即儒家学说，由孔子（前551—前479）创立，以提倡德政、礼治和人治为主的政治学说，是中国影响最大的哲学流派，也是中国古代的主流意识形态。它强调用礼制来稳定社会的尊卑等级秩序，但是又以"仁"为核心，提倡当政者用仁政管理国家，它同时也强调个人的道德进化和提升能力，提倡从"修身"上完善自我，推崇贤人政治，即一种理想化、道德化的人治社会。

⑤占候：古代星占家通过观察天象及自然变化以附会人事、预言吉凶的一种方法。古代科技不发达，古人认识水平有限，他们用"天人合一"的思想，去解释天象变化和社会变动的关系，认为自然的变动，包括星象、地动等，可以预言社会的政事变动。

⑥俊士：周代把选取入太学的人称为俊士，唐代为取士科目之一，宋代为读书人学位之一。此处指才智杰出的人。

⑦"作《内书》二十二篇"几句：《汉书》中说刘安"作为《内书》二十一篇，《外书》甚众，又有《中篇》八卷，言神仙黄白之术，亦二十余万言"。《鸿宝万毕》，刘安集结门下方士所编的方术类书，是汉以前方术的一次大汇编。该书本名《枕中鸿宝苑秘书》，后又名《淮南苑秘书》《淮南鸿宝万毕》《万毕方》《鸿宝万毕术》《淮南变化术》《万毕术》《鸿宝枕中书》等，该书除主要介绍古代所谓与修仙相关的炼丹、养生延年知识外，还有一些古代的科学技术知识，主要涉及秦汉时的光学、力学、热学等物理学领域，如在夏天造冰、用冰透镜取火、用艾火让空鸡蛋壳飞起来等。另外用其他金属炼制黄金的所谓黄白术，也是书中的重要内容。原书已散佚，清人有辑本。依《汉书》所说，《鸿宝万毕》的内容可能是包含在《中篇》之中。葛洪《抱朴子·内篇·论仙》载："夫作金皆在神仙集中，淮南王抄出，以作《鸿宝枕中书》，虽有其文，然皆秘其要文，必须口诀，临文指解，然后可为耳。"

⑧诸父：古代天子对同姓诸侯、诸侯对同姓大夫，皆尊称为"父"，人数多时就称为"诸父"。

⑨司马相如（约前179—前118）：字长卿，巴郡安汉县（今四川南充蓬安）人，一说是蜀郡（今四川成都）人。司马相如以文学才能著称，汉景帝时曾为武骑常侍，因病免。其代表作品为《子虚赋》。《汉书·艺文志》著录司马相如赋二十九篇，现存六篇，另有几篇散文传世。唐房玄龄等《隋书·经籍志》有《司马相如集》一卷，

已散佚。明人张溥辑有《司马文园集》，收入明代张溥《汉魏六朝百三家集》。他的作品辞藻富丽，结构宏大，并有明显的道家及神仙思想，为汉赋的代表作家，后人称之为赋圣和"辞宗"。他与卓文君的爱情故事也在后世广为流传。

⑩《离骚经传》：《汉书·淮南衡山济北王传》中作《离骚传》。《离骚经》即战国时期楚国著名诗人、政治家屈原所创作的"骚"体诗歌《离骚》，《离骚经传》即是对屈原所作《离骚》的注解。但清代学者王念孙认为，此处"传"可能为"傅"字，古代"傅"同"赋"，所以《离骚传》应为《离骚赋》，是对《离骚》的主要思想进行提炼归纳后的一种再创作。

⑪受诏，食时便成：《汉书·淮南衡山济北王传》中为"使为《离骚传》，旦受诏，日食时上"。诏，帝王所发的文书命令。食时，古时把一日分为"十二时"，分别为夜半、鸡鸣、平旦、日出、食时、隅中、日中、日昳、晡时、日入、黄昏、人定。食时即古人"朝食"之时，为上午七时至九时。

⑫宴见：在皇帝公余时被召见，有别于朝见。

⑬赋颂：两种文体。赋，我国古代的一种有韵文体，其特点是"铺采摛文，体物写志"。最早出现于诸子散文中，叫"短赋"；以屈原为代表的"骚赋"是诗向赋的过渡；汉代正式确立了赋的体例，称为"辞赋"；魏晋以后，日益向骈对方向发展，叫作"骈赋"；唐代又由骈体转入律体叫"律赋"；宋代以散文形式写赋，称为"文赋"。颂，由《诗经》中的颂歌发展而来，本是古人用于祭祀先祖功业的唱词，如诗经中的《周颂》三十一篇，《鲁颂》四篇，《商颂》五篇，以情调激扬、文字精练、诗行长短不一和诗节形式的复杂为标志。颂在汉代有所发展，在表现对象及题材内容上较先秦颂体自由宽和，既具祭祀神明、沟通"德性"的本体用途，又具维护汉庭统治的德化、政教功能，并逐渐变成呈显描容、叙事与述意兼具的文体。

【译文】

汉代的淮南王刘安是汉高帝刘邦的孙子。他的父亲厉王刘长，因为获罪被流放到蜀地，在路上就死了，汉文帝哀怜他，就把他的封地分成几块封给了他的儿子们，所以刘安得以被封为淮南王。

当时的王子们都崇尚奢侈，过着沉溺音乐和美色，带着猎狗骑马打猎的日子，只有刘安一个人能自降身份，尊重那些有见识有能力的人。刘安极其爱好儒学，同时喜欢占候术等各种方术，供养了几千个能人异士，都是天下才智杰出的人。

刘安又组织编写了《内书》二十二篇，《中篇》八个章节，说的都是如何修炼成仙和炼制黄金白银的方法。名叫《鸿宝万毕》的书共有三章，是专门讲变化的道术，大概有十万多字。

汉武帝因为刘安知识广博，善辩有才，把他当作诸父之一，十分重视尊敬他，对自己发出的重要命令或书信，常常让他和司马相如等人一起拟定草稿，需要时就派遣使者宣召他入朝。武帝曾令他作《离骚经传》，他天亮时接到命令，到早饭时间就完成了，上报给了武帝。刘安经常在武帝闲暇时被召见，有时与武帝谈论历史人物，评点他们的得失，有时会给武帝献上自己所创作的赋、颂等文章，常常是早晨进宫，交谈到半夜才出来。

乃天下道书，及方术之士，不远千里，卑辞重币，请致之。

于是乃有八公诣门①，皆须眉皓白②。门吏先密以白王，王使阍人自以意难③，问之曰："我王上欲求延年长生不老之道，中欲得博物精义入妙之大儒④，下欲得勇敢武力、扛鼎暴虎横行之壮士。今先生年已耆矣⑤，似无驻衰之术，又无贲育之气⑥，岂能究于《三坟》《五典》《八索》《九丘》⑦，钩深致远,穷理尽性乎? 三者既乏,余不敢通。"

八公笑曰:"我闻王尊礼贤士,吐握不倦⑧,苟有一介之善,莫不毕至。古人贵九九之学⑨,养鸣吠之技⑩。诚欲市马骨以致骐骥⑪,师郭生以招群英⑫。吾年虽鄙陋,不合所求,故远致其身,且欲一见王,虽使无益,亦岂有损,何以年老而逆见嫌耶? 王必若见年少,则谓之有道,皓首则谓之庸叟,恐非发石采玉,探渊索珠之谓也⑬。薄吾老,今则少矣。"言未竟,八公皆变为童子,年可十四五,角髻青丝⑭,色如桃花。门吏大惊,走以白王。王闻之,足不履,跣而迎⑮。

【注释】

①八公诣(yì)门:八公,原是刘安门下所招募的方士中八个才能突出者,一般认为他们是苏飞、李尚、田由、雷被、伍被、晋昌、毛被、左吴八人,传说此八人和刘安一起炼丹,最后成仙飞升走了,今安徽淮南的八公山传说即是他们成仙飞升之地,《淮南鸿烈》一书据说也主要由此八人领导编写。本篇中的八公则被说成是特意来拜会刘安的八个仙人。诣,晋谒,造访。

②皓(hào)白:雪白,洁白。

③阍(hūn)人:旧时宫门晨昏按时启闭,故称守宫门的人为"阍人"。后泛指守门人。

④大儒:精通儒学的大家之士。

⑤耆(qí):古称六十岁的人。此指年老。

⑥贲(bēn)育:指古代勇士孟贲和夏育,比喻勇士。孟贲为战国时期卫国人,是古代著名的武士,传说其力过于牛。夏育为周代时著名勇士,卫国人,传说能力举千钧。

⑦《三坟》《五典》《八索》《九丘》:都是古书名,是中国最古老的典

籍。其名称最早见于《左传》,也有人认为《三坟》指上古三皇伏羲、神农、黄帝的书,《五典》是上古五帝少昊、颛顼、高辛(喾)、唐(尧)、虞(舜)的书。至于《八索》与《九丘》是指"八卦"与"九州之志",一说是《河图》《洛书》。

⑧吐握不倦:典出《史记·鲁周公世家》,说的是周公旦(周文王的儿子,周武王的弟弟)在辅佐年幼的周成王(周代第三代国君,周武王之子)时,为了能收揽人才,常常在洗头时,要多次握起头发接见客人,吃饭时多次把口中饭吐出来去接见客人,表明其礼贤下士,急于招收人才的心情。今成语"周公吐哺,天下归心"即指此意。吐,指吐出口里的饭。握,指洗头时把头发挽起握住。

⑨九九之学:有版本作"九九之好"。"九九"可能指以《河图》《洛书》《易经》等代表的术数之学,如《黄帝内经·灵枢·九针论》中说:"夫圣人之起天地之数也,一而九之,故以立九野;九而九之,九九八十一,以起黄钟数焉。"也可能指各家学术。《汉书·艺文志》中将天下学说分为九流十家,九流分儒家、道家、墨家、法家、名家、杂家、农家、纵横家、阴阳家。十家,是在九流以外加上小说家。三国时,又提出"儒"、"释"、"道"三教,发展成三教九流之说,九流中又分上、中、下三等,故"九九"此处似指代三教九流各种学问。

⑩鸣吠之技:典出《史记·孟尝君传》。齐孟尝君出使秦国被秦昭王扣留,孟尝君一食客学狗钻入秦宫偷出狐白裘献给昭王一姬妾,让其说情放了孟尝君。孟尝君逃至函谷关时昭王又下令追捕。另一食客学鸡叫引众鸡齐鸣骗开城门,孟尝君得以逃回齐国,成语"鸡鸣狗盗"即出于此。此处指微不足道的本领。鸣,指鸡鸣。吠,指犬吠。

⑪诚欲市马骨以致骐骥:典出西汉刘向《战国策·燕策一》,大意为燕昭王为了能招纳天下有才能的人,振兴燕国,就请教燕国大臣

郭隗，郭隗就跟他讲了一个"千金市马骨"的故事：说是古代一位国君想要用一千两黄金去购买千里马，但是三年过去了，还是没有买到。国君的一个侍臣就说愿意去给国君办这件事，他花了三个月时间打听到有一匹千里马，但是那匹马已经死了，他就花了五百两金子把那匹马的头买了下来，交给了国君。国君很生气，侍臣就对国君说："您买一匹死马都花了五百两黄金，何况买活马了，所以天下的人从此就都知道大王您是真心想买千里马，千里马也会很快到来。"果然不到一年，就来了三匹千里马。这里八公用这个典故劝说淮南王，如果想招纳贤才，就应该做一些表明诚心的事。

⑫师郭生以招群英：战国时，燕昭王被燕国人拥立为君，当时燕国被齐国所破，国家衰败，他为了复兴燕国，向齐国报仇，就去拜访郭隗，求计问策。郭隗就跟他讲了"千金市马骨"的故事，然后郭隗对他说："今王诚欲致士，先从隗始。"于是，燕昭王为郭隗建造宫殿，并放下君王的架子，把他当老师来尊重对待，这样燕昭王礼贤下士的名声就传开了，终于招来了当时的贤能之士乐毅、邹衍、剧辛等人，在他们的帮助下，燕国最终强大起来。郭生，即郭隗，战国中期燕国人，历史上有名的贤者，燕国大臣。

⑬探渊索珠：典出《庄子·列御寇》，意即到深渊里去取得骊龙（传说中黑色的龙）的宝珠。比喻勇于探求事物的真义。

⑭角髻(jì)：古代儿童梳的发髻，状如牛角。髻，盘在头顶或脑后的发结。

⑮跣(xiǎn)：光着脚，不穿鞋袜。

【译文】

至于天下与修道相关的书，还有会方术的人士，哪怕在千里之外也不嫌远，或用谦卑诚恳的话把人请来，或用大量的钱把书买到。

这样就有八个老者又称八公的上门来拜会，他们的胡须眉毛都雪白雪白的。门卫先悄悄通知了淮南王，淮南王让门卫先为难一下他们，于是门卫问他们说："我们家王爷最想找可以延年益寿长生不老的道术，其次是想得到那些博学多才、精通义理的大儒，再次是想得到那种勇敢有力，能举起千斤之鼎，能在老虎群中横行的壮士。现在看各位先生年龄已经很老了，好像没有什么延缓衰老的方法，又没有像孟贲和夏育那样的勇猛之力，难道你们能通晓《三坟》《五典》《八索》《九丘》这些经典著作，能探讨其中深奥的道理，能穷究天下万物的根本原理，能彻底洞明人的心体自性吗？如果这三样本领一样都没有，我是不敢为你们通报的。"

八公笑着说："我们听说你家大王礼贤下士，像周公那样正吃着饭也要吐出来、正洗着头发也要马上握住，去迎见有才能的人，所以即使有一点技能的人，都会来投靠他。古人崇尚百家学问，即使是会学鸡鸣狗叫的人也会收留。正所谓想要得到骐骥那样的千里马得先要诚心花重金去买一匹死的千里马，燕昭王自降身份把郭隗当老师才招揽到天下英才。我们虽然年龄衰老，不符合你家大王的要求，但是大老远的过来，就是想见你们大王一面，即使不一定能带给他什么好处，但也不会对他有什么损害，你怎么能因为我们年老而嫌弃我们呢？你家大王要是只接见年轻人，说那才是有道之士，见到白头发的老人就认为是一无是处的老头，这恐怕就不是开凿石头去采玉，像去深渊中取龙珠那样努力搜求人才的意思了。你既然嫌我们年老，现在我们就能变年轻。"话还没说完，八公都变成了少年，年龄大概有十四五岁的样子，黑头发在头顶梳着像牛角一样的发结，脸色也像桃花一样红润。门卫大吃一惊，跑着去禀报淮南王。淮南王听说后，鞋子都来不及穿，光着脚就跑出来迎接。

　　登思仙之台①，张锦绮之帷②，设象牙之床，烧百和之香③，进金玉之几④，执弟子之礼，北面叩首而言曰："安以凡才,少好道德,羁锁世务⑤,沉沦流俗,不能遣累,负笈山林⑥。然夙夜饥渴,思愿神明,沐浴滓浊⑦,精诚浅薄,怀情不畅,邈若云汉⑧。不期厚幸,道君降屈,是安禄命⑨,当蒙拔擢⑩。喜惧屏营⑪,不知所措。唯愿道君哀而教之,则螟蛉假翼于鸿鹄⑫,可冲天矣。"

【注释】

①思仙之台:今安徽淮南八公山上有一座山峰名"思仙台"。

②绮(qǐ):有文彩的丝织品。帷(wéi):围在四周的帐幕。

③百和之香:古人在室中燃香,取其芳香除秽。为使香味浓郁经久,又选择多种香料加以配制,故称为"百和香"。唐孙思邈《备急千金要方》中载有名为"百合香"的配方。

④几:小或矮的桌子。

⑤羁(jī):原指马笼头。引申为受束缚,拘束。

⑥笈(jí):书箱。

⑦滓(zǐ):渣子,沉淀物。

⑧邈(miǎo):遥远。云汉:指银河。

⑨禄命:命运,指人生的贫富荣辱、吉凶祸福。

⑩擢(zhuó):提拔,提升。

⑪屏(bīng)营:一般作谦词用于信札中,意为惶恐。

⑫则螟(míng)蛉假翼于鸿鹄(hú):螟蛉,幼虫时为绿色小虫,成虫为飞蛾,又称双带夜蛾,以水稻、高粱、玉米、甘蔗、茭白等植物的叶为食。鸿鹄,即天鹅,也指体型较大的鸟。

【译文】

淮南王把他们请到思仙台,用锦绣丝绸围成帐幕,铺设好象牙床,点上百和香,搬来用金玉制成的小桌,对他们行弟子之礼,向着北面他们站立的地方磕头说道："我刘安是个平庸的人，年轻时喜欢修行道德学问，但是因为被世俗事务缠身，一直陷在俗世生活之中，不能去除这份拖累，带着书箱去山林中学习。但是我日日夜夜渴求学道，希望能有神明来指点我，洗净我身上的渣滓和污浊，但是可能我的诚心还不够，心中的愿望一直没有实现，似乎像银河一样遥不可及。但是没想到上天眷顾我，让你们这些有道之士屈尊降临，这是我刘安命中注定的安排吧，应当要蒙受各位教导点拨。我真是又惊又喜惶恐不安，不知道做什么好了。只希望各位有道之士能哀怜并教导我，那么我就像飞蛾借上了天鹅的翅膀，可一飞冲天了。"

　　八童子乃复为老人，告王曰："余虽复浅识，备为先学，闻王好士，故来相从，未审王意有何所欲。吾一人能坐致风雨，立起云雾，画地为江河，撮土为山岳①；一人能崩高山，塞深泉，收束虎豹，召致蛟龙②，使役鬼神；一人能分形易貌，坐存立亡，隐蔽六军③，白日为瞑④；一人能乘云步虚，越海凌波，出入无间，呼吸千里；一人能入火不灼⑤，入水不濡⑥，刃射不中，冬冻不寒，夏曝不汗⑦；一人能千变万化，恣意所为⑧，禽兽草木，万物立成。移山驻流，行宫易室；一人能防灾度厄⑨，辟却众害⑩，延年益寿，长生久视⑪；一人能煎泥成金，凝铅为银，水炼八石⑫，飞腾流珠⑬，乘云驾龙，浮于太清之上⑭。在王所欲。"

【注释】

①撮(cuō)：聚起，多指用簸箕状的器具铲起东西。

②蛟(jiāo)龙：传说中能使洪水泛滥的一种龙。

③六军：周代制度，一军为一万二千五百人，周天子有六军，诸侯大

国设三军,次国二军,小国一军。此处代指军队。

④瞑(míng):日落,天黑。

⑤灼(zhuó):烧,炙。

⑥濡(rú):沾湿,润泽。

⑦曝(pù):晒。

⑧恣(zì)意:放纵,不加限制,任意。

⑨一人能防灾度厄(è):原句少"一"字,据前后文补。厄,困苦,灾难。

⑩辟(bì):古同"避"。躲,设法躲开。

⑪长生久视:出《老子·五十九章》:"有国之母,可以长久,是谓深根固柢,长生久视之道。"意为生命长久存活。

⑫八石:八种与炼丹有关的矿物。见《老子》篇注。

⑬流珠:道家指炼制出的丹药。

⑭太清:天空,道家也指仙境。东晋葛洪《抱朴子·内篇·杂应》中说:"上升四十里,名为太清。太清之中,其气甚刚,能胜人也。"

【译文】

八个少年这时候又恢复成老人的样子,告诉淮南王说:"我们虽然也见识浅陋,但是因为先学习了一些神仙之术,听说大王你喜欢异士,所以特地过来想跟随你,还不知道你到底想学什么。我们其中一人能坐在那里呼风唤雨,立刻就能生起云雾,在地上画画就能变成流动的江河,堆起泥土就可以变成高大的山岳;还有一人能崩开高山,再用山去堵塞很深的泉眼,能驯服虎狼豺豹等野兽,能召唤出蛟龙,让鬼神听从派遣;另一人会分身术、易容术,坐在那里立刻就消失不见,在军队中能隐身,把白天变成黑夜;另一人能驾着云飞行,在虚空中行走,在大海的波浪上穿行,来去任何一个地方都没有阻隔,呼吸之间就能到千里之外;另一人能在大火中不被烧伤,进入水中不会被沾湿,利箭射不中他,在寒冷的冬天里不感到寒冷,夏天在太阳下曝晒也不会流汗;另一人有成千上万种变化，可以随心所欲变身，能立刻变成禽兽、草木和世间的万物。他能把山移开，挡住河水的流动，把宫殿和房屋移换到别的地方去；另一人能预防灾害，化解厄运，消除会对人造成伤害的各种隐患，有延年益寿的方法和长生不老的道术；另一人能把泥土烧炼成金子，把铅熔化后再凝结变成银子，用水炼制八石，变成能让人飞升成仙的丹药，他还能驾着龙在云中飞行，浮在天空之上。看大王想学哪样了。"

安乃日夕朝拜，供进酒脯①，各试其向所言。千变万化，种种异术，无有不效。遂授王丹经三十六卷，药成，未及服。

而太子迁好剑②，自以人莫及也。于时郎中雷被③，召与之戏，而被误中迁，迁大怒，被怖，恐为迁所杀，乃求击匈奴④，以赎罪。

安闻不听，被大惧，乃上书于天子云："汉法，诸侯壅阏不与击匈奴⑤，其罪入死，安合当诛。"武帝素重王，不咎⑥，但削安二县耳。安怒被，被恐死。与伍被素为交亲⑦，伍被曾以干私得罪于安，安怒之未发，二人恐为安所诛，乃共诬告，称安谋反，天子使宗正持节治之⑧。

八公谓安曰："可以去矣，此乃是天之发遣王。"王若无此事，日复一日，未能去世也。

八公使安登山，大祭，埋金地中，即白日升天。八公与安所踏山上石⑨，皆陷成迹，至今人马迹犹存。

八公告安曰："夫有籍之人，被人诬告者，其诬人当即死灭，伍被等今当复诛矣。"

于是宗正以失安所在，推问云："王仙去矣。"天子怅然。

乃讽使廷尉张汤⑩，奏伍被云："为画讨。"乃诛二被九族^⑪，一如八公之言也。

【注释】

①脯(fǔ)：水果蜜渍后晾干的成品。

②太子迁：指刘安的儿子刘迁，是刘安与王后荼所生。刘安谋反事
　发自杀后，太子刘迁与一干谋反人员也都被杀。

③郎中：掌管门户、车骑、侍卫等职事的官职。详见《刘根》篇注。
　雷被：西汉时期淮南王刘安手下门客，曾任郎中一职，参与过编
　纂《淮南子》的工作。据说他剑艺精湛，素有"淮南第一剑客"
　之称。

④匈奴：我国秦汉时北方的游牧民族。夏朝时称为"獯鬻"。周朝
　时称为猃狁、猃狁。战国时，分布于秦、赵、燕以北的地区。秦朝
　时，为大将军蒙恬所败而北徙。楚汉之际，统治大漠南北。东汉
　时，分为南、北二匈奴。南北朝后，匈奴之名不复见于中国史籍。

⑤壅阏(yōng è)：堵塞，此处指拥兵自重。

⑥咎(jiù)：怪罪。

⑦伍被(pī)：楚国人，因才能出众，为视为刘安门客中的冠首，曾任
　中郎一职。史载他曾劝谏刘安不要谋反，但劝谏失败后，又为其
　出谋划策，终因刘安事发而被杀。

⑧宗正：职官名，秦设置，掌管皇族亲属的事务，历代多沿用其制，
　明清时称为"宗人府"。节：指符节，古代出入城门关卡的一种凭
　证，一般用竹、木、玉、铜等制成，刻上文字，分成两半，各取其一，
　使用时相合以为凭。后指朝廷派遣使者或调兵时使用的凭证。

⑨八公与安所踏山上石：传说此石在今安徽淮南八公山上。

⑩张汤(？—前116)：杜陵(今陕西西安东南)人，因为处理陈皇后、
　淮南、衡山谋反之事，得到汉武帝的赏识，先后晋升为太中大夫、
　廷尉、御史大夫，与赵禹编定《越宫律》《朝律》等法律著作。历史

上以他为酷吏的代表人物，但他也是位廉吏，后遭仇家陷害
自杀。

⑪九族：九代直系亲属，即高祖、曾祖、祖父、父亲、自己、儿子、孙
子、曾孙、玄孙。

【译文】

刘安于是早晚都过来参拜他们，用酒和果脯供养他们，又一一试验
了他们所说的话。八公所说的那些千变万化，种种奇异道术，都真实有
效。于是八公就传授给了淮南王如何炼丹的经书三十六卷。药炼成，
刘安一直没去服用。

太子刘迁喜欢剑术，自以为没人能比得过他。当时的郎中雷被，被
召去与他比试，雷被失手刺中刘迁，刘迁大怒，雷被很害怕，怕被刘迁杀
害，于是向刘安请求跟随军队去讨伐匈奴，用来赎罪。

刘安听说后没有答应，雷被十分恐惧，于是向皇帝上书说："依据汉
朝的法律，诸侯拥兵不去讨伐匈奴，该入死罪，刘安应该被处死。"汉武
帝一向敬重刘安，就没有怪罪下去，只是削去了刘安两个县的封地。刘
安十分恼怒，雷被非常害怕被刘安杀死。雷被与伍被一向亲近交好，伍
被曾经因为犯过损公肥私的事而得罪刘安，刘安对他很生气但一直没
有处理，他们两人怕被刘安杀掉，于是一起向上诬告，说刘安要谋反，于
是汉武帝让宗正拿着符节来处理这件事。

八公对刘安说："你可以离去了，这是上天要打发你走啊。"淮南王
像没有这件事一样，一天又一天，并没有脱离世俗事务。

于是八公让刘安登山，举行盛大的祭祀，把金子都埋在地里，就在
白天升天了。八公跟刘安在山上所踩的那块石头，都陷下去而留有脚
印，到今天那些人和马的足迹都在。

八公对刘安说："仙籍上有名的人，被人诬告，那些诬告的人立即就
会灭亡死去，伍被等人现在应该就要被杀掉了。"

因为宗正找不到刘安在哪里，被皇帝追问就说道："淮南王成仙而

去了。"皇帝听了很是闷闷不乐。

于是负责劝谏的廷尉张汤，上奏章说伍被："曾经为刘安谋反出谋划策。"于是雷被、伍被的九族都被杀掉了，跟八公所说的情况一模一样。

汉史秘之，不言安得神仙之道，恐后世人主，当废万机而竞求于安道，乃言安得罪后自杀，非得仙也。

按左吴记云①，安临去，欲诛二被，八公谏曰："不可，仙去不欲害行虫，况于人乎。"安乃止。又问八公曰："可得将素所交亲，俱至彼，便遣还否。"公曰："何不得尔，但不得过五人。"安即以左吴、王眷、傅生等五人②，至玄洲③，便遣还。吴记具说云，安未得上天。遇诸仙伯，安少习尊贵，稀为卑下之礼，坐起不恭，语声高亮，或误称寡人④。于是仙伯主者奏安云：不敬，应斥遣去。八公为之谢过，乃见赦，谪守都厕⑤，三年后为散仙人，不得处职，但得不死而已。

武帝闻左吴等随王仙去，更还。乃诏之，亲问其由。吴具以对，帝大懊恨。乃叹曰："使朕得为淮南王者，视天下如脱屣耳⑥。"遂便招募贤士，亦冀遇八公⑦，不能得，而为公孙卿、栾大等所欺⑧。意犹不已，庶获其真者⑨，以安仙去分明，方知天下实有神仙也。

时人传八公、安临去时，余药器置在中庭⑩，鸡犬舐啄之，尽得升天，故鸡鸣天上，犬吠云中也⑪。

【注释】

①左吴：刘安门客，为历史上所称淮南王门下八公之一。

②王眷、傅生:人名,生平无考。

③玄洲:虚构的仙境之地,出自托名西汉东方朔撰《海内十洲记》:
"在北海之中,戌亥之地,地方七千二百里,去南岸三十六万里。
上有太玄都,仙伯真公所治,多丘山,又有风山,声响如雷电。对
天西北门,上多太玄仙官,仙官宫室各异,饶金芝玉草。又是三
天君下治之处,甚肃肃也。"

④寡人:即寡德之人,意为在道德方面做得不足的人,是古代君主、
诸侯王对自己的谦称。

⑤谪(zhé):特指官吏降职,调往边外地方。

⑥使朕得为淮南王者,视天下如脱屣(xǐ)耳:屣,鞋。《史记·封禅
书》载汉武帝闻黄帝乘龙升天之事感叹:"嗟乎! 吾诚得如黄帝,
吾视去妻子如脱蹝(xǐ,草鞋)耳。"此句是化用了《史记》中的这
句话。

⑦冀(jì):希望。

⑧公孙卿:西汉时期齐人,汉武帝时方士。他自称见到神仙,被汉
武帝封为中大夫,后不断欺骗武帝,被武帝发觉,曾一度要处死
他,他央求大将军卫青说情而得免。栾(luán)大(? —前112):
汉武帝时期胶东王刘寄宫中的尚方(主掌管方药),身材高大,长
相俊美,和方士李少翁拜同一个老师学习方术,经乐成侯丁义推
荐至汉武帝处,武帝以为栾大能通神仙,对其委以重任,封他为
五利将军,又拜为天士将军、地士将军、大通将军、天道将军,后
又封为乐通侯,佩六印。武帝又把孀居的卫长公主嫁给了他,后
武帝发觉栾大的方术大多不验,愤怒之下将其腰斩。

⑨庶(shù):表示希望发生或出现某事。

⑩中庭:此处指住宅中间的露天庭院。

⑪故鸡鸣天上,犬吠云中也:成语"一人得道,鸡犬升天"即来源
于此。

【译文】

刘安得道成仙的事，汉代的史官保密不说，是他们担心后世的君主，不去管理国家大事而一心寻求刘安的成仙之道，于是就说刘安是获罪后自杀了，并没有成仙。

按照左吴所说，刘安临走的时候，想要把雷被、伍被杀掉，八公劝阻说："不可以，想成仙而去的人连路上的虫子都不愿伤害，何况是人了。"刘安于是作罢。刘安又问八公："能不能把那些平时交好的朋友，都请来这里，然后再送回去。"八公说："这有什么不行的，只是不要超过五个人。"刘安就把左吴、王眷、傅生等五个人，请来玄洲，然后又把他们送了回去。左吴说了具体情况，他说刘安没能上天。因为刘安年轻时就养成了过贵人生活的习惯，遇到天上的各位神仙前辈时，他很少向他们谦卑行礼，落座起身也不是很恭敬，说话很大声，有时还失口称自己为"寡人"。于是老神仙们的主管者就向上奏告刘安，说他不知敬重，应该被遣送走。八公替他道歉，他才被赦免，但是被降职为守卫天都厕所的人，三年后转为散仙，不得担任任何官职，只是能长生不死而已。

武帝听说左吴等人跟着淮南王成仙走后，又回来了。就下诏让他们过来，亲自询问事情的经过。左吴把知道的都说了，武帝听了十分懊恼悔恨。于是叹息说："要是我能像淮南王那样，这天下在我眼里也就是只脱掉的鞋啊。"于是武帝也开始招募贤明之士，也希望能遇到八公，但一直都没碰到，反而被公孙卿、栾大等人所骗。但是武帝还是意犹未尽，希望能得到真有道术的人，因为他看到刘安分明成仙走了，知道天下是真有神仙的。

当时的人传说八公和刘安临走的时候，炼丹的器皿被丢在院中，鸡来啄食，狗来舔吃，鸡狗也一起都得以升天，所以才会听到鸡在天上鸣，狗在云中叫。

阴长生

【题解】

据文中所述，阴长生原是官宦人家子弟，但他不贪恋富贵，离家跟随马鸣生（见《马鸣生》篇）学习道术，后得到神丹炼制之法而成仙。北宋张君房《云笈七签·阴真君传》也收录了阴长生传记，文字与本篇有异，但所述内容大致相当。

葛洪在其所著《抱朴子·内篇·金丹》中曾提到阴长生："近代汉末新野阴君，合此太清丹得仙。其人本儒生，有才思，善著诗及丹经赞并序，述初学道随师本末，列己知识之得仙者四十余人，甚分明也。"另外，葛洪和阴长生有间接师承关系，葛洪的岳父兼老师鲍靓曾从学于阴长生。唐房玄龄等《晋书·鲍靓传》中提到鲍靓从阴长生得道诀，《云笈七签·鲍靓真人传》中说阴长生教给鲍靓尸解法，所以葛洪的道术也来源于马鸣生、阴长生一系。

阴长生曾跟随马鸣生去蜀地青城山炼丹修道，后对当地道教的兴盛影响甚深。他得道后曾周游天下，救济贫困，在今武当山五龙峰后的"长生岩"上也留有遗迹。今道书中有不下十种题阴长生修撰或加注的道书，如今本《太清金液神丹经》卷中、《金碧五相类参同契》《周易参同契注》《忠州仙都观阴真君金丹诀》《阴真君五精论》《阴真君金木火丹论》等。

阴长生者，新野人也①，汉皇后之亲属②。少生富贵之门，而不好荣贵，唯专务道术③。

闻马鸣生得度世之道④，乃寻求之，遂得相见。便执奴仆之役，亲运履之劳，鸣生不教其度世之法，但日夕别与之高谈,论当世之事,治农田之业,如此十余年,长生不懈。

同时共事鸣生者十二人,皆悉归去,唯长生执礼弥肃,鸣生告之曰:"子真能得道矣。"乃将入青城山中,煮黄土为金以示之,立坛西面,乃以《太清神丹经》授之⑤。

鸣生别去,长生乃归合之,丹成,服半剂,不即升天⑥。乃大作黄金十数万斤,以布惠天下贫乏,不问识与不识者。周行天下,与妻子相随,一门皆寿而不老。在民间三百余年,后于平都山东白日升天而去⑦。

【注释】

①新野:今河南南阳下辖县,历史悠久,商、周时属邓国,春秋时属楚国,战国时曾被韩国占领,秦时属南阳郡穰县。西汉初年置县,始名新野,属南阳郡,曾是东汉光武中兴的策源地和蜀汉政权的发祥地。

②汉皇后:即东汉光烈皇后阴丽华(前5—64),南阳郡新野县(今属河南)人,东汉光武帝刘秀第二任皇后。她是春秋时期名相管仲后裔,汉明帝刘庄的生母,生性仁爱孝顺,并以美貌著称。

③道术:各种道家法术。见《老子》篇注。

④度世:脱离人间而成仙。

⑤《太清神丹经》:又名《太清金液神丹经》《上清金液神丹经》《金液神丹经》,分上中下三卷,分别题为张道陵、阴长生、抱朴子撰述。正文为七言韵语,主要讲述炼丹之法,但文字难解,学者陈国符推测为西汉末东汉初作品,文末介绍说:"此《太清金液神丹经》文,本上古书,不可解,阴君作汉字显出之。"明《道藏》收入众神部众术类。

⑥不即升天:原文为"不尽即升天",《云笈七签·阴真君传》所附

"阴真君自叙附"中为"不即升天"。因后文有"阴君已服神药,虽
未即升天",说明"尽"为衍文,故删除。

⑦平都山:位于重庆丰都县城东北,据《云笈七签·洞天福地》记
载,为道教七十二福地,亦称丰都名山,又作酆都名山。丰都也
是有名的鬼城,其来历之一据传就是阴长生和王方平(见《王远》
篇)都在此山修炼过,唐朝时有人把他们称为"阴王",后讹传成
"阴间之王",故使丰都成了有名的"鬼城"。

【译文】

阴长生是河南新野县人,属于汉光烈皇后阴丽华的亲戚。他虽然
从小就生长在富贵人家,但是却不喜欢荣华富贵的生活,只是专心研究
道术。

他听说马鸣生获得了成仙的道法,就去寻访,最终得以相见。他给
马鸣生做仆人才做的活,甚至亲自给他提鞋,但马鸣生一直都不教给他
成仙的方法,只是早晚拉他一起高谈阔论,讨论当时的国家大事,带他
一起耕田种地,这样过了十几年,阴长生求道之心依然没有松懈。

跟阴长生一起在马鸣生那里做事求道的有十二个人,都一个个走
了,只有阴长生一直尽心地守着弟子之礼,马鸣生于是对他说:"你才是
能得道的人啊。"于是把他带到青城山,给他演示怎么把黄土煮炼成金
子,在西方立好祭坛,把《太清神丹经》传授给了他。

马鸣生告别而去,阴长生就回来配药炼丹,丹药炼成,他只吃了半
剂,因为还不想马上升天。于是他炼制黄金十几万斤,用来布施给天下
穷苦之人,不管是认识的还是不认识的。他此后与妻子儿女一起周游
天下,一家都长寿不老。他在民间待了三百多年,后来在平都山的东
边,在白天飞升上天走了。

著书九篇云:上古仙者多矣,不可尽论。但汉兴以来,
得仙者四十五人,连余为六矣。二十人尸解①,余并白日

升天。

抱朴子曰②:洪闻谚书有之曰:"子不夜行,则安知道上有夜行人。"今不得仙者,亦安知天下山林间,不有学道得仙者? 阴君已服神药,虽未即升天,然方以类聚,同声相应,便自与仙人相集,寻索闻见,故知此近世诸仙人数耳。而俗民谓为不然,以己所不闻,则谓无有,不亦悲哉!

夫草泽间士③,以隐逸得志,以经籍自娱,不耀文彩,不扬声名,不修求进,不营闻达,人犹不能识之,况仙人。亦何急急令闻达朝阙之徒④,知其所云为哉!

【注释】

①尸解:道家指修道者元神离开肉体而成仙。见《王远》篇注。

②抱朴子:葛洪自号抱朴子。

③草泽:长满野草的大片积水洼地。这里指乡间或荒野、偏僻的地方。

④朝阙(què):宫阙,借指朝廷。阙,皇宫门前两边供瞭望的楼。

【译文】

阴长生写了一本书,共分九篇,其中说道:上古时,成仙的人有很多,不能一一说明。但是从汉代兴起之后,修炼成仙的只有四十五个人,加上我是四十六个。其中有二十个人通过尸解成仙,其余的都是白日飞升成仙。

抱朴子说:葛洪听说谚语中有句话:"你不走夜路,怎么知道路上没有夜里走路的人。"现在那些未成仙的人,怎么能知道天下深山老林之中,没有学道成仙的人呢? 阴长生已经服用神药,虽然没有马上飞升上天,但是同类的人会聚到一起,相同的人也能相互感应,所以他自然能跟仙人们相聚一处,加上他在寻找搜索仙人们时听到和看到的,所以他才知道近世仙人们的数目。但是普通人说不是这样，因为他们自己从来没听说过，就说没有成仙这回事，不是很可悲吗！

那些在乡野里的读书人，以隐居为志向，以阅读经典书籍为快乐的事，写文章不炫耀文采，也不对外传播自己的名声，不刻苦攻读以求进步，也不追求高官显位，人们对这些人都不能认识清楚，更何况仙人了。那些急于想在朝廷中飞黄腾达的人，怎么能知道阴长生所说的修仙的事呢！

阴君自叙云：汉延光元年①，新野山北，予受仙君神丹要诀②：道成去世，付之名山，如有得者，列为真人③。行乎去来，何为俗间？不死之要，道在神丹。行气导引④，俯仰屈伸；服食草木，可得延年，不能度世，以至乎仙。子欲闻道，此是要言。积学所致，无为合神⑤。上士为之，勉力加勤，下愚大笑，以为不然⑥。能知神丹，久视长安⑦。

于是阴君裂黄素⑧，写丹经，一通封一文石之函⑨，置嵩高山⑩；一通黄栌之简⑪，漆书之，封以青玉之函，置太华山⑫；一通黄金之简，刻而书之，封以白银之函，置蜀绥山⑬。一封缣书⑭，合为十篇⑮，付弟子，使世世当有所传付。又著诗三篇，以示将来。

【注释】

①延光：东汉皇帝汉安帝刘祜的第五个年号（122—125）。

②仙君：指马鸣生。

③真人：道家指修真得道的人。《黄帝内经·素问·上古天真论》："黄帝曰：余闻上古有真人者，提挈天地，把握阴阳，呼吸精气，独立守神，肌肉若一，故能寿敝天地，无有终时，此其道生。"

④行气导引：指行气术和导引术。分别见《老子》篇注和《彭祖》篇注。

⑤无为合神：指抛却杂念，让形体和精神高度和谐。《广成子》篇中说"无视无听，抱神以静"即此意。

⑥"上士为之"几句：语出《老子·四十一章》："上士闻道，勤而行之；中士闻道，若存若亡；下士闻道，大笑之，不笑不足以为道。"

⑦久视：即长生之意。语出老子"长生久视"。见《彭祖》篇注。

⑧黄素：黄色的绢布。

⑨文石：碳酸盐矿物，又称霰石。通常呈白色、黄白色，有玻璃光泽，断口为油脂光泽。良质文石颜色较深，硬度高，花纹多变化，具有同心圆构造。

⑩嵩高山：即嵩山。见《刘根》篇注。

⑪黄栌(lú)：别名红叶、红叶黄栌、黄道栌，是中国重要的观赏红叶树种，木材黄色，可制家具，亦可做染料。简：战国至魏晋时代的书写材料，是削制成的狭长竹片或木片，竹片称"简"，木片称"札"或"牍"，统称为"简"。

⑫太华山：即华山。见《伯山甫》篇注。

⑬绥(suí)山：今四川峨眉山市与乐山市沙湾区交界处的二峨山，是道教仙山，传说为西周仙人葛由升天之处，道教称之为第七洞天"太妙零陵之天"或"虚灵洞天"。

⑭缣(jiān)书：即帛书，是在特制的丝织品"缯"或"缣"上书写的作品。

⑮合为十篇：因上文说阴长生"著书九篇"，加上这里的丹经一篇，所以"合为十篇"。

【译文】

阴长生的自叙里说：汉延光元年，在新野县大山的北边，我接受了仙人的神丹要诀：你修道成功离开世间时，要把这要诀藏在名山之中，如果被人得到，那他就是真人。人生来去一场，为何要为俗世间的事奔忙呢？不死的秘诀，主要在炼制神丹。练习行气和导引，俯仰屈伸身体而已；服食花草树木之类的药物，也只能延长寿命，这些都不能超脱尘世，成为神仙。你想学习仙道，这才是关键的话。学道需要慢慢累积，通过修无为法而让自己形神合一。上等人不断勉励自己去勤奋修行，下等愚人则嘲笑修道，以为没有这回事。能知道神丹的秘诀，才能真正长生不老。

　　于是阴长生把黄绢布撕开，写上丹经，一份封藏在一个文石盒子里，放在嵩高山上；一份是用黄栌木做成的简书，用漆写上，封藏在青玉做的盒子里，放在华山；一份用黄金做的简书，刻写好，封藏在白银做的盒子里，放到蜀地绥山。他又在丝帛上把丹经写了一遍，合起之前的九篇文章共十篇，阴长生把这十篇交付给弟子，好让世世代代都能传承下去。他又写了三篇诗，用来明示未来的人。

　　其一曰：惟余之先，佐命唐虞①，爰逮汉世②，紫艾重纡③，予独好道，而为匹夫。高尚素志，不仕王侯，贪生得生，亦又何求？超迹苍霄，乘龙驾浮，青云乘翼，与我为仇④。入火不灼⑤，蹈波不濡⑥，逍遥太极⑦，何虑何忧。傲戏仙都，顾悯群愚⑧。年命之逝，如彼川流⑨，奄忽未几，泥土为俦⑩，奔驰索死，不肯暂休。

　　其二章曰：予之圣师，体道之真，升降变化，乔松为邻⑪。唯余同学，十有二人，寒苦求道，历二十年，中多怠堕⑫，志行不坚。痛乎诸子，命也自天，天不妄授，道必归贤。身没幽壤⑬，何时可还，嗟尔将来⑭，勤加精研，勿为流俗，富贵所牵，神道一成，升彼九天⑮，寿同三光⑯，何但亿千。

　　其三章曰：惟余束发⑰，少好道德，弃家随师，东西南北，委放五浊⑱。避世自匿⑲，三十余年，名山之侧。寒不遑衣⑳，饥不暇食㉑，思不敢归，劳不敢息，奉事圣师，承欢悦色。面垢足胝㉒，乃见哀识，遂受要诀，恩深不测。妻子延年，咸享无极。黄白已成㉓，货财十亿㉔。使役鬼神，玉女侍侧。今得度世，神丹之力。

　　阴君处民间百七十年㉕，色如童子㉖，白日升天而去。

【注释】

①唐虞（yú）：唐尧与虞舜的并称，都是上古君王，也是传说中的贤王，传说尧帝年老时把王位禅让给了舜帝。因尧帝被封在唐邑，统治区域主要在今河北唐县、望都、顺平、曲阳等地，古称唐国，故称他为唐尧。传说舜号有虞氏，国名为虞，故又称他为虞舜。

②爰（yuán）：改易，更换。

③紫艾重纡（yū）：意思是他和皇亲国戚有关系，因为他是皇后阴丽华的亲属。紫艾，即紫艾绶，绶是一种丝质带子，古代常用来拴在印纽上。东汉刘珍等《东观汉纪》中记载："建武元年，复设诸侯王金玺缥绶。"缥，苍绿色，跟艾草颜色相似，所以把诸侯王的金印又称"艾绶"。纡，弯曲，绕弯。

④仇（qiú）：匹配。

⑤灼（zhuó）：被火烧烤。

⑥濡（rú）：沾湿，润泽。

⑦太极：此处指天宫，仙界。

⑧悯（mǐn）：哀怜。

⑨年命之逝，如彼川流：意为时间像流水一样向前奔腾不止。出自《论语·子罕》："子在川上曰：'逝者如斯夫，不舍昼夜。'"

⑩俦（chóu）：同辈，伴侣。

⑪乔松：王子乔和赤松子的并称。两人均为传说中的仙人。

⑫怠堕：懒惰，懈怠。堕，通"惰"。

⑬幽壤：指地下，九泉之下，即人死后所去的幽冥界。唐房玄龄等《晋书·礼志上》："若埋之幽壤，于情理未必咸尽。"

⑭嗟（jiē）：叹息。

⑮九天：古人按方位把天空划分九处，战国楚屈原《楚辞·天问》"九天之际"句下汉王逸注："九天：东方皞天，东南方阳天，南方赤天，西南方朱天，西方成天，西北方幽天，北方玄天，东北方变天，中央钧天。"此处指天宫。

⑯三光：古时指日、月、星，东汉班固《白虎通·封公侯》："天有三光，日、月、星；地有三形，高、下、平；人有三等，君、父、师。"

⑰束发：古代汉族男孩十五岁时束发为髻，成童；二十岁时行冠礼，成年。因此用束发指代成童的年龄，即十五至二十岁。

⑱五浊：即佛教术语"五浊恶世"，见《法华经·方便品》："诸佛出于五浊恶世，所谓劫浊、烦恼浊、众生浊、见浊、命浊。"分别指五种众生恶化的生存状态。此处指人世间。

⑲匿（nì）：隐藏，躲藏。

⑳遑（huáng）：闲暇，空闲。

㉑暇（xiá）：空闲，没有事的时候。

㉒垢（gòu），污秽，脏东西。胝（zhī）：即胼胝，指手脚因长期劳动摩擦而生的厚茧。

㉓黄白：指黄金、白银。

㉔十亿：原为"子亿"，据文渊阁《四库全书》本改。

㉕阴君处民间百七十年：此处与前文"在民间三百余年"说法冲突，有学者认为可能是因为最后几段关于阴长生的自序文字并非葛洪《神仙传》原文所有，而是由后人补入的（参见丁宏武《〈汉武帝内传〉非葛洪之作补证》，《文史哲》2011 年第 4 期）。

㉖童子：原为"女子"，据文渊阁《四库全书》本改。童子，古人指十五至二十岁之间的年龄。

【译文】

第一篇说：我的前世，曾为官辅佐过尧舜二帝，等到了汉朝，又成了皇亲国戚，但是我喜欢修道，因此一直做平民百姓。我一向立志高远，不愿为君王诸侯所用，我向往长生而获得了长生，还有什么其他可追求的呢？我现在成仙来到天宫，可以驾着龙浮在虚空中行进，青色的云成了我的两翼，与我相伴。我进到火中不会被烧伤，踏着波浪不会被弄湿，在天宫中逍遥自在，无忧无虑。我现在在神仙的都城遨游嬉戏，看着那些世间的愚痴众生真是可怜。生命在一年一年地流逝，就像那大河奔流昼夜不息，忽然之间就可能死去，死后就会与泥土相伴，但众生还在奔波劳碌地走向死亡，都不肯让生命暂时休息一下。

第二篇说：我最神圣的老师，真正体悟了大道，他可以上天入地、自由变化，和王子乔和赤松子他们相邻为友。我的同学，有十二个人，我们一起忍受寒冷辛苦学道，度过了二十年，其中很多人中途懈怠偷懒，志向和修行都不够坚定。好可惜啊这些人，大概也是他们的天命吧，上天是不会胡乱传授大道的，必须要传给那些贤能的人。人一旦死去就要投奔幽冥界，什么时候能回到人间就不知道了，奉劝将来的那些人啊，一定要勤奋地精心钻研，不要被世俗偏见所干扰，也不要受荣华富贵的诱惑，神仙之道一旦修成，就可以升到九天之上，和日月星辰同寿，到时寿命又何止千亿年呢。

第三篇说：我从十五岁开始束发的年纪，就一直喜欢修养道德，后来离家拜访老师，东南西北地奔走，把自己流放在世俗之外。我躲避世人把自己隐藏了起来，这样住在名山之旁度过了三十多年。天冷了没空加衣服，饿了没空吃饭，想家了也不敢回去，疲劳了也不敢休息，只一心侍奉圣师，才得到老师的欢心。我干活干得脸上脏兮兮，脚上长出厚茧，才受到老师的垂怜，这才传授给我得道的要诀，老师的恩情是无法测量的啊。我的妻子儿女也得以长生，跟我一起享受无限的寿命。炼制黄金白银的法术也已学成，家中有上亿的财富。还能调动鬼神去办事，有仙女在一旁伺候我们。我现在得以超脱凡尘而成仙，都是因为服用神丹的功效。

阴长生待在民间有一百七十年，脸色一直像少年一样，最后在白天升天走了。

张道陵

【题解】

张道陵，原名张陵，后改为"张道陵"，字辅汉，东汉时沛国丰（今江苏徐州丰县）人。其四十二代传人张正常撰《汉天师世家》称他是汉留侯张良的第九代孙，生于汉建武十年（34），在汉桓帝永寿二年（156），以盟威都功诸品经箓、玉册、剑印交付给他的儿子张衡，然后在渠亭山（在今四川蓬溪赤城）升仙而去，时年123岁。

张道陵是东汉时期正一盟威道（简称正一道，又称天师道）的创始人，传说他在汉顺帝汉安元年（142），遇老子降临，传授其《太平洞极经》《正一盟威二十四品法箓》等，并被老子"授以三天正法，命为天师"，自称"三天法师正一真人"，并撰道书二十四篇。正一道上承黄老下启道教诸派，所以道教徒称他为"老祖天师"，即天师张氏之始祖，他也被奉为道教三祖（黄帝为始祖，老子为道祖，张道陵为教祖）之一，又称正一真人、张天师、泰玄上相、降魔护道天尊。唐天宝七载（748），载册赠"太师"，僖宗中和四年（884），封为"三天扶教太法师"，宋理宗加封"正一静应显佑真君"。

南朝宋范晔《后汉书·刘焉传》和东晋陈寿《三国志·魏书·张鲁传》中曾提及他，但十分简略，后世道教兴起，对他的塑造开始向神化方向发展，迷信色彩也越来越浓。道书中说他七岁就读老子《道德经》并解其意，又说老子亲传其道法，又说他能降妖伏魔，曾帅八部鬼帅，大战众鬼，制伏外道恶魔。

张道陵曾为老子《道德经》作注，名为《老子想尔注》（也有说该书为其孙张鲁所作），这本书的最大特点是将哲学著作《道德经》改造成宗教经典。他把《道德经》中哲学概念的"道"人格化、神格化，解释为第一人称的"吾""我"，使抽象的"道"具体为有欲有言，有喜怒哀乐，对人有教导、遣使、诫禁、主人生死、赏善惩恶、镇邪制顽的人格神。《老子想尔注》将"道"等同于"一"，认为"一"散形为气，聚形为太上老君，"或言虚无，或言自然，或言无名，皆同一耳。今布道诫教人，守诫不违，即为守一矣；不行其诫，即为失一也"。通过这样的理论转化，把道或一，说成既是宇宙本源，又是太上老君，从而把哲学家老子变成五斗米道所信奉的神。

张道陵早年招收信徒时，因对每位入道者都要求出五斗米，所以他的教派当时又被人称为五斗米道，也被一些人蔑称为"米贼"。张道陵除为人治病、驱邪禳灾以外，在巴蜀地区又建立起二十四个宗教活动中心，即二十四治，道民须定期赴治学道，进行祭祀祈祷等活动。至其孙张鲁，在东汉末三国时期，在陕西汉中一带建立了一个政教合一的政权，并维系了长达三十多年，后归顺曹操才告结束。曹操后来把他们迁到北方长安、洛阳一带，使得五斗米道在北方传播壮大，很多士族也成了它的信徒，从而奠定了后世道教的正统地位。

张道陵者，字辅汉，沛国丰人也①。本太学书生②，博通五经③，晚乃叹曰"此无益于年命"，遂学长生之道。得黄帝九鼎丹法④，欲合之，用药皆糜费钱帛⑤。陵家素贫，欲治生，营田牧畜，非己所长，乃不就。

闻蜀人多纯厚，易可教化，且多名山，乃与弟子入蜀。

住鹄鸣山⑥，著作道书二十四篇，乃精思炼志⑦。忽有天人下，千乘万骑，金车羽盖，骖龙驾虎⑧，不可胜数。或自称柱下史⑨，或称东海小童⑩，乃授陵以新出正一盟威之道⑪。

陵受之，能治病，于是百姓翕然奉事之以为师⑫，弟子户至数万。即立祭酒⑬，分领其户，有如官长。并立条制，使诸弟子，随事输出米、绢、器物、纸笔、樵薪什物等⑭。领人修复道路，不修复者，皆使疾病。

【注释】

①沛（pèi）国丰人也：在今江苏徐州丰县人。沛国，即沛侯国，公元前196年，汉高祖刘邦封其侄刘濞为沛侯，建立沛侯国，属沛郡所领侯国。次年，刘濞被封为吴王，沛侯国被撤除。沛侯国国都在今江苏淮北相山区，和沛县即小沛是不同的概念。

②太学：中国古代的国立大学。太学之名始于西周。夏、商、周，大学的称谓各有不同，五帝时期的大学名为成均，在夏为东序，在商为右学，周代的大学名为上庠，在洛邑王城西郊。汉武帝时，采纳董仲舒"天人三策"，"愿陛下兴太学，置明师，以养天下之士"的建议，于京师长安设立太学。王莽时天下大乱，太学零落。至东汉光武帝刘秀称帝后，再度兴盛。汉顺帝永建六年（131），太学规模达到了"凡所造构二百四十房，千八百五十室"。至汉质帝时，太学生人数已有三万余人。其后，经曹魏、西晋，洛阳太学至北朝末衰落，历时六七百年。

③五经：即《诗》《书》《易》《礼》《春秋》，儒生必修的五种经典。

④黄帝九鼎丹法：又称九鼎丹法，相传为黄帝所用的炼丹法，北宋张君房《云笈七签·轩辕本纪》中说："黄帝炼九鼎丹。"明《正统道藏》洞神部众术类收有《黄帝九鼎神丹经诀》，但据考证，可能

为唐代成书。

⑤糜(mí)：奢侈浪费。钱帛：金钱和布帛。帛，丝织品的总称。

⑥鹄鸣山：即鹤鸣山，在四川崇庆西北。鹄，通"鹤"。南宋陆游《书寓舍壁其二》诗："鹄鸣山谷曾游处，剩欲扶犁学老农。"自注："鹄鸣，一名鹤鸣，在邛之大邑县。"山上有道观最早建于汉晋之际，后世道士杜光庭、陈抟、张三丰等都曾在此修炼。

⑦精思：一种道家内修方法。见《伯山甫》篇注。

⑧骖(cān)：古代驾在车前两侧的马，这里指驾着龙。

⑨柱下史：老子的别称。见《老子》篇注。

⑩东海小童：东海小童为上清派尊神，葛洪《抱朴子·内篇·登涉》中有"东海小童符"，属护身符，可以防水中百害。魏晋时期的《太上灵宝五符序》中曾提及东海小童授张道陵《灵宝五符》事。

⑪正一盟威：原为"明威"，据文渊阁《四库全书》本改。本为与神盟誓之意，这里指具有消灾解难、降魔除妖功能的道教符箓，明《正统道藏》正一部有《太上正一盟威法箓》一书，是正一天师门下法箓的总汇集。关于正一盟威的意义，道教《正一修真略仪》中说："人禀阴阳正气，三元五运万象，必全由心而正，心正则神精不亏，与我为一，然后全日月之明，合五灵之本，故能死生无变，于己何邪异之所能干。由是焕照群阴，威伏六贼，是谓正一盟威学道之士。"《正一经》云："正一者，真一为宗，太上所说。"《崆峒问答》曰："何谓正一？正者不邪，一者不杂。正一之心则万法归一，故曰正一。"

⑫翕(xī)然：形容一致。

⑬祭酒：本为官名。古礼，祭祀宴飨时，由最年长者举酒以祭于地，故祭酒为尊称。战国时齐国稷下学官尊长亦称祭酒。这里指正一教在组织上的设置，正一教里初入者称"鬼卒"，管理这些"鬼卒"的称祭酒，如果管理的人非常多，则又称"治头大祭酒"。祭

　　酒既是宗教骨干，又是内部行政官吏，祭酒之外不再设置其他官职。

⑭樵（qiáo）薪：木材和柴禾。

【译文】

　　张道陵，字辅汉，是沛国丰县人。本来是个太学的学生，通晓五经，晚年叹息道"这些对延长寿命都没有用"，于是就去学长生不老的道术。他学到了黄帝的九鼎丹法，想要炼制此丹，但是要用的药都太耗费钱财。张道陵家里一向贫困，他想要经营家业，饲养牲畜，但自己又不擅长，于是就没有实施。

　　他听说蜀地的人很单纯朴实，容易被教育引导，而且当地有很多名山，就带着弟子们入蜀。他住在鹄鸣山，写了二十四篇道书，然后开始通过练习精思来锻炼心志。有一天忽然有无数天人下来，他们的坐骑成千上万，车子都是金子做的，车顶也用羽毛装饰，拉车的是龙或虎，多得不可胜数。有的天人自称柱下史，有的自称东海小童，他们传授给了张道陵新出的正一盟威的道法。

　　张道陵学了道法后，能给人治病，于是老百姓一起都来找他，把他当天师供奉，他收的弟子达到好几万户。张道陵于是设立了祭酒的职位，分别来管理各户弟子，就像官府的官员一样。同时他还订立了规章制度，让弟子们根据需要轮流供奉大米、布匹、用具、纸笔、木材木炭等东西。他还带领众人去修复道路，那些不参加修复的人，就让他们得病。

　　县有应治桥道，于是百姓斩草除溷①，无所不为，皆出其意，而愚者不知是陵所造，将为此文从天上下也。

　　陵又欲以廉耻治人，不喜施刑罚，乃立条制，使有疾病者，皆疏记生身已来所犯之罪，乃手书投水中，与神明共盟约，不得复犯法，当以身死为约，于是百姓计愈。

邂逅疾病^②，辄当首过^③，一则得愈，二使羞惭，不敢重犯，且畏天地而改，从此之后，所违犯者，皆改为善矣。

陵乃多得财物，以市其药合丹，丹成，服半剂，不愿即升天也。

乃能分形，作数十人。其所居门前水池，陵常乘舟戏其中，而诸道士宾客，往来盈庭，盖座上常有一陵，与宾客对谈，共食饮，而真陵故在池中也。

其治病事，皆采取玄素^④，但改易其大较，转其首尾，而大途犹同归也。行气、服食^⑤，故用仙法，亦无以易。

故陵语诸人曰："尔辈多俗态未除，不能弃世，正可得吾行气、导引、房中之事，或可得服食草木数百岁之方耳。其有九鼎大要^⑥，唯付王长，而后合有一人，从东方来，当得之，此人必以正月七日日中到。"具说长短形状。至时，果有赵昇者，恰从东方来，生平原，相见，其形貌亦如陵所说。

【注释】

①溷（hùn）：肮脏，混浊。

②邂逅（xiè hòu）：不期而遇，偶然相遇。

③辄（zhé）：总是，就。首过：磕头忏悔自己的过错。见《彭祖》篇注。

④玄素：指玄女和素女，传说她们以房中术授道教始祖黄帝。东晋葛洪《抱朴子·内篇·微旨》："知玄素之术者，则曰唯房中之术，可以度世矣。"此处代指房中术。

⑤行气：是一种道家内修方法。见《老子》篇注。服食：按照一定的方法，进食一些药物或炼制的丹药等，道家以为可以通过长期的

服食达到长生不老的功效。见《伯山甫》篇注。

⑥九鼎大要：指前文黄帝九鼎丹法。

【译文】

县里有需要修理的路桥，老百姓们就会砍树锄草，清理垃圾，什么活都干，这都是出于张道陵的命令，而一些愚昧的人不知道是张道陵发布的命令，还以为那些让人们做事的告示是从天上下来的。

张道陵又想用礼义廉耻治理人们，他不喜欢用刑罚，于是就订立制度，让有病的人，把自己从出生以来所犯的罪过都一条条记下来，亲笔写好扔到水中，向神明宣誓约定，不能再犯法，再犯就按照约定去死，于是老百姓的病一个个都好了。

那些偶尔遭遇疾病的人，就让他们忏悔自己的过错，这样一方面能让疾病痊愈，另一方面让病人感到羞耻和惭愧，不敢再犯同样的过错，同时也会畏惧天地的神明而改正自己，从这之后，所有违法犯罪的人，都改过向善了。

张道陵于是获得了很多的财物，就用来买药炼制丹药，丹药炼成，他服了半剂，因为还不想马上就升天而去。

服丹后张道陵就会了分身术，可以化作几十个人。他居住的房屋门前有个水池，他经常坐船在其中娱乐，而很多道士和宾客，来来往往把他院子都挤满了，而屋子里一直也有一个张道陵，与来宾交谈，一起吃喝，而真正的张道陵却在水池里。

张道陵为人治病，都是用的房中术，但他把房中术的主要内容更改了，保留了起始和结尾，但是大致意思还是没有变。他所教授的行气、服食等方法，还是按以前仙家的方法施行，也没有什么变化。

张道陵有次对众人说："你们这些人还是有很多俗世的心态没有去掉，不能完全弃绝尘世，只能学我行气、导引、房中术之类的方法，有人大概也能得到服用草木之类的药活几百岁的方子。但是黄帝的九鼎丹法秘诀，只能传授给王长，之后应该还有一个人，从东方过来，也应当能得到,这个人必定在正月初七的中午来到。"然后把他的高矮相貌都说了一遍。到那天,果然有个叫赵昇的人,恰好从东方过来,他出生在平原地区,跟众人一见面,相貌跟张道陵说的丝毫不差。

陵乃七度试,昇皆过,乃受昇丹经。

七试者:

第一试:昇到门,不为通,使人骂辱四十余日,露宿不去,乃纳之;

第二试:使昇于草中守黍驱兽①,暮遣美女非常,托言远行过,寄宿,与昇接床,明日,又称脚痛不去,遂留数日,亦复调戏,升终不失正;

第三试:昇行道,忽见遗金三十饼,昇乃走过,不取;

第四试:令昇入山采薪,三虎交前,咬昇衣服,唯不伤身。昇不恐,颜色不变,谓虎曰:"我道士耳,少年不为非,故不远千里,来事神师,求长生之道,汝何以尔也?岂非山鬼,使汝来试我乎?"须臾,虎乃起去;

第五试:昇于市买十余匹绢,付直讫②,而绢主诬之,云未得。昇乃脱己衣,买绢而偿之,殊无吝色③;

第六试:昇守田谷,有一人往,叩头乞食。衣裳破弊④,面目尘垢,身体疮脓,臭秽可憎。昇怆然为之动容⑤,解衣衣之,以私粮设食,又以私米遗之;

【注释】

①黍(shǔ):一年生草本植物,叶线形,子实淡黄色,去皮后称黄米,比小米稍大,煮熟后有黏性。亦称稷、糜子。

②直：通"值"。讫(qì)：完结，终了。

③吝(lìn)：当用的财物舍不得用，过分爱惜。

④弊(bì)：破败。

⑤怆(chuàng)然：悲伤的样子。

【译文】

张道陵考验了赵昇七次，赵昇都通过了，于是才传授给他丹经。

这七次考验是：

第一次：赵昇来到门前，看门人不给他向里通报，另外还故意让人辱骂他四十多天，但他一直在门前露宿不走，这才接纳了他；

第二次：让赵昇在草丛中守护黍子，驱赶野兽，傍晚派个很美丽的女子过去，谎称自己走远路路过，要在这里寄宿，晚上挨着赵昇睡在一张床上，第二天，又说自己脚疼不能走了，就留下来住了几天，还不断挑逗他，赵昇始终没有丧失正念；

第三次：赵昇走在路上，忽然看见路上有人掉落的三十个金饼，但赵昇从旁边走了过去，没有拾取；

第四次：让赵昇去山里打柴，三只老虎跑到他面前，撕咬他的衣服，只是不伤害他的身体。赵昇一点也不害怕，脸色都不变，他对老虎说："我是个道士，从年轻时就没做过坏事，所以不怕行走千里远的路来侍奉老师，求学长生不老的道术，你们怎么能这样对我？难道是山中鬼魅，派你们来试我的吗？"过了一会儿，老虎就起身离开了；

第五次：赵昇在集市里买了十几匹绢布，付完费用，店主却诬陷他，说没拿他的钱。赵昇就把自己的衣服脱掉，买来绢布作为补偿，一点也没有舍不得的样子；

第六次：赵昇在田里守护稻谷，有个人过来，磕头要吃的。那个人衣服破败，脸上脏兮兮的，身上还长着疮流着脓，恶臭难闻令人不敢靠近。赵昇脸上显得很难过悲伤，他把自己的衣服脱了下来给他穿上，用自己的那份粮食给他做吃的，又把自己的米都送给了他；

第七试：陵将诸弟子，登云台绝岩之上。下有一桃树，如人臂，旁生石壁，下临不测之渊，桃大有实。陵谓诸弟子曰："有人能得此桃实，当告以道要。"于时伏而窥之者，二百余人，股战流汗，无敢久临。视之者，莫不却退而还，谢不能得。昇一人曰："神之所护，何险之有，圣师在此，终不使吾死于谷中耳。师有教者，必是此桃有可得之理故耳。"乃从上自掷，投树上，足不蹉跌①。取桃实满怀，而石壁险峻，无所攀缘，不能得返。于是乃以桃一一掷上，正得二百二颗，陵得而分赐诸弟子各一，陵自食一，留一以待昇。

陵乃以手引昇，众视之，见陵臂加长三二丈，引昇，昇忽然来还，乃以向所留桃与之，昇食桃毕。陵乃临谷上，戏笑而言曰："赵昇心自正，能投树上，足不蹉跌，吾今欲自试，投下，当应得大桃也。"众人皆谏，唯昇与王长嘿然②。陵遂投空，不落桃上，失陵所在。四方皆仰，上则连天，下则无底，往无道路，莫不惊叹悲涕，唯昇、长二人，默然无声。

【注释】

①蹉（cuō）跌：失足跌倒。

②嘿：同"默"。

【译文】

第七次：张道陵带着弟子们，登上高耸入云的悬崖之上。悬崖下有一棵桃树，树干跟人手臂差不多粗，在石壁上侧生出来，桃树下是不知道有多深的深渊，桃树上结了不少桃子。张道陵对众弟子说："要是有人能摘到这棵桃树的桃子，我就会把得道的秘诀告诉他。"当时趴在地上向下探望的，有二百多人，都是大腿直抖，虚汗直冒，不敢靠近太久。

看过的人，都转身退了回来，推脱说桃子没法摘到。只有赵昇一个人说："有神在这里保护，哪有什么危险，圣师在这里，必定不会让我死在这山谷中。老师既然这么说了，必定是这个桃子有应该得到的道理。"于是他就自己从上面跳了下来，正好落到树上，也没有失足跌倒。他摘了一堆桃子放在胸前，但石崖很陡很危险，也没有可以攀爬的东西，这样赵昇就无法回去了。于是赵昇把桃子一个个的扔了上去，正好二百零二个，张道陵拿到后分别赐给弟子们每人一个，然后自己吃一个，留一个准备给赵昇。

张道陵准备用手拉赵昇上来，众人看时，只见张道陵的手臂伸长了两三丈，拉着赵昇，一下子就把他拉回来了，然后把刚才留的那个桃子给了他，赵昇就把桃子吃了。张道陵走到悬崖边，开玩笑说："赵昇的内心很正，所以能跳到树上，不失足跌倒，我现在也想亲自试一试，要是跳下去，应该能摘到大桃。"众人都劝说他不要跳，只有赵昇和王长两个不说话。张道陵于是向空中跳了出去，但是却没有落在桃树上，也不知道他掉到哪里去了。众人向四面看了看，山顶向上连着天空，向下深不见底，往前走又没有路，就都在那里惊慌痛哭，只有赵昇和王长两个人，默不作声。

良久，乃相谓曰："师则父也，自投于不测之崖，吾何以自安？"乃俱投身而下。正堕陵前，见陵坐局脚床斗帐中[1]。见昇、长二人，笑曰："吾知汝来。"乃授二人道要，三日乃还。归治旧舍，诸弟子惊悲不息。

后陵与昇、长三人，皆白日冲天而去，众弟子仰视之，久而乃没于云霄也。

初，陵入蜀山，合丹半剂，虽未冲举，已成地仙，故欲化作七试，以度赵昇，乃如其志也。

【注释】

①局：同"曲"。斗帐：小帐子，形状像倒置的斗，所以叫斗帐。

【译文】

过了好久，他俩相互说道："老师就像父亲，他跳到这深不见底的悬崖下了，我们又怎么能安心地活着呢？"于是也一起跳了下去。他们正好落在了张道陵的面前，看见张道陵正坐在曲脚床上斗帐之中。张道陵看到赵昇、王长二人，笑着说："我就知道你们会来。"于是就传授给了他们二人道法的秘要，三天后才回来。他们回到原来的住处，众弟子看到了，又惊又喜。

后来张道陵和赵昇、王长三个人，都在白天升天走了，众弟子抬头看着他们，好久才见他们消失在天空之中。

一开始的时候，张道陵进入蜀地的山中，配制了半剂丹药服用，虽然没有立即飞升而去，但是已经成了地仙，之所以这样，是因为他想变化七次考验度化赵昇成仙，最终他完成了心愿。

卷五

泰山老父①

【题解】

泰山老父是汉武帝在泰山附近遇到的一个老人，此篇主要讲述他通过辟谷、服食而得长生的故事。因为辟谷、服食在当时比较流行，所以此类故事也比较多。

泰山老父者，莫知姓字。汉武帝东巡狩②，见老翁锄于道旁，头上白光高数尺，怪而问之。老人状如五十许人，面有童子之色，肌肤光华，不与俗同。

帝问有何道术，对曰："臣年八十五时，衰老垂死，头白齿落，遇有道者，教臣绝谷③，但服术饮水④，并作神枕。枕中有三十二物，其三十二物中，有二十四物，以当二十四气⑤；八毒⑥，以应八风⑦。臣行之，转老为少，黑发更生，齿落复出，日行三百里。臣今一百八十岁矣！"

帝受其方，赐玉帛⑧。老父后入岱山中⑨，每十年五年时，还乡里，三百余年，乃不复还。

【注释】

①泰山：又名岱山、岱宗、岱岳、东岳、泰岳，远古时称大山、太山，位于山东泰安中部。"泰山"之称最早见于《诗经》，"泰"意为极大、通畅、安宁，泰山又有"五岳之首""五岳之长""天下第一山"之称。自古以来，中国人就崇拜泰山，有"泰山安，四海皆安"的说法。在汉族传统文化中，泰山一直有"五岳独尊"的美誉。自秦始皇封禅泰山后，历朝历代帝王不断在泰山封禅和祭祀，并且在泰山上下建庙塑神，刻石题字。现泰山宏大的山体上留下了二十余处古建筑群，二千二百余处碑碣石刻，它也被列为世界文化与自然双重遗产。老父：对老人的一种尊称。

②巡狩(shòu)：也作巡守。古代指天子视察诸国。

③绝谷：即辟谷，不吃谷类食物。详见《老子》篇注。

④术(zhú)：指中药白术，属于菊科苍术属多年生草本植物，中医认为它有健脾益气，燥湿利水，止汗，安胎等功效，《神农本草经》将其列为上品，并认为久服，可"轻身延年，不饥"。日本丹波康赖《医心方》卷二十六引《大清经》有服术方。

⑤二十四气：指二十四节气，是中国古代订立的一种用来指导农事生产的补充历法，由四季发展而来。古人把一年平分为二十四等份，并根据黄河流域中原地区的气候，给每个等份取有专名，称为节气，到秦汉年间，二十四节气已完全确立。

⑥八毒：八种有毒中药，道书《上清明鉴要经》中称乌头、附子、藜芦、皂荚、莽草、矾石、半夏、细辛为八毒。

⑦八风：古代指八方之风，也指八个季候的风，说法不一，此处应指后者。据东汉郑玄《易纬通卦验》记载："八节之风谓之八风。立春条风至，春分明庶风至，立夏清明风至，夏至景风至，立秋凉风至，秋分阊阖风至，立冬不周风至，冬至广莫风至。"

⑧玉帛(bó)：玉器和丝织品。

⑨岱（dài）山：泰山别称。

【译文】

泰山老父，没人知道他的姓名。汉武帝去东方巡行，看到一个老人在路边锄草，头上有几尺高的白光，于是很惊奇地问他。这个老人看上去五十几岁的样子，脸像少年一样红润，肌肤也很有光泽，跟普通人不一样。

汉武帝问他有什么道术，他回答说："我八十五岁时，衰老得就要死了，头发也白了，牙齿也掉完了，偶然碰到一个有道术的人，教我辟谷的方法，辟谷时只服用白术和水，并且做了一个神奇的枕头。这个枕头里有三十二种东西，在这三十二种东西里头，有二十四种对应一年的二十四个节气；另外八种有毒的药物，对应四季八个季候的风。我按照他教的去做，就返老还童了，黑头发重新长了出来，掉落的牙齿也长了出来，一天能走三百里路。我现在已经一百八十岁了。"

汉武帝记下了他的方子，赐给他玉器、丝绸等。这个老人后来去泰山里面，每隔十年或五年，就回家乡一趟，三百多年后，就没再回来了。

巫炎

【题解】

本篇主要是讲述以房中术而成仙的巫炎的故事，两汉间方士们的所谓修仙道术，房中、服食、吐纳为三大主要流派。张道陵创立五斗米教时，也是通过房中术为人治病来招揽信徒。从现存的《上清黄书过度仪》中看出，他们的房中修炼，其实包含了存思、吐纳、禹步、掐诀、念咒、祈祷等细节，所以是对早期方士们所用的房中术的进一步改造。

葛洪本人对房中术令人成仙一事并不认可，他在《抱朴子·内篇·微旨》中说"夫阴阳之术，高可以治小疾，次可以免虚耗而已。其理自有极，安能致神仙而却祸致福乎？"所以葛洪认为房中术的意义主要在于

"或以补救伤损,或以攻治众病,或以采阴益阳,或以增年延寿,其大要在于还精补脑之一事耳"(《抱朴子·内篇·释滞》)。意思是房中术有治病延年的功效,因为房中术能做到"还精补脑",但是单凭房中术是不可以成仙的,所以他又接着批评说:"一涂之道士,或欲专守交接之术,以规神仙,而不作金丹之大药,此愚之甚矣。"(《抱朴子·内篇·释滞》)

葛洪虽然认为房中术不能使人成仙,但是他也同时认为知晓它是很有必要的,因为"人不可以阴阳不交,坐致疾患"(《抱朴子·内篇·微旨》),而且对于想得道成仙的人,"虽服名药,而复不知此要,亦不得长生也"(《抱朴子·内篇·释滞》)。就是说虽然成仙最终要靠服丹药,但是如果不知道房中术,也是不能成功的。同时因为"此法乃真人口口相传,本不书也"(《抱朴子·内篇·释滞》),就是说房中术事涉隐秘,它的方法书中往往不记载,所谓"玄素、子都、容成公、彭祖之属,盖载其粗事,终不以至要者著于纸上者也。志求不死者,宜勤行求之。余承师郑君之言,故记以示将来之信道者,非臆断之谈也"。所以葛洪才把这些精通房中术之人的事迹记录下来,用来告诉将来那些求道的人,确实有房中术这么一回事。上文中提到的"子都",就是本篇的巫炎。

巫炎,字子都,北海人也①,汉驸马都尉②。

武帝出,见子都于渭桥③,其头上郁郁紫气高丈余。帝召问之:"君年几何,所得何术,而有异气乎?"对曰:"臣年已百三十八岁,亦无所得。"帝诏东方朔④,使相此君,有何道术。朔对曰:"此君有阴道之术⑤。"武帝屏左右而问之⑥。

子都对曰:"臣年六十五时,苦腰痛脚冷,不能自温。口干舌苦,渗涕出,百节四肢疼痛,又痹不能久立⑦。得此道以来,七十三年,今有子二十六人,身体强勇,无所疾患,气力乃如壮时。"

帝曰：“卿不仁，有道而不闻于朕，非忠臣也。”子都对曰：“臣诚知此道为真，然阴阳之事，宫中之利，臣子之所难言。又行之皆逆人情，能为之者少，故不敢以闻。”帝曰：“勿谢，戏君耳。”遂受其法。

子都年二百岁，服饵水银，白日升天。

武帝颇行其法，不能尽用之，然得寿最长于先帝也。

【注释】

①北海：今山东昌乐。

②驸马都尉：古代官职名，汉武帝时始设置，驸马都尉掌副车之马。皇帝出行时自己乘坐的车驾为正车，而其他随行的马车均为副车。正车由奉车都尉掌管，副车由驸马都尉掌管。驸，即“副”。

③渭桥：古代长安附近渭水上桥梁的统称。

④东方朔：汉代著名文学家。详见《王兴》篇注。

⑤阴道之术：即房中术。

⑥屏（bǐng）：屏退，排除。

⑦痹（bì）：中医指由风、寒、湿等引起的肢体疼痛或麻木的病。

【译文】

巫炎，字子都，山东北海人，曾任汉代驸马都尉一职。

汉武帝出巡，在渭桥碰见他，看他头上有一丈多高浓浓的紫气。武帝召他过来问他：“您多大了，得到过什么道术，头上竟然有奇异之气？”巫炎回答说：“我已经一百三十八岁了，也没有学到过什么道术。”武帝把东方朔叫了过来，让他给巫炎相面，看看他有什么道术。东方朔看完后回道：“这个人会房中术。”武帝就把身边的人支开了再问他。

巫炎对武帝说：“我六十五岁时，得了腰痛腿冷的毛病，身体一直不能回暖。嘴里发干、有苦味，鼻涕也不由自主地往外流，全身关节四肢都疼，又感到身体麻木，不能站立太久。学了这个道术以后，又活了七十三年，现在有二十六个儿子，身体也很强壮，什么病也没有，还跟年轻时一样有力气。"

汉武帝说："您不够仁义啊，有这样的道术却不告诉我，看来不是个忠臣啊。"巫炎回道："我心中知道这个道术是有效的，但是男女之间的事，对皇宫里来说关系非同小可，这是我无法告知您的原因。而且，施行这个有违世间道德伦理，能做到的很少，所以不敢跟您说。"汉武帝说："不用解释道歉，我跟您说着玩的。"于是就学了他的方法。

巫炎到二百岁的时候，服食水银，在白天飞升上天了。

汉武帝也经常用他的方法，只是无法完全按他说的去做，但是寿命和之前的几位皇帝比是最长的。

刘凭

【题解】

关于刘凭的文献资料不多，主要见于此篇。从文中看，他擅长咒禁之术，其实就是古代的祝由术。

祝由术属于上古的巫术，后世也用其治病。史书记载上古巫师巫咸，不但会治病，而且能用祝由"祝树树枯，祝鸟鸟坠"，其方法至今在民间仍有流传。

刘凭者，沛人也①，有军功，封寿光金乡侯。

学道于稷丘子②，常服石桂英及中岳石硫黄③，年三百余岁而有少容，尤长于禁气④。

尝到长安⑤，诸贾人闻凭有道，乃往拜见之，乞得侍从，求见佑护。凭曰："可耳。"又有百余人，随凭行，并有杂货约直万金⑥。

乃于山中逢贼，数百人拔刃张弓，四合围之。凭语贼曰："汝辈作人，当念温良，若不能展才布德，居官食禄，当勤身苦体，夫何有腼面目⑦，豺狼其心，相教贼道，危人利已，此是伏尸都市，肉飨鸟鸢之法⑧，汝等弓箭，当何所用？"

【注释】

①沛：即沛县，又名沛泽县，今江苏徐州丰县。

②稷(jì)丘子：又名稷丘君。据《列仙传》记载，他是汉武帝时泰山道士，因武帝巡泰山，其预言武帝脚必受伤，后被验证，武帝因而为其立祠。

③石桂英：即石英，一种以二氧化硅为主要成分的矿物，根据色泽，有白石英和紫石英。《神农本草经》认为白石英味甘，微温，主消渴，阴痿，不足，咳逆。另外久服，可轻身，长年。中岳：指嵩山。石硫黄：即硫磺，是产于石间可入药的硫磺。唐甄权《药性论》中说，石硫黄，有大毒，以黑锡煎汤解之。功效为能下气，治脚弱，腰肾久冷，除冷风顽痹。又说：生用治疥癣，及疗寒热咳逆。炼服主虚损，泄精。

④禁气：即方术里的禁咒术，是一种通过自身的气来禁物，使所禁之物按自己的想法去表现的法术。葛洪《抱朴子·内篇·至理》里说："吴越有禁咒之法，甚有明验，多炁耳。知之者，可以入大疫之中，与病人同床而己不染……以炁禁金疮，血即登止；又能续骨连筋，以炁禁白刃，则可蹈之不伤，刺之不入。若人为蛇虺所中，以炁禁之，则立愈。"

⑤长安：今陕西西安一代，古称长安。

⑥直：同"值"。

⑦腼（miǎn）：害羞，不自然。

⑧飨（xiǎng）：用酒食招待客人，泛指请人受用。鸢（yuān）：俗称老鹰。

【译文】

刘凭是沛地人，他曾经立过战功，被封为寿光金乡侯。

刘凭跟稷丘子学过道术，经常服用石英和嵩山上采的硫磺，已经三百多岁了，但看起来还像年轻人一样，他特别会禁气术。

刘凭曾去长安，长安的商人们听说刘凭有道术，就去拜见他，请求跟着他一起走，这样就能被他保护。刘凭说："可以。"这样大约有一百多人，就跟着刘凭一起出发了，还带着各种杂货大约值万两黄金。

他们在山中果然碰到了强盗，几百个人拿着刀拉着弓箭，把他们团团围住。刘凭对强盗们说："你们做为人，应当友善，即使不能施展才能，当官吃国家俸禄，也应该辛勤劳作，怎么还有脸来相互教做贼呢，心像豺狼一样凶残，危害别人，让自己获利，这是要在城里被砍头，尸体被老鹰吃掉的下场啊，你们的弓箭，是用来做这个的吗？"

于是贼射诸客，箭皆反着其身。须臾之间，大风折木，飞沙扬尘。凭大呼曰："小物辈敢尔，天兵从头刺杀先造意者。"凭言绝，而众兵一时顿地，反手背上，不能复动，张口短气欲死。其中首帅三人，即鼻中出血，头裂而死。余者或能语，曰："乞放余生，改恶为善。"于是诸客或斫杀者①，凭禁止之。

乃责之曰："本拟尽杀汝，犹复不忍，今赦汝②，犹敢为贼乎？"皆乞命曰："便当易行，不敢复尔。"凭乃敕天兵赦之③，遂各能奔走去。

【注释】

①斫(zhuó)：用刀、斧等砍。

②赦(shè)：免除和减轻刑罚。

③敕(chì)：帝王的诏书、命令，此处指刘凭所发的命令。

【译文】

强盗们不听，向众人射箭，箭却反弹回去射到了他们自己身上。一会儿工夫，刮起的大风把树木都吹断了，大地飞起沙尘。刘凭大喊道："小子们敢这样，天兵快把领头出主意的杀了。"刘凭说完，强盗们一下都摔倒在地上，两手被反绑在后背，不能动弹，都张着嘴巴喘着粗气，一副要死的样子。其中领头的三个人，鼻子里流着血，头颅裂开死掉了。剩下的人里还有能说话的，就说道："请您放过我们，下半辈子一定改恶从善。"众人要把这些强盗都砍死，被刘凭制止了。

刘凭责骂强盗们说："本来想把你们都杀了，但是于心不忍，现在饶了你们，以后还敢做贼吗？"强盗们都请求活命，说："一定换别的事做，不敢再做贼了。"刘凭就下令天兵把他们放了，那些强盗就各自逃跑了。

尝有居人妻，病邪魅^①，累年不愈。凭乃敕之，其家宅傍有泉水，水自竭，中有一蛟^②，枯死。

又有古庙，庙间有树，树上常有光。人止其下，多遇暴死，禽鸟不敢巢其枝。凭乃敕之，盛夏树便枯死，有大蛇长七八丈，悬其间而死，后不复为患。

凭有姑子，与人争地，俱在太守座^③。姑子少党而敌家多亲，助为之言者，四五十人。凭反复良久，忽然大怒曰："汝辈敢尔。"应声有雷电霹雳^④，赤光照耀满屋。于是敌人之党，一时顿地，无所复知。太守甚怖，为之跪谢，曰："愿君侯少宽威灵，当为理断，终不使差失。"日移数丈，诸人乃能起。

【注释】

①病邪魅(mèi)：即被鬼怪等伤害。

②蛟(jiāo)：指鼍、鳄之类的动物。鼍，爬行动物，鳄鱼的一种，俗称扬子鳄、鼍龙、猪婆龙。

③太守：汉朝设立的一郡最高行政主管官吏。隋唐后的刺史、知府也别称太守。

④霹雳：又急又响的雷。

【译文】

刘凭曾经住在一户人家，他的妻子被鬼邪所伤而得病，好几年了都不好。刘凭发了道敕令，那人家屋旁有座泉水，敕令一下，水就自动干枯了，泉水中有一条蛟龙，也枯死了。

又有一间古庙，庙里面有一棵树，树上经常发光。人要是在树下面停留，经常突然就死了，飞鸟都不敢在树枝上做窝。刘凭发了一道敕令，大夏天树就枯死了，有一条大蛇长七八丈，挂在树上也死了，后来再也没出过事。

刘凭有个姑姑的儿子，跟别人发生土地纠纷，一起来找太守打官司。他姑姑的儿子亲友少而对方亲友多，为对方说话的有四五十人。刘凭跟他们反复辩论，说了很长时间，忽然发火了，说："你们怎么敢这样。"刚说完就电闪雷鸣，有红光把屋子里照得通亮。对方那些人，一下子都瘫倒在地，什么也不知道了。太守十分害怕，替他们磕头道歉，说："请您不要生气发威，我会为你们公平审理，肯定不会有差错的。"等太阳在天空中走了几丈远，那些人才能起身。

汉孝武帝闻之①，诏征而试之曰："殿下有怪，辄有数十人②,绛衣披发③,持烛相随走马,可效否?"凭曰:"此小鬼耳。"至夜,帝伪令人作之。凭于殿上,以符掷之④,皆面抢地。以火淬口⑤,无气。帝大惊曰:"非此鬼也,朕以相试耳。"乃解之。

后入太白山中⑥,数十年,复归乡里,颜色更少。

【注释】

①汉孝武帝:即汉武帝。

②辄(zhé):总是,就。

③绛(jiàng):赤色,火红的颜色。

④掷(zhì):扔,投,抛。

⑤淬(cuì):把烧红了的铸件往水、油或其他液体里一浸立刻取出来,用以提高合金的硬度和强度。这里指火在人嘴边移动。

⑥太白山:主体位于陕西宝鸡眉县、太白县,广义上的太白山连带西安周至部分。它是秦岭山脉的主峰,也是中国大陆青藏高原以东第一高峰。东汉班固《汉书·地理志》谓之"太乙山",因传说是太乙真人修炼之地。"太白山"之名最早见于北齐魏收《魏书·地理志》中,隋、唐后沿用至今。唐五代杜光庭《录异记》认为曾有"金星之精"坠于此山,金星又名"太白",故名。

【译文】

汉武帝听说了,就下令把他请了过来想试试他,对他说:"我的宫殿下面有妖怪,大概有几十个,穿着大红的衣服,披着头发,手里拿着蜡烛一个跟着一个,像走马灯似的,您的法术对他们有效吗?"刘凭说:"这都是些小鬼罢了。"到夜里,武帝叫人假扮成那样子。刘凭在大殿上,拿符向那些人扔过去,那些人就都向前倒下,脸摔到地上。宫里的人赶紧用火把来探他们的口,都没有了呼吸。武帝大吃一惊,说:"这些不是鬼,是我让他们来试试您的。"于是刘凭就把符都解了。

刘凭后来进入太白山里，几十年后，又回到家乡，容貌却变得更加年轻了。

栾巴①

【题解】

栾巴的事迹见于南朝宋范晔《后汉书》卷五十七，其中称他为内黄（今属河南）人，今内黄县境内有其墓庙。按《后汉书》记载，他本是宦官，但是好道，且有才学。他因为净身不完全，就请辞了宦官的职务，但是却被升了官，直至做到尚书，后因为上书汉顺帝修建陵墓一事而得罪梁太后，被禁锢在家二十多年。至汉灵帝时又被启用，做了议郎，但在宦官集团和当朝大臣的斗争中受牵连，被贬为永昌太守。他称病不去赴任，并上书为在与宦官集团斗争中被杀的大将军窦武和太傅陈蕃鸣冤，惹恼汉灵帝，于是下令把他交给廷尉处理，最终被逼自杀。史书中还说他留有一个儿子栾贺，最后官至云中太守。

《后汉书》虽然说栾巴"素有道术，能役鬼神"，但是只记载了他在做豫章太守的时候，捣毁了当地的一些祭祀山川鬼怪的房子，处理了一些巫师，并没有记载他有什么神异之事。本篇中的追杀狸妖和喷酒灭火之事，当为后人增演的传说。南朝梁陶弘景《真诰·协昌期第二》中记有"栾巴口诀"，主要有驱鬼的功效，并说栾巴事迹见于《剑经》《神仙传》《虎豹符》等，可见魏晋时栾巴的事迹已颇为流行。《神仙传》之后，北宋李昉等《太平御览》《太平广记》和北宋张君房《云笈七签》都收录栾巴的故事，基本都沿用《神仙传》的文字，但《云笈七签》中没有记其除狸妖一事，并在卷八五中，说他"后为事而诛，即兵解也"。今文渊阁《四库全书》本《神仙传》也收录有栾巴，故事与本篇雷同，但文字极简，且在后面杂入一段讲养生修道的文字，似是后人所加，非葛洪原文。

栾巴者,蜀郡成都人也,少而好道,不修俗事。

时太守躬诣巴②,请屈为功曹③,待以师友之礼。巴陵太守曰④:"闻功曹有道,宁可试见一奇乎。"巴曰:"唯。"即平坐,却入壁中去,冉冉如云气之状,须臾,失巴所在。壁外人,见化成一虎,人并惊,虎径还功曹舍。人往视虎,虎乃巴成也。

后举孝廉⑤,除郎中⑥,迁豫章太守⑦。

【注释】

①栾(luán):姓。

②诣(yì):到,特指到尊长那里去,这里表示对栾巴的尊重。

③功曹:官职名称,汉代郡守有功曹史,简称功曹,除掌人事外,还参与一郡的政务。

④巴陵:即今湖南岳阳。

⑤举孝廉:汉代一种以举荐孝顺之人为官的荐举制度。详见《王远》篇注。

⑥郎中:官名,即帝王侍从官的通称。详见《王远》篇注。

⑦豫章:古代区域划分名称。最初为汉高帝初年(约前202)江西建制后的第一个名称,即豫章郡(治南昌县)。后在东汉、三国、两晋以及南朝时期,豫章郡、豫章国为大致相当于今江西北部(吉安以北)地区的地理范围。

【译文】

栾巴是蜀郡成都人,他年轻时就喜欢道术,不喜欢做俗世的工作。

当时的太守亲自去拜见栾巴,请他委屈一下做个功曹,并把他当老师和朋友一样对待。巴陵太守说:"听说您有道术,能不能让我见识一下这种奇妙之术。"栾巴说:"好。"就平身正坐下去,却渐渐退入墙壁中,身体像云雾一样，一会儿工夫，他就消失了。墙壁外的人，看到栾巴变化成一头老虎，众人都很吃惊，那老虎自己直接回到功曹的住地。人们跟过去看老虎，发现老虎是栾巴变成的。

栾巴后来举孝廉，封为郎中，升迁为豫章的太守。

庐山庙有神[1]，能于帐中共外人语，饮酒，空中投杯，人往乞福。

能使江湖之中，分风举帆，行各相逢。巴至郡[2]，往庙中，便失神所在。巴曰："庙鬼诈为天官，损百姓日久，罪当治之。以事付功曹，巴自行捕逐，若不时讨，恐其后游行天下，所在血食[3]，枉病良民，责以重祷。"乃下所在，推问山川社稷[4]，求鬼踪迹。

【注释】

①庐山：位于江西九江市。

②郡(jùn)：汉代行政设置，比县要大。见《王远》篇注。

③血食：指受享祭品。古代杀牲取血以祭，故名。

④社稷(jì)：本指土神和谷神，古时君主都祭祀社稷，后来就用社稷代表国家。这里指各地的地方神。

【译文】

庐山的庙里有个神，能在帐子里和外面的人说话，和人喝酒时，把酒杯抛到空中而不掉落，人们都去求他保佑。

他能在同一条江或同一个湖里，吹不同方向的风，并让船同时扬帆，相对而行。栾巴来到郡后，到庙里，那个神就不见了。栾巴说："庙里的妖怪谎称自己是天上仙官，祸害老百姓太久了，应当治他的罪。我把公事都交给功曹处理，我要自己去捕捉那个妖怪，要是不及时把他抓到，恐怕他以后在天下四处游走，贪图各地的祭祀供养，让老百姓无故生病遭灾，再怪罪他们，让他们花费重金来向他祈祷。"于是栾巴就离开那里，去各地向山川和土地们打听，查找那个妖怪的踪迹。

　　此鬼于是走至齐郡①，化为书生，善谈五经②，太守即以女妻之。巴知其所在，上表请解郡守往捕。其鬼不出，巴谓太守："贤婿非人也，是老鬼，诈为庙神，今走至此，故来取之。"

　　太守召之，不出。巴曰："出之甚易，请太守笔砚奏案③。"巴乃作符，符成，长啸空中，忽有人将符去，亦不见人形，一坐皆惊。

　　符至，书生向妇涕泣曰："去必死矣。"须臾，书生自赍符来④。至庭，见巴，不敢前。巴叱曰："老鬼，何不复尔形！"应声即便为一狸⑤，叩头乞活。巴敕杀之，皆见空中刀下，狸头堕地。太守女已生一儿，复化为狸，亦杀之。

【注释】

①齐郡：又名齐国，中国古代郡、国名。秦始皇二十六年（前221）灭齐国，于其故地分置齐郡、琅邪郡。汉高帝六年（前201）复置齐国，治所在临淄（县治在今山东淄博临淄区齐都镇），领七郡七十三县，其地相当于今山东北部、中部、胶东半岛和东南沿海地区。至武帝时，齐国之地已分为十二郡国，又除齐国为齐郡。

②五经：指儒家的《诗》《尚》《礼》《易》《春秋》五部典籍。

③奏案：放奏章的几案。案，古时狭长的桌子。

④赍（jī）：怀抱着，带着。

⑤狸：又叫豹猫、山猫、野猫。在动物分类中属于哺乳纲食肉目猫

科。体大如猫，圆头大尾，多栖息于草原和靠近河流、湖泊的丛林中。

【译文】

这个妖怪于是逃到了齐郡，变成一个书生，善于谈论五经，齐郡太守就把女儿嫁给了他。栾巴知道妖怪在这里后，上了一封奏章跟太守说明情况，并请他出兵去捉拿。那个妖怪躲在家里不出来，栾巴对太守说："您的女婿不是人类，是一个老妖怪，曾伪装成庙神，现在逃到这里，所以我才过来捉拿他。"

太守召唤他的女婿，他也不出来。栾巴说："让他出来很容易，请太守给我笔墨纸砚和奏案。"于是栾巴开始画符，符画好，他向空中大叫了一声，忽然就有人来把符拿走了，也看不到那人的样子，在座的人都很吃惊。

符被送到书生那里，那个书生哭泣着对他的妻子说："我出去必定会死的。"一会儿工夫，书生自己拿着符出来了。来到院子里，看到栾巴，不敢走上前。栾巴呵斥他道："老妖怪，还不变回你的原形！"话音刚落书生就变成了一只狸猫，向栾巴磕头求活命。栾巴下令把它杀了，众人就看到空中有一把刀落下来，狸猫的头就掉在了地上。太守的女儿已经生了一个儿子，也变成了狸猫，栾巴也把他杀了。

巴去，还豫章，郡多鬼，又多独足鬼，为百姓病。巴到后，更无此患，妖邪一时消灭。

后征为尚书郎，正旦大会①，巴后到，有酒容。赐百官酒，又不饮，而西南向噀之②。有司奏巴不敬，诏问巴，巴曰："臣乡里，以臣能治鬼护病，生为臣立庙。今旦有耆老③，皆来臣庙中享臣，不能早委之④，是以有酒容。臣适见成都市上火，臣故漱酒为尔救之，非敢不敬，当请诏问，虚，诏抵罪。"乃发驿书⑤，问成都。已奏言：正旦食后失火，须臾，有大雨三阵，从东北来，火乃止。雨著人，皆作酒气。

后一旦，忽大风雨，天地晦冥⑥，对坐不相见。因失巴所在，寻问，巴还成都，与亲故别，称不更还，老幼皆于庙中送之云。去时，亦风雨晦冥，莫知去处也。

【注释】

①正旦：农历正月初一，古代这一天皇帝要接受百官贺拜新年。

②噀（xùn）：含在口中喷出。

③耆（qí）：年老，六十岁以上的人。

④不能早委之：委，原为"饮"，据明钞本改。

⑤驿（yì）：旧时供传递公文的人中途休息、换马的地方。

⑥晦冥：光线昏暗。

【译文】

栾巴离开齐郡，回到豫章郡，当时郡里有很多鬼怪，其中又有很多一只脚的鬼，给老百姓带来很多灾病。栾巴回来后，就再也没有这些祸患了，各种妖魔鬼怪都被他消灭了。

栾巴后来被任命为尚书郎，正月初一皇帝举行新年大会，栾巴来晚了，而且像喝过酒的样子。皇帝赐给百官的酒，他也不喝，却对着西南方向喷了一口。掌管礼仪的官员向皇帝参奏说他有大不敬之罪，皇帝下诏问他，栾巴说："我的家乡人，因为知道我能捉鬼治病，就给我立了座生人庙。今天早晨，当地德高望重的老人都来庙里向我上供，我不能把他们早早就丢下，就陪他们喝了点酒，所以才有喝过酒的样子。我刚才是看到成都市集上起火了，所以我才将口中的酒喷出去救火，并非敢有不敬，请您下诏去问一下，如果情况不实，可以再定我的罪。"于是皇帝让驿站发了封信，询问成都那边的情况。那边已经回奏过来了：正月初一饭后失火了，一会儿工夫，下了三阵大雨，都是从东北方向过来的，火就被浇灭了。雨落到人身上时，有一股酒味。

后来有一天早晨，忽然刮大风下大雨，天地一片昏暗，人坐在对面都看不见。栾巴就消失不见了，人们四处打听，听说他回到了成都，与亲朋好友告别，说是不会回来了，男女老少都去庙里为他送行。他走的时候，也是刮风下雨，天地昏暗，没人知道他去了哪里。

左慈

【题解】

左慈是东汉末年方士，南朝宋范晔《后汉书》有其传，所述事迹与本篇差别不大，但都是发生在与曹操交往时，并未提他见刘表之事。与葛洪同时代的干宝所著的《搜神记》中记载有左慈的故事，比本篇简略，其中提到他运用神通供给众人酒肉的事，是发生在一次曹操率领百官出游的聚会中，而不是给刘表的士兵，可见当时关于左慈的传说已出现不同版本。

左慈属于金丹派，葛洪的金丹思想部分传承自左慈，葛洪在《抱朴子·内篇·金丹》中称葛玄（葛洪的从祖父）曾从左慈学道，左慈并传授给葛玄丹经，另外三国魏曹植在《辩道论》还说左慈"擅长房中术"。

本篇中的故事也被元末明初小说《三国演义》采用并进行了艺术再创作。

左慈，字元放，庐江人也①，明五经②，兼通星气③。

见汉祚将衰④，天下乱起，乃叹曰："值此衰乱，官高者危，财多者死，当世荣华，不足贪也。"乃学道，尤明六甲⑤，能役使鬼神，坐致行厨⑥。精思于天柱山中⑦，得石室中《九丹金液经》⑧。能变化万端，不可胜记。

【注释】

①庐江：现为安徽合肥下辖县。汉代置庐江郡，隋朝置庐江县。

②五经：儒家的五部经典。详见《王远》篇注。

③星气：指占星望气之术，是一种通过观察星象变化推断人事吉凶的道术。

④祚（zuò）：皇位。

⑤六甲：即所谓遁甲之术，是一种通过演算来趋吉避凶的道术。见《李仲甫》篇"遁甲"注。

⑥坐致行厨：一种道术，可凭空招来酒食。《抱朴子·内篇·金丹》中说："欲致行厨，取黑丹和水，以涂左手，其所求如口所道，皆自至，可致天下万物也。"

⑦精思：道家静坐修行法。见《伯山甫》篇注。天柱山：在今安徽安庆潜山县西部，又名潜山、皖山、皖公山、万岁山、万山等，山上今留有相传与左慈修行炼丹等活动有关的多处遗迹。

⑧《九丹金液经》：关于外丹炼制的道书，内容不可考。相传葛玄后从左慈受此经。

【译文】

左慈，字元放，安徽庐江人，他精通五经，还会观星气占卜之术。

他看到汉代的国运已经衰败，天下已经大乱，于是叹息说："在这个国家衰败混乱的时候，当高官有生命危险，财富多的也会性命不保，这个世道的荣华富贵，不值得贪求啊。"于是他就去学道，特别精通六甲之术，还能调遣鬼神，坐在那里就能招来酒食。他在天柱山中精思修行，在石洞中得到了《九丹金液经》。他还能进行各种变化，所变之物数不胜数。

魏曹公闻而召之①，闭一石室中，使人守视，断谷期年，乃出之，颜色如故。

曹公自谓，生民无不食稻，而慈乃如是，必左道也②，欲杀之。慈已知，求乞骸骨③。曹公曰："何以忽尔？"对曰："欲见杀，故求去耳。"公曰："无有此意，公却高其志，不苟相留也。"乃为设酒。曰："今当远旷④，乞分杯饮酒。"公曰："善！"是时天寒，温酒尚热，慈拔道簪以挠酒⑤，须臾，道簪都尽，如人磨墨。

【注释】

①曹公：即曹操，建安十九年（214）汉献帝册封曹操为魏公，加九锡。

②左道：指邪门旁道，多指非正统的巫蛊、方术等。

③乞骸骨：自请退职，意为请求使骸骨归葬故乡，回老家安度晚年。

④远旷（kuàng）：远别。

⑤道簪（zān）：道士的发簪。

【译文】

魏国曹操听说了，就召他过来，把他幽闭在一个石洞里，让人看守着他，他一整年都不吃不喝，后来让他出来，看他脸色却没有什么变化。

曹操暗想，活着的老百姓没有不吃稻米粮食的，左慈竟然可以不吃，他肯定是个旁门左道，就想杀了他。左慈已经知道了曹操的心思，就跟曹操告辞说要回家。曹操说："为什么忽然要这样呢？"左慈回答："我就要被杀掉了，所以才请求离去。"曹操说："我没有这个意思，是你志向高远，看来我这里是留不住你了。"于是就为他设酒宴送行。左慈说："现在我就要去远方了，求您分杯酒给我喝。"曹操说："好！"当时天正冷，烫过的酒还有点热，左慈拔下头上簪在酒杯里搅动，一会儿工夫，簪子就没有了，像人磨墨一样。

初，公闻慈求分杯饮酒，谓当使公先饮，以与慈耳。而拔道簪，以画杯，酒中断，其间相去数寸，即饮半，半与公。公不善之，未即为饮，慈乞尽自饮之。饮毕，以杯掷屋栋①，杯悬，摇动似飞鸟俯仰之状，若欲落而不落，举坐莫不视杯。良久，乃坠，既而已失慈矣。寻问之，还其所居。曹公遂益欲杀慈，试其能免死否。

乃敕收慈，慈走入群羊中，而追者不分，乃数本羊，果余一口，乃知是慈化为羊也。追者语："主人意欲得见先生，暂还无怯也②。"俄而有大羊，前跪而曰："为审尔否？"吏相谓曰："此跪羊，慈也。"欲收之。于是群羊咸向吏言曰："为审尔否？"由是吏亦不复知慈所在，乃止。

【注释】

①屋栋（dòng）：房屋的脊檩，担负屋顶的横木。

②怯（qiè）：胆小，没勇气。

【译文】

一开始，曹操听到左慈求他分杯酒喝，以为是先让自己喝一半，再把剩下的给左慈。现在左慈却拔下簪子，在杯子里画来画去，酒从中间就分开了，两边离开大概几寸距离，左慈就喝了一半，那一半留给了曹操。曹操很不高兴，就没有马上去喝，左慈就请求把剩下的半杯也喝了。喝完后，左慈把酒杯扔上房梁，杯子悬在半空，像飞鸟一样前后晃动，要掉又掉不下来，在座的人都抬头看着杯子。过了好一会儿，酒杯才掉了下来，但是左慈却不见了。曹操赶紧派人打听，回报说他已经回家了。曹操于是更加想杀掉左慈了,想试试看他是不是能不死。

曹操于是下令搜捕左慈,左慈变成羊混到羊群中,追捕他的人认不出来,就数本来有多少头羊,数来数去果然多了一头,就知道是左慈变化的。追捕他的人说:"我家主人只是想见见先生,快出来不要害怕了。"过了一会儿,有一头大羊来到公差面前跪下说:"不知道你说的是不是真的?"公差们相互说:"这头跪着的羊,肯定就是左慈了。"就要来捉他。这时所有的羊都向公差们开口说道:"不知道你说的是不是真的?"于是公差们又不知道左慈在哪里了,只好作罢。

后有知慈处者,告公,公又遣吏收之,得慈。慈非不能隐,故示其神化耳,于是受执入狱。

狱吏欲拷掠之①,户中有一慈,户外亦有一慈,不知孰是。公闻而愈恶之,使引出市杀之。须臾,忽失慈所在,乃闭市门而索。或不识慈者,问其状,言眇一目②,著青葛巾,青单衣,见此人便收之。及尔,一市中人皆眇目、著葛巾青衣,卒不能分。公令普逐之,如见便杀。后有人见之,便斩以献公,公大喜。及至视之,乃一束茅。验其尸,亦亡处所。后有人从荆州来③,见慈。

刺史刘表④,亦以慈为惑众,拟收害之。表出耀兵,慈意知欲见其术,乃徐徐去。因又诣表云:"有薄礼,愿以饷军⑤。"表曰:"道人单侨,吾军人众,安能为济乎?"慈重道之,表使视之,有酒一斗,器盛脯一束⑥,而十人共举不胜。慈乃自出取之,以刀削脯投地,请百人奉酒及脯,以赐兵士。酒三杯,脯一片,食之如常脯味。凡万余人,皆周足,而器中酒如故,脯亦不尽。坐上又有宾客千人,皆得大醉。表乃大惊,无复害慈之意。

【注释】

①掠(lüè):拷打。

②眇(miǎo):一只眼瞎。

③荆州:汉所置的十三刺史部之一,地处长江中游,三国至南北朝时期是政治、军事重地,辖地约今湖北、湖南两省及河南西南部。今湖北有荆州市。

④刺史:职官,汉初,汉文帝以御史多失职,命丞相另派人员出刺各地,不常置。至汉成帝时期刺史改称州牧,职权进一步扩大,由监察官变为地方军事行政长官。刘表(142—208):字景升,山阳郡高平(今山东微山)人。汉鲁恭王刘余之后,东汉末年名士。他少时知名于世,与七位贤士同号为"八俊",后被封为镇南将军、荆州牧,统领荆州,成为一方诸侯。

⑤饷(xiǎng):招待,供给或提供吃喝的东西。

⑥脯(fǔ):肉干。

【译文】

　　后来有个人知道了左慈在什么地方,就报告给了曹操,曹操又派官差去捉拿他,这次把他抓到了。其实左慈不是不能隐藏起来,只是为了显示一下自己的神通变化而故意被捕罢了,于是他就被官差捉拿投入监狱。

　　监狱的官吏想拷打他,但是看到屋里有一个左慈,屋外也有一个左慈,不知道哪个是真的。曹操听说后更加讨厌左慈,就让官差把他押到街市上杀掉。一会儿工夫,左慈忽然不见了,于是就关闭城门进行搜捕。很多人不认识左慈,就问他长什么样子,官差就说他瞎了一只眼睛,戴着青色的葛布头巾,穿着青色的外衣,要是看到这个人就逮捕他。等大家到街上一看,整个街市的人都瞎了一只眼睛,戴着葛布头巾,穿着青色外套,没法认出他来。曹操下令全城搜捕,要是看到了,就当场把他杀了。后来有人看见他,就把他杀了献给曹操,曹操大喜。但等走近一看,却是一捆茅草。再找人验尸,也找不到尸体了。后来有人从荆州过来,说是见到了左慈。

荆州的刺史刘表,也认为左慈是个妖言惑众的人,准备把他逮捕后杀掉。刘表出门阅兵,左慈知道了,就想让刘表看看自己的道术,他就大摇大摆地来见刘表。他拜见刘表说:"我有薄礼一份,想来招待大家。"刘表说:"你是个单身的道人,我的兵马众多,你怎么能喂饱他们?"左慈又说了一遍,刘表就让人去看看,见他带来一斗酒,还有用盘子盛着的一条肉干,但是十个人都拿不动。左慈就自己出来拿,用刀削肉干放在地上,让一百个人拿着酒和肉干,送给士兵们。每个士兵得到三杯酒,一片肉干,肉干吃起来和普通的肉干味道一样。一共有一万多人,都分到了,但是容器里的酒还是那么多,肉干也没有吃完。坐席上又有宾客一千多人,都喝得酩酊大醉。刘表大吃一惊,于是就不再有杀害左慈的想法了。

数日,乃委表去,入东吴①,有徐堕者②,有道术,居丹徒③,慈过之。堕门下有宾客,车牛六七乘,欺慈云,徐公不在。慈知客欺之,便去。客即见牛在杨树杪行④,适上树,即不见,下即复见行树上。又车毂皆生荆棘⑤,长一尺,斫之不断⑥,推之不动。客大惧,即报徐公:"有一老翁,眇目,吾见其不急之人,因欺之云公不在。去后须臾,牛皆如此,不知何等意。"公曰:"咄咄⑦,此是左公过我,汝曹那得欺之⑧!急追可及。"诸客分布逐之,及慈,罗布叩头谢之,慈意解,即遣还去。及至,车牛等各复如故。

慈见吴主孙讨逆⑨,复欲杀之。后出游,请慈俱行,使慈行于马前，欲自后刺杀之。慈在马前，著木履⑩，挂一竹杖，徐徐而行，讨逆著鞭策马，操兵逐之，终不能及。讨逆知其有术，乃止。

后慈以意告葛仙公⑪，言当入霍山合九转丹⑫，遂乃仙去。

【注释】

①东吴：三国时孙权在东南部建立的割据政权，国号为"吴"，史学界称之为孙吴。因与曹魏、蜀汉呈鼎立之势，所统治地区居于三国之东，故亦称东吴。

②徐堕（duò）：三国时方士，具体事迹不详。

③丹徒：在今江苏镇江市辖区，三国时曾为县。

④杪（miǎo）：树枝的细梢。

⑤车毂（gǔ）：车轮。荆棘：泛指丛生于山野间的带棘小灌木。

⑥斫（zhuó）：用刀、斧等砍。

⑦咄咄（duō）：感慨声，表示感慨、责备或惊诧。

⑧汝曹：你们。

⑨孙讨逆：即孙策，孙权的哥哥，曾被曹操表为讨逆将军，故得名。

⑩履（lǚ）：鞋。

⑪葛仙公：即葛玄。详见《葛玄》篇。

⑫霍山：秦汉时，天柱山也称"霍山"，此处应指天柱山。九转丹：一种炼制的丹药，《抱朴子·内篇·金丹》中记载："九转之丹者，封涂之于土釜中，糠火，先文后武，其一转至九转，迟速各有日数多少，以此知之耳。其转数少，其药力不足，故服之用日多，得仙迟也。其转数多，药力盛，故服之用日少，而得仙速也。"

【译文】

过了几天，左慈向刘表告辞走了，去了东吴，找一个叫徐堕的人，他也有道术，住在丹徒，左慈路过拜访他。徐堕家里来了客人，客人们有六七辆牛车，他们欺骗左慈说，徐堕不在家。左慈知道客人们在骗他，就走了。客人们看到自己的牛在杨树的枝条上行走，他们上树时，却找不到牛，从树上下来时又看到牛在树上行走。另外牛车的车轮都长了刺，有一尺长，砍不断，车也推不动。客人们很害怕，就报告给了徐堕，说："有一个老头，一只眼睛瞎了，我们看他不像是有急事的人，就骗他说您不在。但他走了没多久，牛就成那样了，不知道是什么意思。"徐堕说："哎呀，这是左慈过来找我，你们这些人怎么能骗他！赶快追他看看还能不能追到。"几个客人分头去追，追到左慈后，一起磕头道歉，左慈就原谅了他们，把他们打发回去。等他们回来时，车和牛都恢复了原来的样子。

左慈去见吴主孙策，孙策也想要杀他。一天出去游玩，他请左慈陪他一起，他让左慈在马前走，想在后面刺杀他。左慈走在马前，穿着木鞋，手里拿着一根竹竿，慢慢地走着，孙策拿着鞭子赶着马，带着士兵追赶他，却怎么也追不上。孙策知道他有道术，就不再追了。

后来左慈把他的想法告诉了葛玄，说自己应该去霍山配制九转丹，于是就这样成仙走了。

壶公

【题解】

关于壶公的故事，南朝宋范晔《后汉书·费长房传》中也有记载，内容与本篇基本一致，可能是从本篇改编而来。

壶公身份本不明，后世有多种说法，如北宋张君房《云笈七签·二十四治·云台山治》中提到他为孔子弟子施存，南宋陈葆光《三洞群仙录》卷十则进一步说他号浮胡先生，曾以黄卢子（见《黄卢子》篇）为师，而北宋李昉等《太平御览》卷六六二则引《三洞珠囊》说他叫谢元，是历阳（今安徽和县）人，而他的老师则是戴公柏，但《三洞群仙录》卷四中，则又说谢元一号壶公，是孔子三千弟子之一。以上都是指的费长房的师父壶公，这些说法若不是讹传，就是后人的增演。

壶公不但有道术，也会治病，后世"悬壶济世"的典故即来源于此。本篇主要叙述费长房接受壶公考验，学到他的道术，并降妖除怪的故事。道教中，对于有心学道之人往往要加以多重考察，前《张道陵》篇中"七试赵升"，《李八百》篇中屡试唐公房，皆属于此。道书《紫阳真人内传》中引周君的话说："诸应得仙道，皆先百过小试之。皆过，仙人所保举者，乃敕三官，乞除罪名，下太山，除死籍，度名仙府。仙府乃十二大试，太极真人下临之。上过为上仙，中过为地仙，下过百日尸解。都不过者，不失尸解也。尸解，土（地）下主者耳，不得称仙也。"此篇中，费长房未能通过壶公的最后一试，故此也未能成天仙。

本篇未说费长房最终结局，在《后汉书·费长房传》中，则交代了费长房的结局，说他"后失其符，为众鬼所杀"。

　　壶公者，不知其姓名也，今世所有召军符、召鬼神治病玉斧符①，凡二十余卷，皆出自公，故总名壶公符。

　　时汝南有费长房者②，为市掾③。忽见公从远方来，入市卖药，人莫识之。卖药口不二价，治病皆愈，语买人曰，服此药，必吐某物，某日当愈，事无不效。其钱日收数万，便施与市中贫乏饥冻者，唯留三五十。常悬一空壶于屋上，日入之后，公跳入壶中，人莫能见，唯长房楼上见之，知非常人也。

【注释】

①今世所有召军符、召鬼神治病玉斧符：东晋葛洪《抱朴子·内篇·遐览》中提到"其次有诸符……壶公符二十卷……军火召治

符、玉斧符十卷,此皆大符也。"此处召军符可能为"军火召治符"。玉斧符,原为"玉府符",据汉魏本改。

②汝南:今河南驻马店下辖县,位于河南驻马店东部,古属豫州,西汉时设有汝南郡。

③市掾(yuàn):管理集市的官员。掾,原为佐助的意思,后为副官佐或官署属员的通称。

【译文】

壶公,没人知道他的姓名,现在流传的召军符、召鬼神为人治病的玉斧符,共有二十卷,都出自他,所以都被称作壶公符。

当时汝南有个叫费长房的人,是管理集市的小官吏。有一天忽然看到壶公从远方来,在市场里卖药,别人都不认识他。壶公卖药不接受还价,但给人治病都能好,他经常对买药的人说,吃了这个药,一定会吐出某个东西来,到某一天就好了,事情都按他说的一一应验。他一天卖药收入好几万钱,把钱都送给市里那些贫困而挨饿受冻的人,自己只留三五十。他常常在人屋檐下悬挂一个空壶,太阳落山后,他就跳进壶里,别人都看不见,只有费长房在楼上看见了,就知道他不是一般人。

长房乃日日自扫公座前地,及供馔物①,公受而不辞。如此积久,长房尤不懈②,亦不敢有所求。公知长房笃信③,谓房曰:"至暮无人时,更来。"长房如其言,即往。公语房曰:"见我跳入壶中时,卿便可效我跳,自当得入。"长房依言,果不觉已入。

入后不复是壶,唯见仙宫世界:楼观重门阁道④,宫左右侍者数十人。公语房曰:"我仙人也,昔处天曹⑤,以公事不勤见责,因谪人间耳⑥。卿可教,故得见我。"长房下座顿首曰⑦:"肉人无知积罪,却厚幸,谬见哀悯⑧,犹入剖棺布气⑨,

生枯起朽，但恐臭秽顽弊⑩，不任驱使。若见哀怜，百生之厚幸也。"公曰："审尔大佳，勿语人也。"

【注释】

①馔（zhuàn）：饮食，吃喝。

②懈（xiè）：放松。

③笃（dǔ）：忠实，一心一意。

④阁道：古代架木于花园中用以行车的通道，此处指连接房子之间的通道。

⑤天曹：道家所称天上的官署。

⑥谪（zhé）：封建时代特指官吏降职，调往边地。

⑦顿首：叩头下拜。

⑧谬（miù）：错误的，不合情理的。哀悯（mǐn）：哀怜。

⑨布气：类似于气功的外气疗法，《云笈七签·诸家气法·布气诀》中有幻真先生服内元气诀法"布气诀"云："凡欲布气与人疗病，先须依前人五脏所患之处，取方面之炁，布入前人身中。令病者面其方，息心静虑，始与布炁。布炁讫，便令咽气，鬼贼自逃，邪气自绝。"据《抱朴子·内篇》记载，此方法在汉魏时期流传于民间方士、道士中。

⑩秽（huì）：肮脏。

【译文】

费长房就天天给壶公打扫座位前的地面，还供给他吃喝的东西，壶公也不拒绝，都接受了。这样过了很长一段时间，长房还是坚持这么做，也不敢对壶公提什么要求。壶公知道长房对自己忠实不疑，就对他说："你到傍晚没人的时候，再过来。"长房按他所说，到时来了。壶公对长房说："你看我跳到壶里时，你也学我跳，自然就能进去。"长房按他的话做，果然不觉就进来了。

进去后就不是在壶里了,只看到仙宫里才有的世界:高楼房屋一个门接着一个门,阁道一条连着一条,宫殿前左右各站立几十个侍者。壶公对长房说:"我是仙人,以前在天宫做官,因为处理公事不勤快而被责罚,所以才被贬下人间。你是个可教授的人,所以才能见到我。"费长房赶紧离座磕头说:"我是个无知有罪的肉眼凡胎,却十分幸运,蒙您错爱,您就像打开棺材给我布气,让就要枯朽的我再次活了过来,只怕我又臭又脏,愚笨不开窍,接受不了您的教导。要是能得到您的哀怜,实在是我这辈子最大的幸运啊。"壶公对他说:"我看你很不错,这件事不要告诉别人。"

公后诣长房于楼上曰①:"我有少酒,相就饮之。"酒在楼下,长房使人取之,不能举盎②,至数十人,莫能得上,乃白公,公乃下,以一指提上,与房共饮。酒器如拳许大,饮之,至暮不竭。告长房曰:"我某日当去,卿能去乎?"房曰:"欲去之心,不可复言,欲使亲眷不觉知去,当有何计?"公曰:"易耳。"乃取一青竹杖与房,戒之曰:"卿以竹归家,便可称病,以此竹杖置卿所卧处,默然便来。"房如公言。去后,家人见房已死,尸在床,乃哭泣葬之。

房诣公,恍惚不知何所。公乃留房于群虎中,虎磨牙张口,欲噬房③,房不惧。明日,又内于石室中,头上有一方石,广数丈,以茅绹悬之④,又诸蛇来啮绳,绳即欲断,而长房自若。公至,抚之曰:"子可教矣。"

又令长房啖屎兼蛆⑤,长寸许,异常臭恶。房难之,公乃叹谢,遣之曰:"子不得仙道也,赐子为地上主者,可得寿数百岁。"为传封符一卷,付之曰:"带此可主诸鬼神,常称使

者,可以治病消灾。"房忧不得到家,公以一竹杖与之,曰:
"但骑此,得到家耳。"房骑竹杖辞去,忽如睡觉,已到家。家
人谓是鬼,具述前事,乃发棺视之,唯一竹杖,方信之。

【注释】

①诣(yì):到,特指到尊长那里去。
②盎(àng):古代的一种盆,腹大口小,这里指酒壶。
③噬(shì):咬,吞。
④绹(táo):绳索。
⑤啖(dàn):吃或给人吃。

【译文】

壶公后来去楼上见长房,对他说:"我有点酒,一起喝吧。"酒放在楼
下,长房让人去拿,却拿不起酒壶,几十个人一起拿,也提不起来,于是
就去告诉壶公,壶公下去,用一个手指就提上来了,就跟长房一起喝酒。
他的酒壶只有拳头大小,但一直喝着,竟然喝到晚上酒也没喝完。壶公
对长房说:"我某一天要走,你能一起走吗?"长房说:"心里早就想跟您
走了,这都不需要再说了,但是不想让家人亲属知道我离家了,能有什
么好办法吗?"壶公说:"这个容易。"于是拿了一根青竹竿给长房,嘱咐
他说:"你带着这根竹竿回家,然后就说自己生病了,把竹竿放到你睡觉
的地方,再悄悄地回来。"长房就按他所说的做了。长房离开后,家里人
看到长房已经死了,尸体躺在床上,就痛哭着把他埋葬了。

长房来见壶公,迷迷糊糊不知道在什么地方。壶公就把长房留在
一群老虎中间,那群老虎张嘴龇牙,要咬他,但长房一点儿也不害怕。
第二天,又把他带到一座石洞里,在他头顶有一块方形的大石头,长宽
有几丈,用茅草做的绳子吊着,又来了很多蛇咬那根绳子,绳子就要断
的样子,但长房却若无其事地毫不在意。壶公来看他,拍着他的肩膀

说:"你真是可造之才。"

壶公又让长房吃屎和蛆虫,那些蛆有几寸长,非常恶臭难闻。长房很为难,壶公就叹了口气没勉强他,打发他走了,并对他说:"你不能成仙得道,但可以教你做地上的主宰,能长寿到几百岁。"就传了一卷封好的符交给他说:"带着这个就可以主宰鬼神了,平常把他们召唤出来派出去,就可以治病消灾。"长房担心不能回家,壶公拿一根竹竿给他,对他说:"只要骑着这个,就能到家。"长房就骑上竹竿告辞走了,忽然他像睡着了似的,醒来已经到家了。家里人都说他是鬼,他就把之前发生的事详细讲了一遍,于是家人把棺材打开验看,只看到一根竹竿在里面,这才相信他说的话。

　　房所骑竹杖,弃葛陂中①,视之,乃青龙耳。

　　初去至归,谓一日,推问家人,已一年矣。房乃行符收鬼,治病无不愈者。每与人同坐共语,常呵责嗔怒②,问其故,曰:"嗔鬼耳。"

　　时汝南有鬼怪,岁辄数来郡中③。来时,从骑如太守,入府打鼓,周行内外,尔乃还去,甚以为患。房因诣府厅事,正值此鬼来到府门前。府君驰入,独留房。鬼知之,不敢前。房大叫呼曰:"便捉前鬼来。"乃下车伏庭前叩头乞曰:"改过。"房呵之曰:"汝死老鬼,不念温良,无故导从,唐突官府,自知合死否? 急复真形。"鬼须臾成大鳖,如车轮,头长丈余,房又令复人形。房以一札符付之,令送与葛陂君④。鬼叩头流涕,持札去。使人追视之,乃见符札立陂边⑤,鬼以头绕树而死。

　　房后到东海,东海大旱三年,谓请雨者曰:"东海神君⑥,

前来淫葛陂夫人⑦，吾系之辞状，不测脱然忘之，遂致久旱。吾今当赦之，令其行雨，即便有大雨。"

房有神术，能缩地脉千里，存在目前宛然，放之，复舒如旧也。

【注释】

①葛陂(bēi)：即龙竹。属于禾本科竹亚科牡竹属，该属约有三十种以上，均为乔木状竹类，一般高二三十米。

②嗔(chēn)：怒，生气。

③辄(zhé)：总是，就。

④葛陂君：今河南新蔡县北，有地名葛陂，葛陂君可能为当地的一位神仙或地方神。

⑤陂：此处指水边，水岸。

⑥东海神君：主管东海的神，《云笈七签·老子中经·第十五神仙》云：东方苍帝，东海君也。

⑦葛陂夫人：指前文葛陂君的夫人。

【译文】

费长房把骑过的竹竿，丢到竹林中，丢完一看，却是一条青龙。

他从离家到回来，觉得是一天的时间，但是问家里人，说是已经过了一年了。费长房就用符来捉拿妖怪，也给人治病，治一个好一个。他有时跟人坐在一起说话，常常会突然生气斥骂，别人问他原因，他就说："我正对鬼发怒呢。"

当时的汝南郡里有鬼怪出没，一年总要来那么几趟。那怪来的时候，跟着的骑行队伍像太守的排场一样，到郡府内还要敲打锣鼓，大摇大摆地到府里走一趟，然后才回去，郡人都觉得是个祸害。费长房就去郡府的大堂，正好碰到这个妖怪来到府门前。府君吓得躲到后屋，只剩下长房在那里。妖怪知道了，就不敢近前。费长房大声叫喊道："把前面那个鬼给我抓来。"那个妖怪就下车趴在院子门口，磕头求饶说："我一定改过。"长房呵斥他说："你个老死鬼，不存心良善，无缘无故带这么多随从来，冒犯官府，你自己知道是死罪吗？还不赶快现出原形。"那妖怪一会儿工夫就变成了一只大鳖，圆滚滚像个车轮一样，头有一丈多长，长房又让他变回人的样子。长房拿一沓符给他，命令他去送给葛陂君。那个妖怪磕头流泪，拿着符走了。长房让人跟在它后面，就看见那些符被挂在河岸边，妖怪的头吊在树上死了。

费长房后来去东海，当时东海遭遇了三年大旱，他对求雨的人说："东海神君，之前要来和葛陂夫人行淫事，我录了他的口供后就把他关了起来，没想到不经意就把这事给忘了，所以才导致大旱这么久。我现在就放了他，命令他下雨，就会有大雨了。"

费长房还有神奇的道术，他能让几千里的山脉收缩起来，这样几千里外的山峰就呈现在眼前，看得清清楚楚，他再把山峰放回去，山脉就舒展成原来的样子。

蓟子训[①]

【题解】

蓟子训的故事，东晋干宝《搜神记》也有记载，但过于简略，南朝宋范晔《后汉书·蓟子训传》，文字与之类似，但多了一些故事情节。

《汉武帝外传》中也有蓟子训的故事，内容文字都与本篇类同，但《汉武帝外传》中说他是齐国临淄（今山东淄博）人，和李少君（汉武帝时方士，见《李少君》篇）是同乡，在晚年拜李少君为师学医术和道术，这是本篇里没有提的。另外《汉武帝外传》还有多处提及蓟子训，在《鲁女生》传中（见《鲁女生》篇）提到鲁女生曾传他《五岳真形图》，并由他再传封君达，又说尹轨（见《尹轨》篇）曾传他灵飞术，而他的弟子则有王真、刘京。

蓟子训者，齐人也②，少尝仕州郡，举孝廉③，除郎中④。又从军除驸马都尉⑤，人莫知其有道。

在乡里时，唯行信让，与人从事，如此三百余年，颜色不老，人怪之。好事者，追随之，不见其所常服药物也。性好清澹⑥，常闲居读《易》⑦。少小作文，皆有意义。

见比屋抱婴儿，子训求抱之，失手，堕地，儿即死。邻家素尊敬子训，不敢有悲哀之色，乃埋瘗之⑧。后二十余日，子训枉问之曰："复思儿否？"邻曰："小儿相命，应不合成人，死已积日，不能复思也。"子训因出外抱儿还其家，其家谓是死，不敢受。子训曰："但取之，无苦，是本汝儿也。"儿识其母，见而欣笑，欲母取抱之，犹疑不信。子训既去，夫妇共往视所埋儿，棺中唯有一泥儿，长六七寸，此儿遂得长成。

【注释】

①蓟(jì)：原为一种植物，本处为姓氏。

②齐：地域范围大约在今山东北部及河北西南部，是周代姜子牙的封地。详见《老子》篇注。

③举孝廉：汉代的一种举荐人才的制度。详见《王远》篇注。

④除郎中：担任郎中一职。郎中，帝王侍从官的通称。详见《王远》篇注。

⑤驸马都尉：掌管车马骑乘的官职。详见《巫炎》篇注。

⑥澹(dàn)：恬静、安然的样子。

⑦《易》：即《易经》，也称《周易》，相传由伏羲画八卦，文王作卦辞，周公著爻辞，孔子撰《易传》而成。周朝之前主要为占卜所用，后经孔子整理并注解（今学者有异议）而成为儒家经典，位列六经之首。因该书被儒道两家共同推崇，因而对古代中国的哲学、思

想、文化和社会产生了广泛而深远的影响。

⑧瘗（yì）：掩埋，埋葬。

【译文】

蓟子训是齐地人，他年轻时曾在州郡做过官，后被举荐为孝廉，授予郎中。后来又参军做了驸马都尉，别人都不知道他有道术。

蓟子训在家乡的时候，与人共事，都很诚实守信，谦让有礼，这样过了三百多年，容貌也没有变老，人们都感到奇怪。有好奇的人，就追随他左右，也没看见他平常吃什么药。他清心寡欲，有空时常在家读《周易》。他青少年时写的文章，往往都很有意义。

一次蓟子训看到邻居正抱着婴儿，也要求抱一下，没想到一不小心失手了，婴儿掉到了地上，摔死了。邻居一向很尊敬子训，不敢流露出悲伤的表情，就把婴儿埋葬了。后来过了二十多天，子训平静的去问邻居说："还在想念孩子吗？"邻居说："我儿命中注定，不能够长大成人，已经死了好几天了，不再想念了。"子训就出去抱来婴儿还给他家，他家说是个死孩子，不敢要。子训说："你抱去，不要再痛苦了，就是你原来的孩子。"婴儿认得母亲，看到了母亲后就欢笑起来，想要母亲来抱他，但是他母亲还是不敢相信。子训走了后，邻居夫妇两个一起去看埋孩子的地方，看到棺材里只有一个泥巴做的婴儿，有六七寸长，那个孩子后来就长大成人了。

诸老人须发毕白者，子训但与之对坐共语，宿昔之中，明旦皆黑矣。京师贵人闻之，莫不虚心渴见，无缘致之。

有年少，与子训邻居，为太学生①。诸贵人作计，共呼太学生，谓之曰："子勤苦读书，欲规富贵，但召得子训来，使汝可不劳而得矣。"生许诺，便归，事子训洒扫，供侍左右。数百日，子训知意，谓生曰："卿非学道，焉能如此？"生尚讳之②。子训曰："汝何不以实对？妄为虚饰。吾已具知卿意，诸贵人欲见我，我岂以一行之劳，而使卿不获荣位乎？汝可还京，吾某日当往。"生甚喜，辞至京，与贵人具说某日子训当到。

至期未发，生父母来诣子训，子训曰："汝恐吾忘，使汝儿失信不仕邪？吾今食后即发。"半日乃行二千里。既至，生急往拜迎，子训尚问谁欲见我。生曰："欲见先生者甚多，不敢枉屈，但知先生所至，当自来也。"子训曰："吾千里不倦，岂惜寸步乎？欲见者语之，令各绝宾客，吾明日当各诣宅。"生如言，告诸贵人，各自绝客洒扫。至时，子训果来，凡二十三家，各有一子训。诸朝士各谓子训先到其家，明朝至朝，各问子训何时到宅，二十三人所见皆同时，所服饰颜貌，无异，唯所言话，随主人意答，乃不同也。

【注释】

①太学生：古代国立大学的学生。见《张道陵》篇"太学"注。

②讳（huì）：避忌，有顾忌不敢说或不愿说。

【译文】

有老人鬓发全都白了，子训只是跟他们坐在一起说说话，过了一夜，到第二天早晨那些老人的头发就全都变黑了。京师里的那些达官贵人们听说了，都一心渴望能见到他，只是没有机会。

有个年轻人，跟蓟子训家是邻居，是个太学生。那些达官贵人们合计了一下，把他叫了过去，对他说："你这么辛苦读书，也不过是想要富贵，你现在只要能把蓟子训请来，我们就能让你不劳而获。"这个书生一口就答应了下来，马上就回去了，他每天去给子训家做洒水扫地的事，在他身边服侍他。这样过了几百天，子训知道了他的心意，就对他说："你要不是想学道，怎么能做到这样呢？"书生还想隐瞒。子训说："你为什么不说实话？还想说谎掩饰。我已经知道了你的心思，那些贵人们想见我，我怎么能不走一趟而让你失去做官发达的机会？你可以回京城了，我某一天一定会去的。"书生十分高兴，就告辞回到京城，跟达官贵人们说蓟子训某一天一定会到来。

到那一天，子训还没动身，书生的父母就来拜见子训，子训说："你们怕我忘了，让你们的儿子失了信用而不能当官吗？我今天饭后就出发。"只用了半天，他就走了两千里路。来到京城后，书生急忙来磕头迎接，子训就问都有谁想见他。书生说："想见先生您的人太多了，不敢让您屈尊过去，只要他们知道您来了，就会自己过来找您。"子训说："我走了上千里的路都不累，还在乎多走两步路吗？你告诉那些想见我的人，让他们谢绝别的客人，我明天就一一去他们家。"书生把子训的话，告诉了各位贵人，于是那些达官贵人们都谢绝了客人，把宅院打扫干净。到了第二天约定的时间，子训果然来了，一共有二十三家，每家都有一个子训。各个朝廷大臣都说蓟子训是最先到他家的，第二天上朝，他们相互打听子训什么时候到对方家的，发现他们二十三家都是在同样的时间见到子训的，并且他穿的衣服，长的样子，都一模一样，只是说的话，随着主人的提问回答，而不一样。

京师大惊异，其神变如此。诸贵人并欲诣子训，子训谓生曰："诸贵人谓我重瞳八彩[①]，故欲见我，今见我矣，我亦无所能论道，吾去矣。"适出门，诸贵人冠盖塞路而来。生具言适去矣，东陌上乘骡者是也[②]。各走马逐之，不及，如此半日，相去常一里许，终不能及，遂各罢还。

子训至陈公家言曰[③]："吾明日中时当去。"陈公问："远近行乎?"曰:"不复更还也。"陈公以葛布单衣一,送之。至时,子训乃死,尸僵,手足交胸上,不可得伸,状如屈铁。尸作五香之芳气,达于巷陌,其气甚异。乃殡之棺中④,未得出,棺中噏然作雷霆之音⑤,光照宅宇,坐人顿伏。良久,视其棺盖,乃分裂飞于空中,棺中无人,但遗一只履而已⑥。须臾,闻陌上有人马箫鼓之声,径东而去,乃不复见。

子训去后,陌上数十里,芳香百余日不歇也。

【注释】

①重瞳(tóng)八彩:重瞳,指眼中有两个瞳仁,相传上古帝王舜和战国项羽都是重瞳,用以指舜或项羽,亦可比喻帝王。八彩,指八彩眉,有说眉毛有八种颜色,也有说指"八"字眉。典出唐欧阳询等《艺文类聚·帝王部一·帝尧陶唐氏》:"昔尧身修十尺,眉分八采。"后因以"八彩眉"指命世圣人或帝王之眉。此处指那些达官贵人认为蓟子训有圣人之相。

②陌(mò):田间东西方向的道路,泛指田间小路,也指市中的街道。

③陈公:似指蓟子训的邻居之类。

④殡(bìn):停放灵柩或把灵柩送到墓地去。

⑤噏(xī):同"歙"。收敛,吸进。

⑥履(lǚ):鞋。

【译文】

整个京师都被他这样的神通变化震惊了。那些贵人们想一起去拜见子训,子训对书生说:"那些人说我眼睛有两个瞳仁,眉毛有八种颜色,所以才想见我,现在他们都看到我了,我却没碰到能与之讲道的人,我走了。"刚出门,贵人们的车马就都来了,把道路挤得水泄不通。书生说他刚走,东边小路上骑骡子的就是。贵人们骑马来追,但都追不上,这样追了半天，离他总是有一里路的样子，最后还是没追到他，只好各自回去了。

蓟子训到陈公家对他说："我明天中午时会离去。"陈公问："去的地方远不远？"他说："再也不回来了。"陈公就把一件葛布外衣送给了他。到第二天的时候，蓟子训忽然死了，尸体变得很僵硬，手脚都缩在胸前，不能伸展开，像弯起来的铁棍一样。他的尸体发出五种芳香的气味，弥漫在整个巷子里，那香味十分特别。陈公于是把他放进棺材里，棺材还没等被抬出去，就听到里面隐隐有打雷的声音，同时一道强光照亮整个屋子，那些坐着的人一下被吓倒在地。过了很久，看到他的棺材盖四散裂开，飞到空中，棺材中也没有了人，只剩下一只鞋而已。又过了一会儿，就听到野外的路上有大队人马演奏鼓乐的声音，一路向东方走去，后来再也没人见过子训了。

子训离开后，几十里的路上，那芳香的气味过了一百多天都没有散去。

卷六

李少君

【题解】

李少君是汉武帝时方士，西汉司马迁《史记》中记载他曾经给武帝献长生不老的药方，所述故事与本篇前半部分相同，没有提及他与董仲躬及文成将军的事迹。《史记·封禅书》中说他是"故深泽侯舍人"，并说他对外隐瞒自己的年龄及出生地，只说自己七十岁了。东汉班固《汉书·郊祀志》中提到李少君，基本是引用《史记》中对他的记述。

另外《汉武帝外传》中说他字云翼，是齐国临淄（在今山东淄博）人，因修道而病困于山林，遇到安期先生（秦始皇时方士），被安期先生解救后即拜其为师，后隐姓埋名在汉武帝时再度出现，其中提到了他与董仲躬的事迹，与本篇类同。《汉武帝外传》中还提到他最后传道给蓟子训（见《蓟子训》篇）和东郭延（见《东郭延》篇）。

葛洪《抱朴子·内篇·论仙》中记有李少君事，引用的材料是西汉董仲舒所撰的《李少君家录》和《汉禁中起居注》。南朝梁陶弘景《真诰·协昌期第二》中载有"李少君口诀"。

史书中对李少君的记载，虽没作评价，但倾向于他是欺骗汉武帝的江湖术士，因汉武帝晚年好神仙之说，对追求长生不老达到痴迷的程度,所以很多方士投其所好,用神方或异事迷惑汉武帝,以求名利,李少君就属于这一类人的代表。

　　李少君者,齐人也。汉武帝招募方士,少君于安期先生得神丹炉火之方①,家贫,不能办药,谓弟子曰:"老将至矣,而财不足,虽躬耕力作②,不足以致办,今天子好道,欲往见之,求为合药,可得恣意③。"

　　乃以方上帝,云:"丹砂可成黄金④,金成,服之升仙。臣常游海上,见安期先生食枣,大如瓜。"天子甚尊敬之,赐遗无数。

　　少君尝与武安侯饮食⑤,座中有一老人,年九十余,少君问其名,乃言曾与老人祖父游,夜见小儿从其祖父,吾故识之,时一座尽惊。

　　又少君见武帝有故铜器,因识之曰:"齐桓公常陈此器于寝座⑥。"帝闻言,观其刻字,果齐之故器也,因知少君是数百岁人矣,视之,如五十许人,面色肌肤,甚有光泽,口齿如童子。

【注释】

①安期先生:即安期生,亦称安期、安其生。人称千岁翁、安丘先生。《列仙传》里说他是琅琊阜乡(今属山东青岛黄岛区)人,曾在东海边卖药。传说秦始皇东游至琅琊台时,曾与他交谈三日夜,又传说他曾师从河上丈人,是方仙道的创始人。南朝梁陶弘景《真灵位业图》中将其列在第三左位,奉为"北极真人"。《史记·田儋传》中则说他与蒯通交好,并曾为项羽谋士。

②躬（gōng）：亲自。

③恣（zì）：放纵，无拘束。

④丹砂：又叫辰砂、朱砂，是一种矿物，古人用为药，也被用于炼丹，主要成分是硫化汞。

⑤武安侯：指汉代武安侯田蚡（？—前131），长陵（今陕西咸阳）人，汉景帝皇后同母弟，武帝即位后被封为武安侯，后官至太尉和丞相。

⑥齐桓公：春秋五霸之首，前685—前643年在位，春秋时齐国第十五位国君，姜姓，吕氏，名小白。寝座：犹卧榻，床。

【译文】

李少君是齐地人。汉武帝招募方士时，李少君在安期先生那里得到了神丹的配方以及炼制的火候方法等，但是他家里贫困，买不起药炼丹，就对弟子们说："我就要老了，现在钱财不足，即使自身勤奋地耕田种地，也凑不够买药的钱，现在天子喜欢道术，我想去见他，求他给我买药，这样就能随意购买了。"

于是李少君把炼丹的方子献给了汉武帝，对他说："朱砂可以炼成黄金，黄金炼成，吃了就可以成仙。我经常去海上出游，看见安期先生吃枣，那枣比瓜还大。"武帝十分尊敬他，赐给了他无数的金钱。

李少君曾经和武安侯田蚡一起吃饭，在座有一位老人，九十多岁了，李少君问他姓名后，说曾经跟老人的祖父在一起游玩过，晚上看到一个小孩跟着他祖父，所以才认得他，当时在座的人都吃了一惊。

又有一次李少君看见汉武帝那有个旧的铜器，就认出来了，说："齐桓公经常在床头放着这个东西。"武帝听他这么说，就看看上面所刻的字，果然是以前齐国的东西，因此知道李少君至少是几百岁的人了，但是看上去，他就像五十几岁的人，皮肤和脸色，都十分有光泽，说话的声音也像少年一样。

　　王公贵人闻其能令人不死，莫不仰慕，所遗金钱山积。少君乃密作神丹，丹成，谓帝曰："陛下不能绝骄奢①，遣声色，杀伐不止，喜怒不胜，万里有不归之魂，市曹有流血之刑②，神丹大道，未可得成。"乃以少药方与帝，少君便称疾。是夜帝梦与少君俱上嵩高山③，半道，有使者，乘龙持节，云中来言："太乙请少君④。"帝遂觉，即使人问少君消息，且告近臣曰："朕昨梦，少君舍朕去。"少君乃病困，帝往视之，并使人受其方事，未竟而卒。帝曰："少君不死，故化去耳。"及敛⑤，忽失尸所在，中表衣悉不解，如蝉蜕也⑥。帝犹增叹恨，求少君不勤也。

【注释】

①陛（bì）下：古代臣下对皇帝的尊称。

②市曹：商店聚集的地方，古时多于此地处决罪犯。

③嵩高山：即嵩山。见《刘根》篇注。

④太乙：又称太一、泰一、天一等，是汉族民间尊奉的神仙，祭祀的传统节日即今天的元宵节。汉武帝时，"太一神"的祭祀活动定在正月十五。北宋陆佃注《鹖冠子·泰鸿》："泰一，天皇大帝也。"唐张铣注《文选》扬雄《甘泉赋》："太一，天神也，居于紫微宫。"

⑤敛：同"殓"。将尸体移入棺木。

⑥蝉蜕（tuì）：幼蝉在出土后所脱的外壳，一般都保持着完整的外形。

【译文】

　　王公大臣们听说李少君能让人长生不死，都十分仰慕，送给他的金钱都堆成山了。李少君于是开始秘密炼制丹药，丹药炼成，他对武帝说："陛下您不能断绝奢侈的生活,放弃歌舞美色的享乐,对外不停发动战争,情绪易激动,喜怒不能自制,万里之外的战场上有回不来的冤魂,街市之中有被刑罚杀戮的人,神丹大道,您恐怕得不到了。"于是李少君就把部分药方给武帝,然后就自称得病了。当天晚上,汉武帝梦见跟李少君一起登嵩山,半路上,有个使者,跨着龙手里拿着符节,从云中飞来说道："太乙天神让我来邀请李少君。"武帝立刻就醒了,马上就派人去打探李少君的消息,并且对身边的侍臣说："我昨晚做梦,李少君离我而去。"李少君得了重病,汉武帝去看望他,并且让人来把他的方子都接收了,但是方子还没抄完他就死了。武帝说："李少君是不会死的,他肯定是借故变化走了。"等到抬他尸首入棺的时候,忽然找不到尸体了,他里外的衣服都没有解开,像蝉脱壳走了一样。武帝更加叹息不已,悔恨之前没有向李少君多多请教。

初少君与朝议郎董仲躬相亲爱①,仲躬宿有疾,体枯气少,少君乃与其成药二剂,并其方用戊己之草后土脂黄精根②,兽沈肪先莠之根③,百卉花酿,亥月上旬④,合煎铜器中。使童子沐浴洁净⑤,调其汤火,使合成鸡子三枚为程。服尽一剂,身体便轻;服三剂,齿落更生;五剂,年寿长而不复倾。仲躬为人刚直,博学五经⑥,然不达道术,笑世人服药学道。频上书谏武帝,以为人生有命,衰老有常,非道术所能延。意虽见其有异,将为天性,非术所致。得药,竟不服,又不问其方。

少君去后数月,仲躬病甚,常闻武帝说前梦,恨惜少君。仲躬耕忆少君所留药,试服之,未半,乃身体轻壮,其病顿愈。服尽,气力如年少时,乃信有长生不死之道,解官,行求道士问其方,竟不能悉晓。

【注释】

① 朝议郎：汉代官职名，掌顾问应对，无需轮流当值、承担守卫门户
　　等工作。俸禄与中郎相同，高于侍郎、郎中。董仲躬：有说为董
　　仲舒，但与历史不合，具体无考。

② 戊（wù）己：是十天干中的第五和第六天干，在五行中表示阳土和
　　阴土，合起来代表土。后土脂：疑为"厚土脂"，《图经本草》中说：
　　"羊公服黄精法：二月、三月采根，入地八九寸为上。"黄精根：即
　　中药黄精，根部入药，又名戊己芝。北宋苏颂《图经本草》中说：
　　"隋时羊公服黄精法云：黄精是芝草之精也。"南朝梁陶弘景《名
　　医别录》中说它可补中益气，除风湿，安五脏，久服轻身延年不
　　饥。明李时珍《本草纲目》："黄精为服食要药，故《别录》列于草
　　部之首，仙家以为芝草之类，以其得坤土之精粹，故谓之黄精。"
　　《五符经》云：黄精获天地之淳精，故名为戊己芝，是此义也。

③ 兽沈肪先荠之根：本句意不明，疑为炮制法，即除去黄精根中的
　　朽坏部分。

④ 亥（hài）月：阴历十一月。

⑤ 童子：古代指十四岁以下没有性经历的男子。

⑥ 五经：儒家五部经典。见《王远》篇注。

【译文】

　　开始的时候，李少君跟朝议郎董仲躬十分交好，仲躬长期有病，身
体消瘦，没有力气，少君就给了他两剂配好的药，并对他说，用这个药和
戊己之草，就是肥厚的土里挖出的黄精根，把其中朽坏的根去掉，再加
上百花酿造的蜂蜜，在十月上旬，一起放到铜器里煎煮。再找两个童
子，先让他们洗浴干净，再去调控药汤的火候，把药熬炼成三个鸡蛋大
小的药丸就行了。这个药吃一剂，身体就会感觉轻快；吃三剂，牙齿就
会掉落并重新长出新牙；吃五剂，就会健康长寿而不会再得病。仲躬为
人刚正不阿，精通儒家经典，但是不懂道术，还经常嘲笑世人服食丹药

学道等。他曾一再上书劝谏汉武帝，认为人的生命是有限的，衰老是生命的常态，不是道术可以延长的。所以他虽然看到李少君有异术，心里却认为那是天生的，不是道术所能做到的。所以他得到这个药，竟然不服用，也不问制作方法和配方。

李少君死后好几个月，董仲躬病情加重，他经常听到汉武帝说之前做的梦，惋惜李少君走了。董仲躬想起李少君留给他的药，就试着吃了一下，还没吃完半剂，身体就感觉变轻松强壮了，病也顿时好了。等他把药吃完，就变得像少年时一样有力气了，他这才相信世上真有长生不老的道术，他辞去官职，四处向道士打听他所吃的药的药方，竟然没有一个知道的。

　　仲躬唯得发不白，形容盛甚，年八十余乃死，嘱其子道生曰："我少得少君方药，初不信，事后得力，无能解之，怀恨于黄泉矣①。汝可行求人间方术之士，解其方意，长服此药，必度世也②。"

　　时有文成将军③，亦得少君术事武帝，帝后遣使诛之。文成谓使者曰："为吾谢帝，不能忍少日而败大事乎？帝好自爱，后三十年，求我于成山④，方共事，不相怨也。"使者还，具言之，帝令发其棺，视之无所见，唯有竹筒一枚。帝疑其弟子窃其尸而藏之，乃收捕检问其迹，帝乃大悔。

　　诛文成后，复征诸方士，更于甘泉祀太乙⑤，又别设一座祀文成，帝亲执礼焉。

【注释】

　　①黄泉：古人指人死后居住的地方，阴间的代称。因打泉井至深时水呈黄色，又人死后埋于地下，故古人以地极深处黄泉地带为人

死后居住的地下世界。

②度世：成仙的意思。

③文成将军：汉代将军名号。文成，即李少翁，西汉方士，齐人。他以召神劾鬼术受汉武帝宠信，曾为武帝招王夫人神，拜为文成将军，后术败被诛。

④成山：即成山山脉，特指成山头，位于山东威海荣成成山镇。成山头又称成山角，又名"天尽头"，自古就被誉为"太阳启升的地方"，有"中国的好望角"之称。秦始皇称这里是"天之尽头"，《史记》载秦始皇、汉武帝都曾驾临成山头拜日。

⑤甘泉：即甘泉宫，在今陕西淳化西北甘泉山。本秦林光宫，后经汉武帝增筑扩建而成，武帝常在此避暑，接见诸侯王、郡国官员及外国客人等。

【译文】

董仲躬只是获得了头发不白，身体十分强盛的功效，他活到八十多岁才去世，死时嘱咐他的儿子道生说："我年轻时得到李少君的方药，一开始不相信，后来获得它的功效，却已经没有能力去解开这个药方的秘密了，这是我死了也很遗憾的事。你一定要去寻访世间懂方术的人，把这个方子弄明白，要是能一直吃这个药，必定能度世成仙啊。"

当时有个文成将军，也学到了李少君的道术而侍奉着汉武帝，武帝后来派人把他杀了。文成对来人说："代我向皇上禀报一下，就不能再忍两天吗？这样会败坏成仙的大事，请皇上一定要好自善待自己，再过三十年，让他来成山找我，到时再一起共事，我不会埋怨他的。"来人回去后，把事情经过向武帝说了一遍，武帝命令把文成的棺材打开，却什么也没看到，只有一根竹筒。武帝怀疑他的弟子们把他的尸体偷走藏了起来，就逮捕他的弟子们询问尸体的下落，但什么也没问出来，武帝十分后悔。

汉武帝杀了文成后，又四处征集方士，并在甘泉宫祭祀太乙神，同时在另一处宫殿祭祀文成,祭祀时武帝亲自行礼。

孔元方

【题解】

孔元方的事迹主要见于此篇,从内容看,他应该是与左慈同时代的人,即三国时人。他修行的方法主要是辟谷术,此篇同时揭示了当时的修道之人对传授道术的谨慎态度。

孔元方,许昌人也①,常服松脂、茯苓、松实等药②,老而益少,容如四十许人。

郄元节、左元放③,皆为亲友,俱弃五经④,当世之人事,专修道术。

元方仁慈,恶衣蔬食,饮酒不过一升,年有七十余岁。道家或请元方会同饮酒,次至元方,元方作一令⑤。以杖挂地,乃手把杖倒竖,头在下,足向上,以一手持杯倒酒饮,人莫能为也。

元方有妻子,不畜余财,颇种五谷⑥。时失火,诸人并来救之出屋下,衣粮床几,元方都不救,唯箕踞篱下视火⑦。其妻促使元方助收物,元方笑曰:"何用惜此!"

【注释】

①许昌:今河南许昌。

②松脂、茯苓、松实:古人认为长期服用它们有延年益寿的功效。
　松脂、茯苓,见《皇初平》篇注。松实,即松子。

③郤（xì）元节：应为方士，具体事迹不详。郤，古同"郄"，姓。左元放：即左慈。见《左慈》篇。

④五经：儒家的五部经典《诗》《书》《易》《礼》《春秋》。见《王远》篇注。

⑤令：指酒令，是酒席上的一种助兴游戏，一般是指定席间一人为令官，余者听令轮流说诗词、联语或其他类似游戏，违令者或负者罚饮，所以又称"行令饮酒"。

⑥五谷：古代有多种不同说法，最主要的有两种：一种指稻、黍、稷、麦、菽；另一种指麻、黍、稷、麦、菽。分别是古代汉族的主要农作物，这里指代庄稼。

⑦箕踞（jī jù）：两脚张开，两膝微曲地坐着，形状像箕。本指一种轻慢傲视对方的姿态。

【译文】

孔元方是河南许昌人，他经常服用松脂、茯苓、松子等药物，到老年时反而变得越来越年轻，相貌像四十多岁的人。

郤元节、左慈，都是他的朋友，他们都一起放弃了攻读五经和当时的世俗生活，专门去修行道术。

孔元方生性善良仁慈，穿着破烂的衣服，吃的是素食，喝酒也不超过一升，年龄已经七十多了。有道士邀请元方一起喝酒，传酒到元方时，元方就行了一个酒令。他把拐杖戳在地上，用手抓住拐杖上头，把自己倒立了起来，头朝下，脚朝上，用另一只手拿着酒杯倒酒喝，别人都做不到。

孔元方有妻子儿女，但是他不积蓄多余的钱财，只是家里种了不少庄稼。一次他家发生火灾，大家把他从屋子里救了出来，但家里的衣服、粮食、床、桌子，元方都不去抢救，只蹲坐在篱笆边看着大火燃烧。他的妻子催促他去帮忙抢救财物，元方笑着说："这些有什么可惜的！"

　　又凿水边岸,作一窟室①,方广丈余。元方入其中,断谷②,或一月两月,乃复还家,人亦不得往来窟前。

　　有一柏树,生道后棘草间③,委曲隐蔽,弟子有急欲诣元方窟室者④,皆莫能知。后东方有一少年,姓冯名遇,好道,伺候元方⑤,便寻窟室,得见。曰:"人皆来,不能见我,汝得见,似可教也。"乃以素书二卷授之⑥,曰:"此道之要言也,四十年得传一人,世无其人,不得以年限足故妄授,若四十年无所授者,即八十年而有二人可授者,即顿接二人。可授不授,为闭天道;不可授而授,为泄天道,皆殃及子孙。我已得所传,吾其去矣。"乃委妻子,入西岳⑦,后五十余年,暂还乡里,时人尚有识之者。

【注释】

①窟(kū)室:在地下挖的地下室。

②断谷:即辟谷术,又称绝谷。

③棘(jí)草:茎或叶上多刺的草。

④诣(yì):到,特指到尊长那里去。

⑤伺(cì)候:在人身边照料生活,服侍。

⑥素书:这里指道书。

⑦西岳:即华山,在陕西华阴南,又称太华山。

【译文】

　　孔元方在河岸边挖了一个地下室,长宽都有一丈多。他进入其中断谷不食,有时一个月,有时两个月才回家一趟,别人都找不到他地下室的入口。

　　入口处有一棵柏树,生长在道路深处长满刺的草丛里,那条路弯弯曲曲的十分隐蔽,他的弟子有急事想来地下室找他,都不知道在什么地方。后来从东方来了一个少年，姓冯名遇，喜欢道术，想要服侍元方，就来寻找地下室，最终得以和他见面。元方说："人们都来找过我，却都没能见到我，你能见到，应该是个可教授的人。"于是就传授给他两卷道书，对他说："这个是学道的要诀，四十年内要传给下一个人，世上要是没有可以传道的人，也不得因为年限到了就随便传授，要是四十年内都碰不到可以传授的人，就等到八十年内可以传给两个人，就是同时教授两个人。可以传授却不传，是把天道关闭了；不能传授却传了，就是泄露天机，都会让后世子孙遭殃的。我已经找到我的传人，我可以走了。"于是向妻子儿女告别，去西岳华山，后来又过了五十多年，临时回了赵家，当时还有人能认出他来。

王烈

【题解】

王烈为西晋时隐士，其得石髓的传说在葛洪时代就比较流行，故被其记录。《水经》卷四〇"浙江水"云"太行山在河内野王县西北"，郦道元注曰："王烈得石髓处也。"郦道元是北魏时人，约晚葛洪近二百年，可见这个传说在东晋之后也一直流传。唐房玄龄等《晋书·嵇康传》中，曾提到王烈，说王烈得石髓，"即自服半，余半与康"，又说王烈在石洞中见素书的故事，内容与本篇类同，但文字极简略。

王烈者，字长休，邯郸人也①。常服黄精及铅②，年三百三十八岁，犹有少容，登山历险，行步如飞。

少时本太学书生③，学无不览，常与人谈论五经百家之言④，无不该博。中散大夫谯国嵇叔夜⑤，甚敬爱之，数数就学，共入山游戏采药。后烈独之太行山中⑥，忽闻山东崩地，殷殷如雷声⑦。烈不知何等，往视之，乃见山破石裂数百丈，两畔皆是青石⑧，石中有一穴口，径阔尺许，中有青泥流出，如髓。烈取泥试丸之，须臾成石，如投热蜡之状，随手坚凝，气如粳米饭⑨，嚼之亦然。烈合数丸，如桃大，用携少许归。

【注释】

①邯郸：为河北省辖市，位于河北南端，是国家历史文化名城，战国时期，邯郸作为赵国都城达一百五十八年之久，是我国北方的政治、经济、文化中心。

②黄精：一种中药，古人认为久服可轻身延年。见《李少君》篇注。铅：古人炼外丹时用之作药，此处应该是指用铅炼制的丹药。

③太学：古时的国立大学，后改为国子监。

④五经：儒家的五部经典《诗》《书》《易》《礼》《春秋》。见《王远》篇注。

⑤中散大夫谯（qiáo）国稽（jī）叔夜：即魏晋时嵇康，字叔夜，谯国铚县（今安徽濉溪）人，三国曹魏时著名思想家、音乐家、文学家。正始末年与阮籍等竹林名士共倡玄学新风，为"竹林七贤"的精神领袖。嵇康为曹魏宗室的女婿，娶曹操曾孙女长乐亭主为妻，官至曹魏中散大夫，后被司马昭处死，年仅三十九岁。中散大夫，官名，简称中散。王莽时置，或称东汉光武置，掌论议政事，历代沿置。

⑥太行（háng）山：又名五行山、王母山、女娲山，是中国东部地区的重要山脉和地理分界线。位于山西与华北平原之间，纵跨北京、河北、山西、河南，山脉北起北京西山，向南延伸至河南与山西交界地区的王屋山，西接山西高原，东临华北平原，呈东北至西南走向，绵延四百余公里。

⑦殷殷:形容雷声。

⑧畔(pàn):边。

⑨粳(jīng)米饭:粳米做的饭。粳米是稻的一种,所做的饭黏性比较强。

【译文】

王烈,字长林,河北邯郸人。他经常服用黄精和铅,年纪有三百三十八岁了,看起来却像年轻人,他还能冒险爬山,走起路来快步如飞。

王烈年轻时本来是个太学书生,读书时什么书都看,经常跟别人谈论儒家五经和诸子百家的学术,知识广博,无不涵盖。中散大夫谯国嵇康,对他十分敬爱,屡次向他请教,还一起去山里游玩采药。后来有一次,王烈一个人去太行山,忽然听到山的东边有大地崩裂的声音,轰隆隆的像打雷一样。王烈不知道发生了什么事,去看时,见到山石破裂,两边分开几百丈远,分开的两边都是青色的石头,中间有一个洞口,直径有一尺多长,从里面流出青色的泥巴,像骨髓一样。王烈拿一点泥巴试着搓成丸子,一会儿工夫这些丸子就变成了石头,像甩出的热蜡一样,出手后就凝固变硬了,闻起来味道像粳米饭,嚼起来也像。王烈做了几个丸子,有桃子那么大,就带了几个回来。

乃与叔夜曰:"吾得异物。"叔夜甚喜。取而视之,已成青石,击之琤琤如铜声①。叔夜即与烈往视之,断山已复如故。

烈入河东抱犊山中②,见一石室,室中有石架,架上有素书两卷③。烈取读,莫识其文字,不敢取去,却著架上,暗书得数十字形体,以示康,康尽识其字,烈喜,乃与康共往读之。至其道径,了了分明,比及,又失其石室所在。烈私语弟子曰:"叔夜未合得道故也。"

　　又按《神仙经》云④:"神山五百年辄开⑤,其中石髓出,得而服之,寿与天相毕。"烈前得者,必是也。

　　河东闻喜人⑥,多累世奉事烈者。晋永宁年中⑦,出洛下⑧,游诸处。与人共戏斗射,烈挽二石弓⑨,射百步,十发矢,九破的。一年,复去,又张子道者,年九十余,拜烈,烈平坐受之,座人怪之。子道曰:"我年八九岁时,见颜色与今无异,吾今老矣,烈犹有少容。"后莫知所之。

【注释】

①瑝瑝:音意不明,疑为"㻬(huī)"字,形容硬物和金属撞击摩擦的声音。

②抱犊(dú)山:又名萆山,位于河北石家庄西十六公里处的获鹿县城西。

③素书:此处指道书。

④《神仙经》:今《道藏》中有《上清太极真人神仙经》,约为南北朝时作品,其中没有所引之句。此处的《神仙经》应为其他某部讲神仙的道书。

⑤辄(zhé):总是,就。

⑥河东:在古代指山西西南部。闻喜:在今山西运城,古称桐乡,秦时更名为左邑县,汉武帝刘彻在此欣闻平南越大捷而赐名"闻喜"。

⑦永宁:西晋晋惠帝司马衷的第五个年号(301—302)。

⑧洛下:指洛阳城,位于河南西部、黄河中游。

⑨二石弓:指拉力相当于两石的弓。石,既是容量单位,又是重量单位。作为重量单位,汉代至魏晋年间,一石约相当于现在的六十公斤。

【译文】

王烈对嵇康说："我得到了奇异的东西。"嵇康听了十分高兴。王烈拿出来看时，那些丸子已经变成了青石头，敲击它们会发出像敲击铜器一样的声音。嵇康就和王烈再次去山那里看，断裂的山却已经恢复了原来的样子。

王烈去抱犊山，看见一个石洞，洞里有石头做的架子，架子上有两卷道书。王烈拿起来看，一个字也不认识，也不敢拿走，就放回架子上，暗自抄下来几十个字，拿去给嵇康看，嵇康都认得这些字，王烈十分高兴，就带嵇康一起去看那些书。他们回到原来的那条路，走得一直很通畅，等走到山边，又找不到石洞了。王烈私下对弟子们说："嵇康注定不能得道，所以才找不到。"

按《神仙经》的说法："神山每过五百年就会裂开，其中有石髓流出，能得到并服用，寿命就会与天地一样长久。"王烈之前所得到的，一定就是石髓了。

河东闻喜县的人，很多家几辈子侍奉王烈。晋永宁年间，王烈离开洛阳，四处游历。王烈跟别人一起玩耍比赛射箭，他拉开二石重的弓，隔百步远射箭，射了十次，有九次把箭靶都射穿了。一年后，再去那地方时，有个叫张子道的，年纪已经九十多了，给王烈下拜，王烈平坐着受他跪拜，在座的人都很奇怪。张子道说："我八九岁的时候，看王烈相貌跟现在没什么差异，我现在老了，王烈还是像年轻人一样。"后来就不知道王烈去了哪里。

焦先

【题解】

焦先的事迹，较早见于西晋皇甫谧的《高士传》，但文字很简略，西晋陈寿《三国志·魏书·管宁传》注引《高士传》焦先的内容与本篇文字基本相同。《管宁传》注另引《魏略》所述焦先事迹较详细,与本篇差异较大,其中说他是隐士,在魏国攻打吴国时曾创作一诗歌,事后被人作为正确预测到战事结果的隐喻,从而获得隐士的声名,并说他最后在八十九岁时病死。从《魏略》所述内容看,焦先实为汉末一落魄士人。

文渊阁《四库全书》本《神仙传》中《焦先》篇文字内容基本从《魏略》中来,与本篇差异较大。

焦先者,字孝然,河东人也①。年一百七十岁,常食白石②,以分与人,熟者如芋③,食之。

日日入山,伐薪以施人④。先自村头一家起,周而复始。负薪以置人门外,人见之,铺席与坐,为设食。先便坐,亦不与人语。负薪来,如不见人,便私置于门间,便去,连年如此。

及魏受禅⑤,居河之湄⑥,结草为庵⑦,独止其中,不设床席,以草褥衬坐。其身垢污浊如泥潦⑧,或数日一食,行不由径⑨,不与女人交游。衣敝⑩,则卖薪以买故衣著之,冬夏单衣。

【注释】

①河东:古代指山西西南部,位于秦晋大峡谷中黄河段乾坤湾,壶口瀑布及禹门口(古龙门)至鹳雀楼以东的地区,是华夏文明的摇篮。黄河由北向南流经山西省的西南境,因在黄河以东,故这块地方古称河东。《尚书》载"尧都平阳(今山西临汾)",有"唐尧故地"之称。周朝时晋国的都城也在这一地区,秦汉时指河东郡地,在今山西运城、临汾一带,唐代以后泛指山西。

②白石:阳起石别名,也作羊起石、五精金羊。为硅酸盐类矿物角

闪石族透闪石。道家炼外丹时的一种原料，也是一味矿物药，中医认为其性温咸，有温肾壮阳的功效，用来治疗阳痿、遗精、早泄等症状。

③芋（yù）：俗称芋奶、芋艿、芋头。多年生草本植物，地下有肉质的球茎，含淀粉很多，可供食用，亦可药用。

④薪（xīn）：柴草，柴禾。

⑤及魏受禅：指曹丕篡汉的历史事件。220年，曹操逝世，其长子曹丕继任丞相、魏王，其后曹丕的亲信华歆率领文武百官联名上书，劝汉献帝把帝位让给魏王曹丕。为了保住性命，汉献帝不得不几次下诏书，表示愿意禅让，曹丕在几次假意推辞后，同年十月，登坛受禅称帝，立国号为大魏，史称曹魏，改元黄初，改雒阳为"洛阳"，定都于此，曹丕为魏文帝，尊曹操为太祖武皇帝。220年十一月一日，曹丕封业已退位的献帝为山阳公，至此，历十二帝，历时一百九十余年的东汉正式结束。

⑥湄（méi）：河岸，水与草交接的地方。

⑦庵（ān）：圆形草屋，文人的书斋亦多称"庵"。

⑧潦（lǎo）：路上的流水，积水。

⑨行不由径：走路不抄小道。比喻为人正直，行动正大光明。

⑩敝（bì）：破旧，破败。

【译文】

焦先，字孝然，是河东人。他一百七十岁时，经常食用阳起石，并且还分给别人吃，有的阳起石煮熟后味道就像芋头，他就吃这个。

他天天进山打柴，然后分送给各家。先从村头第一家开始送起，再一家接一家周而复始。他经常背着柴禾放到人家门口，人们看到了，就铺上席子给他坐，给他弄些吃的。他就先坐下，也不跟人说话。要是背着柴禾来，见不到人，就放到人家门前，然后离开，年年都这样。

在魏国曹丕接受汉献帝禅让的那一年，他到河边水草丰盛的地方，用草盖了间小屋，一个人住在里面，也没有床，就坐草褥子上。他身上像是从泥水里捞出来的一样脏，有时几天吃一顿，走路从不走小路，也从来不跟女性交往。衣服破了，就卖柴换钱买件旧衣服穿上，不管冬天夏天都只穿着单衣。

太守董经①，因往视之，又不肯语，经益以为贤。

被遭野火，烧其庵，人往视之，见先危坐庵下②，不动。火过庵烬③，先方徐徐而起，衣物悉不焦灼④。又更作庵，天忽大雪，人屋多坏，先庵倒。人往，不见所在，恐已冻死，乃共拆庵求之。见先熟卧于雪下，颜色赫然⑤，气息休休如盛暑醉卧之状。

人知其异，多欲从学道，先曰："我无道也。"或忽老忽少，如此二百余岁。后与人别去，不知所适，所请者，竟不得一言也。

【注释】

①太守：战国至秦时郡守的尊称，汉景帝更名为太守，为一郡的最高行政长官。董经：《三国志·魏书·管宁传》注引《魏略》称其为"议郎河东董经"。西晋皇甫谧《高士传》则称其为"安定太守"，其事迹已不可考。

②危坐：古人以两膝着地，耸起上身为"危坐"，即正身而跪，表示严肃恭敬。

③烬（jìn）：物体燃烧后剩下的东西。

④灼（zhuó）：烧，炙。

⑤赫（hè）然：此处指脸色光彩闪耀的样子。

【译文】

太守董经，去探望他，但他却不肯与之交谈，董经更加认为他是个贤人。

焦先的草屋被野火烧了，别人去看他，见他在屋里直身跪坐不动。等到火烧完，草屋被烧成灰烬，他才慢慢起身，衣服什么的都没有被烧到。他又盖了一间草屋，有天忽然下大雪，别人家的房子大多被大雪压坏了，他的小屋也被压倒了。人们去看他，没见到人，都担心他是不是被冻死了，就一起动手把小屋拆开，寻找他。众人拆除屋子后发现焦先正躺在大雪下面熟睡，脸上红扑扑的，呼呼喘气像大夏天喝醉了酒睡着了一样。

人们知道他有异术，很多人想跟他学道术，焦先却说："我没有道术。"他有时很衰老有时又很年轻，这样活到二百多岁。后来他跟人们告辞走了，也不知道去了哪里，那些跟他求教的人，最终也没得到他一句教导。

孙登

【题解】

孙登是魏晋时的隐士，南朝宋刘义庆《世说新语·文学》中说谢万作《八贤论》，将孙登与屈原、贾谊及嵇康等并列为四隐四显的八贤。《世说新语》中同时也记载了孙登和嵇康交游的故事，情节比本篇略详。

除本篇外，唐房玄龄等《晋书》卷九十四中有其传，内容与本篇有异。《晋书》中说他字公和，是汲郡共（今河南卫辉西南共山）人。曾在宜阳山居住，晋文帝司马昭曾派阮籍去拜访他，嵇康则追随他三年，后作《幽愤诗》说："昔惭柳下，今愧孙登。"而《晋书·阮籍传》中则说阮籍在苏门山遇孙登，并与他商讨"栖神导气之术"，登未应，阮籍归而作《大人先生传》。《晋书·杨骏传》也载有杨骏和孙登之间的交涉，情节与本篇类似。

孙登者，不知何许人也。恒止山间，穴地而坐，弹琴读《易》①，冬夏单衣。天大寒，人视之，辄被发自覆身②，发长丈余。又雅容非常，历世见之，颜色如故。市中乞得钱物，转与贫下，更无余资，亦不见食。

时杨骏为太傅③，使传迎之，问讯，不答。骏遗以一布袍，亦受之，出门，就人借刀断袍，上下异处，置于骏门下，又复斫碎之④，时人谓为狂，后乃知骏当诛斩，故为其象也。

【注释】

①易：指《周易》。见《老子》篇注。

②辄（zhé）：总是，就。

③杨骏：字文长，弘农华阴（今陕西华阴）人，西晋政治家。初为高陆县令，累迁至车骑将军，封临晋侯。因女为晋武帝司马炎的皇后，受晋武帝宠信，与弟杨珧、杨济势倾天下，时称三杨。290年，晋武帝病重，杨骏将其软禁在含章殿，身边侍卫皆换为自己心腹。晋武帝本欲以杨骏同汝南王司马亮共同辅政，然而杨骏平素忌惮司马亮，便趁晋武帝昏厥之时与武悼皇后篡改诏书，自封为太尉、太子太傅、都督中外诸军事、侍中、录尚书事，并督促司马亮往许昌上任。后大权独揽，执政严酷且刚愎自用，不纳良言，遍树亲党，疏远宗室。291年，在贾后政变时，被人杀死在马厩里，三族也被诛灭，株连而死的共有数千人。太傅：官职名，三公之一，为帝王的辅佐大臣与皇帝的老师，太傅作为辅弼官，帝王年幼或缺位时他们可以代为管理国家，掌管礼法的制定和颁行。

④斫（zhuó）：斧刃。引申为用刀、斧等砍。

【译文】

孙登，不知道他是哪里人。他一直在山里住，挖了一个地洞，坐在里面弹琴,读《易经》,冬天和夏天都穿着单衣。天气寒冷的时候,有人去探望他,看见他把头发放下来盖在身上,他的头发有一丈多长。他看起来优雅不俗,不像普通人,好几代都有人见过他,容貌一直都是那样子。他在街市中乞讨,得到钱物,转手就给了穷人,身上没有多余的财产,也没见过他吃喝东西。

当时的太傅杨骏,让人邀请他过去,问他话,他却不回答。杨骏送给他一件布袍,他接受了,然后出门,借来别人的刀把袍子割断,上下分开,放在杨骏的门前,又把袍子砍得稀烂,人们说他发狂了,后来才知道杨骏要被诛杀,所以他才做出这些暗示杨骏结局的行为。

骏录之,不放去,登乃卒死,骏给棺埋之于振桥①。后数日,有人见登在董马坡②,因寄书与洛下故人③。

稽叔夜有迈世之志④,曾诣登⑤,登不与语。叔夜乃扣难之,而登弹琴自若。久之,叔夜退,登曰:"少年才优而识寡,劣于保身,其能免乎。"俄而叔夜竟陷大辟⑥。

叔夜善弹琴,于是登弹一弦之琴,以成音曲,叔夜乃叹息绝思也。

【注释】

①振桥:地名,具体不可考。

②董马坡:地名,具体不可考。

③洛下:指洛阳,当时是西晋的都城。

④稽(jī)叔夜:即嵇康。见《王烈》篇注。

⑤诣(yì):到,特指到尊长那里去。

⑥大辟(bì):古代五刑之一,初谓五刑中的死刑,俗称砍头,隋后泛指一切死刑。

【译文】

　　杨骏要留孙登做官，不放他走，孙登就突然死了，杨骏叫人用棺材把他埋在振桥。过了几天后，却有人在董马坡看见孙登，孙登还托那人带了封信给洛阳的老朋友。

　　嵇康志向高远，去拜见孙登，孙登却不和他说话。嵇康就发问想为难他，孙登却弹着琴镇定自若。过了好久，嵇康离去，孙登说："这个年轻人学问高而见识少，不善于保全自己的生命，恐怕不能免于一死了。"不久嵇康就被砍头了。

　　嵇康善于弹琴，于是孙登用一根弦的琴给他弹奏曲子，嵇康听了叹息不已，从此断绝了弹琴的念头。

吕恭

【题解】

　　关于吕恭的故事主要见于《神仙传》，从本篇来看，他是通过服食成仙的，葛洪记述其事迹，是为了证明服食成仙的可能性。南朝梁陶弘景《真诰》中记载有"吕恭口诀"。

　　吕恭，字文敬，少好服食①，将一奴一婢②，于太行山中采药③。

　　忽见三人在谷中，问恭曰："子好长生乎？乃勤苦难险如是耶？"恭曰："实好长生，而不遇良方，故采服此药，冀有微益耳④。"一人曰："我姓吕，字文起。"次一人曰："我姓孙，字文阳。"次一人曰："我姓王，字文上。"

　　"三人皆太清太和府仙人也⑤，时来采药，当以成新学者。公既与我同姓，又字得吾半支，此是公命当应长生也，若能随我采药，语公不死之方。"恭即拜曰："有幸得遇仙人，但恐暗塞多罪，不足教授耳。若见采收，是更生之愿也。"即随仙人去。

【注释】

①服食：指修道人士服用草木、矿物药物等以求长生，也作"服饵"。见《伯山甫》篇注。

②婢(bì)：供役使的女子。

③太行山：位于山西与华北平原之间。见《王烈》篇注。

④冀(jì)：希望。

⑤太清太和府：道教中指仙界的官署，北宋张君房《云笈七签·存思·太一帝君太丹隐书》中说："九天九宫，中有九神。是谓天皇九魂，变成九气，化为九神，各治一宫，故曰九宫。太清中有太素、太和。"太清，此处指天宫。

【译文】

吕恭，字文敬，他年轻时喜欢服食各类药物，后来带着一个男仆和一个婢女去太行山中采药。

他忽然看见山谷中有三个人，那三个人问他："你想要长生不死吗？怎么这么勤劳辛苦不怕危险来采药呢？"吕恭说："我确实希望能长生，但是没有遇到好的药方，所以只能采这些药服用，希望能有一些效果。"其中一个人自我介绍说："我姓吕，字文起。"另一个人说："我姓孙，字文阳。"又一个人说："我姓王，字文上。"

吕文起说："我们三个都是太清之中太和府的仙人，偶尔过来采药，我们会帮助你这个新学道的人。你既然跟我同姓，字又与我的半个相同，这是你命里定要长生，要是能跟随我采药，我就告诉你长生不死的药方。"吕恭就下拜说："非常有幸能遇到各位仙人，只怕我愚昧不开窍，又罪孽深重，不能够被你们教导。要是能被你们收留，就是让我重获新生啊。"于是就跟着仙人们走了。

二日，乃授恭秘方一首，因遣恭去曰："可视乡里。"恭即拜辞。三人语恭曰："公来二日，人间已二百年矣。"

恭归家，但见空宅，子孙无复一人也。乃见乡里数世后人赵辅者，问吕恭家人，皆何所在。辅曰："君从何来？乃问此久远人也。吾昔闻先人说云，昔有吕恭者，持奴婢入太行山采药，遂不复还，以为虎狼所食，已二百余年矣。恭有数世子孙吕习者，居在城东十数里，作道士，民多奉事之，推求易得耳。"

恭承辅言，到习家，扣门问讯。奴出问："公从何来？"恭曰："此是我家，我昔随仙人去，至今二百余年。"习闻之，惊喜，跣出拜曰①："仙人来归！"悲喜不能自胜，恭因以神方授习而去。

习已年八十，服之即还少壮，至二百岁，乃入山中，子孙世世不复老死。

【注释】

①跣(xiǎn)：光着脚，不穿鞋袜。

【译文】

第二天，仙人就传授给吕恭一首秘方，并打发他离开，对他说："你可以回家乡看看了。"吕恭就磕头告辞。那三人对吕恭说："你虽然来了两天，人世间却已经过了二百年了。"

吕恭回到家，只看到自己的房子里空空荡荡的，一个子孙都看不到。他见到家乡里有个几代之后的人赵辅，就问他吕恭的家人现在都在哪里。赵辅问："您从哪里来啊？怎么问这么久的人。我以前听先人们说，以前有个叫吕恭的，带着仆人婢女去太行山采药，再也没回来，都以为他被虎狼等野兽吃掉了，已经过了二百多年了。吕恭有个好几代的孙子吕习，住在城东十几里远的地方，是个道士，很多老百姓都去供奉他，您去打听一下很容易就能找到。"

吕恭按照赵辅的话，到吕习家，敲门询问。吕习家的仆人出来问道："您从哪里来？"吕恭说："这是我家，我以前跟着仙人走了，到今天已经二百多年了。"吕习听说后，惊喜万分，赤着脚就跑了出来，连忙磕头说："仙人回来了啊！"高兴得难以自已，吕恭就把神方传授给了吕习，然后又离去了。

吕习当时已经八十岁了，吃了药后马上就变得年轻强壮，到他二百岁的时候，就到山里去了，他的子孙后代不再有衰老死亡的。

沈建

【题解】

沈建的故事主要见于《神仙传》，本篇主要讲述他通过辟谷而成仙的经历，同时也介绍了辟谷的一种形式，即通过服药让人甚至动物也能产生辟谷的能力。

从春秋战国时期一直到葛洪的时代，辟谷术都是希求成仙的方士们非常热衷的一个方法，葛洪曾做过统计，当时辟谷的方法就有近百种，有辟谷而服矿石药的，有辟谷而服草木药的，还有"或作美食极饱，乃服药以养所食之物，令不消化，可辟三年。欲还食谷，当以葵子猪膏下之，则所作美食皆下，不坏如故也"（东晋葛洪《抱朴子·内篇·杂应》）。他说："余数见断谷人三年、二年者多，皆身轻色好，堪风、寒、暑、湿，大都无肥者耳。"并举例说："有冯生者，但单吞炁，断谷已三年，观其步陟登山，担一斛许重，终日不倦，又时时引弓。而略不言语，言语又不肯大声。问之云，断谷亡精费气，最大忌也。"

本篇虽然记述沈建通过辟谷成仙，但葛洪本人其实并不认可辟谷的成仙功效，他说道书里所说的"欲得长生，肠中当清；欲得不死，肠中无滓"并不可靠，说："此乃行气者一家之偏说耳，不可便孤用也"（《抱朴子·内篇·杂应》），这是他在观察当时大量案例的基础上，得出的比较符合实际的结论。

沈建，丹阳人也①。世为长吏②，建独好道，不肯仕宦③。学道引、服食之术④，还年却老之法。又能治病，病无轻重，治之即愈，奉事之者数百家。

建尝欲远行，寄一婢、三奴、驴一头、羊十口⑤，各与药一丸，语主人曰："但累屋，不烦饮食也。"便去。主人大怪之，曰："此客所寄十五口，不留寸资，当若之何？"

建去后，主人饮奴婢，奴婢闻食气，皆逆吐不用。以草饲驴羊，驴羊避去不食，或欲抵触人，主人大惊愕⑤。百余日，奴婢体貌光泽，胜食之时，驴羊皆肥如饲。

建去三年乃还，各以药一丸与奴婢、驴、羊，乃饮食如故。

建遂断谷不食⑥，轻举飞行，或去或还，如此三百余年，乃绝迹，不知所之也。

【注释】

①丹阳：在江苏南部，汉代曾置丹阳郡，今有丹阳市。

②长吏：指地位较高的县级官吏或地位较高的官员，东汉班固《汉

书·百官公卿表》记载："秩四百石至二百石,是为长吏。"

③仕宦(huàn):做官。

④道引:即导引,是古代的仿生养生操,练习时要求神、气、形三者相配合。见《彭祖》篇注。服食:即服饵。

⑤婢(bì):被役使的女子。

⑤惊愕(è):非常吃惊。

⑥断谷不食:即辟谷,是道家的炼养方法,一般是指断除谷类食物,同时服用一些药物,并配合进行一些导引服气的训练。也有完全不进任何饮食的辟谷,是修行人练习行气法后,身体自发进入断谷不食的状态,即中医所谓的"气满不思食"。

【译文】

沈建是丹阳郡人。他家世代都在县里做官,只有他喜欢道术,不肯做官。他学了导引术、服食法,还有些使人恢复年轻、长生不老的方法。他还能治病,不管病轻还是病重,只要经过他的治疗,都能好,因此有好几百家供奉他。

沈建想去远游,就把一个婢女、三个仆人、一头驴、十头羊寄放到一户人家,并给了他们各自一粒药丸服下,他对那家主人说:"只需要您家的房子安顿一下他们,不需要您去给他们供应饮食。"然后就走了。那家主人万分奇怪,说:"这个客人存放了十五口人畜,却没留下一分钱,这可怎么办?"

沈建走了之后,那家主人就给奴婢们送去吃喝的东西,但奴婢们一闻到饭菜的味道,就马上反胃呕吐不想吃。他又给驴和羊喂草,但那些驴和羊都走开了,一口草都不吃,甚至还要顶撞人。那家主人非常吃惊。一百多天后,奴婢们的身体和肌肤的光泽,都比之前吃饭的时候还要好,驴和羊也都肥壮得像一直被喂养着一样。

沈建出去三年后回来了,他给奴婢和驴、羊各一个药丸服下,他们就恢复了正常的饮食。

　　沈建开始断谷不吃东西,他能让身体变轻飞升到空中,他经常离家又回来,这样过了三百多年,就没了踪迹,也不知道他去了哪里。

董奉

【题解】

　　董奉是三国时期的名医,被称为建安三神医之一(另两位分别为张仲景和华佗),将医界称为"杏林"的典故即出自董奉。葛洪《抱朴子·内篇·仙药》中记有:"董君异尝以玉醴与盲人服之,目旬日而愈。"

　　民间关于他的传说比较多,但史书记载较少。关于他救治太守士燮的故事,《三国志·吴书·士燮传》中裴松之注引了《神仙传》的内容。关于董奉离开士燮,地方志的一些说法和本篇略有不同,大意是士燮阴谋反叛朝廷,担心董奉泄漏他的秘密,所以想加害董奉,董奉就假装死亡,逃了出去。地方志还说董奉逝世于吴天纪四年(280)。

　　因董奉医术精湛,而且医德高尚,故后世对其多有纪念。今庐山上建有董奉馆;在福建长乐有一座山被称为董奉山;在福州的茶亭街河上村有一座明代的救生堂,亦为纪念董奉而建。福建长乐古槐镇龙田村与雁堂村交界处被认为是董奉的老家,今建有纪念他的祠堂。

　　董奉者,字君异,侯官人也①。

　　吴先主时②,有少年为奉本县长,见奉年四十余,不知其道。罢官去后,五十余年,复为他职,行经侯官,诸故吏人皆老,而奉颜貌一如往日,问言:"君得道邪? 吾昔见君如此,吾今已皓首而君转少③,何也?"奉曰:"偶然耳。"

　　又士燮为交州刺史④,得毒病死,死已三日,奉时在彼,乃往与药三丸,内在口中,以水灌之,使人捧举其头,摇而消之，须臾，曳手足似动⑤，颜色渐还，半日，乃能起坐，后四日，乃能语。云死时奄忽如梦⑥，见有十数乌衣人，来收燮，上车去，入大赤门，径以付狱中。狱各一户，户才容一人，以燮内一户中，乃以土从外封塞之，不复见外光。忽闻户外人言云："太乙遣使来召杜燮⑦。"又闻除其户土，良久引出，见有车马，赤盖，三人共坐车上，一人持节，呼燮上车，将还，至门而觉，燮遂活。

　　因起谢曰："甚蒙大恩，何以报效？"乃为奉起楼于庭中。

【注释】

①侯官：古县名。侯，本作"候"，清以后通作"侯"。治所在今福建福州。

②吴先主：指三国时吴主孙权。

③皓（hào）首：白头，指老年。

④士燮（xiè）：即三国时期割据交州一带的军阀士燮，原文"杜"为"士"之误。士燮，字威彦，苍梧广信（今广西梧州）人，曾任交趾太守，后被朝廷加职绥南中郎将，迁安远将军，封龙度亭侯。后期归附孙权，被孙权加为左将军，又因诱降益州豪族雍闿而迁任卫将军，进封龙编侯。他任交趾太守四十年，九十岁时去世，其家族是当时实力雄厚的地方势力，士燮及其三个兄弟共领四郡，占岭南疆土过半。在岭南及越南历史上士燮威望极高，后越南陈朝追赠士燮善感嘉应灵武大王。苍梧京南今存"汉士威彦先生故里"，而京南镇的桂江边又有士燮碑及大人庙。交州：古地名。东汉时期，交州包括今越南北部和中部、中国广西和广东。东汉时治所在番禺（今广东广州）。三国时期，吴国分交州为广州和交州，交州辖境减小，包括今越南北部和中部、广东雷州半

岛和广西南部,治所在龙编(今越南北宁)。刺史:官职名,汉初,文帝以御史多失职,命丞相另派人员出刺各地,不常置。汉武帝元封五年(前106)始置。刺史巡行郡县,分全国为十三部(州),各部置刺史一人,后通称刺史。刺史制度在西汉中后期得到进一步发展,对维护皇权、澄清吏治,促使昭宣中兴局面的形成起了积极作用。孝成帝时期刺史改称州牧,职权进一步扩大,由监察官变为地方军事行政长官。

⑤曳(yè):拉,牵引。

⑥奄(yǎn)忽:指很突然,疾速。

⑦太乙:又称太一、泰一等,汉族民间信仰和道教尊奉的神仙之一,其说法不一,汉代时因汉武帝的祭祀,其地位较高。战国楚屈原《楚辞·九歌·东皇太一篇》王逸注称:"太一星名,天之尊神,祠在楚东,以配东帝,故曰东皇。"西汉司马迁《史记·封禅书》载:天神贵者太一。南朝梁陶弘景《真灵位业图》中列有太一玉君,称其居玉清仙境,号令群真。隋末唐初李播《天文大象赋》注中说:"太一一星,次天之南,天帝之臣也,主使十六龙,知风雨、水旱、兵革、饥馑、疾疫。"

【译文】

董奉,字君异,是福建侯官人。

在孙权主政吴国的时候,有个少年做了侯官县的县令,他看董奉大概四十几岁的样子,还不知道他是有道术的人。等到他离任,离开了侯官县,又过了五十多年,他做了别的官,路过侯官,他看当年的那些官员同事都老了,只有董奉容貌还是跟以前一样,就问他:"您得道了吗?我以前见您这样子,我现在头发已经白了,但您却反而变年轻了,为什么呢?"董奉说:"只是个偶然的现象罢了。"

士燮做交州刺史时,中毒生病死了,已经死了三天,董奉当时在交州,就去了他家,往他嘴里放进三个药丸,并灌了些水,让人捧着士燮的头,不停摇晃让药消化,过了一会儿,拉拉他的手脚似乎动了一下,脸色也开始渐渐恢复,半天后,士燮就能起身坐起来了,又过了四天,就能开口说话了。他说死后忽然像做梦一样,看见十几个穿着黑衣服的人过来抓住他,送到一辆车子上去,然后进入一个大红门,把他直接交付到监狱里。那个监狱是一个个的屋子隔开的,每个屋子只能容纳一个人,他就被关进一个屋子里,然后有人用土从外面把门封了起来,就再也见不到外面的光亮了。突然听到外面有人说:"太乙天神派遣使者来召唤士燮。"又听到门口的土被除去的声音,过了好久他被领了出来,看见一辆红色盖头的马车,还有三个人一起坐在车上,其中一个人拿着符节,喊士燮上车,他就被带了回来,快到家门口时他醒了过来,于是就活过来了。

士燮起身感谢董奉说:"蒙受您的救命之恩,我用什么报答您呢?"于是就在院子里给董奉盖了座楼。

奉不食他物,唯啖脯枣①,饮少酒。燮一日三度设之,奉每来饮食,或如飞鸟,腾空来坐,食了飞去,人每不觉。如是一年余,辞燮去。燮涕泣,留之不住。燮问:"欲何所之? 莫要大船否?"奉曰:"不要船,唯要一棺器耳。"燮即为具之。至明日日中时,奉死,燮以其棺殡埋之。

七日后,有人从容昌来②,奉见嘱云:"为谢燮,好自爱理。"燮闻之,乃启殡发棺视之③,唯存一帛④,一面画作人形,一面丹书作符。

后还豫章庐山下居⑤。有一人,中疠疾垂死⑥,载以诣奉,叩头求哀。奉使病人坐一房中,以五重布巾盖之,使勿动。病者云:"初闻一物来舐身⑦,痛不可忍,无处不匝量⑧,此舌广一尺许,气息如牛,不知何物也。"良久物去,奉乃往池中，以水浴之，遣去，告云："不久当愈，勿当风。"十数日，病者身赤无皮，甚痛，得水浴，痛即止。二十日，皮生即愈，身如凝脂。

【注释】

①啖（dàn）脯枣：吃枣脯。啖，吃。脯枣，用枣制作的果脯。脯，肉干或水果蜜渍后晾干的成品，此处指后者。

②容昌：地不可考，或为"南昌"之误。

③殡（bìn）：停放的灵柩。

④帛（bó）：丝织品的总称。

⑤豫章：汉代有豫章郡，约在今江西省。见《栾巴》篇注。庐山：位于江西九江。

⑥疠（lài）疾：即癞病，又称疠风，俗称为大麻风、麻风病，是由麻风杆菌引起的一种慢性传染病，主要病变在皮肤和周围神经。临床表现为麻木性皮肤损害，神经粗大，严重者甚至肢端残废。疠，古同"癞"。

⑦舐（shì）：用舌头舔。

⑧匝（zā）：环绕，满。

【译文】

董奉不吃别的东西，只吃大枣做的果脯，喝一点点酒。士燮一天给他送三次吃的，董奉每次来吃东西，像飞鸟一样，从空中飞来落座，吃完又飞走，别人常常觉察不到。这样过了一年多，他向杜燮告辞要离去。士燮一听就哭了，一再挽留但是不成功。士燮问："您想要去哪里呢？要不要给您准备个大船？"董奉说："不要船，只要一副棺材。"杜燮就给他准备好。到第二天中午时分，董奉忽然死了，士燮就用那个准备好的棺材把他埋了。

七天后，有人从荣昌那里来，董奉嘱托他："替我感谢士燮，让他好好照顾自己。"士燮听说后，就把董奉的棺材打开看，发现棺材里只剩下一张帛画，一面画着人的样子，另一面是用红色的笔画的符。

董奉后来到豫章郡庐山脚下居住。有一个人，得了麻风病就要死了，被家人用车拉来拜见董奉，家人磕头求董奉可怜他，救他一命。董奉让病人坐在一间屋子里，用五层布盖在他身上，叫病人别动。病人说："一开始我听到一个东西来舔我的身体，我疼得受不了，全身都被它舔了一遍，那个舌头有一尺多宽，呼气像牛一样，不知道是个什么东西。"过了好久那个东西走了，董奉就到水池里，打来水给他洗浴，然后打发他走了，临走时对他说："过一阵病就好了，注意不要受风。"过了十几天，病人全身发红，皮肤都没有了，十分疼痛，但只要用水洗一下，就不疼了。到二十天时，皮肤长了出来，病也好了，身体肌肤也变得像凝固的油脂一样细腻光滑。

后忽大旱，县令丁士彦议曰："闻董君有道，当能致雨。"乃自赍酒脯见奉，陈大旱之意。奉曰："雨易得耳。"因视屋曰："贫道屋皆见天①，恐雨至，何堪？"令解其意，曰："先生但致雨，当为立架好屋。"明日，士彦自将人吏百余辈，运竹木起屋，立成。方聚土作泥，拟数里取水。奉曰："不须尔，暮当大雨。"乃止。至暮，即大雨，高下皆平，万民大悦。

【注释】

①贫道：一种谦称，就是"本道士"的意思。

【译文】

后来当地大旱，县令丁士彦跟众人商议说："听说董奉有道术，应该能让天下雨。"就自己准备了酒和肉，去见董奉，跟他说了旱灾的情况并表达了请他求雨的意思。董奉说："下雨容易。"然后看了看屋子说："贫道的房子破败，从屋子里都能看到天空，怕雨来了，它怎么经受得住？"县令明白了他的意思，就说："先生您只管让老天下雨，我马上就给您盖一间好房子。"第二天，丁士彦亲自带着县衙的官吏一百多人，运来毛竹和木头建房子，一会儿就建成了。刚准备要聚土和泥，打算去几里外的地方去取水。董奉说："不需要了，傍晚就会下大雨。"于是就没去。到傍晚时分，果然下了大雨，下得地上汪洋一片，老百姓们都高兴万分。

奉居山不种田，日为人治病，亦不取钱。重病愈者，使栽杏五株，轻者一株，如此数年，计得十万余株，郁然成林①。乃使山中百禽群兽②，游戏其下，卒不生草，常如芸治也③。

后杏子大熟，于林中作一草仓，示时人曰：欲买杏者，不须报奉，但将谷一器，置仓中，即自往取一器杏去。常有人置谷来少而取杏去多者，林中群虎出，吼逐之，大怖，急挈杏走④，路旁倾覆，至家量杏，一如谷多少。

或有人偷杏者，虎逐之到家，啮至死⑤。家人知其偷杏，乃送还奉，叩头谢过，乃却使活。

奉每年货杏得谷，旋以赈救贫乏⑥，供给行旅不逮者，岁二万余斛⑦。

【注释】

①郁（yù）然：树木丛生的样子。

②百禽群兽：原为"苩禽群兽"，据汉魏本改。

③芸（yún）：古同"耘"。除草。

④挈（qiè）：用手提着。

⑤啮（niè）：咬。

⑥赈（zhèn）：救济。

⑦斛（hú）：中国旧量器名，亦是容量单位，唐朝之前，斛为民间对石的俗称，1 斛＝1 石，1 石＝10 斗＝120 斤。宋后改为 1 斛＝5 斗。

【译文】

董奉住在山里但是不种田，他每天给人看病，也不收钱。那些得重病被治好的人，他就让病人去栽五棵杏树，得小病被治好的就让他栽一棵杏树，这样过了几年，就有了十几万棵树了，成了一片茂密的树林。于是山里的飞禽走兽，都来树林中游玩歇息，树林里也不长草，就像一直有人给除草一样。

等到杏子熟透，董奉就在树林里用草搭了一个仓库，他对众人说：想买杏子的，不需要告诉我，只要拿个容器盛稻谷来，放到仓库里，就可以自己去摘一容器的杏子带走。经常有人放的稻谷少但取的杏子多，这时树林里就会有一群老虎出现，吼叫着追赶那人，那人就十分害怕，拿着杏子拔腿就跑，一路上杏子撒一地，到家再量有多少杏子时，发现正好跟送去的稻谷一样多。

有时有人偷杏子，老虎会追赶那人一直到他家，直到把他咬死。那家人知道他偷了杏子，就把杏子送还给董奉，并磕头道歉，于是董奉就又让那人活了过来。

董奉每年用杏子换稻谷，然后拿去救济穷人，或者给那些因为长途旅行而没带够粮食的人，一年最多时能送出去二万斛稻谷。

县令有女，为精邪所魅①，医疗不效，乃投奉治之。"若得女愈，当以侍巾栉"②。奉然之。即召得一白鼍③，长数丈，陆行诣病者门，奉使侍者斩之，女病即愈。奉遂纳女为妻，久无儿息。奉每出行，妻不能独住，乃乞一女养之。年十余岁，奉一日竦身入云中去④，妻与女犹存其宅，卖杏取给，有欺之者,虎还逐之。

奉在人间三百余年乃去,颜状如三十时人也。

【注释】

①魅(mèi):指厌魅,原为巫术的一种,一般是通过对人偶施以诅咒,然后埋在受害人附近的地方,以达到伤害或毁灭受害人的目的。这里指人被妖精鬼怪附体,从而失去正常行为和思考能力的一种现象。

②侍巾栉(zhì):指伺候梳洗。引申为当妻室。巾栉,毛巾和梳篦。泛指盥洗用具。

③鼍(tuó):爬行动物,吻短,体长二米多,背部、尾部均有鳞甲。穴居江河岸边,皮可以蒙鼓。亦称扬子鳄、鼍龙、猪婆龙。

④竦(sǒng):通"耸"。伸长脖子,提起脚跟站着。

【译文】

县令有个女儿,被妖怪纠缠侵害,一直找医生治疗却无疗效,就找董奉来给她治疗。县令说:"要是小女的病能好,就让她做你的妻子服侍你吧。"董奉答应了。于是他就作法召来了一只白鳄鱼,有几丈长,从陆地上爬过来拜在病人家门口,董奉让侍者去斩杀了它,县令女儿的病就好了。董奉就娶了这个女子为妻,但是过了多年都没有孩子。董奉每次出行,留妻子一个人在家太孤单,就领养了一个女儿。等到女儿有十几岁时,董奉有一天竦身飞到云里去了,妻子与女儿还在那屋里住,以卖杏为生,如果有欺负她们的人,老虎就会来赶跑他。

董奉在人间待了三百多年才离去,他离开的时候,容貌像个三十岁左右的人。

卷七

太玄女

【题解】

太玄女的故事主要记载于《神仙传》，因为相关资料不多，其详情已不可考，唐《女仙传》和北宋李昉等《太平广记》都曾引《神仙传》中的相关内容。

本篇主要叙述太玄女因被相士告知命短，故立志求道延年，而得种种变化之术并最终成仙的故事。

太玄女，姓颛①，名和。少丧父，或相其母子，皆曰不寿，恻然以为忧。

常曰："人之处世，一失不可复生，况闻寿限之促，非修道不可以延生也。"遂行访明师，洗心求道，得王子之术②。行之累年，遂能入水不濡③，盛雪寒时，单衣水上而颜色不变，身体温暖，可至积日。又能徙官府、宫殿、城市、屋宅于他处④，视之无异，指之即失其所在。

【注释】

①颛(zhuān)：古无此姓，明胡应麟《少室山房笔丛·玉壶遐览二》中称："太玄女姓颛顼，名和。"其姓应为颛顼。

②王子：指姬晋（前565—前549），周灵王时太子。他是王姓始祖，字子乔，又称王子乔、王乔或王子晋。据《逸周书》等古史书记载，王子乔少年时即聪明多才，尤善音乐，好吹笙作凤凰鸣，周灵王二十一年（前551），因在治理洪水问题上与周灵王发生激烈冲突，被贬为庶人，后抑郁而死，死时只有十七岁。他死后，民间开始出现其成仙的传说。据《列仙传》记载，他曾被道士浮丘公接去嵩山修道三十余年，后在河南偃师县缑氏山上升仙，今其处有升仙太子庙等遗迹。"王子登仙"的故事后经历代文人渲染而影响甚大，战国楚屈原在《远游》中云："轩辕不可攀援兮，吾将从王乔而娱戏。"唐李白也曾写过"我爱王子晋，得道伊洛滨"的诗句。后世王子乔成了仙人的代称。

③濡(rú)：沾湿，润泽。

④徙(xǐ)：迁移。

【译文】

太玄女，姓颛，名和。她年轻时父亲去世，有人给他们母子看相，说他们都不会长寿，于是她很悲伤忧虑。

她经常感叹："人来到世上，一失去生命就不能再活过来了，况且听说自己寿命很短，不去修道，恐怕是不能延长生命了。"于是她四处拜访明师，一心求道，终于获得了王子乔的道术。她连续几年不断修行，终于能做到入水而身体不被沾湿，在下大雪的冷天里，穿单衣待在水上也面不改色，身体还一直保持温暖，并且能待好几天。她还能把官府、宫殿、城市、房子等挪到别的地方，看上去和原来的没什么差别，再用手一指，它们就又消失不见了。

门户椟柜有关钥者①,指之即开。指山,山摧②;指树,树折,更指之,即复如故。

将弟子行山间,日暮,以杖叩石,即开门户,入其中,屋宇、床褥、帷帐、廪供酒食如常③,虽行万里,所在常尔。

能令小物忽大如屋,大物忽小如毫芒。

或吐火张天,嘘之即灭;又能坐炎火之中,衣履不燃④。须臾之间,或化老翁,或为小儿,或为车马,无所不为。行三十六术⑤,甚效。起死回生,救人无数。

不知其何所服食,亦无得其术者,颜色益少,鬓发如鸦,忽白日升天而去。

【注释】

①椟(dú):柜子,匣子。关钥:指锁或控制门的开关。

②摧(cuī):破坏,折断。

③廪(lǐn):米仓,亦指储藏的米。

④履(lǚ):鞋。

⑤三十六术:指道家的三十六种道术。唐徐坚等《初学记·道释部·仙第二》引崔玄山《濑乡记》说:"老子为十三圣师,养性得仙,各自有法,凡三十六。或以五行六甲陈;或以服食度骨筋;或以深巷大岩门;或以呼吸见丹田;或以流理还神丹;或以歔歈游天山;或以元阳长九分;或以恬澹存五官;或以清净飞凌云;或以三辰建斗回;或以三五竟复还;或以声罔处海滨;或以三黄居魄魂;或以太一行成均;或以六甲御六丁;或以祭祀致鬼神;或以吹呴沉深泉;或以命门固灵根;或以乘璇玑得玉泉;或以专守升于天;或以混沌留吾年;或以把握知塞门;或以太一柱英氛;或以虚无断精;或以黄庭乘僮人;或以柱天德神仙;或以玉衡上柱天;

或以六甲游玄门；或以道引俯仰伸；或以寂寞在人间；或以药石
上腾云；或以九道致红泉；或以厌阴三毛间；或以去欲但存神。"

【译文】

大门或柜子有上锁的，她用手指一下就打开了。她指山，山就会
倒；指树，树就会断，再指一次，就又恢复原来的样子了。

她带着弟子们在山里走路，到太阳落山时，用手杖叩打山石，从石
头上就开了一道门，进去后，里面有房屋、床和被褥、帐子，还有厨房供
应着酒和饮食，跟普通人家一样，即使走一万里路，这个地方也一直
会在。

她能让小的东西变成像房子那么大，把大的东西变成像毫毛的细
尖那么小。

她有时能从口里吐出火，把整个天空都遮住，然后吹一口气就灭
了；又能坐在燃烧的火焰中，但衣服鞋子都不会燃烧。片刻之间，她就
能变成老人，或者小孩，或者车子和马，什么都可以变。她练习三十六
种道术，都十分有效。她能让人起死回生，因此救了无数的人。

没人知道她服食什么，也没有学到她道术的人，她越来越年轻，鬓
发也变得乌黑，有一天白天，她忽然飞升上天走了。

西河少女

【题解】

本篇故事已见于《伯山甫》篇，后《女仙传》将其摘出，略微修改后成
了以西河少女为主角的故事，可能不是原《神仙传》中的篇目。

《伯山甫》篇中，故事发生在河东郡城西，本篇中则说发生在"西
河"，据北宋司马光《资治通鉴》卷三四胡三省注，西河在汉代指雍州武
威、敦煌、酒泉等地。此处"西河"也可能是传抄过程中的讹误。"西河
少女"后也指代女仙。

西河少女者,神仙伯山甫外甥也。

山甫雍州人①,入华山学道②,精思服食③,时还乡里省亲族④。二百余年,容状益少。

入人家,即知其家先世已来善恶功过,有如目击。又知将来吉凶,言无不效。见其外甥女年少多病,与之药。女服药时,年已七十,稍稍还少,色如婴儿。

汉遣使行经西河⑤,于城东见一女子⑥,笞一老翁⑦,头白如雪,跪而受杖。使者怪而问之,女子答曰:"此是妾儿也,昔妾舅伯山甫,得神仙之道,隐居华山中,悯妾多病⑧,以神药授妾,渐复少壮。今此儿妾令服药,不肯,致此衰老,行不及妾,妾恚之⑨,故因杖耳。"使者问女及儿年各几许,女子答云:"妾年一百三十岁,儿年七十一矣。"此女亦入华山而去。

【注释】

①雍(yōng)州:古九州之一,名称源于陕西宝鸡凤翔县境内的雍山、雍水。其位置相当于现在陕西关中平原、陕北地区,甘肃大部(除去东南部),青海的东北部以及宁夏部分地区。东汉光武帝时始置为行政区,后历代多有沿革。

②华山:山名,五岳之一,古称"西岳",又称太华山,在陕西华阴南。

③精思服食:指精思和服食两种道家修行方法。见《伯山甫》篇注。

④省(xǐng):看望父母、尊亲。

⑤汉遣使:指汉武帝派遣使者。见《伯山甫》篇注。西河:《尚书·禹贡》中说"黑水、西河惟雍州",就是说雍州在西河、黑水之间。写作《尚书》的年代,西河指流经今陕西和山西两省的黄河。后

有多种说法,如指少梁(今陕西韩城东南)为轴心的沿黄地带,或者指甘肃兰州的黄河,或者指甘肃天水的西河,说法不一。

⑥城东:《伯山甫》篇为"城西"。见《伯山甫》篇注。

⑦笞(chī):用鞭杖或竹板打。

⑧悯(mǐn):哀怜。

⑨恚(huì):恨,怒。

【译文】

西河少女是神仙伯山甫的外甥女。

伯山甫是陕西雍州人,他进入华山学道,修炼精思和服食,偶尔回家乡看看亲属。这样一直过了两百年,相貌变得愈发年轻。

伯山甫一到别人家里,就知道这家人从上代至今所做的好事和坏事,说起来就像他亲眼看到一样。他还能知道将要发生什么吉事和凶事,所说的都很准确。他看到自己的外甥女年纪轻轻就一身疾病,就拿药给她。他外甥女吃药的时候已经七十岁了,吃完药就渐渐变年轻,直到脸色像婴儿一样。

汉武帝派遣使者路过西河,在城东看见一个女子,正在鞭打一位老人,那位老人头发雪白,却跪在那里接受鞭打。使者看了奇怪地询问是怎么回事,那女子回答说:"这是我的儿子,以前我的舅舅伯山甫得到了修炼成仙的道术,在华山隐居,因为可怜我老是生病,就给我神药吃,我才慢慢恢复年轻健康。现在我让这个儿子吃药,他竟然不肯,所以他才变得这么衰老,走路都赶不上我,我对他很生气,所以才鞭打他。"使者问女子和她儿子各有多少岁了,女子回答说:"我年纪有一百三十岁了,儿子有七十一岁了。"后来这个女子也进入华山中去了。

程伟妻

【题解】

本篇故事,东晋葛洪的《抱朴子·内篇·黄白》中有记载,唐五代杜光庭《墉城集仙录》、北宋李昉等《太平广记》都有收录,内容大同小异。《抱朴子·内篇·黄白》中记载这个故事是为了说明所谓的黄白术是实有其事。

黄白术是古人用其他药物(一般为其他金属),通过一定的烧炼方法,而炼制出金银的技术。葛洪说:"黄者,金也;白者,银也,古人秘重其道,不欲指斥,故隐之云尔。"但是在葛洪的时代,这种技术已经遭到一些社会人士的批评和指责,葛洪本人也被人说成是"为趣欲强通天下之不可通者",即批评他因为个人爱好的关系,把一些不可能的事说成可能。但葛洪自己不这么认为,他认为自己是出于实事求是的原则,因为他的老师"郑公"就曾经炼成过。另外,他觉得黄白术也是合于道的,所以他写《黄白》篇,是为了"欲令将来好奇赏真之士,见余书而具论道之意耳"。

虽然葛洪认为黄白术是可以做到的,但是他也提到了要想把金银炼制成功,并不那么容易。除了需要有老师传授方法,"然而斋洁禁忌之勤苦,与金丹神仙药无异也",就是说中间还有很复杂辛苦的要求和过程。所以他一再辩解,虽然有不成功的案例,但不能说明这个技术是错的,《抱朴子·内篇·黄白》篇后还附录了几种具体的炼制方法。

因为历史的局限,葛洪不能完全认识黄白术的真相,但是其求真的精神还是值得肯定的。

汉期门郎程伟妻①,得道者也,能通神变化,伟不甚异之。

伟常从驾出行②,而服饰不备,甚以为忧。妻曰:"止阙衣耳③,何愁之甚耶。"即致两匹缣④,忽然自至。

伟亦好黄白之术,炼时即不成。妻乃出囊中药少许⑤,以器盛水银⑥,投药而煎之,须臾,成银矣。

伟欲从之受方，终不能得，云："伟骨相不应得⑦。"逼之不已，妻遂蹶然而死⑧，尸解而去⑨。

【注释】

①期门郎：汉代郎官之一种，掌狩猎，为天子扈从护卫之军。其主官称仆射，后改称期门仆射。期门郎亦简称期门，汉平帝时改称虎贲郎。据东汉班固《汉书·东方朔传》记载：汉武帝好微行，因置期门郎与之期于殿门。

②从驾：随从皇帝出行。

③阙（quē）：古同"缺"。

④缣（jiān）：双丝的细绢，东汉刘熙《释名·释采帛》："缣，兼也，其丝细致，数兼于绢，染兼五色，细致不漏水也。"

⑤囊（náng）：口袋。

⑥水银：即金属汞，在常温下为液态，易挥发，为古代道士炼外丹时常用原料，其蒸气有毒。

⑦骨相：相术的一种，通过对人骨相的观察而预言其命运。见《王远》篇注。

⑧蹶（jué）然：急起、惊起的样子。

⑨尸解：道家指成仙的一种方式。见《王远》篇注。

【译文】

汉代的期门郎程伟的妻子，是个得道之人，她会神通变化，但是程伟不知道，所以并没有觉得她有什么特别。

程伟经常跟着皇帝出行，但是一直没有合适的衣服，为此十分烦恼。他妻子说："只是缺衣服罢了，为什么愁成这样。"就要了两匹缣布，准备给他做衣服，忽然就有两匹缣布飞到了面前。

程伟也喜欢黄白术，但是却炼制不成功。妻子就从药袋中拿出一点药，用一件器皿盛放着水银，把药放进水银里一起熬炼，一会儿工夫，水银就变成了银子。

　　程伟想跟妻子学那个方法,最终也没学到,他妻子说:"从你的骨相上看,你不应该得到这个。"程伟就不停地逼迫妻子告诉自己,妻子突然就倒地死了,然后尸解走了。

麻姑

【题解】

　　麻姑是中国汉族民间信仰的道教神仙,最迟至明代,汉族民间为女性祝寿多赠麻姑像,取名"麻姑献寿",以取吉祥之意。明初还出现了《麻姑献寿》的宫廷戏目。"沧海桑田"和"东海扬尘"典故也来源于本篇。

　　关于麻姑的最早出处,来自《列异传》,该书有说为三国魏曹丕著,有说为西晋张华著,他们都早于葛洪。《列异传》中所记情节非常简单,而《神仙传》则在《列异传》的基础上扩大丰富了很多细节,使其形象正式确立,所以后世多引之。麻姑的传说自魏晋后一直不断。南朝梁任昉《述异记》中记载:"济阳山有麻姑登仙处,俗说山上千年则金鸡鸣,玉犬吠。"唐五代杜光庭《墉城集仙录·麻姑传》在《神仙传》基础上略加改写,文前加有一句:"麻姑者,乃上真元君之亚也。"

　　在本篇中,麻姑说她曾经三次看见沧海变为桑田,说明其寿命极长,另外其形象又为一个十八九岁的美丽女子,所以获得了民间的普遍喜爱和好感,也因此,后世关于她所衍生的传说比较多,她也成了道教中一个影响极大的女仙,被称为冲寂元君,作为女仙的长寿代表,与男仙的长寿代表彭祖齐名。

　　后世关于麻姑的传说,基本都是附会《神仙传》中的麻姑之名而来,今举几例。明徐道《列仙全传》记载:麻姑是北赵十六国有名的残暴将领麻秋的女儿,由于麻秋生性暴虐,在麻城(今属湖北)役使百姓筑城时,昼夜不许百姓休息,只有在鸡叫时才让百姓稍作休息。麻姑同情百姓,自学口技,常常学鸡叫,这样别的鸡也就跟着叫,民工就可以早早休息,后来被他父亲发现,父亲想打麻姑,麻姑因为害怕便逃到仙姑洞修道,后来从桥上升天成仙。

清陈梦雷《古今图书集成·神异典》卷二百七十引《太平清话》所记麻姑,"姓黎,字琼仙,唐放出官人也"。同书卷二百三十七引《登州府志》所记麻姑,为"后赵麻秋女,或云建昌人,修道于牟州东南姑余山,飞升,政和中封真人",基本是引用《列仙全传》里的传说。

以上麻姑皆偶然同名,或有意附会为之。后来,一些地方又出现麻姑山、麻姑洞、麻姑庙等称呼。唐颜真卿《抚州南城县麻姑山仙坛记》云:"按《图经》,南城县有麻姑山,顶有古坛,相传云麻姑于此得道。"南宋洪迈《夷坚志·丙志》卷四称:"青城山相去三十里有麻姑洞,相传云亦姑修真处也。"南朝宋刘敬叔《异苑》卷五载:"秦时丹阳县湖侧有梅(一作麻)姑庙。姑生时有道术,能著履行水上。后负道法,婿怒杀之,投尸于水,乃随流波漂,至今庙处。"《古今图书集成·神异典》谓江西宁国府东有麻姑山,"麻姑尝修道于此,丹灶尚存。又尝居建昌,山故亦号麻姑"。这些大多是托名麻姑而来。

另外,元赵道一《历世真仙体道通鉴后集》中称:"麻姑乃王方平之妹,修道得仙。"可能也是后人臆想的说法。

汉孝桓帝时①,神仙王远②,字方平,降于蔡经家。将至一时顷,闻金鼓萧管人马之声,及举家皆见王方平,戴远游冠③,着朱衣,虎头鞶囊④,五色之绶带剑⑤。少须,黄色,中形人也。

乘羽车,驾五龙,龙各异色。麾节幡旗⑥,前后导从,威仪奕奕⑦,如大将军。鼓吹皆乘麟⑧,从天而下,悬集于庭。

从官皆长丈余,不从道行。

【注释】

①汉孝桓帝:即汉桓帝刘志(132—167),字意,东汉第十位皇帝。

②王远:见《王远》篇。

③远游冠:原为太子诸王所戴的一种帽子,后道家仙人往往用之。见《王远》篇注。

④鞶(pán)囊:小皮囊,一般围在腰侧,以作盛物之用。

⑤绶(shòu)带:一种丝质带子,古代常用来拴在印纽上,用来拴印章或剑柄等。

⑥麾(huī)节:指挥旗和作为指挥调度信用象征的符节。幡(fān)旗:旗帜。

⑦奕奕(yì):盛大、众多的样子。

⑧麟:指麒麟,古代传说中的一种动物,像鹿,全身有鳞甲,有尾。《王远》篇中为"鼓吹皆乘龙",麟有时也指龙。

【译文】

汉桓帝的时候,神仙王远,字方平,降临在蔡经家。在王方平快来的时候,蔡经家人就听到锣鼓箫管等演奏的音乐声,还有人马嘶鸣的声音,等到他全家都看见王方平,就见他头戴远游冠,身穿大红的衣服,腰里围着一个虎头皮囊,还挎着一把剑柄上系着五彩丝带的宝剑。他脸上胡须很少,脸色泛黄,中等身材。

王方平坐在羽毛装饰的车子上,驾驭着五条龙,每条龙的颜色都不一样。他的队伍前后有麾节和旗帜引导,看起来整齐庄严、浩浩荡荡,就像大将军出行。打鼓和吹奏乐器的随从都乘坐着麒麟,从天上降下来,一起停在院子的上空。那些随从官员身高都有一丈多,都不从大路走来。

既至，从官皆隐，不知所在，唯见方平与经父母兄弟相见。独坐久之，即令人相访，经家亦不知麻姑何人也。言曰："王方平敬报姑，余久不在人间，今集在此，想姑能暂来语乎？"有顷，使者还，不见其使，但闻其语云："麻姑再拜，不见忽已五百余年，尊卑有叙^①，修敬无阶。烦信来承，在彼登山，颠倒而先受命，当按行蓬莱^②。今便暂往，如是当还，还便亲觐^③，愿来，即去。"如此两时间，麻姑至矣。

来时，亦先闻人马箫鼓声，既至，从官半于方平。麻姑至，蔡经亦举家见之。

【注释】

①叙：同"序"。

②蓬莱(lái)：又称蓬壶。神话中渤海里仙人居住的三座神山之一，另两座为方丈、瀛洲。

③觐(jìn)：朝见地位尊贵的人或朝拜圣地。

【译文】

队伍到齐后，王方平的随从们都隐身了，也不知道在哪里，只看见王方平和蔡经的父母兄弟等家人见面。他一个人坐了好久，就叫人去拜访麻姑，蔡经家人也不知道麻姑是什么人。他派去的使者对麻姑说："王方平敬报麻姑，我好久都不来人间了，今天来到蔡经家，不知道麻姑能不能抽空过来说说话？"过了一会儿，使者回来了，也看不见人，只听到他带回麻姑所说的话："麻姑向您下拜，我们已经五百多年没有相见了，我和您尊卑有序，一直想对您表达敬意却无缘相会。麻烦您送信过来时，我正在别处登山，因为之前又接到命令，应当去一趟蓬莱岛。我现在就过去，到那边很快就回来，回来后就过去见您，我非常愿意来见您，我出发了。"这样过了两个时辰，麻姑果然来了。

　　她来的时候,也是先听到人马嘶鸣和箫鼓奏乐的声音,来到后,才看到她的随从人员要比王方平少一半。麻姑一来,蔡经也带着全家人和她见了面。

　　是好女子,年十八九许,于顶中作髻①,余发垂至腰,其衣有文章②,而非锦绮③,光彩耀目,不可名状。

　　入拜方平,方平为之起立,坐定,召进行厨④,皆金盘玉杯,肴膳多是诸花果⑤,而香气达于内外。擘脯行之⑥,如柏灵⑦,云是麟脯也。

　　麻姑自说云:"接侍以来⑧,已见东海三为桑田⑨,向到蓬莱,水又浅于往者,会时略半也,岂将复还为陵陆乎!"方平笑曰:"圣人皆言,海中复扬尘也。"

　　姑欲见蔡经母及妇侄,时弟妇新产数十日,麻姑望见,乃知之,曰:"噫⑩,且止勿前。"即求少许米,得米便撒之掷地,视其米,皆成真珠矣。方平笑曰:"姑故年少,吾老矣,了不喜复作此狡狯变化也⑪。"方平语经家人曰:"吾欲赐汝辈酒,此酒乃出天厨,其味醇浓,非世人所宜饮,饮之或能烂肠,今当以水和之,汝辈勿怪也。"乃以一升酒,合水一斗,搅之,赐经家。饮一升许,良久,酒尽。

【注释】

①髻(jì):盘在头顶或脑后的发结。

②文章:指色彩斑斓的花纹。

③锦绮(qǐ):彩色的丝织品。

④行厨:一种道术,可凭空招来酒食。东晋葛洪《抱朴子·内篇·

金丹》中说:"欲致行厨,取黑丹和水,以涂左手,其所求如口所道,皆自至,可致天下万物也。"

⑤肴膳(shàn):指饭菜食物。

⑥擘(bāi):用手撕开。脯:肉干。

⑦柏灵:原文意不明,疑为"柏根",柏根是药,木质坚硬,唐梅彪《石药尔雅》卷上:"柏根,一名太阴玉足。"

⑧接侍:迎接陪从,迎接伺候。表示晚辈对长辈或下级对上级的尊重。

⑨桑田:种桑树的地,泛指农田。

⑩噫(yī):叹词,表示感慨、悲痛、叹息。

⑪狡狯(kuài):儿戏,游戏或玩笑。也形容人诡诈或机灵。

【译文】

麻姑是个很好看的女子,年龄像十八九岁的样子,她头顶上盘了个发髻,剩下的长发垂至腰间,穿的衣服色彩斑斓,但又不是人间的丝绸,材质光彩夺目,难以形容。

麻姑进屋拜见王方平,王方平起身迎接,一起坐下后,就召来食物,都用金盘玉杯盛放,菜肴多是各种花果,食物的香气弥漫到屋子内外。王方平撕开一块肉干,看起来像柏根一样,他说这是麒麟肉干。

麻姑说:"自上次迎接陪从您之后,已经三次看见东海变为桑田了,刚去蓬莱岛,看到海水又比以前浅了,大概有上次我们会面时的一半,难道那里又要变成山陵和陆地吗!"王方平笑着说:"圣人们都在说,大海中又要扬起沙尘了。"

麻姑想见见蔡经的母亲和妻子儿女等人,当时蔡经的弟媳刚生完孩子几十天,麻姑远远看见,就知道了,说:"等一下,先不要到我面前。"就叫他们拿一些米来,麻姑拿到米后把米抛洒在地上,蔡经家人一看,那些落在地上的米都变成了珍珠。王方平笑着说:"麻姑还是年轻,我老了,已经不喜欢再搞这些神通变化的游戏了。"王方平对蔡经家人说:"我想赐给你们酒喝,这个酒是从天宫的厨房里来的,味道十分浓厚,不是世上的人能喝得了的,喝了可能会烂穿肠胃,现在应该拿水来稀释一下,你们不要惊怪。"他就拿出一升酒,叫人再添一斗水,搅拌了一下,赐给了蔡经家人。蔡经家人共喝了一升多,过了好一会儿,酒都喝完了。

　　方平语左右曰:"不足,远取也。"以千钱与余杭姥①,求其沽酒②。须臾,信还,得一油囊酒,五斗许。信传余杭姥答言:"恐地上酒,不中尊饮耳。"

　　又麻姑鸟爪,蔡经见之,心中念言:"背大痒时,得此爪以爬背,当佳。"方平已知经心中所念,即使人牵经鞭之,谓曰:"麻姑神人也,汝何思谓爪可以爬背耶?"但见鞭着经背,亦不见有人持鞭者。

　　方平告经曰:"吾鞭不可妄得也。"是日,又以一符传授蔡经。

　　邻人陈尉,能檄召鬼魔③,救人治疾。蔡经亦得解蜕之道,如蜕蝉耳。经常从王君游山海,或暂归家。王君亦有书与陈尉,多是篆文④,或真书⑤,字廓落而大⑥,陈尉世世宝之。

　　宴毕,方平麻姑,命驾升天而去,箫鼓道从如初焉。

【注释】

①余杭姥(mǔ):道家仙人。明彭大翼《山堂肆考·仙人·卖酒》中称,余杭姥嫁在西湖农家,善于用百花酿酒,因为王方平向她买过酒,感觉很甘美,所以以后神仙们经常下凡来喝她的酒,并给她一个丸药作为酒钱,余杭姥服用后也成仙了。

②沽(gū)酒:买酒。

③檄(xí)：古代官府用以征召或声讨的文书。

④篆(zhuàn)文：大篆、小篆的统称。大篆包括秦代以前的金文(商周青铜器上刻铸的款识文字)、籀文(起于西周晚年，春秋战国时期行于秦国的文字)和春秋战国时期通行于六国(齐、楚、燕、韩、赵、魏)的古文，它们保存着古代象形文字的明显特点。小篆也称"秦篆"，是秦始皇"书同文"后，在秦代通行的篆书。小篆是大篆的简化字体，其特点是形体匀称齐整、字体较籀文容易书写。在汉文字发展史上，它是大篆到隶、楷之间的过渡。

⑤真书：即楷书，又名正楷、正书或真书，这种字体是在汉隶书基础上形成的，它让汉字更趋简化，且形体方正，笔画平直。形成于汉末，通行至今。

⑥廓(kuò)落：结构松散之意。

【译文】

王方平对身边的人说："酒不够就去远处买点来。"于是让使者带着一千钱去找余杭姥，在她那买酒。一会儿工夫，使者回来，带着一油囊的酒，大概有五斗多。使者带来余杭姥的回话："怕我这凡间的酒，不合您的口味。"

麻姑的手长得像鸟爪，蔡经看见了，心中暗想："背上很痒的时候，要是能用这个爪子挠一挠背，就太好了。"王方平已经知道了蔡经的想法，就让人把蔡经拉过来鞭打他，对他说："麻姑是一个神仙，你怎么想着她的手可以用来挠背呢？"就看见鞭子打在蔡经的背上，却看不到挥鞭子的人。

王方平对蔡经说："我的鞭子不是随便能拿到的。"当天，王方平传授给了蔡经一道符。

蔡经的邻居陈尉，也得了王方平的符，并会用符召唤鬼神、治病救人。蔡经后来也获得了解脱成仙的道术，像蝉脱壳一样。他经常跟王方平游历名山大海，有时回家一趟。王方平后来给陈尉写过信，多是用的篆体字，有时也用楷书，字写得稀疏而大，陈尉家代代相传视如珍宝。

宴会结束，王方平和麻姑命令队伍起驾升天走了，吹箫打鼓的音乐声一路相随，跟他来时一样。

樊夫人

【题解】

樊夫人为一女仙，因道教对女性十分尊重，故多女仙的故事。

本篇主要讲述樊夫人与其夫共同成仙的故事。成仙之前，他们常常互斗道术，其夫往往不如之，可见夫人道术在其夫之上。说明女性修道，有胜于男性者。

南朝梁陶弘景《真诰·协昌期第二》载有"女仙人刘纲妻口诀"。北宋李昉等《太平广记》引晚唐《女仙传》，在本篇文字之后，又加入樊夫人在唐时化为一湘媪刺死白鼍的故事。

樊夫人者，刘纲妻也①，纲仕为上虞令②。有道术，能檄召鬼神③，禁制变化之事④。亦潜修密证，人莫能知。

为理尚清静简易⑤，而政令宣行，民受其惠。无水旱疫毒鸷暴之伤⑥，岁岁大丰。

暇日⑦，常与夫人较其术。与俱坐堂上，纲作火，烧客碓屋⑧，从东起。夫人禁之，即灭。庭中两株桃，夫妻各咒一株，使相斗击，良久，纲所咒者，不如，数走出篱外⑨。纲唾盘中，即成鲤鱼，夫人唾盘中，成獭食鱼⑩。

纲与夫人入四明山⑪，路阻虎。纲禁之，虎伏不敢动。适欲往，虎即灭之。夫人径前，虎即面向地，不敢仰视，夫人以绳系虎于床脚下⑫。

page 274 神仙传

纲每共试术，事事不胜。将升天，悬厅侧先有大皂荚树⑬，纲升树数丈，方能飞举，夫人平坐，冉冉如云气之升。同升天而去。

【注释】

①刘纲：元赵道一《历世真仙体道通鉴》卷三一"刘纲"条称其为晋时下邳（今江苏睢宁北）人，后为上虞令。师事帛君受道，作《续仙传》行于世。

②上虞（yú）：在浙江绍兴东部。其地本为虞舜后代的封地，秦时曾置上虞县，王莽时被废，东汉时恢复，历三国两晋南北朝不变。

③檄（xí）：古代官府用以征召或声讨的文书。

④禁制：即道术里的禁咒之术，通过施术者自身之气禁物而咒之，使如己意。东晋葛洪《抱朴子·内篇·至理》里说："吴越有禁咒之法，甚有明验，多炁耳。知之者，可以入大疫之中，与病人同床而己不染……以气禁金疮，血即登止；又能续骨连筋，以炁禁白刃，则可蹈之不伤，刺之不入。若人为蛇虺所中，以炁禁之则立愈。"

⑤为理：担任狱官，这里指审理案件。

⑥鸷（zhì）：凶猛的鸟，如鹰、雕、枭等。

⑦暇（xiá）：空闲。

⑧碓（duì）：木石做成的捣米器具。

⑨篱（lí）：用竹、苇、树枝等编成的围墙屏障。

⑩獭（tǎ）：此处指水獭，哺乳动物，毛棕褐色，脚短，趾间有蹼，体长七十余厘米。昼伏夜出，善游水，食鱼、蛙等。

⑪四明山：也称金钟山，位于浙江余姚境内，有"第二庐山"之称，道教称其为三十六洞天中的第九洞天。

⑫床：此处指路上围栏一类的东西。

⑬皂荚(jiá)树:豆科皂荚属落叶乔木,其结实成荚,长扁如刀,煎汁可洗衣服。其荚果及种子皆可为药,分布于四川、河南、河北、山东等地。

【译文】

樊夫人是刘纲的妻子,刘纲是上虞县的县令。他会道术,能发符召唤鬼神,会禁咒之术,还会各种变化。他一直暗自修炼,秘密验证,别人都不知道。

刘纲审理案件简单明了,发布的政令都能得到很好的施行,因此老百姓得到了很多好处。在他的治理下,上虞县没有洪灾和旱灾,也没有疫病流行及猛兽为害,老百姓年年都获得大丰收。

闲暇的时候,他经常跟他的夫人较量道术。他们一起坐在堂屋中,刘纲生起火,把舂米的房子烧了起来,从东边开始烧起。但夫人用禁术一禁制,火就灭了。院子里有两棵桃树,夫妻俩各自对着一棵树念咒语,让两棵树相互打斗,打了好久,刘纲念咒的那一棵树被打败,几次逃到篱笆外面。刘纲向盘子里唾了一口唾沫,就变成了一条鲤鱼,夫人也向盘中唾了一口唾沫,就变成了水獭,把鲤鱼吃了。

刘纲和夫人一起去四明山,路上被老虎拦住了去路。刘纲对老虎用禁术,老虎趴在地上就不敢动了。但是只要一走近老虎,老虎就又要吃他。夫人直接走到老虎面前,老虎一下就把头低向地面,不敢抬头看夫人,夫人就用绳子把老虎拴在了围栏上。

刘纲每次和夫人比试道术,每次都不能获胜。他们要升天的时候,大厅外面有棵大皂荚树,刘纲先爬到树上几丈高的地方,然后才能飞升上天,夫人只是平坐着,身体却像云气一样慢慢地升腾而起。两人就这样一同升天成仙走了。

严清

【题解】

严清也作"严青",除本篇外,北宋李昉等《太平御览·方术部·禁》

中也引《神仙传》,讲严清夜行,路遇都督,因受冲撞,而用禁术令其一夜不能动的故事。南朝梁陶弘景《真灵位业图》中"第六右位·地位散位"载:"严青,并善禁气。"以上说明早期《神仙传》中可能有严清善于禁术的情节,本篇可能是原故事的一个节略版。

　　严清,会稽人①。家贫,常于山中作炭。忽有一人,与清语,不知其异人也。临别,以一卷书与清曰:"汝得长生,故以相授,当以洁器盛之,置于高处。"清授之,后得其术,入霍山仙去②。

【注释】

①会稽(kuài jī):中国古代郡名,位于长江下游江南一带,秦朝置,其后列朝辖地均有变迁,唐时为越州。南宋时,越州改为绍兴府,府治为今浙江绍兴。会稽后也因此成为越州、绍兴的别称。

②霍(huò)山:在今安徽六安。

【译文】

　　严清是浙江会稽人。他出身贫困,经常在山里烧炭为生。忽然有一天,有个人来跟他说话,严清也不知道那人是个有异术的人。临走的时候,那人送给严清一卷书说:"你命里应该获得长生,所以才传授这个给你,你应该用干净的器皿把它盛放起来,放在家里位置高的地方。"严清接受了,后来就学会了书中的道术,进入霍山成仙而去。

帛和

【题解】

帛和是汉末时人,道教中的帛家道将其奉为祖师,传说他曾传授干吉素书两卷,干吉在此基础上衍成《太平经》。据北魏郦道元《水经注》记载,帛和最后去了相传是老子炼丹处的洛阳邙山翠云峰修道,并在死后葬于翠云峰东北,《水经注》记载其墓碑上刻有"真人帛君之表",碑立于晋惠帝永宁二年十一月(302)。此说与《神仙传》有异,可能为帛家道的道士所编造。

　　帛家道是早期道教派别之一,又称"俗神祷",即奉祀俗神,以"煞生血食"为祀,流行于魏晋,并于东晋时向上层社会发展,南北朝时尚流行于江浙一带,对道教上清派的形成有一定的影响。该派尊帛和为祖师,世人以其祖师姓氏名其派。西晋时,有人假托帛和之名在北方传教,东晋葛洪《抱朴子·内篇·祛惑》曾记载此事。帛家道在魏晋后来逐渐衰绝,可能是与天师道及道教上清派逐步融合了。

　　另外,葛洪之师郑隐和岳父鲍靓都曾传授他《三皇文》《五岳真形图》,说明他们跟帛家道都有一定的渊源。

　　帛和,字仲理,辽东人也①。入地肺山事董奉②,奉以行气、服术法授之③,告和曰:"吾道尽此,不能得神丹金砂④。周游天下,无山不往,汝今少壮,广求索之。"和乃到西城山事王君⑤。王君语和大道诀曰:"此山石室中,当熟视北壁,当见壁有文字,则得道矣。"

　　视壁三年,方见文字,乃古人之所刻《太清中经》神丹方及《三皇天文》、大字《五岳真形图》⑥,皆著石壁。和讽诵万言,义有所不解,王君乃授之诀。

　　后入林虑山为地仙⑦。林虑一名隆虑,其山南连太行,北接恒岳⑧,有仙人楼,高五十丈。

【注释】

①辽东,指辽河以东地区,今辽宁的东部和南部及吉林的东南部地区,主要是大连及丹东一带。战国、秦、汉至南北朝设有辽东郡。

②地肺山:多个山名的别称,包括江苏句容的茅山、河南灵宝枯枞山、陕西商州上洛商山和秦岭的终南山。此处指终南山。

③行气、服术(zhú)法:指行气术和服饵中服用白术的方法。行气,又称服气、炼气,分外息法和内息法两大类。外息法一般是以呼吸吐纳配合导引、按摩所进行的炼养活动,如蛤蟆行气、龟行气等。内息法是以静坐养神、养气的方式进行的训练,如胎息法等,现存最早的内息法文献为约战国时期的《行气玉铭》。服术法,指按照一定的方法服用中药白术,古人认为通过不断的服用,可以成仙。见《泰山老父》篇注。

④神丹金砂:道教指服用后可以成仙的丹药。金砂,亦作"金沙",指古时道教以金石炼成的丹药。

⑤王君:又称西城王君,为晋代上清派女道士魏华存的老师,北宋张君房《云笈七签》卷一〇六引魏撰《清虚真人王君内传》称:"王君讳褒,字子登,范阳襄平人也,安国侯七世之孙,君以汉元帝建昭三年九月二十七日诞焉。"

⑥《太清中经》:北宋李昉等《太平御览·道部五·地仙》篇引《列仙传》(应为《神仙传》)云:"(左慈)精思于天柱山,得石室中《九丹金液经》,是《太清中经》法也。"《三皇天文》:又称《三皇文》《三皇经》,相传是上古三皇所受之文。《云笈七签》卷六引《玉经隐注》云:"《三皇天文》,或云《洞神》,或云《洞仙》,或云《太上玉策》。"又引《洞神》第十四云:"第一《天皇文内字》。字者,志也。明天使人仰观上文,心识觉悟,内志习勤,外不炫耀;第二《地皇内记书文》。文者,明也。内学志明,记正无惑,舒以广济,缘明至极也;第三《人皇文》。文者,明也。人能俯察地理,法地则天,定内

安外,普度无穷,同归玄门,由学所得。"葛洪《抱朴子·内篇·遐览》中说:"如帛仲理者,于山中得之……其经曰,家有《三皇文》,辟邪恶鬼,温疫气,横殃飞祸。若有困病垂死,其信道心至者,以此书与持之,必不死也。"《五岳真形图》:属于道教符箓,以五个符形代表五岳,今泰山上有《五岳真形图》石碑。《汉武帝内传》称该图是太上天皇所出,《云笈七签·符图部一·五岳真形神仙图记》中说:"《五岳真形》《神仙图记》,并出太玄真人。"葛洪在《抱朴子·内篇·遐览》中说:"道书之重者,莫过于《三皇内文》《五岳真形图》也。古者仙官至人尊秘此道,非有仙名者不可授也。"他又在《抱朴子·内篇·登涉》中说:"上士入山,持《三皇内文》及《五岳真形图》,所在召山神,及按鬼录,召州社及山卿宅尉问之,则木石之怪,山川之精,不敢来试人。"明高濂《遵生八笺》引《抱朴子》:"修道之士,栖隐山谷,须得《五岳真形图》以佩之,则山中魑魅虎虫,一切妖毒,皆莫能近。"

⑦林虑山:在今河南林州。

⑧恒岳:即恒山,为五岳之中的北岳。古北岳恒山从春秋战国到明代中期一直在河北境内,即今河北保定的大茂山。后因地震使古北岳庙被毁,明末清初时才定山西浑源天峰岭(玄武山)为北岳恒山。

【译文】

帛和,字仲理,是辽东郡人。他去地肺山侍奉董奉,董奉教给他行气和服食白术的方法,并告诉他说:"我的道术就这些了,你在我这里得不到神丹金砂的炼制方法。你应该去周游天下,把所有的名山都跑一遍,趁自己还年轻,身体强壮,去广泛寻求。"帛和于是到西城山侍奉王君。王君告诉他成仙大道的秘诀:"这个山的石窟里,你要仔细看北边的石壁,当你看到石壁上有文字时,你就能得道了。"

帛和对着墙壁看了三年,才看到文字,是古人刻的《太清中经》神丹方和《三皇天文》，还有大字画的《五岳真形图》，都刻在石壁上。帛和把这一万多字都背诵了下来，但对它们的意思还是不能完全明白，王君就把秘诀告诉了他。

帛和后来进入林虑山修炼成了地仙。林虑又叫隆虑，这座山南边连着太行山，北边跟北岳恒山对接，山上有座仙人楼，有五十丈高。

东陵圣母

【题解】

东陵圣母是道教中的著名女仙，她的故事也被收入《女仙传》，从本篇内容来看，另一女仙"樊夫人"应为其师母。

东陵在今江苏扬州江都区仙女庙之东十余公里的宜陵镇，该镇古称东陵，镇内有东陵圣母祠。南朝宋范晔《后汉书》记载"广陵有东陵亭"。按汉制，一里百家，一亭十里为千家。《后汉书·志第二十一·郡国三》注引《博物记》说："女子杜姜，左道通神，县以为妖，闭狱桎梏，卒变形，莫知所极。以状上，因以其处为庙祠，号曰东陵圣母。"此处称其为"杜姜"，应是其嫁夫后冠以夫姓的称呼，故知其本应姓"姜"。明胡应麟《少室山房笔丛·玉壶遐览二》中称"东陵圣母"姓"杜"，应为误记。

东陵圣母是一位被神化了的汉代民间道姑。据史料载，宜陵镇的东陵圣母祠始建于东汉明帝时，其时祠内并无碑文。及至晋康帝时，圣母杜姜才被传说为得道仙姑，常降福于民，当朝视为祥瑞之兆，其民间信仰逐渐兴盛。至唐时，著名书法家怀素写有《圣母帖》，记述其事，北宋间被勒刻于石，立于圣母祠中，今则藏于西安碑林。

南朝梁陶弘景《真诰·协昌期第二》载"东陵圣母口诀"，陶弘景注曰："出《神仙传》，今为海神之宗。"南朝梁刘之遴《神异录》对其事也有记载。

东陵圣母，广陵海陵人也①。适杜氏②，师刘纲学道③。能易形变化，隐见无方。

杜不信道，常怒之。圣母理疾救人，或有所诣④，杜恚之愈甚⑤。讼之官⑥，云圣母奸妖，不理家务。官收圣母付狱，顷之，已从狱窗中飞去，众望见之，转高入云中，留所著履一双在窗下⑦。于是远近立庙祠之，民所奉事，祷之立效。

常有一青鸟在祭所，人有失物者，乞问所在，青鸟即飞集盗物人之上。路不拾遗，岁月稍久，亦不复尔。

至今海陵县中，不得为奸盗之事，大者即风波没溺⑧，虎狼杀之，小者即复病也。

【注释】

①广陵：指今江苏。海陵：今为江苏泰州下辖区，西邻江苏扬州江都区，汉代曾置有海陵县。

②适：旧称女子出嫁。

③刘纲：见《樊夫人》篇注。

④诣（yì）：到，特指到尊长那里去。

⑤恚（huì）：恨，怒。

⑥讼（sòng）：在法庭上争辩是非曲直，打官司。

⑦履（lǚ）：鞋。

⑧溺（nì）：淹没。

【译文】

东陵圣母是广陵海陵县的人。她嫁给杜氏，拜刘纲为师学习道术。她能改变形貌做出各种变化，还能随时随地隐身，又随时随地出现。

她丈夫杜氏不信道术，经常对她发怒。圣母会治病救人，有时来人找她看病，杜氏就对她越来越不满了。他把圣母告到官府，说圣母是个妖邪，从来不管家务。官府把圣母逮捕关进大牢，但一会儿的工夫，她却从监狱的窗户里飞出去了，众人都看着她，渐渐越飞越高，飞进云中，留下所穿的一双鞋在窗子下面。于是远近的老百姓都立庙祭祀她，那些经常供奉她的人，有事时对她祷告就会马上应验。

有一只青色的鸟经常来庙里，要是有人丢了东西，丢东西的人就来求问东西在什么地方，青鸟就飞到偷东西的人的上方。于是在当地，没有人把别人丢失在路上的东西捡走，时间久了，这种风气一直都在。

至今在海陵县里，都没有人做偷盗的事，因为如果有人盗窃了贵重的东西，那个盗贼要么被江河里的风浪淹死，要么被虎狼等野兽咬死，如果是小偷小摸的行为，则那个小偷就会反复生病。

葛玄

【题解】

葛玄是葛洪的从祖父（祖父之兄），今江苏镇江句容人，道教中奉其为灵宝派祖师，被尊称为葛天师、太极左仙公，与张道陵、许逊、萨守坚共为道教中的四大天师，北宋徽宗时被封为"冲应真人"，南宋理宗时又被封为"冲应孚佑真君"。葛玄、葛洪祖孙二人也被后世并称为葛家道。

葛洪在《抱朴子·内篇·金丹》中称其从祖曾从左慈学道，受《太清丹经》《九鼎丹经》《金液丹经》等道经，葛洪的师父郑隐是葛玄的弟子，所以葛洪的很多道术，也传承自葛玄。

葛玄在道教中的地位是随着道教灵宝派的盛行而逐步提高的。从葛玄的活动内容来看，他本是一位方士，但在东晋末，葛洪的族孙葛巢甫构造《灵宝经》，创建道教灵宝派，一时"风教大行"。灵宝派尊元始天尊为最高神，尊葛玄为祖师。因传说葛玄在吴嘉禾二年（233），在今江西樟树市阁皂山东峰建庵，筑坛立炉，修炼九转金丹，所以灵宝派道士奉他为阁皂宗祖师。此说法与本篇葛玄最后尸解而去的说法有异，所以极有可能是灵宝派兴起后,本派的道士所编创的。另外敦煌文献《灵宝威仪经诀上》中说:"太极真人称徐来勒,以己卯年正月一日日中时,于会稽上虞山传太极左仙公葛玄,字孝先。玄于天台山传弟子郑思远、沙门竺法兰、释道微、吴先主孙权。思远后于马迹山传葛洪,仙公之从孙也,号抱朴子,著外内书典……"若依此说,则葛玄的灵宝派道法也传承自徐来勒。东晋前后时期有《葛仙公别传》一篇,未题撰人,在道门中流传。书中提到葛玄一生经行七十二处修道,其中阁皂山是其影响最著者。

关于葛玄的神仙身份,南朝梁上清派道士陶弘景对此有异议,他在《真诰·稽神枢》中称葛玄只能算地仙,只是"得不死而已,非仙人也"。又在《吴太极左仙葛公之碑》对葛玄被称为"仙公"一事加以澄清,认为是后世讹传。

葛玄,字孝先,从左元放受《九丹金液仙经》①,未及合作,常服饵术②。尤长于治病,鬼魅皆见形,或遣或杀。

能绝谷连年不饥③,能积薪烈火而坐其上,薪尽而衣冠不灼④。饮酒一斛⑤,便入深泉涧中卧⑥,酒解乃出,身不濡湿。

玄备览五经⑦,又好谈论。好事少年数十人,从玄游学。尝舟行,见器中藏书札符数十枚⑧,因问此符之验,能为何事,可得见否。玄曰:"符亦何所为乎?"即取一符投江中,逆流而上,曰:"何如?"客曰:"异矣!"又取一符投江中,停立不动。须臾,下符上,上符下,二符合一处⑨,玄乃取之。

【注释】

①左元放:即左慈。见《左慈》篇。《九丹金液仙经》:又称《九丹金

液经》,是关于外丹炼制的道书,内容不可考。

②服饵术(zhú):指服用白术,古人认为服用白术可以长寿。见《泰
　　山老父》篇注。

③绝谷:即辟谷,又称断谷、休粮、却粒,是古代方士的一种修仙方
　　法,修习时不吃五谷,但会少量进一些其他饮食,同时配合服气、
　　导引术的练习。

④灼(zhuó):烧,炙。

⑤斛(hú):中国旧量器名,亦是容量单位。见《董奉》篇注。

⑥涧(jiàn):山间流水的沟。

⑦五经:指儒家的五种经典。见《王远》篇注。

⑧书札(zhá):书信。

⑨二符:原文为"三符",据上下文,此处似应为"二符"。

【译文】

葛玄,字孝先,他跟从左慈学习《九丹金液仙经》,但他没有马上就
炼制丹药,而是经常服用白术。他特别擅长治病,那些让人生病的妖魔
鬼怪,在他面前都会现出原形,他把它们有的遣送走,有的杀掉。

葛玄能连续断谷好几年不饿,他能在一堆燃着大火的木柴上坐着,大
火烧完后,他的衣服帽子什么的都不会被烧焦。他经常喝一斛酒,然后就
去流着泉水的山沟里睡觉,酒醒后才出来,身上的衣服却一点也不湿。

葛玄通读五经,也喜欢谈论世事。有几十个喜欢热闹的少年,跟着
葛玄一起游玩学习。一次他们一起坐船,少年们看到葛玄背囊中放着
几十张书信一样的符,就问他这些符有没有效,能有什么用,能不能让
他们见识一下。葛玄说:"符能做什么呢?"就取出一道符投到江中,那
道符竟然逆着水流往上走,葛玄问:"怎么样?"少年们说:"太神奇了!"
他又取了一道符投到江里,那道符却停在江面不动。过了一会儿,在下
游的符往上走,上游的符往下走,两道符碰到了一起,葛玄就把它们拿
回来了。

又江边有一洗衣女，玄谓诸少年曰："吾为卿等走此女何如？"客曰："善！"乃投一符于水中，女便惊走，数里许不止，玄曰："可以使止矣。"复以一符投水中，女即止还。人问女何怖而走，答曰："吾自不知何故也。"

玄常过主人，主人病，祭祀道精人而使玄饮酒①，精人言语不逊②，玄大怒曰："奸鬼敢尔。"敕五伯曳精人③，缚柱鞭脊。即见如有人牵精人出者，至庭，抱柱，解衣投地，但闻鞭声，血出淋漓。精人故作鬼语乞命，玄曰："赦汝死罪④，汝能令主人病愈否？"精人曰："能。"玄曰："与汝三日期，病者不愈，当治汝。"精人乃见放。

【注释】

①精人：指主持祭祀的巫人。

②不逊(xùn)：不恭敬，没有礼貌，骄横。

③敕(chì)五伯曳(yè)精人：意为葛玄命令兵卒逮捕精人。敕，指帝王的诏书或命令，也指道士对鬼神所发的命令。五伯，同"五百"，指地方官府差役兵卒。曳，拉，牵引。

④赦(shè)：免除和减轻刑罚。

【译文】

在江边有一个洗衣服的女子，葛玄对那些少年说："我让你们看看，让这个女子逃跑怎么样？"少年们都说："好啊！"葛玄就投了一道符在水里，那女子就吃了一惊跑了，跑了几里路都停不下来，葛玄说："可以让她停了。"再用一道符投到水里，女子就停止逃跑回来了。别人问这个女子因为害怕什么要跑走，她回答说："我自己也不知道什么原因。"

葛玄经常去一人家做客，那家主人得了病，主管祭祀的巫人请葛玄喝酒，两人交谈时巫人对葛玄很不礼貌，葛玄大怒，说："你个奸鬼敢这样跟我说话。"就下令五百把巫人拉过去，绑在柱子上，鞭打他的后背。就看见好像有人把巫人拽了出去，拖到院子里，让他抱着柱子，把衣服解开丢到地上，然后就听到鞭打的声音，巫人被打得鲜血淋漓。巫人故意学鬼说话请求饶命，葛玄说："我饶你不死，你能让这家主人病好吗？"巫人说："可以。"葛玄说："给你三天期限，病人要是不好，就治你的罪。"这才把巫人放了。

　　玄尝行过庙，此神常使往来之人，未至百步，乃下骑乘。中有大树数十株，上有群鸟，莫敢犯之。玄乘车过不下，须臾，有大风，回逐玄车，尘埃漫天，从者皆辟易①。玄乃大怒曰："小邪敢尔？"即举手止风，风便止。玄还，以符投庙中，树上鸟皆堕地而死，后数日，庙树盛夏皆枯，寻庙屋火起，焚烧悉尽。

　　玄见买鱼者在水边，玄谓鱼主曰："欲烦此鱼至河伯处②，可乎？"鱼人曰："鱼已死矣，何能为？"玄曰："无苦也。"乃以鱼与玄，玄以丹书纸③，置鱼腹，掷鱼水中。俄顷，鱼还，跃上岸，吐墨书，青色，如大叶而飞去。

【注释】

①辟易：原指退避、避开，此处指拜服、倾倒。

②河伯：古代神话中的黄河水神，也称冯夷、冰夷、无夷。其相貌，有称"人面"（《山海经·海内北经》），有称"人面鱼身"（唐段成式《酉阳杂俎·诺皋记》），有称"白面长人鱼身"（《尸子》）。从古籍记载来看，河伯应为上古天神，后世衍生出其相关身世，如战国楚屈原《楚辞·九歌·河伯》洪兴祖补注引葛洪《抱朴子·内篇·释鬼》说："冯夷以八月上庚日渡河溺死，天帝署为河伯。"

《庄子·大宗师》释文引司马彪说:"《清泠传》曰:(冯夷)华阴潼乡堤首人也,服八石,得水仙,是为河伯。"因古代黄河泛滥,经常给民众带来灾难,所以河伯也经常以恶神的面目出现。古代民间有用活人祭河伯及为河伯娶妇的恶俗,《楚辞·天问》中曾有后羿射瞎河伯一只眼睛的传说。

【译文】

葛玄曾经路过一座庙,这庙里有个神,经常让来往庙里的人,在靠近庙不到一百步远的地方,就让他们从车马上下来。庙里有几十棵大树,上面停着一群鸟,没人敢侵犯它们。葛玄乘车路过时没有下车,过了一会儿,就有大风刮来,绕着葛玄的车子吹,尘土漫天飞扬,随从人员都被吹倒在地。葛玄大怒说:"小邪神也敢这样?"就举手让风停住,风立刻就停了下来。葛玄回到庙中,向庙里投了一道符,庙里树上的鸟就都坠落到地上死了,后来过了几天,虽然在大夏天,庙里的树都枯死了,不久庙里的房屋也接连起火,把东西都烧得精光。

葛玄有次在岸边看到一个卖鱼的人,葛玄对卖主说:"我想烦请这条鱼去一趟河伯那里,可以吗?"渔夫说:"这条鱼已经死了,怎么可能呢?"葛玄说:"这个你不用担心。"那人就把鱼给了葛玄,葛玄用红笔在纸上写了封信,放在鱼肚子里,就把鱼抛到水里。过了一会儿,鱼游了回来,跳到岸上,嘴里吐出一张用墨水写的信,是青色的字,葛洪看完信,那信纸就像大树叶一样飞走了。

　　玄常有宾后来者,出迎之,坐上又有一玄,与客语,迎送亦然。时天寒,玄谓客曰:"贫居不能人人得炉火,请作火,共使得暖。"玄因张口吐气,赫然火出①。须臾,满屋客尽得如在日中,亦不甚热。

　　诸书生请玄作可以戏者,玄时患热,方仰卧,使人以粉粉身,未及结衣,答曰:"热甚,不能起作戏。"玄因徐徐以腹揩屋栋数十过②,还复床上。及下,冉冉如云气。腹粉著屋栋,连日尚在。

　　玄方与客对食,食毕,漱口,口中饭尽成大蜂数百头,飞行作声,良久,张口,群蜂还飞入口中,玄嚼之,故是饭也。

　　玄手拍床,虾蟆及诸虫、飞鸟、燕雀、鱼鳖之属③,使之舞,皆应弦节如人。玄止之,即止。

　　玄冬中能为客设生瓜,夏致冰雪。又能取数十钱,使人散投井中,玄徐徐以器于上,呼钱出,于是一一飞从井中出,悉入器中。

【注释】

①赫(hè)然:光明、显耀的样子。

②揩(kāi):擦,抹。

③虾蟆(há má):指青蛙或癞蛤蟆。

【译文】

　　经常有来找葛玄的客人迟到,葛玄就出门迎接他们,但是座位上还有一个葛玄,跟客人说话,迎接或送走他们,都如他本人一样。天冷的时候,葛玄对客人们说:"我家里穷,不能每个人都有个火炉,就让我生一把火,让大家都暖和一下。"葛玄就张嘴吐气,红红的火焰就从他嘴里喷了出来。过了片刻,一屋子的人都觉得像在晒太阳一样暖和,但是也不是太热。

　　书生们请葛玄玩个法术,葛玄当时正嫌天气太热,刚刚仰身躺下,让人搽了一身粉,还没来得及穿上衣服,就回答说:"天气太热,不能起身给你们玩戏法了。"然后就看他仰卧着全身飘起,慢慢地用肚子去擦屋上的房梁,擦了几十下,又飘回到床上。下来的时候,慢慢地就像云一样。他肚子上的粉都擦在了房梁上，好几天都在。

葛玄有时跟客人吃饭，吃完，漱口时他嘴里的饭就变成了几百只大黄蜂，它们一边飞来飞去一边嗡嗡叫着，飞了好久，他再张嘴，这些黄蜂就又飞回他嘴里，葛玄再嚼，又都是米饭了。

葛玄用手拍打床框，那些青蛙和各种小虫，以及燕子、麻雀这些飞鸟，还有水里的鱼和鳖等，都能让它们跟着跳舞，它们都像人一样跟着葛玄的节拍。葛玄一停，它们也都停了。

葛玄在冬天里能给客人们准备新鲜的瓜果，在夏天里能弄到冰雪。他还能取几十个铜钱，让人丢到井里，葛玄拿个容器慢慢放在井口，招呼铜钱出来，于是铜钱就一个接一个的从井里飞了出来，都进到他手里的容器中。

玄为客致酒，无人传杯，杯自至人前，或饮不尽，杯亦不去。

画流水，即为逆流十丈许。

于时有一道士，颇能治病，从中国来①，欺人言我数百岁。玄知其诳②，后会众坐，玄谓所亲曰："欲知此公年否？"所亲曰："善。"忽有人从天上下，举座瞩目良久，集地著朱衣，进贤冠③，入至此道士前曰："天帝诏问公之定年几许④，而欺诳百姓。"道士大怖，下床长跪答曰⑤："无状，实年七十三。"玄因抚手大笑，忽然失朱衣所在。道士大惭，遂不知所之。

吴大帝请玄相见⑥，欲加荣位，玄不听，求去，不得，以客待之，常共游宴。坐上见道间人民请雨，帝曰："百姓请雨，安可得乎？"玄曰："易得耳。"即便书符著社中⑦，一时之间，天地晦冥⑧，大雨流注中庭，平地水尺余。帝曰："水宁可使有鱼乎?"玄曰："可。"复书符水中，须臾，有大鱼百许，头亦各长一二尺，走水中。帝曰："可食乎?"玄曰："可。"遂使取治之，乃真鱼也。

【注释】

①中国：古指中原地区。

②诳（kuáng）：欺骗，瞒哄。

③进贤冠：也叫梁冠，古时朝见皇帝的一种礼帽，原为儒者所戴。南朝宋范晔《后汉书·舆服志下》："进贤冠，古缁布冠也，文儒者之服也。"进贤冠也是中华服饰艺术史上重要的冠式，在汉代十分流行，魏晋南北朝继之。

④诏（zhào）：帝王所发的文书命令。

⑤长跪：两膝着地，臀部离开足跟，直身而跪。

⑥吴大帝：即三国时吴太祖大皇帝孙权。

⑦社：古代指土地神和祭祀土地神的地方，即土地庙。

⑧晦冥（míng）：光线昏暗。

【译文】

葛玄给客人们敬酒，没人给传递酒杯，酒杯自己就飞到客人面前，要是客人没有把酒杯里的酒喝完，酒杯就不离开。

他在江河里画一下，就能让江河的水倒流十几丈远。

当时有个道士，很会治病，从中原地区过来，骗人说他有几百岁了。葛玄知道他对人撒谎，后来有次跟大家坐在一起，葛玄对那些跟道士关系很好的人说："你们想知道这个人的年纪吗?"那些人说："好啊。"忽然就看到有个人从天上降落下来，在座的人都盯着看了好一会儿，等那人落地，就见他穿着大红的衣服，戴着黑色的进贤冠，来到那个道士面前说："天帝让我来问你今年多大,你不要欺骗老百姓。"道士十分害怕,下座位恭敬地跪着回答说："是我无知有罪,我实际七十三岁。"葛玄就拍手大笑,那个红衣人忽然就不见了。道士十分惭愧,后来就不知道去了哪里。

吴太祖孙权请葛玄相见,想给他官做,葛玄没答应,请求离去,吴帝没同意,把他当客人招待,经常带他一起出游参加宴会。一次在座位上看到路上有老百姓求雨,吴帝说："老百姓求雨,能求得到吗?"葛玄说："容易求到。"他就马上写了一道符送到土地庙里,片刻之间,天地就变得一片昏暗,大雨倾盆,把院子都下满了,地上的水有一尺多深。吴帝说："可以让水里有鱼吗?"葛玄说："可以。"就再写一道符丢到水里,过了一会儿,水里就有上百条大鱼,鱼头就有一两尺长,在水里游来游去。吴帝问："这些鱼可以吃吗?"葛玄说："可以。"于是就让人捞了些煮熟了,真的是可以吃的鱼。

常从帝行舟,遇大风,百官船无大小,多濡没①,玄船亦沦失所在。帝叹曰："葛公有道,亦不能免此乎!"乃登山四望,使人钩船。船没已经宿,忽见玄从水上来,既至,尚有酒色,谢帝曰："昨因侍从,而伍子胥见②,强牵过,卒不得舍去,烦劳至尊暴露水次。"

玄每行,卒逢所亲,要于道间树下。折草刺树,以杯器盛之,汁流如泉,杯满即止,饮之皆如好酒。

又取土石草木以下酒,入口皆是鹿脯③。其所刺树,以杯承之,杯至即汁出,杯满即止,他人取之,终不为出也。

【注释】

①濡(rú):沾湿,润泽。

②伍子胥(xū,前559—前484):名员,字子胥,春秋末期吴国大夫、军事家。伍子胥本楚国人,因父兄被楚平王杀害,后逃到吴国,帮助吴王阖闾打败楚国并攻进楚国都城而替父兄报了仇,后遭谗佞所害,被逼自杀身亡。

③脯(fǔ):肉干。

【译文】

　　葛洪有次和吴帝一起坐船,遇到大风,那些官员的船不管大小,大多被风刮翻沉没了,葛玄的船也失踪不见了。吴帝叹息说:"葛公有道术,这次也不能幸免啊!"于是吴帝登上山四处观看,让人把葛玄乘坐的船钩上来。那条船已经沉没一天多了,忽然就看见葛玄从水上走过来,来到吴帝身前,还保留着喝过酒的样子,他对吴帝道歉说:"昨天因为陪着您出行,被伍子胥看见了,把我强拉过去,一直没放我走,心中惦记怕您还在水上待着,所以就回来了。"

　　葛玄每次出行,碰到认识的人,就拉他到路边树下玩耍。他掐断草叶把树皮刺破,用杯子接着从树上流出的汁液,树汁像泉水一样喷出,但杯子一满就不流了,喝起来和美酒味道一样。

　　他又找些土块、石块、野草、树枝下酒,那些东西放到嘴里嚼时都变成了鹿肉干。他所刺破的树,用杯子去接,杯子一靠近就会有汁液流出,杯子一满就不流了,别人来取时,却没有东西流出来。

　　或有请玄,玄意不欲往,主人强之,不得已随去。行数百步,玄腹痛,止而卧地,须臾死,举头,头断,举四肢,四肢断,更臭烂虫生,不可复近。请之者,遽走告玄家①,更见玄故在堂上,此人亦不敢言之,走还向玄死处,已失玄尸所在。

　　与人俱行,能令去地三四尺,仍并而步。

　　又玄游会稽②,有贾人③,从中国过神庙,庙神使主簿教语贾人曰④："欲附一封书与葛公，可为致之？"主簿因以函书掷贾人船头，如钉著，不可取。及达会稽，即以报玄，玄自取之，即得。

【注释】

①遽(jù)：惊惧，慌张。

②会稽(kuài jī)：在今浙江，古代郡名，位于长江下游江南一带，秦朝置，其后列朝辖地均有变迁，唐时变为越州，始废。后为越州、绍兴的别称。

③贾(gǔ)人：商人。

④主簿(bù)：古代官名，是各级主官属下掌管文书的佐吏。魏、晋以前主簿官职广泛存在于各级官署中。

【译文】

有人想邀请葛玄去他家，葛玄心里不想去，那家主人就强行拉他走，不得以葛玄就跟着去了。走不到几百步远，葛玄肚子疼，停住了倒在地上，一会儿就死了，那人搬起他的头，头就断了，拉他的四肢，四肢也断了，并且尸体马上腐烂发臭生虫，让人不敢再靠近。邀请他的人，慌慌张张跑到葛玄家去报告发生的事，却看到葛玄坐在堂屋上，这个人就不敢再说什么了，又跑回到葛玄刚死的地方，却已经看不到葛玄的尸体了。

葛玄有时跟人一起走路，能让身体离开地面三四尺高，但是仍然和人并排向前走。

有次葛玄去会稽游玩，有个商人，从中原过来路过神庙，庙里的神让主簿对商人说："想带一封信给葛公，你能带到吗？"主簿就把装好信的信封扔到商人的船头，那信就像被钉子钉在上面一样，取不下来。等船到了会稽，商人就派人报告了葛玄，葛玄亲自去取，就取下来了。

　　语弟子张大言曰^①:"吾为天子所逼留,不遑作大药^②,今当尸解^③,八月十三日日中时当发。"至期,玄衣冠入室,卧而气绝,其色不变。弟子烧香守之三日,夜半,忽大风起,发屋折木,声如雷,炬灭,良久,风止。忽失玄所在,但见委衣床上,带无解者。旦问邻家,邻家人言,了无大风,风止在一宅,篱落树木皆败折也^④。

【注释】

①张大言:葛玄弟子,事迹不详。

②不遑(huáng):没有时间。

③尸解:道家指修道者元神离开肉体而成仙。见《王远》篇注。

④篱(lí):用竹、苇、树枝等编成的围墙屏障。

【译文】

　　葛玄对弟子张大言说:"我被吴帝所逼留在这里,没时间做金丹大药,我现在要尸解而去,八月十三日中午时分就会走。"到了那个时候,葛玄穿好衣服戴好帽子进入屋里,躺床上断气了,他的脸色没有任何变化。他的弟子烧着香守在那里三天三夜,到第三天半夜,忽然刮起大风,把屋顶吹起,树都吹断了,响声像打雷一样,蜡烛都被吹灭,过了好久,风才停住。弟子忽然看到葛玄的尸体不见了,只看到他的衣服都在床上,腰带也没有解开。早晨时弟子问邻居,邻居说,没听见刮风,原来那阵大风只在他家刮,屋外篱笆都倒了,树木也都被刮断了。

卷八

凤纲

【题解】

本篇主要讲述一个叫凤纲的人采百花炼药服用以达长生的故事。取百花作药而服用，属于方士中神仙服饵术的一种，服饵术虽然未必让人真正成仙，但间接对祖国的医药学做出了不小的贡献。

凤纲者，渔阳人也①。常采百草花，以水渍封泥之②，自正月始尽，九月末止，埋之百日，煎九火③。

卒死者，以药内口中④，皆立活。

纲常服此药，至数百岁不老，后入地肺山中仙去⑤。

【注释】

①渔阳：古代地名。秦置渔阳县，隋末改无终县为渔阳，即今北京密云西南。隋玄州渔阳郡、唐蓟州渔阳郡均治此。唐以后渔阳为蓟州治所，明省入蓟州。现蓟县西北有一山，名曰渔山，县城在山南，故名渔阳。

②渍(zì)：浸，沤。

③煎九火：按中药炮制中有"九蒸九晒"之说，目的是为了纠药材药
　　性之偏或增加药物成分，此处"煎九火"应为此意。

④内：同"纳"。

⑤地肺山：道家七十二福地之第一，一般认为是江苏句容的茅山，
　　但历史上也有其他山被称为地肺山的。见《李常在》篇注。

【译文】

凤纲是渔阳人。他经常采集各种草的花，用水和泥把它们密封起
来，他从正月开始采集，到九月末结束，然后把采来的花埋在地里一百
多天，再用火烧炼九次。

如果碰到快要死的人，他就把花药放到病人嘴里，那些人就马上活
了过来。

凤纲经常吃这个药，到几百岁了都不衰老，后来进入地肺山成仙
走了。

卫叔卿

【题解】

卫叔卿属于西汉方士，传说他通过服饵成仙，东晋葛洪《抱朴子·
内篇·仙药》中说"中山卫叔卿服之（指云母），积久能乘云而行"。另
外，唐魏徵等《隋书·经籍志三》记有《卫叔卿服食杂方》一卷，说明卫叔
卿的修仙方法可能主要是服食。

本篇同时也表达了得道的仙人地位比世俗皇权更加尊贵的思想，
故事中因汉武帝慢待了卫叔卿，导致不能得到他的指导而修仙的情节，
与《河上公》篇中河上公要求汉文帝亲自前来问道的意思一样，都表明
了在道教观念中，神仙的地位要高于世俗皇权。

卫叔卿的故事对后世也产生了一定的影响，唐李白在《古风（其十
九）》中曾有"邀我登云台，高揖卫叔卿"一句，唐李翔则专作有一首诗称

颂之（见《卫叔卿不宾汉武帝》）。

　　另外，今华山脚下有一块石头叫"博台"，传说就是卫叔卿和仙人们下棋的地方。

　　卫叔卿者，中山人也①，服云母得仙②。

　　汉元封二年八月壬辰③，孝武皇帝闲居殿上④，忽有一人，乘云车⑤，驾白鹿，从天而下，来集殿前。其人年可三十许，色如童子，羽衣星冠⑥。

　　帝乃惊问曰："为谁？"答曰："吾中山卫叔卿也。"帝曰："子若是中山人，乃朕臣也，可前共语。"叔卿本意谒帝⑦，谓帝好道，见之必加优礼，而帝今云是朕臣也，于是大失望，默然不应，忽焉不知所在。

【注释】

①中山：今河北定州一带。古定州战国初为中山国，后为魏所并，后又属赵，秦为上谷、钜鹿二郡之地，汉高帝置中山郡，景帝改为中山国，封第九子刘胜为中山国王，是为中山靖王，国都卢奴（今河北定州）。

②云母：一种矿物药，古人认为"久服轻身延年"。见《彭祖》篇注。

③汉元封二年八月壬辰：公元前109年8月16日。元封，为汉武帝的第六个年号。壬辰，此指干支纪日法中的十六日。干支纪日法是汉族民间使用天干地支记录日序的方法，是农历的一部分，也是历代历书中的重要组成部分。干支是天干（甲乙丙丁戊己庚辛壬癸）、地支（子丑寅卯辰巳午未申酉戌亥）的合称，它与干支纪年法一样，用干支相匹配的六十甲子来记录日序，从甲子开始到癸亥结束，六十天为一周，循环记录。如某日为甲子日，则

甲子以后的日子依次顺推为乙丑、丙寅、丁卯等；甲子以前的日
子依次逆推为癸亥、壬戌、辛酉等。

④孝武皇帝：即汉武帝刘彻（前156—前87），西汉第七位皇帝。详
见《王兴》篇注。

⑤云车：传说中仙人的车乘，仙人以云为车，故称。西汉刘安《淮南
子·原道训》："昔者，冯夷、大丙之御也，乘云车，入云蜺，游微
雾。"南朝梁萧统《文选·曹植〈洛神赋〉》："载云车之容裔。"唐刘
良注："神以云为车。"

⑥星冠：道士的帽子。

⑦谒（yè）：拜见。

【译文】

卫叔卿是中山郡人，他服用云母而成仙。

汉元封二年八月十六日，汉武帝在大殿上闲坐，忽然有一个人，乘
坐云车，驾着白鹿，从天上下来，停在大殿门前。这个人看上去大概三
十多岁，脸色像少年一样，穿着羽毛做的衣服，戴着道士的帽子。

武帝吃惊地问道："你是谁？"他回答道："我是中山卫叔卿。"武帝
说："你要是中山人，就是我的臣子，你可上前来说话。"叔卿来拜见武
帝，是听说武帝喜欢道术，以为见到自己必定会对自己优待礼遇，现在
却见武帝说自己是他的臣子，于是十分失望，就沉默不语，然后突然就
不见了。

帝甚悔恨，即遣使者梁伯①，至中山推求叔卿，不得见。
但见其子名度世，即将还，见帝。问云："汝父今在何所？"对
曰："臣父少好仙道，尝服药导引②，不交世事，委家而去，已
四十余年，云当入太华山也③。"帝即遣使者，与度世共之华
山求寻其父。

到山下，欲上，辄火不能上也④。积数十日，度世谓使者曰："岂不欲令吾与他人俱往乎？"乃斋戒独上⑤，未到其巅⑥，于绝岩之下，望见其父与数人博戏于石上⑦。

【注释】

①梁伯：人名，事迹不详。

②导引：即导引术，原为中国古代一种以形体运动配合呼吸吐纳的炼养方法，用以达到强身健体、延年益寿的目的。春秋战国时以彭祖等养生家为代表，进行导引锻炼，后道教和中医加以吸收并发展，将行气、按摩、漱咽、肢体运动相配合，"导气令和、引体令柔"。葛洪《抱朴子·内篇·别旨》中说："夫导引疗未患之患，通不和之气，动之则百关气畅，闭之则三宫血凝，实养生之大律，祛疾之玄术矣。"

③太华山：即华山。见《伯山甫》篇注。

④辄（zhé）：总是，就。

⑤斋（zhāi）戒：在中国，斋戒主要用于祭祀、行大礼等严肃庄重的场合，以示虔诚庄敬。斋戒包含了斋和戒两个方面，斋来源于"齐"，主要是"整齐"，如沐浴更衣、不饮酒、不吃荤；戒主要是指戒游乐，比如不与妻妾同寝、减少娱乐活动。后以此指称相似的宗教礼仪。在佛教中，清除心的不净叫作"斋"，禁止身的过非叫作"戒"，斋戒就是守戒以杜绝一切嗜欲。

⑥巅（diān）：一般指山顶。

⑦博戏：指下围棋。

【译文】

武帝十分懊悔，就派遣使者梁伯，去中山寻找叔卿，但是一直找不到他。后来找到他的儿子叫度世，就带回来去见武帝。武帝问他："你父亲现在哪里?"度世回答说:"我父亲年轻时就喜欢修炼神仙道术,曾经服过药也修炼过导引术,他没有做过世上的职业,就离家走了,现在已经四十多年了,有人说他应该去了华山。"武帝就派使者,跟度世一起去华山找他父亲。

　　到了华山脚下,这群人想上山,却被野火拦住上不去。等了十几天,度世就对使者说:"难道是我父亲不想让我和别人一起上去吗?"就斋戒沐浴后自己一个人上去了,还没到山顶时,在一处悬崖绝壁之下,望见他父亲和好几个人正在一块石头上下围棋。

　　紫云郁郁于其上,白玉为床,又有数仙童,执幢节立其后①。

　　度世望而再拜,叔卿曰:"汝来何为?"度世曰:"帝甚悔前日仓卒,不得与父言语,今故遣使者梁伯,与度世共来,愿更得见父也。"叔卿曰:"前为太上所遣②,欲诫帝以大灾之期,及救危厄之法③,国祚可延④,而强梁自负⑤,不识真道,而反欲臣我,不足告语,是以去耳。今当与中黄太乙共定天元⑥,吾终不复往耳。"

　　度世曰:"不审向与父并坐是谁也?"叔卿曰:"洪崖先生、许由、巢父、火低公、飞黄子、王子晋、薛容耳⑦。今世当大乱,天下无聊⑧,后数百年间,土灭金亡⑨。汝归,当取吾斋室西北隅大柱下玉函⑩,函中有神素书⑪,取而按方合服之,一年,可能乘云而行,道成,来就吾于此,勿得为汉臣也,亦不复为语帝也。"度世于是拜辞而去。

【注释】

①幢(chuáng)节:旗帜仪仗。

②太上：此处应为太乙之神的尊称。太乙，又称太一，秦汉时期，太乙被认为是紫微宫北极天帝或天帝大皇，是天中央主宰四方的最高神。见《彭祖》篇注。

③厄（è）：困苦，灾难。这里指汉代的国运。东汉班固《汉书·路温舒传》："温舒从祖父受历数天文，以为汉厄三七之间。"颜师古注引张晏曰："三七，二百一十岁也。自汉初至哀帝元年，二百一年也，至平帝崩二百十一年。"另外约为建安末年的《汉武故事》中有汉武帝自言灾厄之期的记载。这都是汉代的一种谶纬之说。

④国祚（zuò）：国运。

⑤强梁：强横。

⑥中黄太乙：东汉末张角所创立的太平道所尊奉的最高天神。太乙之前冠以"中黄"二字，与"五德终始"说有关。"五德终始"是战国时期的阴阳家邹衍所主张的历史观念。"五德"是指五行木、火、土、金、水所代表的五种德性，"终始"指"五德"的周而复始的循环运转。因东汉光武帝被认为是得赤符称帝，以火德自居，依五德生克关系，火生土，五行中土居中，色尚黄，而张角创立的太平道以土为吉，崇尚黄色，隐含着主运土德的张角太平道即将取代主运火德的东汉王朝，建立黄天太平社会的愿望，所以他们奉"中黄太乙"为尊神。天元：周历建子，以今农历十一月为正月，后世以周历得天之正道，谓之"天元"，所以"天元"也指代历法或天运。西汉司马迁《史记·历书第四》："王者易姓受命，必慎始初，改正朔，易服色，推本天元，顺承厥意。"

⑦洪崖先生：又称洪涯先生、洪先生，即青城真人，相传为轩辕黄帝的乐官，名伶伦，后来修道成仙。南朝梁陶弘景《真诰》云："洪崖先生，今为青城真人，墓在武威。"《吕氏春秋·古乐》称其曾为黄帝作律，民间传说其曾隐居豫章郡（今江西南昌）境内的西山炼丹。许由：历史上有名的贤者，据西晋皇甫谧《高士传》："许由字

武仲,阳城槐里人也。"槐里即今河南登封箕山一带。据《高士传》记载,尧帝曾想把天下让给许由,许由不接受并逃走了,尧帝又想请他做九州长,他不想听,便跑到颍水边洗耳朵。巢父:据皇甫谧《高士传》,巢父也是尧帝时的隐士,许由的朋友,因居山中不经营世务,年老时以树为巢而居其上,故得名。传说许由把尧帝让给他天下的事告诉巢父,巢父说:"汝何不隐汝形,藏汝光,若非吾友也。"火低公:古代仙人,具体事迹不详。飞黄子:古代仙人,北宋李昉等《太平御览》卷九百八十六引《神仙传》曰:"漆飞黄子张虚,字子黄,辽人也。行玄素之道,年二百岁,有少容。服九英、盖芝、石象,而成道也。"可知原《神仙传》中当有《飞黄子》篇。唐段成式《酉阳杂俎·玉格》篇中记有《飞黄子经》,为符图类典籍。明王履诗《上方峰》有"待念飞黄子,忘形却试寻。"王子晋:即王子乔,周灵王时太子,后传说成仙。见《太玄女》篇注。薛容:古代仙人,具体事迹不详,胡守为《神仙传校释》疑为"太容",太容为黄帝时乐师。

⑧无聊:生活穷困,无所依赖。

⑨土灭金亡:指五德终始里的土德和金德。

⑩隅(yú):角落。

⑪素书:此处指道书。

【译文】

紫色的祥云弥漫在他们的上方,他们都坐在白玉床上,还有几个仙童,拿着旗帜站在后面。

度世望见后赶紧下拜,叔卿说:"你来做什么?"度世说:"武帝十分懊悔前几天仓促间所说的话,导致不能再跟父亲说话了,所以现在派使者梁伯和我一起来,希望能再见到父亲。"叔卿说:"我前几天受太上所派遣,想告诫武帝国家灾难要发生的日期,还有如何在危难中救国的方法,这样汉代的江山就能得以延长,但是他强横无礼,不认识真正有道的人，反而想将我变成他的臣子，所以就不值得告诫他了，我这才离去。现在我要跟中黄太乙共同商定天下大势，我再也不会去找他了。"

度世说："不知道跟父亲一起坐着的人都是谁？"叔卿说："他们是洪崖先生、许由、巢父、火低公、飞黄子、王子晋、薛容。现在世道就要大乱了，天下人的生活将再次陷入穷困，再过几百年，土德和金德的朝代都会灭亡。你赶快回家，取出我房子里西南角的柱子下面的玉盒，盒子里有神仙道书，你取出来后按照上面的方子配药服用，过一年，就可以乘云飞行了，修道成功后，再来这里见我，不要再做汉朝的臣民了，也不要再告诉武帝。"度世于是拜别告辞走了。

下山见梁伯，不告所以，梁伯意度世必有所得，乃叩头于度世，求乞道术。先是，度世与之共行，见伯情行温实，乃以语之，梁伯但不见柱下之神方耳。

后掘得玉函，封以飞仙之印①，取而饵服②。乃五色云母③，遂合药服之，与梁伯俱仙去。留其方与子，而世人多有得之者。

【注释】

①飞仙之印：原作"飞仙之香"，据北宋李昉等《太平广记》改。

②饵(ěr)服：即服饵，又称服食，即通过一定的方法去服用草木、矿物等药物以求长生。

③五色云母：指五种云母。《抱朴子·内篇·仙药》介绍了其分辨法："云母有五种，而人多不能分别也，法当举以向日，看其色，详占视之，乃可知耳。"此外，还介绍了四季对应服用的云母品种和服用后的功效，认为连续服用"五年不阙"，则可"与仙人相见"。云母，是一种矿物药。见《彭祖》篇注。

【译文】

度世下山后见到梁伯，没有跟他说山上发生的事，梁伯心想度世必定有所收获，就磕头求度世，请他教自己道术。之前，度世一直跟梁伯同行，见梁伯性格举止温厚老实，就把实话跟他说了，只是梁伯没看见柱子下面埋着的神方。

度世后来把玉盒挖了出来，看到是用飞仙印封着的，就取出里面的方子准备服用。原来那方子是教服五种云母，于是度世就配好药物一直服用，最后跟梁伯一起成仙走了。度世把方子留给了儿子，后世也有很多人得到过这个方子。

墨子

【题解】

墨子名翟，春秋末期战国初期宋国人，另有说其是鲁阳（今河南鲁山）人，一说滕国（今山东滕州）人。墨子是宋国贵族目夷的后代，生前担任宋国大夫。他是墨家学派的创始人，也是战国时期著名的思想家、教育家、科学家、军事家，其具体生卒年不详，西汉司马迁《史记》中称其或与孔子同时，或在其后。

墨子创立的墨家学派在先秦时期影响很大，与儒家并称"显学"，共为百家之首。他提出了"兼爱""非攻""尚贤""尚同""天志""明鬼""非命""非乐""节葬""节用"等观点，以兼爱为核心，以节用、尚贤为支点，反对当时的贵族阶层在礼乐丧葬制度上的铺张浪费和诸侯国间的兼并战争，受到大批手工业者和下层劳动人民的追随，其组织是个有着严格纪律的团体，领袖被称为"矩子"（巨子），成员都被称为"墨者"，并代代相传。

墨子也是中国古代逻辑思想体系的重要开拓者之一，墨辩和古代印度的因明学、古希腊的逻辑学并称世界三大逻辑学。另外，墨家在战国时期创立了以几何学、物理学、光学为突出成就的一整套科学理论，是中国历史上第一个在力的作用、杠杆原理、光线直射、光影关系、小孔成像、点线面体圆概念等众多领域都有深入研究的一个群体。在军事上，墨子几乎谙熟当时各种兵器、机械和工程建筑的制造技术，并有不少创造发明。在《墨子》一书中的《备城门》《备水》《备穴》《备蛾傅》《迎敌祠》《杂守》等篇中，他详细介绍和阐述了城门的悬门结构，城门和城内外各种防御设施的构造，弩、桔槔和各种攻守器械的制造工艺，以及水道和地道的构筑技术。他所论及的这些器械和设施，对后世的军事活动有很大的影响。

墨子死后，墨家分为相里氏之墨、相夫氏之墨、邓陵氏之墨三个学派，其弟子根据墨子生平事迹史料，收集其语录，完成了《墨子》一书，本篇中的"止楚攻宋"的故事即出自《墨子·公输》篇。东汉班固《汉书·艺文志》中曾说《墨子》有七十一篇，今存五十三篇，明《道藏》太清部中有收录。墨家学派在汉初遭受统治阶层打压，遂致湮灭无闻，直至清末民初才被学者们从故纸堆中翻出，发现其历史价值。

关于墨子修仙的记载，清代学者孙诒让认为是魏晋间伪托的故事，最早见于葛洪的相关著作，如本篇中的后半部分。另外，在东晋葛洪《抱朴子·内篇·金丹》中记载的墨子丹法，是用汞及五石炼制外丹的方法，还有题为葛洪所著的《枕中书》（有学者认为该书是托名之作）中列墨子为"太极仙卿"，并谓"治马迹山"。此后关于墨子成仙的相关记载开始流传，如南朝梁陶弘景《真诰·稽神枢》中说"服金丹而告终者蔡延甫、张子房、墨狄子是也"，并在《真灵位业图》中列墨子为玉清三元宫第四阶左五十二位神，注曰"宋大夫，亦解矣"。南朝齐、梁学者阮孝绪在《七录》记有《墨子枕中五行要记》一卷、《五行变化墨子》五卷。北宋张君房《云笈七签》卷五十九中有《墨子闭气行气法》，为内修方法。

墨子者，名翟，宋人也。仕宋为大夫①，外治经典，内修道术，著书十篇，号为《墨子》，世多学者。

与儒家分途，务尚俭约，颇毁孔子。

有公输般者②，为楚造云梯之械③，以攻宋④，墨子闻之，往诣楚。

脚坏，裂裳裹足，七日七夜到。见公输般而说之曰："子为云梯以攻宋，宋何罪之有？余于地而不足于民，杀所不足而争所有余，不可谓智；宋无罪而攻之，不可谓仁；知而不争，不可谓忠；争而不得，不可谓强。"公输般曰："吾不可以已，言于王矣。"

【注释】

①大（dà）夫：古代官名。西周以后的诸侯国中，国君下有卿、大夫等十三级，大夫世袭，且有封地。后来大夫成为一般任官职者的称呼。

②公输般：公输是姓，其名般，字若，春秋末期鲁国（今山东滕州）人。因"盘""般""班"三字在古代通用，故亦称鲁班。他出生于工匠世家，有很多技术上的发明，传说风筝、攻城的云梯、士兵的铠甲、研磨谷米的砲磨以及锯子等都由其所造，被后世建筑工匠尊为祖师。

③楚：又称荆、荆楚，是春秋战国时一个诸侯国。详见《老子》篇注。
云梯：属于古代战争器械，用于攀越城墙攻城的用具。古代的云梯，有的种类其下带有轮子，可以推动行驶，故也被称为"云梯车"。云梯一般配备有防盾，绞车，抓钩等器具，有的带有滑轮升降设备。云梯的发明者一般认为是春秋时期的公输般，因楚惠王为了达到称雄目的，命令公输般制造了历史上的第一架云梯。

④宋：周朝时诸侯国，位于今河南东部商丘，辖地大体与今商丘境

域相当。周成王年间封殷商后裔微子启于商丘，称宋国，都宋城，"宋"由此而来。宋地是宋氏的发源地，周赧王二十九年（前286）齐灭宋，齐、魏、楚三分宋地。

【译文】

墨子，名翟，是宋国人。他在宋国做大夫，一边研究各家经典，一边修炼道术，他写了十篇文章，集结后称为《墨子》，世上有很多人学他的东西。

墨子跟儒家的主张不同，他崇尚勤俭节约，对孔子的思想多有批评。

有个叫公输般的人，为楚国制造了一种叫云梯的器械，准备用来攻打宋国，墨子听说后，就起身去楚国。

他一路走得脚都破了，就把衣服撕下来裹在脚上，这样走了七天七夜才到楚国。见到公输般，就劝他说："你制造云梯来攻打宋国，宋国有什么罪过呢？你们楚国土地广大而百姓稀少，你们国家百姓不多却要去杀别国的人口，去争抢你们已经很广阔的土地，这种做法，不能说很明智啊；宋国没有过错，你却要攻打他们，这不能说是仁义的行为；你知道攻打宋国是一件错事，却不加以劝阻，说明你对楚国并不忠心；你要是劝阻了却没有成功，说明你能力不强。"公输般说："这件事不是我能阻止的，你还是去跟我们楚王说吧。"

墨子见王曰："于今有人，舍其文轩①，邻有一弊舆②，而欲窃之；舍其锦绣③，邻有短褐④，而欲窃之；舍其粱肉⑤，邻有糟糠⑥，而欲窃之，此为何若人也？"王曰："若然者，必有狂疾。"翟曰："楚有云梦之麋鹿⑦，江汉之鱼龟⑧，为天下富。宋无雉、兔、鲋鱼⑨，犹粱肉与糟糠也；楚有杞、梓、豫章⑩，宋无数丈之木，此犹锦绣之与短褐也。臣闻大王更议攻宋，有与此同。"王曰："善哉！然公输般已为云梯，谓必取宋。"

【注释】

①文轩：指装饰华美的车子。

②弊舆：破败的车子。舆，原指车中装载东西的部分，后泛指车。

③锦绣：精美鲜艳的丝织品，这里指代华美的衣服。

④短褐(hè)：用兽毛或粗麻布做成的短上衣，指平民的衣着。汉代对寻常百姓所穿的一种服装的称呼，又称"竖褐"。

⑤粱肉：指精美的饭食，泛指美食佳肴。粱，粟的优良品种的总称，粟即俗称的小米。

⑥糟糠：穷人用来充饥的酒渣、米糠等粗劣食物。

⑦云梦：地名，在今湖北孝感云梦县，古时属荆州之城，春秋时属郧国，战国时属楚国，今其处有楚王城遗址。麋(mí)鹿：又名"四不像"，是世界珍稀动物，属于鹿科。因为它头脸像马、角像鹿、颈像骆驼、尾像驴，因此得名四不像。原产于长江中下游沼泽地带，以青草和水草为食物。

⑧江汉：指长江和汉江，两者交汇于湖北武汉，古属楚地。

⑨雉(zhì)：俗称野鸡。详见《彭祖》篇注。鲋(fù)鱼：即鲫鱼，生活在淡水中。

⑩杞(qǐ)、梓(zǐ)、豫章：皆为树名，可作建造的木材，《左传》卷一八云："杞、梓、皮革，自楚往也，虽楚有材，晋实用之。"这里杞、梓被视为楚地的良材。豫章，有说即今之樟树。

【译文】

墨子见到楚王，对他说："假如现在有个人，放弃自己华美的马车，却想去偷窃邻居家破烂的车子；不穿自家精美的丝绸衣服，却想去偷邻居家的粗麻布衣；不吃自家的美食佳肴，却想偷窃邻居家的酒渣、米糠等做的食物，这种人算是什么样的人呢？"楚王说："要是像这样，这个人必定是个疯子。"墨子说："楚国有云梦的麋鹿，长江和汉江的鱼和龟，是天下最富有的地方。宋国连野鸡、兔子、鲫鱼都没有，楚国跟宋国比就像美食和米糠一样；楚国有杞、梓、豫章这些上好的木材，而宋国连几丈高的树木都找不到，这就像锦绣衣服和粗麻布衣对比一样。我听说大王您一再商议攻打宋国，这样的行为跟刚才我说的那些行为一样。"楚王说："您说得太对了！但是公输般已经制造了云梯，说是必定能打下宋国。"

于是见公输般，墨子解带为城，以幞为械①，公输般乃设攻城之机，九变，而墨子九拒之。公输般之攻城械尽，而墨子之守有余也。

公输般曰："吾知所以攻子矣，吾不言。"墨子曰："吾知子所以攻我，我亦不言。"王问其故，墨子曰："公输之意，不过杀臣，谓宋莫能守耳。然臣弟子禽滑厘等三百人②，早已操臣守御之器，在宋城上，而待楚寇矣③，虽杀臣，不能绝也。"楚乃止，不复攻宋。

墨子年八十有二，乃叹曰："世事已可知，荣位非常保，将委流俗以从赤松子游耳④。"乃入周狄山⑤，精思道法，想像神仙。

【注释】

①幞（fú）：古代男子用的一种头巾。

②禽滑厘：字慎子，春秋战国时期魏国人，传说是墨子的首席弟子。他原为儒家弟子，后改投墨子，墨子尽传其学。

③寇：盗匪，侵略者，亦指敌人。

④赤松子：传说中的上古神仙，也作"赤诵子"，《列仙传》记载："赤

松子,神农时雨师也。"东汉韩婴《韩诗外传》中说"帝喾(见《老子》篇注)学乎赤松子",则赤松子又为帝喾的老师。传说赤松子曾在四川金华山仙游,现山上有赤松祠,赤松涧。此处代指仙人。

⑤周狄山:山名,具体已不可考。

【译文】

于是墨子去见公输般,墨子把腰带解下来当做城墙,用头巾做了个守城器械,公输般就制造了攻城的器械,然后公输般发动了九次不同的进攻,都被墨子阻挡了回来。公输般攻城的器械用完了,而墨子守城的器械还有很多。

公输般说:"我知道怎么打赢你了,但是我不说。"墨子说:"我知道你打败我的方法,我也不说。"楚王问是怎么回事,墨子说:"公输般的意思,不过是把我杀了,这样宋国就没人能守住了。但是我的弟子禽滑厘等三百多人,早就拿着我的守城工具,在宋国城墙上等待着楚国的大军,即使把我杀了,也不能消灭他们的。"楚国只好罢手,不再攻打宋国。

墨子八十二岁的时候,叹息道:"世上的事我都已经了解,荣华富贵都不是能长久保存的,我要放弃这些俗世的生活去跟随赤松子那样的仙人去学仙了。"于是他就进入周狄山,专研道术,希望自己有一天也能成仙。

于是数闻左右山间有诵书声者,墨子卧后,又有人来,以衣覆足。墨子乃伺之①,忽见一人,乃起问之曰:"君岂非山岳之灵气乎?将度世之神仙乎②?愿且少留,诲以道要③。"神人曰:"知子有志好道,故来相候,子欲何求?"墨子曰:"愿得长生,与天地相毕耳。"于是神人授以素书《朱英丸方》《道灵教戒》《五行变化》④,凡二十五篇,告墨子曰:"子有仙骨，又聪明，得此便成，不复须师。"墨子拜受。合作，遂得其验。乃撰集其要，以为《五行记》⑤。乃得地仙⑥，隐居以避战国。

至汉武帝时，遣使者杨违⑦，束帛加璧⑧，以聘墨子，墨子不出。视其颜色，常如五十许人。周游五岳⑨，不止一处。

【注释】

①伺：观察，侦候。

②度世：指超脱尘世而成仙。

③诲：教导，明示。

④素书：指道书。朱英：又名朱草，是紫草科牛舌草属约五十种的植物和与其近缘的常绿难忘草的俗称，该草红色，可作染料，古代认为其为瑞草，《尚书外传》中说："德光地序则朱草生。"方士用之炼外丹，以为可以长生不老。《抱朴子·内篇·金丹》中说："又和以朱草，一服之，能乘虚而行云。朱草状似小枣，栽长三四尺，枝叶皆赤，茎如珊瑚，喜生名山崖石之下，刻之汁流如血，以玉及八石金银投其中，立便可丸如泥，久则成水。以金投之，名为金浆，以玉投之，名为玉醴，服之皆长生。"《朱英丸方》：应为用朱英草炼药的方书。《道灵教戒》《五行变化》：皆为道术之书，内容不详。

⑤《五行记》：即《墨子枕中五行记》，又称《墨子五行记》，《抱朴子·内篇·遐览》中称其共五卷，内容主要为各种变化的道术："其变化之术，大者唯有《墨子五行记》，本有五卷，昔刘君安未仙去时，钞取其要，以为一卷。其法用药、用符，乃能令人飞行上下，隐沦无方。含笑即为妇人，蹙面即为老翁，踞地即为小儿，执杖即成林木，种物即生瓜果可食，画地为河，撮壤成山，坐致行厨，兴云

起火,无所不作也。"

⑥地仙:指常住在人间的仙人。葛洪《抱朴子·内篇·论仙》:"按《仙经》云,上士举形升虚,谓之天仙;中士游于名山,谓之地仙;下士先死后蜕,谓之尸解仙。"

⑦杨违:人名,具体事迹不详。

⑧束帛:捆为一束的五匹帛,古代用为聘问、馈赠的礼物。帛,丝织品的总称。

⑨五岳:中国五大名山的总称,是古代民间山神崇拜、五行观念和帝王巡猎封禅相结合的产物,后为道教所继承,被视为道教名山。分别是东岳泰山(位于山东泰安泰山区)、西岳华山(位于陕西渭南华阴)、南岳衡山(位于湖南衡阳南岳区)、北岳恒山(位于山西浑源)、中岳嵩山(位于河南登封)。

【译文】

墨子几次听到左右山间有人读书的声音,他睡下后,就有人过来,用衣服裹住脚悄悄地走动。墨子就静静地等着,忽然就看到一个人,于是起身问他说:"您难道是大山的灵气吗?还是要得道成仙的人?希望您暂作停留,教给我一些修道的要领。"那个神人说:"知道你有志于修道,所以才在这里等你,你有什么要求?"墨子说:"我希望能长生不死,跟天地一样长久。"于是神人就传授给他道书《朱英九方》《道灵教戒》《五行变化》,共有二十五篇,他告诉墨子说:"你有成仙的骨相,人又聪明,得到这些书,你就能修道成功,不需要再找老师指导。"墨子就下拜领受了。他按照书上的药方去炼制丹药,果然获得了效验。他于是把那几本书的要点摘录下来,合成一本书叫《五行记》。墨子后来成了地仙,隐居了起来,好躲避战国时期的战乱。

到汉武帝的时候,武帝派遣使者杨违,带着布帛和玉璧,去聘请墨子,但墨子不愿意出山。别人看到的墨子的容貌,一直像五十几岁的人。他经常在五岳之间周游,也不常住一个地方。

孙博

【题解】

孙博是汉代时仙人，其事迹主要见于此篇，他主要修习墨子的道术。

关于墨子修仙的记载最早见于魏晋时期，因墨家学派中多有古代各种科技内容，所以自汉代墨家学派受打压而隐去后，其中的部分科技成果可能为道教人士所吸收，故墨子逐渐被附会成道教中的神仙，这大约是魏晋时出现墨子修道成仙传说的原因。自墨子成仙的故事流传开后，与之相关的传说也就开始出现，本篇大约就是在这种背景下产生的。

孙博者，河东人也①。有清才②，能属文③，著书百余篇，诵经数十万言。晚乃好道，治墨子之术④。

能令草木金石皆为火光，照数里。亦能使身成火，口中吐火。指大树、生草，则焦枯，更指，还如故。

又有人亡奴，藏匿军中者，捕之不得。博语奴主曰："吾为卿烧其营舍，奴必走出，卿但谛伺捉之⑤。"于是博以一赤丸子，掷军门，须臾，火起烛天，奴果走出，乃捉得之。博乃复以一青丸子掷之，火即灭。屋舍百物，如故不损。

【注释】

①河东：河东在古代指山西西南部，今山西永济，古称河东之地，不同时代曾分别置河东郡、河东府、河东道、河东县等，汉为河东郡。

②清才：卓越的才能。

③属（zhǔ）：连缀，接连。

④墨子之术：指《墨子枕中五行记》中的变化之术。见《墨子》篇注。

⑤谛（dì）伺：仔细观察等待。谛，仔细。伺，观察，侦候。

【译文】

孙博是河东地区的人。他才能卓越，善写文章，写的文章有一百多篇，曾阅读各类经典几十万字。他晚年喜欢修道，专门研究墨子的道术。

他能让野草、树木和石头、金属都发出火光，能照亮周围几里的地方。也能让自己身上起火，口中吐出火。他用手指一下大树和绿草，它们立刻就枯萎了，再用手一指，又会还原成原来的样子。

有次有个人家里的奴隶逃掉了，躲在军队里，逮捕不到。孙博对奴隶的主人说："我给你烧那座军营，那个奴隶必定会逃出来，你就在外面好好等着捉拿他。"于是孙博拿出一个红色的药丸，丢到军营门口，过了一会，大火就烧了起来，把天空都照亮了，那个奴隶果然跑了出来，于是一下就被抓到了。孙博就再拿一个青色的药丸扔过去，大火就灭了。所有的房子和家具等东西，都像原来一样没有任何损坏。

博每作火，有所烧，他人以水灌之，终不可灭，须臾自止之方止。

行水火中，不沾灼①，亦能使千百人从己蹈之，俱不沾灼。

又与人往水上布席而坐，饮食作乐，使众人舞于水上。

又山间石壁，地上盘石②，博入其中，渐见背及两耳，良久都没。

又能吞刀剑数千枚，及壁中出入，如有孔穴也。

能引镜为刀③，屈刀为镜，可积时不改，须博指之，乃复如故。

后入林滤山④，服神丹而仙去。

【注释】

①灼（zhuó）：烧，炙。

②盘石：指极为坚硬而致密的石头。

③引镜为刀：古人以铜为镜，所以这里说把镜子拉长做成刀。

④林滤山：位于山西长治平顺县城东南的玉峡关乡背泉村东，处于太行山东部边缘，海拔1800米，为太行山主峰之一，素有"不登林滤山，不知太行险"之说。

【译文】

孙博每次起火，要烧某个东西，别人用水去浇，始终也浇不灭，需要过一会儿他亲自去灭火，火才能灭掉。

他能在水中和火中行走，身上既不会被水弄湿，也不会被火烧伤，他还能让成百上千的人跟着自己一道去趟过水火，都不会被弄湿或烧伤。

他还能在水上铺个凉席，跟别人一起坐在上面，吃喝玩耍，然后让众人在水面上跳舞而不落水。

他还能钻进山里的石壁和地上的大石头里，他慢慢地进入其中，渐渐只看见他的后背和两只耳朵，再过一会儿，就全身都进去了。

他还能一次吞下上千把刀剑，还能随意进出墙壁，就像墙壁上有洞穴一样。

他能把铜镜拉长变成一把刀，又能把刀弄弯曲变成镜子，这些东西很长时间都不会发生变化，需要孙博去指一下，才能让它们恢复原状。

他后来进入林滤山，服用神丹成仙而去。

天门子

【题解】

　　天门子是古代房中家，葛洪《抱朴子·内篇·遐览》载有《天门子经》，汉魏本《神仙传》说他"姓王名纲"，明陈士元《名疑》卷四则称其"姓王名经"，这些不同可能是传抄过程中的讹误所致。

　　房中术是古代方士修炼的一大门类，其中又有很多派别，《神仙传》中的天门子和玉子（见《玉子》篇）即属于房中术中的五行派。该派的特点主要是用阴阳五行的思想对房中修炼加以理论阐释和指导，大意不出阴阳互补、五行生克之意。阴阳五行本是春秋战国时期所形成的思想学派，可能自汉至魏晋时，因房中术兴盛，便有人将其应用到房中术之中，从而形成了此一派别。

　　天门子者，姓王名刚。尤明补养之要，故其经曰①："阳生立于寅，纯木之精；阴生立于申，纯金之精②，夫以木投金，无往不伤，故阴能疲阳也。

　　"阴人所以著脂粉者③，法金之白也④。是以真人道士，莫不留心注意，精其微妙，审其盛衰。我行青龙，彼行白虎，取彼朱雀，煎我玄武⑤，不死之道也。

　　"又阴人之情也，每急于求阳，然而外自戕抑⑥，不肯请阳者，明金不为木屈也。阳性气刚燥，志节疏略⑦，至于游宴，言和气柔，辞语卑下，明木之畏于金也。"

　　天门子既行此道，年二百八十岁，犹有童子之色。乃服珠醴⑧，得仙入玄洲山去也⑨。

【注释】

①其经：东晋葛洪《抱朴子·内篇·退览》中有《天门子经》。

②"阳生立于寅"几句：这是古代用阴阳五行理论结合干支学说而形成的一种占候法，认为男属阳，生于寅，女属阴，生于申。东汉许慎《说文解字》第九上"包"解说称："元气起于子，子，人所生也。"又称："高云：三十而娶者，阴阳未分时俱生于子。男从子数左行三十年立于巳，女从子数右行二十年亦立于巳，合夫妇。故圣人因是制礼，使男三十而娶，女二十而嫁。其男子自巳数左行十得寅，故人十月而生于寅，故男子数从寅起。女自巳数右行十得申，亦十月而生于申，故女子数从申起。""按今日者卜命，男命起寅，女命起申，此古法也"。

③阴人：指女人。

④法金之白：按古代五行思想归类，金在五方中属西方，在五季中属秋季，在五脏中属肺，在五色中为白。

⑤"我行青龙"几句：青龙、白虎、朱雀和玄武又称四象，在汉族神话中代表四方之神灵，有祛邪、避灾、祈福的作用。春秋战国时期，由于五行学说盛行，所以四象也被配色成为东方青龙，西方白虎，南方朱雀和北方玄武，此处则分别代表五行中的木、金、火、水，用以解释房中术中男女阴阳之道。

⑥戕（qiāng）抑：压抑的意思。

⑦疏略：此处指粗略，粗心大意。

⑧珠醴（lǐ）：应为一种炼制的丹药，具体不知何物。

⑨玄洲山：又称玄洲，传说中的海外仙山。见《刘安》篇注。

【译文】

天门子，姓王名刚。他对用房中术补养的方法特别有研究，所以他写的经书里说："男子生于寅，是五行中木的精华；女子生于申，是五行中金的精华。如果把木扔到金里去，就一定会受伤，所以女子会让男子疲惫不堪。

"女人之所以喜欢涂脂抹粉，是想效法金的白。所以修仙的真人和道士，都会留心观察，对微妙的变化都要十分了解，并能做出盛衰的判断。男子是东方青龙之气，女子是西方白虎之气，取用对方身上的元阳，来炼制自身中的真阴，这才是能够长生不死的方法。

"另外，女子的性情，是急于求取阳气的，但是她们表面上又掩饰压抑，不肯主动，是因为明白金性不能屈服于木性。男子性情急躁，心思比较粗疏，但是和女子在一起游乐的时候，说话却轻声细语，言语谦卑，是明白木气受金气制约。"

天门子实行这个道术，活了二百八十岁，看上去还有着像少年一样的面容。他后来服用珠醴，成了神仙到玄洲山中去了。

玉子

【题解】

玉子是魏晋时房中家，传说为晋朝紫微夫人所撰《洞真太上太霄琅书》卷九，在介绍完房中七家之书后，又说"天门、玉子，皆传斯道"。这里的"天门"即天门子（见《天门子》篇），玉子和他一样都属于房中术修炼家中的五行派，该派除修炼房中术外，也炼制外丹，同时还有服食、服气、符箓、变化等道术。南朝梁陶弘景《真诰》卷四引紫微夫人诗作有"借问朋人谁，所存唯玉子"。紫微夫人属于道教上清派的神仙，这说明玉子和上清派有一定的关系。

《神仙传·太阴女》篇中说太阴女："好玉子之道，颇得其法，未能精妙。"另《离明》篇中说离明本为玉子之友，后成为其弟子，并说玉子的弟子有三千多人，说明玉子在当时有相当的影响力，东晋葛洪《抱朴子·内篇·遐览》中的《五行要真经》传为玉子所作。

另外汉魏本《神仙传》把玉子写作"姓韦名震"，应是传抄中的讹误。

另《真诰·稽神枢第四》中说："玉子者，帝倍（瞀）也。"说的是另一玉子。

玉子者，姓章名震，南郡人也①。

少好学众经，周幽王征之不出②，乃叹曰："人生世间，日失一日，去生转远，去死转近，而但贪富贵，不知养性命，人尽气绝，则死。位为王侯，金玉如山，何益于灰土乎？独有神仙度世③，可以无穷耳。"乃师长桑子④，具受众术，别造一家之法，著道书百余篇。

其术以务魁为主⑤，而精于五行之意⑥。演其微妙，以养性治病，消灾散祸。

【注释】

①南郡（jùn）：古代中国的一个郡，始置于秦朝，治所在江陵县（今湖北荆州），东汉末年和三国时期治所在公安。唐代南郡更名为江陵郡，后来又改为江陵府。

②周幽王：西周第十二任君主姬宫湦（前795—前771），姬姓，名宫湦（一作宫涅、宫生），周宣王姬静之子，母姜后，前781—前771年在位。公元前771年，犬戎攻入西周都城镐京，杀死姬宫湦，西周灭亡。姬宫湦死后，谥号幽王，诸侯共同拥立其子姬宜臼继位，是为周平王，史称东周。

③度世：这里指超脱凡尘。

④长桑子：北宋张君房《云笈七签》卷一〇九引《神仙传》作"桑子"，西汉司马迁《史记·扁鹊传》中曾说扁鹊师长桑君，按长桑君为当时的隐者、神人，不知和此处长桑子是否为同一人。

⑤务魁（kuí）：从下文看，务魁似是一种用于治病的道术。魁，北斗七星的首星。

⑥五行：指木、火、土、金、水，古人用来概括构成世界的五大要素的特性。最早见于《尚书·洪范》篇："水曰润下，火曰炎上，木曰曲直，金曰从革，土爰稼穑。"后世有人完善丰富了五行的相生相克理论，用来说明世界万物间的相互关系。战国晚期，齐国人邹衍把阴阳学说和五行学说结合起来，创造了一个思想学派叫阴阳家。阴阳家将自古以来的数术思想与阴阳五行学说相结合，进一步发展，建构了规模宏大的宇宙图式，尝试解说自然现象和社会现象的成因及其变化法则，华夏民族的天文学、气象学、化学、算学、音律学和医药学等的发展都受其影响。

【译文】

玉子这个人姓章名震，是南郡人。

他年轻时喜欢学习各家经典，周幽王征召他出来做官，他没有答应，叹息道："人来到世间，过一天少一天，离活着越来越远，离死亡越来越近，要是只贪求富贵，不知道保养性命，寿命到头时人一断气，就死了。就算贵为王侯，家中金玉财宝多得堆成山，对埋在尘土中的人来就又有什么用呢？只有修炼成仙，才能超脱凡尘，让生命无穷地存在下去。"于是他拜长桑子为师，学了他所有的道术，然后创造出了自己的一套方法，并写成道书，有几百篇文章。

他的道术以务魁术为主，对阴阳五行的含义非常精通。他通过对阴阳五行之间微妙关系的推演，来养生治病，消灾解难。

能起飘风，发屋、折木，作雷雨云雾。

能以草芥、瓦石为六畜、龙、虎①，立成。

能分形为百千人，能涉江海。含水喷之，皆成珠玉，亦不变。

或时闭气不息，举之不起，推之不动，屈之不曲，伸之不直。或百日，数十日乃起。

每与子弟行，各丸泥为马与之，皆令闭目，须臾，成大马，乘之，日行千里。

又能吐气五色，起数百丈。见飞鸟过，指之即堕。临渊投符，召鱼鳖之属，悉来上岸。

能令弟子举眼见千里外物，亦不能久也。

其务魁时，以器盛水，著两肘之间，嘘之水上，立有赤光辉辉，起一丈。以此水治病，病在内，饮之；在外者，洗之，皆立愈。

后入崆峒山合丹②，白日升天而去。

【注释】

①草芥(jiè)：小草，比喻微不足道的东西。六畜：也称六扰（驯服）、六牲，是六种家畜的合称，即：马、牛、羊、猪、狗、鸡，此处泛指各种动物。

②崆峒山：位于甘肃平凉城西十二公里处，传说古代黄帝向广成子问道处。

【译文】

他能作法起大风，把屋子吹倒、大树刮断，还能制造雷雨和云雾。

他还能用小草、瓦片、石块变成六畜和龙、虎等动物，瞬间就变出来了。

他能分身成成百上千个人，还能穿越江河湖海。他含一口水喷出去，水一落地就马上变成玉珠，而且不会再发生变化。

他有时坐地上闭气不呼吸，别人抬也抬不动他，推也推不动他，想把他身体弄弯曲也弯不了，想把他身体拉直也拉不直。就这样他有时要坐上百天，或者坐几十天才起身。

他每次跟弟子们出行，都用一九泥巴捏成马给弟子们，让他们闭上眼睛，过了一会儿，泥巴做的马就变成了真的大马，大家骑着走，一天能跑一千多里。

他还能吐出五种颜色的气，并能升起几百丈高。他看见飞鸟从头顶飞过，用手一指，飞鸟就坠落下来。在深水边投下一道符，召唤鱼鳖之类，它们就都会上岸来。

他能让弟子们抬起眼睛看到几千里外的东西，但是维持不了太长时间。

他用务魅术的时候，用容器装满水，放在两个胳膊肘之间，再对着水面慢慢地吹气，立刻就有一道红光闪闪发亮，升起一丈多高。他用这些水给人治病，如果疾病生在体内，就让病人喝下去；如果疾病生在体表，就用水给病人擦洗，病人都会立刻就好。

他后来进入崆峒山中炼制丹药，在白天飞升上天走了。

沈羲

【题解】

沈羲是传说中的汉代仙人，精于医术，文渊阁《四库全书》本《神仙传·沈羲》篇中，在三位使者授羲玉简之后有一句"拜羲为碧落侍郎，主吴越生死之籍"，是本篇所无。南宋谢守灏《混元圣纪》中称沈羲是周朝赧王时人，在汉代时，有次窦太后得病，还曾派使者去请过他，还说他在汉安帝时仍在人间，后升天而去。明令狐璋所编《老君历世应化图说》中，把老子诏沈羲一事作为老子在人间的第五十五化。这些有关沈羲的传说，应该都是从《神仙传》所衍生出来的。

东晋葛洪《抱朴子·内篇·遐览》有沈羲符，南朝梁陶弘景《真诰·协昌期第二》有"沈羲口诀"，陶弘景注曰："沈出《神仙传》。"

　　沈羲者，吴郡人①。学道于蜀中②，但能消灾治病，救济百姓，不知服药物。功德感天，天神识之。

　　羲与妻贾氏共载，诣子妇卓孔宁家③，还逢白鹿车一乘，青龙车一乘，白虎车一乘，从者皆数十骑，皆朱衣，仗矛带剑，辉赫满道④。问羲曰："君是沈羲否？"羲愕然⑤，不知何等，答曰："是也，何为问之？"骑人曰："羲有功于民，心不忘道，自少小以来，履行无过⑥，寿命不长，年寿将尽，黄老今遣仙官来下迎之⑦。侍郎薄延之⑧，乘白鹿车是也；度世君司马生⑨，青龙车是也；迎使者徐福⑩，白虎车是也。"须臾，有三仙人，羽衣，持节⑪。以白玉简青玉介丹玉字授羲⑫，羲不能识，遂载羲升天。升天之时，道间锄耘人⑬，皆共见之，不知何等。

【注释】

①吴郡(jùn)：郡名。东汉永建四年(129)，分原会稽郡的浙江(钱塘江)以西部分设吴郡，治所在原会稽郡的治所吴县(今江苏苏州姑苏区)，而会稽郡仅保留浙江以东部分，徙治山阴(今浙江绍兴越城区)。

②蜀中：蜀，古国名，后为秦所灭，在今四川成都一带。后泛称蜀地为蜀中。

③诣(yì)：此处意为拜访。

④辉赫(hè)：光亮显赫。

⑤愕(è)然：处于受惊的状态。

⑥履(lǚ)行：实行职责。

⑦黄老：黄，指黄帝。老，指先秦诸子百家中道家创始人老子，被后世道教奉为始祖。黄老曾是战国中期的一个学派，他们尊黄帝

和老子为共同始祖,汉代初期,统治者采用黄老思想治国。

⑧侍郎:官名。汉代郎官的一种,本为宫廷的近侍。东汉以后,尚
　书的属官,初任称郎中,满一年称尚书郎,三年称侍郎。薄延之:
　人名,具体事迹不详。

⑨度世君:为天官名。司马生:人名,事迹不详。

⑩迎使者:天官名。徐福:字君房,秦时著名方士。他通晓医学、天
　文、航海等知识,曾上书秦始皇,为之海外求仙,带童男童女三千
　人及工匠、技师、谷物种子等出海而未归。

⑪节:指符节,古代使者所持以作凭证。

⑫简:本是古代用来写字的长条状板,有竹简和木简。介:疆界,界
　限,后作"界"。南朝宋范晔《后汉书·襄楷传》载:"顺帝时,琅邪
　宫崇诣阙,上其师干吉于曲阳泉水上所得神书百七十卷,皆缥白
　素朱介青首朱目,号《太平青领书》。"北宋张君房《云笈七签》卷
　一〇九引《神仙传》作"玉界"。这里代指神书。

⑬锄耘:指锄草。

【译文】

　　沈羲是吴郡人。他在蜀地学的道术,只会给人消灾治病,救济一下
老百姓,还不知道炼丹服药成仙。但是他所做的功德感动了上天,天上
的神仙就知道了他。

　　一次沈羲和妻子贾氏一起坐车,去儿媳妇卓孔宁家,回来的路上,
碰到一辆白鹿拉的车,一辆青龙拉的车,以及一辆白虎拉的车,每辆车
都跟着几十个骑马的随从,随从们都穿着红色的衣服,手里拿着矛,腰
里挎着剑,显得光辉闪耀,把道路都挤满了。其中一个人问沈羲说:"您
是沈羲吗?"沈羲有点惊愕,不知道发生了什么事,于是回答说:"是的,
您为什么问这个?"骑马的人说:"沈羲你对老百姓有功劳,心里也不忘
求道,从小时候开始,就没有做过什么坏事,但是你的寿命不长了,生命
就要到尽头了,黄帝和老子现在派仙官下来接你。坐在白鹿车上的,是

侍郎薄延之；坐在青龙车上的，是度世君司马生；坐在白虎车上的，是迎接的使者徐福。"过了片刻，就从车里出来三个仙人，都穿着羽毛做的衣服，拿着符节。他们交给他一副用红字写的镶着青玉边的白玉简书，沈羲不认识那些字，于是他们就把沈羲请到车上，一起升天走了。他们升天走的时候，在路边田地里锄草的人们，都一起看到了，但不知道发生了什么事。

斯须大雾，雾解，失其所在，但见羲所乘车牛，在田食苗。或有识是羲车牛，以语羲家弟子，恐是邪鬼，将羲藏山谷间，乃分布于百里之内，求之不得。

四百余年，忽还乡里，推求得数世孙名怀喜。怀喜告曰："闻先人说，家有先人仙去，久不归也。"留数十日。

说初上天时云，不得见帝，但见老君东向而坐①，左右敕羲不得谢②，但默坐而已。宫殿郁郁如云气，五色玄黄③，不可名状。侍者数百人，多女少男。

庭中有珠玉之树，众芝丛生，龙虎成群，游戏其间。闻琅琅如铜铁之声④，不知何等。四壁熠熠⑤，有符书著之。

【注释】

①老君：指老子，也称太上老君，被认为是道教始祖。见《老子》篇。

②敕（chì）：指帝王的诏书或命令，这里指告诫、嘱咐。

③玄黄：玄为天色，黄为地色，这里指天官之气的颜色。

④琅琅（láng）：象声词，形容金石撞击声、响亮的读书声等。

⑤熠熠（yì）：光彩闪烁的样子。

【译文】

过了一会儿，天地之间起了大雾，等雾散了，人们就看不见他们了，只看到原来给沈羲拉车的牛,在田里吃庄稼苗。有人认得这是给沈羲拉车的牛,就跑到沈羲的家里告诉了他的弟子们,弟子们都担心沈羲碰到了邪鬼之类,把沈羲弄走藏在山谷里,于是就分散到周围上百里的地方去寻找,但是没有找到。

过了四百多年,有一天沈羲忽然回到家乡,找到了自己好几代的后世孙叫沈怀喜。怀喜告诉沈羲说:"听家里长辈们说,我家里有个先人成仙走了,很长时间都没有回来。"沈羲就在怀喜家住了几十天。

沈羲说一开始他来到天上的时候,还不能见天帝,只看见老君面朝东方坐着,他旁边的人告诉沈羲不要去致谢,只要静静地坐着就行。沈羲看到天上的宫殿徐徐冒着云气,那些云气的颜色五色夹杂,又像天地间苍茫的样子,无法形容。老君有几百个侍者,其中女子多男子少。

宫殿的院子里有珍宝玉器装饰的大树,很多灵芝一丛丛的长在一起,龙和老虎也是一群群的在其中玩耍嬉闹。还隐约听到叮叮当当的铜铁碰击的声音,不知道是什么东西发出来的。四面的墙壁闪闪发光,上面贴着很多符。

老君身形略长一丈,被发文衣①,身体有光耀。须臾,数玉女持金按玉杯来②,赐羲曰:"此是神丹,饮者不死。夫妻各一杯,寿万岁。"乃告言饮服毕,拜而勿谢。

服药后,赐枣二枚,大如鸡子,脯五寸③,遗羲曰:"暂还人间治百姓疾病,如欲上来,书此符悬之竿杪④,吾当迎汝。"乃以一符及仙方一首赐羲。

羲奄忽如寐⑤,已在地上,多得其符验也。

【注释】

①文衣:华美的服装。

②玉女：这里指天上的侍女。按：同"案"，古代短脚盛食物的木
　　托盘。

③脯（fǔ）：这里指肉干。

④杪（miǎo）：树枝的细梢。

⑤奄（yǎn）忽：忽然，突然。

【译文】

老君的身高有一丈多长，披着头发，穿着华美的衣服，身体隐隐发着光。过了一会儿，有几个玉女捧着金托盘和玉杯过来，赐给沈羲说："这是神丹，喝了的人就不会死了。你夫妻俩一人一杯，就能有一万年的寿命。"又跟他说，喝完之后，只需跪拜就行，不要说感谢的话。

沈羲吃完丹药后，侍者又赐给他两颗枣，枣子有鸡蛋那么大，还有一块五寸长的肉干，侍者送给沈羲并对他说："你暂时回到人间去给老百姓治病，如果想再上天来，就写上这道符悬挂在竹竿的末梢，我就会来迎接你。"然后拿出一道符和一首仙方赐给了沈羲。

沈羲忽然像睡着了一样，就发现自己已经到了地上，他后来多次用那道符，都应验了。

陈安世 附权叔本

【题解】

陈安世为汉代人，也作陈世安。权叔本也有版本作灌叔本，因"权""灌"的异体字都为"權"，东晋葛洪《抱朴子·内篇·勤求》中作"灌叔本"，所以"权"可能为"灌"在历史传抄或刻印中出现的讹误。

关于陈安世的相关资料不多，题为葛洪著的《枕中书》曾说陈安世成仙后"治小台山"，《抱朴子·内篇·勤求》中也引用了陈安世与权叔本的故事，来说明得道不分长幼，先得道者可为师的道理。《抱朴子·内篇·登涉》中提到陈安世曾传有辟虎狼符。南朝梁陶弘景《真诰·协

昌期第二》中有"陈安世口诀"。文中的仙人三约陈安世的情节,与东汉班固《汉书·张良传》中黄石公三期张良的情节类似,或许是葛洪创作时借鉴了后者。

　　陈安世,京兆人也①。为权叔本家佣赁②,禀性慈仁③,行见禽兽,常下道避之,不欲惊之。不践生虫,未尝杀物,年十三四。

　　叔本好道思神,有二仙人,托为书生,从叔本游,以观试之。而叔本不觉其仙人也,久而意转怠④。

　　叔本在内方作美食,而二仙复来诣门,问安世曰:"叔本在否?"答曰:"在耳。"入白叔本,叔本即欲出,其妇引还而止曰:"饿书生辈,复欲来饱腹耳。"于是叔本使安世出,答言不在。

【注释】

①京兆:地名。秦统一全国后,在全国各地实行郡县制,实施两级行政管理。在首都咸阳设内史,不属于任何郡县,直属中央政府。内史管辖京畿各县,行政区划与官职同名,为郡级建制,今陕西西安辖域属其管辖范围之内。汉武帝太初元年(前104),将右内史东部改为京兆尹,西部改为右扶风,左内史改为左冯翊,称"三辅",共治长安城。这三者既为行政区划,也为官职名,与郡守相当,共同管辖京畿地区。京兆辖境约当今陕西西安以东、华县以西、渭河以南、秦岭以北之地。魏以后置京兆郡,后亦用以称京师。

②佣赁(lìn):谓受雇于人。

③禀(bǐng)性:个人先天具有的性情、素质。

④怠(dài)：懒惰，松懈。

【译文】

陈安世是京兆人。他被雇佣在权叔本家做事，生性善良仁厚，走路见到野兽，都经常躲到路边，不想惊动它们。他也从不去踩踏活的虫子，也从来没有杀过生，年龄有十三四岁。

权叔本喜欢道术，向往成仙，有两个仙人，假扮成书生，来找叔本一起游玩，想观察并考验他。但是叔本不知道他们是仙人，时间一久，求道的心就有点松懈。

一次叔本正在屋内做好吃的，两个仙人过来拜访，就问看门的陈安世说："叔本在家吗？"安世回答说："在。"就跑进屋禀告叔本，叔本就要出门来迎接，但他的妻子把他拽回来阻止他说："他们就是两个饿了的书生，又想来蹭饭罢了。"于是叔本让安世出去，告诉那两人说自己不在家。

二人曰："前者云在，旋言不在，何也？"答曰："大家君教我云耳。"二人善其诚实，乃谓叔本勤苦有年，今适值我二人，而乃懈怠①，是其不遇，几成而败。

乃问安世曰："汝好游戏耶？"答曰："不好也。"又曰："汝好道乎？"答曰："好而无由知之。"二人曰："汝审好道，明日早，会道北大树下。"安世承言，早往期处，到日西，不见一人。乃起欲去，曰："书生定欺我耳。"二人已在其侧，呼曰："安世，汝来何晚也？"答曰："早来，但不见君耳。"

【注释】

①懈(xiè)怠：松懈，懒惰。

【译文】

那两个人说:"之前你说他在,回来就说不在了,怎么回事?"陈安世回答说:"是我家主人让我这么说的。"两人对他诚实的品格十分欣赏,就说权叔本勤奋修道有好几年了,现在正好碰到我们两个人,却反而放松变懒惰了,这是他无缘跟我们相遇,眼看就要修道成功却又失败了。

他们于是问安世说:"你喜欢玩耍吗?"安世回答:"不喜欢。"又问:"你喜欢修道吗?"回答说:"喜欢但是没处去学啊。"那两人说:"你要是真的喜欢修道,就在明天早晨,在路北边的大树下见面。"安世答应了,于是很早就到了约定的地方,但是等到太阳从西边落下去了,也没见到一个人。他于是就想起身离开,心想:"那两个书生肯定是骗我的。"那两个人早就在他身边了,喊他道:"安世,你怎么来这么晚?"安世回答说:"我早就来了,只是没看到你们。"

二人曰:"吾端坐在汝边耳。"频三期之,而安世辄早至①,知可教。乃以药二丸与安世,诚之曰:"汝归,勿复饮食,别止于一处。"安世承诚。

二人常来往其处,叔本怪之曰:"安世处空室,何得有人语,往辄不见。"叔本曰:"向闻多人语声,今不见一人,何也?"答曰:"我独语耳。"叔本见安世不复食,但饮水,止息别位,疑非常人,自知失贤,乃叹曰:"夫道尊德贵,不在年齿,父母生我,然非师,则莫能使我长生。先闻道者,即为师矣。"乃执弟子之礼,朝夕拜事之,为之洒扫。

安世道成,白日升天。临去,遂以要道术授叔本,叔本后亦仙去矣。

【注释】

①辄（zhé）：总是，就。

【译文】

那两人说："我们一直在你身边坐着呢。"于是他们又约了安世好几次，安世每次都能很早就到来，于是两人知道安世是个可以教授道术的人。他们把两颗药丸送给安世，告诫他说："你回去，不要再吃东西了，另找个地方住。"安世答应了。

两个仙人经常来安世住的地方，叔本很奇怪地说："安世一个人住在空房子里，怎么会有人和他说话，过去看又看不到人。"于是就问他："经常听到你屋子里有好几个谈话的声音，现在又看不到一个人，是怎么回事？"安世回答说："我自言自语呢。"叔本看安世再也不吃东西了，只是喝水，睡觉休息也在别处，怀疑他不是普通人，就知道自己可能没认识到他是个修道的贤人，于是叹息说："道最尊，德最贵，有道不在年龄大小，父母生下了我，但是如果没有教我修道的老师，就不能使我长生。先听闻道的人，就可以做我的老师啊。"于是叔本就用弟子对待师长的礼节来对待安世，每天都跪拜侍奉他，为他洒水打扫屋子。

安世修道成功后，在一天白天飞升上天了。他临走的时候，把修道的关键要领都告诉了叔本，于是权叔本后来也成仙走了。

刘政

【题解】

刘政为汉代人，他的事迹主要见于《神仙传》中。

本篇的主要内容是描述刘政得道后的种种神通变化能力，其中的分身术等道术对后世神话小说的创作产生了一定的影响。

刘政者，沛人也①。高才博物，学无不览，以为世之荣贵,乃须臾耳②,不如学道,可得长生。

乃绝进取之路,求养生之术。勤寻异闻,不远千里,苟有胜己③,虽奴客必师事之。复治《墨子五行记》④,兼服朱英丸⑤,年百八十余岁,色如童子。

【注释】

①沛(pèi):指汉代的沛国。

②须臾(yú):片刻,一会儿。

③苟:如果,假使。

④《墨子五行记》:道术之书。详见《墨子》篇。

⑤朱英丸:一种用朱草炼制的外丹。

【译文】

刘政是沛国人。他博学多才,对各家的学说都有研究,觉得世上的荣华富贵,转瞬即逝,不如去学道,还能获得长生不老。

他于是放弃走做官升迁的道路,转而寻求养生的道术。他不远千里,到处搜集奇人异事的传闻,如果碰到在某件事上有比自己更懂的人,即使那人是个奴仆或门客,他也会把对方当老师对待。他又专门研究《墨子五行记》,同时服用朱英丸,到他一百八十多岁时,脸色还是像少年一样。

能变化隐形,以一人分作百人,百人作千人,千人作万人。又能隐三军之众①,使成一丛林木,亦能使成鸟兽。试取他人器物,易置其处,人不知觉。又能种五果②,立使华实可食。坐致行厨③,饭膳供数百人④。又能吹气为风,飞砂扬石。以手指屋宇、山陵、壶器,便欲颓坏⑤,复指之,即还如故。

又能化生美女之形，及作水火；又能一日之中，行数千里；能嘘水兴云，奋手起雾；聚土成山，刺地成渊；能忽老忽少，乍大乍小；入水不沾，步行水上，召江海中鱼、鳖、蛟龙、鼋、鼍⑥，即皆登岸；又口吐五色之气⑦，方广十里，直上连天；又能跃上，下去地数百丈。

后去，不知所在。

【注释】

①三军：古时指中军、上军、下军或中军、左军、右军，此处指代军队。

②五果：指栗、桃、杏、李、枣，此处指代各种能结果的植物。

③坐致行厨：一种道术，可凭空招来酒食。

④饭膳（shàn）：饭食。

⑤颓（tuí）坏：倾倒，败坏。

⑥蛟（jiāo）龙：古代传说中一种能发洪水的龙。鼋（yuán）：大鳖。鼍（tuó）：一种鳄鱼，亦称扬子鳄、鼍龙、猪婆龙。

⑦五色之气：为彩色云气，古人以五色气为祥瑞之气。

【译文】

他能变身和隐身，一个人可以同时变成几百个人，几百个人再变成几千个人，几千人又变成上万人。他还能把军队隐藏起来，让他们变成一片树林，或者把他们变成一群飞鸟或走兽。他取走别人的东西，放到另外的地方，别人也察觉不到。他还能种下各种果实，并立刻就让它们发芽长成树木，并结出可以吃的果子。他还能凭空召来各种美食，饭菜能供应上百人同时食用。他还能吹口气就变成大风，把大地吹得飞沙走石。他用手指一下房屋、高山或水壶等器具，那些东西就会坏掉，再指一下，它们就又还原成原来的样子。

他还能变化成美女，以及让东西起火或变来大水；他还能在一天之内，行走上千里的路；他能嘘气让水流动，让云飘行，挥挥衣袖就能让大地生起云雾；他能聚一堆土然后把它变成高山，刺一下地面就让被刺的地方变成深渊；他还能一会儿看起来很衰老，一会儿又看起来很年轻，身形一会儿变得很大，一会儿又变得很小；他到水里时身上不会被沾湿，又能在水面上行走，召唤江海里的鱼、鳖、蛟龙、鼋、鼍等，就能让它们马上上岸；他还能从口中吐出五彩的气，覆盖周围十几里的范围，上面一直连到天空；他还能一下跳到离地几百丈高的地方。

后来他离家而去，也不知道去了哪里。

卷九

茅君

【题解】

茅君，即道教茅山派祖师，三茅真君之大茅君茅盈。三茅真君是指茅氏三兄弟茅盈、茅固、茅衷，相传他们为汉景帝（前156—前140）时人，出生在今陕西咸阳秦都区南关村，得道后分别被称为大茅君、中茅君、小茅君。据南朝梁陶弘景《真诰·稽神枢第一》记载，在汉代时，即有对三茅的立庙祭祀活动，后每年三月十八日都有比较大型的民间朝拜活动。另据相关文献，这种活动一直延续到唐朝。

茅盈之名，始见于汉代纬书《尚书帝验期》，其中说："王母之国在西荒，凡得道受书者，皆朝王母于昆仑之阙。茅盈从西城王君，诣白玉龟台，朝谒王母，求长生之道。王母授以玄真之经，又授宝书。"此说法与本篇中说茅君"学道于齐"有别。

本篇与北宋李昉等《太平广记·神仙十三·茅君》篇文字同，但《太平广记·神仙十一》中有《大茅君》篇，云出《集仙传》，主要记述其与王君、西王母等神仙交往等事，其中说"五帝君"传太帝之命，拜盈为东岳上卿、司命真君、太元真人。按《集仙传》约成书于唐代，此篇内容应为后人根据《尚书帝验期》增添而来。北宋李昉等《太平御览·道部三·

真人下》引《茅君传》，说："盈字叔申，咸阳人也。父祚有三子，盈、固、衷也。盈少禀奇操，矫拔俗情，不求闻达，不交非类。入恒山，读《老》《易》，饵术。"又说他去西域学道于王君，并受西王母道要，大致与《尚书帝验期》所述茅君得道过程相同。

从以上来看，本篇中"茅君者，幽州人，学道于齐"，可能为传抄之误。

相传茅君得道后去了江苏句容的句曲山，边修炼边采药为民众治病，唐姚思廉《梁书·陶弘景传》中说句容之句曲山："此山下是第八洞宫，名金坛华阳之天，周回一百五十里。昔汉有咸阳三茅君得道，来掌此山，故谓之茅山。"葛洪之后约出于晋朝的《茅三君传》对茅氏三兄弟的事迹描述较为完整，其中部分内容与本篇类同，应该是吸收了《神仙传》的再创作。北宋张君房《云笈七签》卷一〇四《太元真人东岳上卿司命真君传》中提到了茅盈的高祖、曾祖等家世。

在宋代，三茅始得皇帝封号，宋徽宗崇宁元年（1102），封大茅君为"太元妙道真人东岳上卿司命神君"，中茅君为"定录右禁冲静真人"，小茅君为"三官保命冲惠真人"。宋理宗淳祐九年（1249），加封大茅君为"太元妙道冲虚圣佑真君东岳上卿司命神君"，中茅君为"定录右禁至道冲静德佑真君"，小茅君为"三官保命微妙冲惠仁佑真君"，总称三茅真君。

茅君者，幽州人①，学道于齐②，二十年，道成归家。父母见之，大怒曰："汝不孝，不亲供养，寻求妖妄，流走四方。"欲笞之③。

茅君长跪谢曰④："某受命上天，当应得道，事不两遂，违远供养，虽口多无益。今乃能使家门平安，父母寿考⑤，其道已成，不可鞭辱，恐非小故。"父怒不已，操杖向之，适欲举杖,杖即摧成数十段,皆飞如弓激矢⑥,中壁,壁穿,中柱,柱陷,父乃止。

【注释】

①幽州:今河北北部及辽宁一带,为古九州之一。东汉时,幽州治所在蓟县,故址在今北京广安门附近。辖境相当于今北京、河北北部、辽宁南部及朝鲜西北部。

②齐:约为山东偏东北部地区。见《老子》篇注。

③笞(chī):用鞭杖或竹板打。

④长跪:两膝着地,臀部离开足跟,直身而跪。

⑤寿考:年高,长寿。

⑥矢(shǐ):箭。

【译文】

茅君是幽州人,他在齐地学道,过了二十年,才学成回家。父母看到他回来,十分生气,说:"你真不孝顺,家里的父母都不供养,却去外面四处流浪,寻求那些妖妄的东西。"就要杖打他。

茅君跪地道歉说:"我接受上天的使命,应该要得道的,但是事情不能让两方都满意,我违心离家远走学道,以致不能供养双亲,现在说再多也没用。但我现在能让家门平安,父母长寿,是我已经学道成功,父母千万不能鞭打我,恐怕这不是一般的小罪过。"父亲听完气得发抖,拿着棍子就要打过来,刚想要举起木棍,那木棍就断成了十几截,它们都像被弓箭射出去一样,飞到墙壁上的,把墙壁打穿,飞到柱子上的,嵌进了柱子里,父亲这才停手。

茅君曰:"向所言,正虑如此邂逅中伤人耳①。"父曰:"汝言得道,能起死人否?"茅君曰:"死人罪重恶积,不可得生,横伤短折②，即可起耳。"父使为之，有验。

茅君弟在，仕至二千石③，当之官，乡里送者数百人。茅君亦在座，乃曰："余虽不作二千石，亦当有神灵之职，某月某日，当之官。"宾客皆曰："愿奉送。"茅君曰："顾肯送，诚君甚厚意，但当空来，不须有所损费，吾当有以供待之。"

【注释】

①邂逅(xiè hòu)：不期而遇，这里指猝不及防。

②横伤：指意外的、不寻常的伤害。短折：指短命的、意外夭折。

③仕(shì)至二千石：汉代二千石俸禄相当于一郡太守的官职。仕，做官。石，重量单位，在汉代，三十斤为钧，四钧为石。

【译文】

茅君说："刚才所说的意思，就是怕像这样把人给误伤了。"他父亲说："你说你得道了，能让死人复活吗？"茅君说："死了的人都是因为罪孽深重，做恶太多，已经不能让他们活过来了，要是受意外而早死的，就能让他们再活过来。"父亲就让他去试一下，果然有起效的。

茅君的弟弟在家，做官做到一年有二千石的俸禄，要去履职的时候，乡里来给他送行的有好几百人。茅君也在送行的宴会上坐着，就说："我虽然没有当成俸禄二千石的官，但在神仙界有职位，某月某日，我也会去当官的。"在座的客人们都说："到时也愿意送您一程。"茅君说："愿意送我，诚然是你们的好意，只是到时空手过来就行，不要破费买什么东西，我会有招待你们的东西。"

至期，宾客并至，大作宴会。皆青缣帐幄①，下铺重白毡②，奇馔异果③，芬芳罗列。妓女音乐④，金石俱奏⑤，声震天地，闻于数里。随从千余人，莫不醉饱。及迎官来，文官则朱衣素带，数百人；武官则甲兵旌旗⑥，器杖耀日，结营数里。茅君与父母亲族辞别，乃登羽盖车而去。

麾幡翁郁⑦，骖虬驾虎⑧，飞禽翔兽，跃覆其上，流云彩霞，霏霏绕其左右⑨。去家十余里，忽然不见，远近为之立庙奉事之。茅君在帐中与人言语，其出入或发人马，或化为白鹤。

人有病者，往请福，常煮鸡子十枚，以内帐中，须臾，一一掷出远之。归破之，若其中黄者，病人当愈；若有土者，即不愈，常以此为候。

【注释】

①青缣(jiān)：青色的细绢布。帐幄(wò)：帐子。

②毡(zhān)：用兽毛等制成的片状物，可做防寒用品或垫衬材料。

③馔(zhuàn)：饮食，吃喝。

④妓女：指表演歌舞杂技的女性艺人。

⑤金石：代指钟、磬等乐器。

⑥旌(jīng)旗：旗帜。

⑦麾：古代指挥军队的旗子。幡(fān)：用竹竿等挑起来直着挂的长条形旗子。翁郁：原指草木茂盛，这里指旗帜众多。

⑧骖虬(cān qiú)：驾龙而行。虬，古代传说中有角的小龙。

⑨霏霏(fēi)：云雾弥漫的样子。

【译文】

到那一天，客人们果然都来了，于是办了一场很大的宴会。每桌都铺设青色的绢布，并罩有帐子，地面铺设白色的地毯，还有各种新奇的食物和果品，气味芳香，摆列在桌上。还有奏乐和跳舞的女子，一时钟磬齐鸣，声音响动天地，几里外的人都能听到。当时来吃喝的有一千多人，都吃饱喝醉了。等迎接茅君的仙官来时，那些文官都穿着红色衣服，扎着白色腰带，有几百人；武官都穿着盔甲带着兵器，举着旗帜，各种兵器在太阳的照耀下，光彩夺目，队伍连起来有几里远。茅君于是跟父母和亲戚们告辞，登上有羽毛盖头的车子走了。

众人看整个队伍有各种旗帜招展，其中有驾龙的，有骑虎的，还有飞禽和瑞兽等在队伍上空飞腾，流云和彩霞环绕在队伍左右。整个队伍离家十几里后，忽然就不见了，于是远近的老百姓都争着给茅君立庙祭祀他。茅君经常坐在帐子里跟人说话，他有时进出会有大队的人马跟随，有时只变成一只白鹤飞来飞去。

人们有病时，就去他的庙里祈求保佑，经常带来十个煮好的鸡蛋，放到帐子里去，过一会儿，鸡蛋会被一个个的扔出老远。人们回家后把鸡蛋切开，要是鸡蛋中只有蛋黄，说明那家的病人很快就会好；要是鸡蛋中有土，则说明那家病人不会好，老百姓经常用这个方法做出判断。

孔安国

【题解】

孔安国是西汉鲁人，字子国，孔子十一代孙，西汉经学家，生卒年月不详，约自汉景帝元年，至昭帝末年间在世。

他的事迹见于西汉司马迁《史记》、东汉班固《汉书》和北宋司马光《资治通鉴》等史书中。其父孔武，有二子，长子孔延年，次子孔安国。安国少学《诗》于申培（申公），受《尚书》于伏生（伏胜），学识渊博，擅长经学。汉武帝时任博士，后为谏大夫，又迁临淮太守。

武帝末，鲁共王坏孔府旧宅，于壁中得《古文尚书》《礼记》《论语》及《孝经》，皆蝌蚪文字，当时人都不识，安国以今文读之，将古文改写为当时通行的隶书，定为五十八篇，谓之《古文尚书》，亦称《逸书》。又奉诏作书传，名为《尚书孔氏传》，一称《孔安国尚书传》，成为"《尚书》古文学"的开创者。他又著有《古文孝经传》《论语训解》等。

可惜《古文尚书》及《尚书孔氏传》在西晋永嘉之乱后全都亡佚,今传《古文尚书》及《尚书孔氏传》经清代儒生考证,皆为伪作。

孔安国曾是司马迁的古文经学老师,司马迁研究《尧典》《禹贡》等古文时,曾向他请教,后世尊其为先儒。东晋葛洪《抱朴子·内篇·至理》中载有《孔安国秘记》一书,并引述其讲述张良得法成仙一事。《孔安国秘记》一书应是托名之作,但可以看出,魏晋时,孔安国与神仙修炼有关的传说流传已比较广泛。

孔安国者,鲁人也①。常行气服铅丹②,年二百岁,色如童子。隐潜山③,弟子随之数百人。

每断谷入室④,一年半复出,益少。其不入室,则饮食如常,与世人无异。

安国为人沉重⑤,尤宝惜道要,不肯轻传,其奉事者,五、六年,审其为人志性,乃传之。

有陈伯者,安乐人也⑥,求事安国,安国以为弟子,留三年,知其执信⑦,乃谓之曰:"吾亦少更勤苦,寻求道术,无所不至,遂不能得神丹八石登天之法⑧,唯受地仙之方⑨,适可以不死。而昔事海滨渔父,渔父者,故越相范蠡也⑩,乃易姓名,隐以避凶世。哀孔有志,授我秘方服饵之法⑪,以得度世⑫,则大伍、司诚、子期、姜伯、涂山⑬,皆千岁之后更少壮,吾受道以来,服药三百余年,以其一方授崔仲卿,卿年八十四,服药已三十三年矣,视其肌体气力,甚健,须发不白,口齿完坚,子往与相见,事之。"

陈伯遂往事之,受其方,亦度世不老。

　　又有张合妻，年五十，服之，反如二十许人，一县怪之，八十六生一男。又教数人，皆四百岁，后入山去。亦有不度世者，由于房中之术故也。

【注释】

①鲁：春秋战国时期诸侯国之一，在山东南部，都城在今曲阜，是周武王封其弟周公旦的封地，后周公旦之子伯禽在今山东西部建国，定都曲阜，沿用"鲁"的称谓，前256年为楚所灭。

②行气：又称服气、炼气，分外息法和内息法两大类。外息法一般是以呼吸吐纳配合导引、按摩所进行的炼养活动，如蛤蟆行气、龟行气等。内息法是以静坐养神、养气的方式进行的训练，如胎息法等。详见《老子》篇注。铅丹：外丹名词，又名黄丹，主要成分为四氧化三铅，外丹家用以作为炼丹的原料。东晋葛洪《抱朴子·内篇·金丹》中说："又《乐子长丹法》，以曾青铅丹合汞及丹砂，著铜筒中，乾瓦白滑石封之，于白砂中蒸之，八十日，服如小豆，三年仙矣。"

③潜山：安徽西南部，大别山东南麓，今安徽安庆有潜山县。

④断谷：即辟谷、绝谷。

⑤沉重：沉静庄重。

⑥安乐：即安乐县，西汉设置，隶属渔阳郡，故城在今北京顺义区西南古城村北，旧名安乐庄。

⑦执信：有信念，秉持信义。

⑧神丹八石：指用八种矿石药炼制的神丹。

⑨地仙：道家指住在人间，可以长生不死的仙人。

⑩范蠡（lí）：字少伯，春秋时期楚国宛地三户邑（今河南淅川）人，是我国古代著名的政治家、军事家和经济学家，被后人尊称为"商圣"。他本为楚国人，后投奔越国。

⑪服饵：也作服食。

⑫度世：指修炼成仙。

⑬大伍、司诚、子期、姜伯、涂山：都为上古仙人，事迹不详。

【译文】

孔安国是鲁地人。他经常练习行气并服用铅丹，年龄已经二百岁了，脸色看上去却像少年一样。他隐居在潜山，有几百个弟子跟随他学道。

孔安国每次进密室断谷，要一年半才出来，出来后显得更加年轻。他不进密室断谷时，则吃喝都很正常，跟普通人没什么区别。

孔安国为人谨慎稳重，对修道的要诀十分珍惜，轻易不外传给人，奉侍他的弟子，一般要经过五六年的考察，等安国把那个人的志向和性格考察清楚了，才传给对方。

有个叫陈伯的，是安乐人，请求来侍奉安国，安国就收他做了弟子，留在身边待了三年，安国知道他志向坚定，就对他说："我年轻时也是很勤奋辛苦地求道，去了很多地方，但是一直没得到炼制八石神丹的方法，所以不能登天，只学到了成地仙的方子，能长生不死罢了。我以前侍奉海滨渔父，渔父就是以前越国的宰相范蠡，他改换姓名，隐居在那里以躲避凶险的世道。他怜悯我有求道的志向，就传授了我服食的秘方，这样我才修成地仙，大伍、司诚、子期、姜伯、涂山这些人，都是活了一千岁后更加年轻强壮，我得道之后，服了三百多年的药物，把其中的一个方子传授给了崔仲卿，他当时八十四岁，现在已经服了三十三年的药了，你看他的身体和力气，都十分强健，头发胡须也没白，牙齿都很完整，你去拜见他吧，好好地侍奉他。"

陈伯就去崔仲卿那里并侍奉他，得到了他的方子，也成地仙而长生不老。

有个叫张合的人，他的妻子年纪有五十岁了，服了那个方子，反而像二十几岁的人，整个县城都很奇怪这件事，她八十六岁时还生下一个男孩。她后来把那个方子又告诉了好几个人，那些人就都活到了四百岁，她后来也进山隐居了。服这个方子的人，也有没有成仙的，是因为他们滥施房中术的缘故。

尹轨

【题解】

尹轨，生卒年不详，从本篇看应为汉代人。南朝梁陶弘景《真诰》中记尹轨弟子山世远"得为太和山真人"，但在北宋张君房《云笈七签·太和真人传》中却把尹轨作为"太和真人"作传，并称其为"文始先生"之弟，按文始先生为周代函谷关令尹喜，此说应为后人演绎。

又道教中传说尹轨在陕西终南山楼观台入道，并把他作为道教楼观派的道士。按道教楼观派是尹喜结草为楼、观星望气而得名"楼观"，该派宗奉老子、尹喜为祖师，所以关于尹轨是楼观派道士的身份，可能也是后人因尹轨和尹喜同姓，而演绎出的说法。

另文中称尹轨"后到太和山中仙去也"，因武当山古也称"太和山"，所以武当山也留有尹轨成"太和真人"的传说。

尹轨者，字公度，太原人也。博学五经①，尤明天文星气②，《河》《洛》谶纬③，无不精微。晚乃学道，常服黄精华④，日三合⑤，计年数百岁。其言天下盛衰安危吉凶，未尝不效。

腰佩漆竹筒十数枚，中皆有药，言可辟兵疫⑥。常与人一丸，令佩之，会世大乱，乡里多罹其难⑦，惟此家免厄⑧。又大疫时，或得粒许大涂门，则一家不病。

弟子黄瑾，居陆浑山中⑨，患虎暴。公度使其断木为柱，去家五里，四方各埋一柱。公度即印封之，虎即绝迹，到五里辄还[10]。

【注释】

①五经：指儒家的五部经典，即《诗》《书》《易》《礼》《春秋》。

②天文星气：指占星望气之术。古人认为可以通过天文星象的观察，预知人间世事的变化。《世本·作篇》："黄帝使羲和占日，常仪占月，臾区占星气……隶首作算数。"西汉司马迁《史记·佞幸传》："赵同以星气幸，常为文帝参乘。"

③《河》《洛》谶（chèn）纬：指汉代的图谶之学，是由方士或儒生结合《河图》《洛书》编造的关于帝王受命徵验一类的书。《河》《洛》，指《河图》《洛书》。

④黄精华：黄精的花。黄精，一味中药，又名戊己芝，方士等认为"久服轻身延年不饥"。详见《李少君》篇注。华，同"花"。

⑤合：中国市制容量单位，一升的十分之一。

⑥辟：古同"避"。躲开的意思。兵疫：指战争后发生的流行性疫病。

⑦罹（lí）：遭受苦难或不幸。

⑧厄：困苦，灾难。

⑨陆浑山：在河南洛阳。

⑩辄（zhé）：总是，就。

【译文】

尹轨，字公度，是太原人。他曾广泛深入学习五经，尤其精通占星望气之术，对用《河图》《洛书》进行谶纬的学术也很有研究。他到晚年才学习道术，经常服用黄精花，每天吃三合，活了几百岁。他经常谈论天下的盛衰和国家的安危，没有不对的。

他腰里带着十几个漆竹筒，里面都有药，说是可以躲避战争带来的瘟疫。他曾经给一个人一丸药，让那人随身佩戴，正好赶上朝代更替的时候，天下大乱，那个人的家乡有很多人遭受灾难，只有他家没有什么事。又有一次瘟疫流行时，有人得到他的几粒药，涂在大门上，结果那一家人都没有生病。

他的弟子黄瑾，在陆浑山中居住，老是被老虎骚扰。公度就让他砍一些木头做成木桩，在离家五里远的地方，四方各埋上一根木桩。公度就作法把木桩封印了起来，然后木桩围起来的范围内就没有老虎了，超过五里的地方，老虎的踪迹又回来了。

有怪鸟止屋上者，以白公度，公度为书一符，著鸟所鸣处，至夕，鸟伏死符下。

或有人遭丧当葬，而贫，汲汲无以办①。公度过省之②，孝子遂说其孤苦，公度为之怆然③，令求一片铅，公度入荆山④，架小屋，于炉火中销铅，以所带药如米大，投铅中，搅之，乃成好银。与之，告曰："吾念汝贫困，不能营葬，故以拯救，慎勿多言也。"

有人负官钱百万，身见收缚，公度于富人借数千钱与之，令致锡⑤，得百两，复销之以药方寸匕⑥，投之成金，还官。

后到太和山中仙去也⑦。

【注释】

①汲汲(jí)：形容急切的样子。

②省(xǐng)：探望。

③怆(chuàng)然：悲伤的样子。

④荆山：山名。我国有五座荆山，分别在湖北南漳西部，陕西阎良区、三原县、富平县三地交界处，河南灵宝阌乡南，安徽怀远西南，甘肃灵台。据上下文，此处似指河南灵宝境内的荆山。

⑤锡：一种金属元素，银白色，质软，富延展性。古代方士炼金术中，常用之做原料，炼制金银。

⑥方寸匕：古代量取药末的器具，其状如刀匕。一方寸匕大小为古代一寸正方，其容量相当于十粒梧桐子大。唐孙思邈《千金要方》卷一："方寸匕者，作匕正方一寸抄散，取不落为度。"

⑦太和山：武当山古名太和山，位于湖北西北部十堰丹江口境内，是道教名山。另《汉武帝外传》称，尹轨"以晋元熙元年入南阳太和山中，以诸要事授其弟子河内山世远"。文渊阁《四库全书》本也作"公度后到南阳太和山，升仙而去"，则此处太和山应指河南境内的太和山。

【译文】

有家人的屋顶上来了一只怪鸟，那人来告诉公度，公度就给他画了一道符，放在那只鸟鸣叫的地方，到第二天傍晚，那只鸟就倒在符下死了。

有个人家里死了亲人应该要埋葬，但是他家很穷，急得团团转也没法下葬。公度过去探望，那个孝子就跟他说了自己的孤苦无助，公度听了很为他悲伤，就让他去找来一块铅，公度把铅块带到荆山，搭了个棚子，把铅块熔化在炉子里，然后把自己随身带的一个米粒大小的药丸投到熔化的铅里，再搅拌一下，那块铅就变成了一块上好的银子。公度拿去给那个孝子，告诉他说："我因为你贫困，不能给亲人安葬，所以才救济你一下，你不要多说什么。"

有个人欠官府几百万钱的债，被官府逮捕，公度就找个富人借了几千钱给他家，让他家人去买来锡块，于是买来了上百两的锡块，公度就把锡块熔化并投进一方寸匕的药，药一投进去，那些锡就变成了黄金，那家人就用这些黄金还清了官府的债务。

尹轨后来到太和山中成仙走了。

介象

【题解】

　　介象是三国时期的方士，据说他善隐身术，曾做过吴王孙权的隐身术老师，又会读各种符，东晋葛洪《抱朴子·内篇·遐览》中曾提到介象善于读符一事。南朝宋裴松之为《三国志·吴书·赵达传》作注时，也曾引用了《神仙传》里关于介象的相关内容。

　　关于介象为吴王钓鱼的故事，也见于北宋李昉等《太平广记》卷七六《方士一》和卷四六六《水族三》，前者标明出处是唐许嵩《建康实录》，后者说是出自《神仙传》。

　　在明代小说《三国演义》第六十八回中，罗贯中描写的左慈戏曹操的相关故事情节，与本篇介象的情节类似，如钓鱼、买姜等，推测应是作者从《神仙传》借鉴而来。

　　介象者，字元则，会稽人也①。学通五经②，博览百家之言，能属文，后学道入东山③。

　　善度世禁气之术④，能于茅上燃火煮鸡而不燋⑤，令一里内人家炊不熟⑥，鸡犬三日不鸣不吠⑦，令一市人皆坐不能起。隐形变化，为草木鸟兽。

　　闻有《五丹经》⑧，周旋天下寻求之，不得其师，乃入山精思⑨，冀遇神仙⑩。惫极⑪，卧石上，有一虎，往舐象额⑫，象寤见虎⑬，乃谓之曰："天使汝来侍卫我，汝且停；若山神使汝试我，即疾去。"虎乃去。

【注释】

①会稽(kuài jī)：古代郡名，位于长江下游江南一带，秦朝置，其后列朝辖地均有变迁，唐时变为越州，始废，后为越州、绍兴的别称。

②五经：五部儒家经典，即《诗》《书》《易》《礼》《春秋》。

③东山：在浙江绍兴上虞西南四十五里。

④禁气之术：即方术里的禁咒术，是一种通过自身的气来禁物，使所禁之物按自己的想法去表现的法术。

⑤燋(jiāo)：古同"焦"。物体经火烧或高热烘烤后变得枯黄或成炭样。

⑥炊：烧火做饭。

⑦吠：狗叫。

⑧《五丹经》：文渊阁《四库全书》本作《九丹之经》，疑"五"为"九"误，《九丹之经》即《九丹金液仙经》。见《葛玄》篇注。

⑨精思：道家静心息虑的一种修炼方法。见《伯山甫》篇注。

⑩冀：希望。

⑪惫(bèi)：极度疲乏。

⑫舐(shì)：舔。

⑬寤(wù)：睡醒。

【译文】

介象，字元则，浙江会稽人。他学习并精通五经，同时博览百家的学术，能写文章，后来去东山学道。

他擅长神仙的禁气术，能在燃烧的茅草上烤鸡而不会烤焦，让一里内的人家煮不熟饭，鸡和狗连续三天不打鸣不吠叫，他还能让一条街的人都坐着不能起身。他能隐身和变化，变成草、树、鸟、兽等各种东西。

他听说有个《五丹经》，就周游天下去寻找，但是一直找不到相关的老师，于是他就去山里练习精思，希望能遇到神仙。他练习到特别累的时候，就在一块石头上躺下休息，这时有一只老虎，过来舔他的额头，他醒来看到老虎，就对老虎说："若是上天派你来保护我的，你就别动；要是山神叫你来试探我的，你就马上走开。"于是老虎转身就走了。

象入山谷，上有石子，紫色，光绿甚好，大如鸡子，不可称数，乃取两枚。谷深不能前，乃还。于山中见一美女，年十五六许，颜色非常，被服五彩，盖神仙也。

象乞长生之方，女曰："子可送手中物，著故处乃可。汝未应取此物，吾故止，待汝。"象送石还，见女子在前处，语象曰："汝血食之气未尽①，断谷三年②，更来，吾止此。"

象归，断谷三年，复往，见此女故在前处，乃以《还丹经》一首授象③，告之曰："得此便得仙，勿复他为也。"乃辞归。

【注释】

①血食：此处指鱼、肉之类的荤腥食物。

②断谷：又称辟谷，即不食五谷，是道家一种修炼方法。这种方法虽然不吃五谷，但是往往要配合服用药物及锻炼导引、服气等，道家认为通过断谷可以除去体内的污秽之气。

③《还丹经》：炼制丹药的经书，内容不详。

【译文】

介象进入山谷里，看到山谷两边的石壁上有很多石子，都是紫色的，光泽和颜色都非常好看，有鸡蛋那么大，多得数不过来，他就拿了两个。等他走到山谷深处没路了，于是只好回来。他在山中看到一个美女，大概十五六岁的样子，容颜样貌都不像普通人，穿着五彩的衣服，大概是个神仙。

介象就向她乞求长生不老的药方，那个女子说："你把手里的石子放回原来的地方,我才会教你。你不应该拿这些东西,我特意待在这里,等你回来。"介象把石子送了回去,回来看见女子还在原来的地方,那女子对他说:"你身上荤腥之气太重,需要断谷三年,然后再来,我还在这里等你。"

　　介象回去后,断谷三年,再去找她,看见那个女子还在原来的地方,并传授给他一首《还丹经》,女子对他说:"得到这个就能成仙了,不要再去求别的了。"介象于是就告辞回来了。

　　象常往弟子骆廷雅舍,帷下屏床中①,有数生,论《左传》义不平②,象旁闻之,不能忍,乃忿然为决③。书生知非常人,密表荐于吴主④,象知之,欲去。曰:"恐官事拘束我耳。"廷雅固留。

　　吴王征至武昌,甚尊敬之,称为介君,诏令立宅,供帐皆是绮绣⑤,遗黄金千镒⑥,从象学隐形之术。试遣后宫,出入闺闼⑦,莫有见者,如此不一。

【注释】

①帷(wéi):围在四周的帐幕。

②《左传》:全称《春秋左氏传》,儒家十三经之一。《左传》是我国第一部编年体著作,相传是春秋末年鲁国史官左丘明根据鲁国国史《春秋》编成,记叙范围起自鲁隐公元年(前722),迄于鲁哀公二十七年(前468),主要记载了东周前期二百五十四年间各国政治、经济、军事、外交和文化方面的重要事件和重要人物,是研究先秦历史很有价值的文献,也是优秀的散文著作。

③忿(fèn)然:愤怒,此处指很坚定的样子。

④吴主:指三国时吴国孙权。

⑤绮(qǐ)绣：有纹饰的丝织品。

⑥镒(yì)：古代重量单位，合二十两（一说二十四两）。

⑦闺闼(tà)：女子居住的内室。

【译文】

介象经常去弟子骆廷雅的家里，围着帐幕的床中，有几个书生在讨论《左传》，对其中的意思争论不定，介象在旁边听到了，忍不住就很明确地给他们做了裁定。书生们知道他不是普通人，就秘密写了封信把他推荐给吴王孙权，介象知道了，就想离去。他说："恐怕当官会拘束我。"骆廷雅一再挽留他。

吴王把他征召到武昌，对他十分尊敬，称他为介君，下令给他建一座房子，提供的帷帐都是丝织的，又送给他黄金一千镒，要跟他学隐身术。吴王试着派他进入后宫，在女子居住的内室进出，都没人能看到他，像这些神异的事不止一次发生。

尝为吴主种瓜菜百果，皆立生可食。吴主共论脍鱼何者最美①，象曰："鲻鱼脍为上②。"吴主曰："论近道鱼耳，此出海中，安可得邪？"象曰："可得。"乃令人于殿庭中作方坎③，汲水满之④，并求钩，象起饵之，垂纶于坎⑤，须臾，果得鲻鱼。

吴主惊喜，问象可食不，象曰："故为陛下取作生脍，安敢取不可食之物！"乃使厨下切之。

吴主曰："闻蜀使来，得蜀姜，作齑甚好⑥，恨尔时无此。"象曰："蜀姜岂不易得？愿差所使者，可付直⑦。"吴主指左右一人，以钱五十付之。象书一符，以著青竹杖中，使行人闭目骑杖。杖止，便买姜，讫⑧，复闭目。此人承言骑杖，须臾止，已至成都，不知是何处，问人，知是蜀市，乃买姜。于时吴使张温⑨，先在蜀，既于市中相识，甚惊，便作书寄其家。

此人买姜毕,捉书,负姜,骑杖,闭目,须臾已还,吴厨下切脍适了。

【注释】

①脍(kuài)鱼:即鱼脍,把鱼切细作的肴馔。

②鲻(zī)鱼:又名乌支、九棍、葵龙、田鱼、乌头、乌鲻、脂鱼、白眼、丁鱼、黑耳鲻。体细长,前部近圆筒形,后部侧扁,一般体长20—40厘米,体重500—1500克。鲻鱼是温热带浅海中上层优质经济鱼类,广泛分布于大西洋、印度洋和太平洋。

③坎(kǎn):坑穴。

④汲(jí)水:打水。

⑤纶(lún):钓鱼用的线。

⑥齑(jī):捣碎的姜、蒜、韭菜等。

⑦直:同"值"。钱。

⑧讫(qì):完结,终了。

⑨张温(193—230):字惠恕,吴郡吴县(今江苏苏州)人。据说他少修节操,容貌奇伟,孙权曾召拜议郎、选曹尚书,徙太子太傅。黄武三年(224),以辅义中郎将身份出使蜀汉,表现出色,得蜀汉朝廷重视。

【译文】

　　介象曾经给吴王种瓜果蔬菜,都是立刻就长了出来,并可以吃。吴王跟他讨论哪种脍鱼最好吃,介象说:"鲻鱼脍味道最佳。"吴王说:"我们只讨论近处的鱼,那是海里的鱼,怎么能得到呢?"介象说:"可以得到。"就命人在大殿前的院子里挖了一个四方的坑,再打水倒满,又要来鱼钩,介象起身装上鱼饵,把钓鱼的线放到水坑中,过了一会儿,果然钓上来了鲻鱼。

　　吴王很惊喜,问介象这个能不能吃,介象说:"特意为陛下您取来做生鱼片的,怎么敢取来不能吃的鱼呢!"于是吴王就让厨师赶快拿去切了。

吴王说:"听说蜀国的使者来了,要是能得到蜀国的姜,做姜末最好了,只可惜现在没有这个东西。"介象说:"蜀国的姜还不容易获得? 只要您差遣一个使者,让他带上钱就行。"吴王就指定身边一个人,给了他五十钱。介象画了一道符,放到一根青色的竹竿里,让那个人闭上眼睛骑在竹竿上。告诉他竹竿一停,就可以去买姜了,买好后,再闭上眼骑回来。那人答应后骑上竹竿,一会儿工夫,竹竿就停了,人已经到了成都,但是不知道到的是什么地方,问别人,才知道是蜀国的集市,于是就找姜买。当时吴国的使臣张温,之前就在蜀国,在市集里碰到了他,一下就认了出来,非常吃惊,就赶快写了封信让他带给家里。这个人买完姜,拿着信,把姜背在身上,骑着竹竿,闭上眼睛,一会儿就回来了,吴国的厨师这时刚好把鱼切好。

象又能读诸符文,如读书,无误谬者①。或不信之,取诸杂符,除其注,以示象,象皆一一别之。

其幻法种种变化,不可胜数。后告言病,帝遣左右姬侍②,以美梨一奁③,赐象。象食之,须臾便死,帝埋葬之。

以日中时死,晡时已至建业④,所赐梨,付苑吏种之⑤。吏后以表闻,吴主即发棺视之,唯一符耳。帝思之,与立庙,时时躬往祭之。常有白鹤来,集座上,迟回复去。

后弟子见在蓝竹山中⑥,颜色转少。

【注释】

①谬(miù):错误的,不合情理的。

②姬(jī):汉代指宫中的女官。

③奁(lián)：原指女子梳妆用的镜匣，泛指精巧的小匣子。

④晡(bū)时：即申时，午后三点至五点。建业：古县名。东汉建安十七年(212)孙权改秣陵县设置，治所在今江苏南京。吴黄龙元年(229)自武昌迁都于此。

⑤苑(yuàn)：古代养禽兽植林木的地方，多指帝王的花园。

⑥蓝竹山：《太平广记》中作"盖竹山"，盖竹山在浙江临海南，一名竹叶山。葛洪《抱朴子·内篇·金丹》称，是正神所在山之一，"若有道者登之，则此山神必助之为福，药必成"。

【译文】

介象还能读懂各种符文，就像读书一样，都不会读错。有人不相信，就弄来各种符，把相关的注解去掉，给介象看，介象都一一辨认出来。

他还会很多种幻术变化，不可胜数。后来跟吴王说自己生病了，吴王就派自己身边的侍女，带着一箱上好的梨，赐给他。介象吃了梨子，一会儿就死了，吴王只好把他埋葬了。

介象是在中午时分死的，但是在下午晡时，人又到了建业，吴王赐给他的那些梨，他拿给管园子的官吏种了下去。后来那个官吏把这件事上表告诉了吴王，吴王就把介象的棺材打开来看，看到里面只有一道符。吴王很想念他，就给他建了座庙，经常亲自去祭拜他。那庙里经常有白鹤飞来，停在座位上，待一会儿就飞走了。

后来他的弟子在蓝竹山中又看见他，并且容貌显得更加年轻。

苏仙公

【题解】

苏仙公为汉代人，名苏耽，三国孙吴张胜撰《桂阳先贤传》(唐魏徵《隋书·经籍志》作《桂阳先贤画赞》)中记有其故事，后《神仙传》、北魏郦道元《水经注》等皆有引用。

相传苏耽为西汉早期的一位草药郎中，他少年丧父，后采药奉母，待母至孝，又以用橘叶、井水为民众治疗瘟疫而闻名，被世人所称颂，并将其神化成仙人。在明代，"苏耽橘井"的典故被编入《龙文鞭影》一书，与"董奉杏林"一起，成为中华医药史上的佳话。

据相关资料，苏耽的故事在汉之后，被人广为传颂，但一开始并没有将"橘井"两字并称。在唐代开元二十九年（741），郴州刺史孙会奉唐玄宗令扩建苏仙观，曾撰下《苏仙碑铭》，出现"橘井"二字。此后杜甫一连三首诗都写到"橘井"，后经文学家元结，在 767 年过郴州时，专门寻游了苏耽井，并撰七律《橘井》，从而使"橘井"一词广为人知，并成为历代文学作品的常用典。如北宋秦观，有"闻道久种阴功，杏林橘井"的词句；南宋丞相周必大有"子到同吟仙井橘"；元代王都中有"苏仙孝感动乡间，橘井千年事若符"；明王世贞有"橘井汲后绿"；明李时珍有"橘井泉里龙问病"的诗句等；清代小说家蒲松龄除在《聊斋志异》中写了"苏仙公"，还吟有"苏仙故井犹存楚"诗句，清林则徐有"橘井活人真寿客"的诗句。清朝时又将"橘井"与"泉""香"二字结合上，如清翰林院编修张九镡《郴州四首》的第一句"汉朝灵橘井泉香"，后医界直接用"橘井泉香"一词指代其事。

因苏耽"橘井"故事广为人知，汉代之后，在全国多地出现过"橘井"的地名称谓，除湖南本省外，广东、广西、湖北、四川、江西等地都出现了类似的"井"，比较知名的有河南商城的所谓"北橘井"，此地名一度引起苏耽是否是河南商城人的争议。

随着中医药文化的传播，苏耽的影响也远至海外，海外唐人街有"橘井药店""橘杏诊所"等中医药机构，日本国办有《橘杏医药》杂志，柬埔寨王国有以"桔井"命名的省市，意大利的利玛窦四百多年前一到中国就知晓了这个典故，在他被收藏于法国国家图书馆的著作《西国记法》中写道："记医以橘井，以杏林。"

人们如此纪念苏耽，是因为他既是一位医术高超、受人爱戴的名医，同时也与其奉母至孝的品德有关，因汉代以孝治国，所以他的故事很容易被作为典型而加以颂扬。

另外，北宋李昉等《太平御览》卷六百六十二中引葛洪《神仙传》称"苏仙公名林，字子玄，周武王时人也，家濮阳曲水"。与本篇所述不同，或非同一人。

苏仙公者，桂阳人也^①，汉文帝时得道。先生早丧所怙^②，乡中以仁孝闻，宅在郡城东北。出入往来，不避燥湿，至于食物，不惮精粗^③。

先生家贫，常自牧牛，与里中小儿^④，更日为牛郎。先生牧之牛，则徘徊侧近，不驱自归，余小儿牧牛，牛则四散，跨冈越崄^⑤，诸儿问曰："尔何术也?"先生曰："非汝辈所知。"常乘一鹿。

【注释】

①桂阳：今属湖南。汉朝时桂阳属桂阳郡郴县地。

②怙（hù）：依靠，仗恃。据上下文，此处指其少年丧父。

③惮（dàn）：怕，畏惧。

④里中：指同里的人，古代五家为邻，五邻为里。

⑤崄（xiǎn）：险。

【译文】

苏仙公是桂阳郡人，他在汉文帝时得道。苏先生年轻时就失去了父亲，在家乡以仁善孝顺广为人知，家住在郡城的东北方向。他出行回家，都不在乎天气的燥热或湿冷，吃东西也从来不讲究食物的粗细。

苏仙公家里很穷，经常去放牛，跟村子里的小孩子们一起，每天轮流做放牛郎。他放牛时,牛就在他身边来回走动,不用赶也知道自己回去,其他小孩子放牛,牛则四处乱跑,甚至翻越山岗,走到很险要的地方,其他小孩子就问他:"你有什么手段,能让牛那么乖?"苏仙公说:"不是你们这些人能够明白的。"他还经常乘坐一头鹿。

先生常与母共食,母曰:"食无鲊①,他日可往市买也。"先生于是以箸插饭中②,携钱而去③。斯须,即以鲊至,母食未毕。母曰:"何处买来?"对曰:"便县市也④。"母曰:"便县去此百二十里,道途径崄,往来遽至⑤,汝欺我也。"欲杖之。先生跪曰:"买鲊之时,见舅在市,与我语云,明日来此,请待舅至,以验虚实。"母遂宽之。明晓,舅果到,云昨见先生便县市买鲊,母即惊骇⑥,方知其神异。

先生曾持一竹杖,时人谓曰"苏生竹杖",固是龙也。

【注释】

①鲊(zhǎ):一种用盐和红曲腌的鱼,可用来拌饭吃。

②箸(zhù):筷子。

③携:带。

④便县:古县名,西汉高帝分郴县置,治在今湖南永兴,属长沙国,后属桂阳郡。

⑤遽(jù):遂,就。

⑥惊骇(hài):恐慌,恐惧,这里指非常吃惊。

【译文】

苏先生曾经跟母亲一起吃饭,母亲说:"吃饭没有鲊了,哪天有空去市集上买点。"于是苏仙公就把筷子插到饭里,带着钱就走了。过了片刻,就带着鲊回来了,他母亲还没吃完饭。母亲问他:"哪里买的?"他回答说："在便县的市集上。"母亲说："便县离这里有一百二十里,道路还艰险难走,你这么快就走了个来回,你这是骗我啊。"就要用木棍打他。苏仙公马上跪下说："我买鲊的时候,看到舅舅在市集上,他对我说,明天来我家,请您等他过来,跟他验证下我说的是真是假。"母亲就暂时饶恕了他。第二天早晨,他舅舅果然来了,说昨天看见苏仙公在便县市集上买鲊,母亲很是惊异,才知道他有神通异术。

苏仙公经常拿着一根竹竿,当时人称为"苏生竹杖",本是条龙变的。

数岁之后,先生洒扫门庭,修饰墙宇①,友人曰:"有何邀迎?"答曰:"仙侣当降。"俄顷之间,乃见天西北隅②,紫云氤氲③,有数十白鹤,飞翔其中,翩翩然降于苏氏之门④。皆化为少年,仪形端美,如十八九岁人,怡然轻举。先生敛容逢迎,乃跪白母曰:"某受命当仙,被召有期,仪卫已至⑤,当违色养⑥,即便拜辞。"母子歔欷⑦。

母曰:"汝去之后,使我如何存活?"先生曰:"明年天下疾疫⑧,庭中井水,檐边橘树,可以代养。井水一升,橘叶一枚,可疗一人。兼封一柜留之,有所阙乏,可以扣柜言之,所须当至,慎勿开也。"言毕,即出门,踟蹰顾望⑨,耸身入云。紫云捧足,群鹤翱翔⑩,遂升云汉而去。

【注释】

①墙宇:房屋,住宅。

②隅(yú):角落。

③氤氲(yīn yūn):烟气、烟云弥漫的样子。气或光混合动荡的样子。

④翩翩然:轻快,飘忽的样子。

⑤仪卫:仪仗与卫士的统称。

⑥色养:和颜悦色奉养父母或承顺父母。

⑦歔欷(xū xī):抽泣。

⑧疫:流行性急性传染病。

⑨踟蹰(chí chú):徘徊;心中犹疑,要走不走的样子。

⑩翱(áo)翔:常指在高空飞行或盘旋。

【译文】

几年之后,先生突然有一天打扫门前院子,把房子修饰了一下,朋友问:"要邀请什么人过来吗?"他回答说:"有神仙要降临。"片刻之间,就见天空的西北角,一团紫云弥漫,有几十只白鹤,在云里飞翔,然后纷纷降落在苏先生的门前。那些白鹤一个个都变成了少年,仪态端庄俊美,像十八九岁的人,走起路来也是轻飘飘的。先生整理了一下衣服就上前迎接,他对母亲跪下说道:"我受天命应该当神仙,被召唤上天的日子到了,现在迎接我的仪仗和卫士都到了,我就不能再奉养您了,现在就要跟您告辞了。"母子俩痛哭了一场。

他母亲说:"你走了,让我怎么活下去呢?"先生说:"明年天下会有瘟疫流行,院子里的井水,还有屋檐边的橘树,可以代我给您供养。只要井水一升和橘叶一片,就能治疗一个人。我留给您一个封好的柜子,要是缺什么东西,就敲那个柜子跟它说,需要的东西就会送来,但是千万不要打开它。"说完,就出门,徘徊回望,纵身跳进云中。只见一团紫云托着他的脚,一群白鹤在他身边飞翔,一起飞上了天。

来年,果有疾疫,远近悉求母疗之,皆以水及橘叶,无不愈者。有所阙乏,即扣柜,所须即至。三年之后,母心疑,因即开之,见双白鹤飞去,自后扣之,无复有应。

母年百余岁，一旦无疾而终，乡人共葬之，如世人之礼。葬后，忽见州东北牛脾山紫云盖上^①，有号哭之声，咸知苏君之神也。

郡守乡人^②，皆就山吊慰。但闻哭声，不见其形。郡守乡人苦请相见，空中答曰："出俗日久，形貌殊凡，若当露见，诚恐惊怪。"固请不已，即出半面，示一手，皆有细毛，异常人也。因谓郡守乡人曰："远劳见慰，途径险阻，可从直路而还，不须回顾。"言毕，即见桥亘岭旁^③，直至郡城。行次，有一官吏，辄回顾^④，遂失桥所，堕落江滨，乃见一赤龙于桥下，宛转而去。

【注释】

①州东北牛脾山：州，指郴州。牛脾山，在今湖南郴州苏仙区境内，后人也称其为苏仙岭，北宋张君房《云笈七签》中将其排名七十二福地第二十一位，到北宋李思聪《洞渊集》中调整为第十八位。

②郡守：指一郡的最高行政长官，即太守。

③亘（gèn）：横贯。

④辄（zhé）：总是，就。

【译文】

第二年，果然发生了瘟疫，远近的人都来求他母亲治疗，他母亲就给他们井水和橘叶，没有治不好的。他母亲缺什么东西时，就叩击那个柜子，需要的东西马上就出现了。三年之后，他母亲心里好奇，就把柜子打开，只见有两只白鹤从里面出来飞走了，自那以后再去叩击柜子，就再也没有回应了。

他母亲活了一百多岁，一天早晨无疾而终，家乡的人就一起把她埋葬了，跟普通的葬礼一样。葬礼之后，忽然看见州东北的牛脾山被紫云环绕覆盖,并听到有人哭号的声音,大家都明白那肯定是苏仙公了。

太守和家乡的人,都来到山边向他慰问。但是大家只听到他哭泣的声音,看不到人。太守和乡亲们苦苦请求他能现出身形见大家一面,就听到空中有人回答:"我离开世间太久了,形体面貌已经变得很不一样了,要是出现让你们看到,恐怕会惊吓到你们惹你们怪罪。"众人还是一再恳求,于是苏仙公就露出半张脸,还有一只手,看上去都长有很细的毛,跟普通人不一样。他对太守和乡亲们说:"感谢你们这么远来慰问我,回去的路艰险难走,你们就走直路回去吧,但是不要回头。"说完,就见一座桥架在了山岭上,直通郡城里。大家依次上桥回城,其中一个官吏,好奇回头看了一眼,那座桥就瞬间不见了,众人都掉落到江边,就看到一条红色的龙在桥下飞出,盘旋飞走了。

先生哭处,有桂竹两枝[1],无风自扫,其地恒净。三年之后,无复哭声,因见白马常在岭上,遂改牛脾山为白马岭。自后有白鹤来止郡城东北楼上,人或挟弹弹之,鹤以爪攫楼板[2],似漆书云:城郭是,人民非,三百甲子一来归[3],吾是苏君,弹何为至?

今修道之人,每至甲子日,焚香礼于仙公之故第也[4]。

【注释】

[1]桂竹:亦称斑竹、五月竹、麦黄竹、小麦竹,因在麦黄时成竹,故有此名。《宣统湖北通志》:桂竹作圭竹,谓之贵竹。南朝宋戴凯之《竹谱》作桂竹,谓高四五丈,大二尺围,状如甘竹而皮赤。

[2]攫(jué):抓取。

[3]甲子:中国传统纪时中用十天干和十二地支相配合的纪时方法,其循环的第一个组合称"甲子",其后为"乙丑",依次类推,循环

　　一遍正好有六十次。

④故第：以前住过的房屋。

【译文】

　　苏先生痛哭的地方，有两棵桂竹，没有风的时候，它们会自己扫地，所以那个地方一直很干净。过了三年，就不再听到哭声了，大家又看到一匹白马经常出现在山岭上，于是就把牛脾山改名叫白马岭。自那以后，经常有白鹤来到郡城东北角的楼上停留，有人拿弹弓打它们，白鹤就用爪子抓起一块楼板，在上面写出像用漆写的字，说：这座城没变，但是人已经不是那些人了，我经过三百个甲子又回来了，我是苏君，你们为什么要用弹弓打我呢？

　　现在修道的人，每到甲子日，他们都要去苏仙公的故居那里烧香行礼。

成仙公

【题解】

　　成仙公，名武丁，汉代仙人。其事迹最早见于三国孙吴张胜撰《桂阳先贤传》（唐魏徵《隋书·经籍志》作《桂阳先贤画赞》），后《神仙传》收录，明代《郴州志》《郴县志》中对其故事也有记载，但说武昌冈后被改名为骆仙岭，因"骡"讹传为"骆"之故。成武丁的故事也流传至日本，收录在日本学者窪德忠主编《道教故事》一书中。

　　民间传说牛郎织女的故事中，牛郎和织女相会的日期，就是由成武丁最早提及的。南宋陈元靓《岁时广记》引南朝梁吴均《续齐谐记》说："桂阳成武丁，有仙道，常在人间，忽谓其弟曰：'七月七日，织女渡河，诸仙悉还宫。吾向已被召，不得暂停，与尔别矣。后三千年当复还。'弟问曰：'织女何事渡河？兄当何还？'答曰：'织女暂诣牵牛，一去后三千年当还。'明旦果失武丁所在，世人至今犹云七月七日织女嫁牵牛。"茅盾在《中国神话研究初探》一书中，就引用了这个故事。

　　本篇中成仙公的"噀酒救火"情节与《栾巴》篇中情节类似，而化身白鹤的情节又与东晋干宝《搜神记》中的"丁令威"条雷同，据此，近代有学者认为，本篇可能不是原《神仙传》的篇目，而是后世人的创作，并杂入到《神仙传》之中。

　　成仙公者，讳武丁[①]，桂易临武乌里人也[②]。后汉时，年十三，身长七尺[③]，为县小吏。有异姿，少言大度，不附人，人谓之痴。少有经学[④]，不授于师，但有自然之性。

　　时先被使京[⑤]，还过长沙郡[⑥]，投邮舍不及[⑦]，遂宿于野树下。忽闻树上人语云向长沙市药，平旦视之，乃二白鹤。仙公异之，遂往市，见二人，罩白伞，相从而行。先生遂呼之，设食，食讫便去[⑧]，曾不顾谢。仙公乃随之，行数里，二人顾见仙公，语曰："子有何求？而随不止。"仙公曰："仆少出陋贱[⑨]，闻君有济生之术，是以侍从耳。"二人相向而笑，遂出玉函[⑩]，看素书[⑪]，果有武丁姓名。于是与药二丸，令服之。二人语仙公曰："君当得地仙[⑫]。"遂令还家。明照万物，兽声鸟鸣，悉能解之。

【注释】

①讳（huì）：古时称死去的皇帝或尊长的名字。

②桂易临武乌里人：应指桂阳郡临武县乌里人。易，应为"阳"之误。临武，今隶属湖南郴州。乌里，清《临武县志》称其在"邑之北乡"。

③七尺：汉代一尺在21.35—23.75厘米之间，七尺约一米六左右，

也指二十岁成人的身高。

④经学：原泛指各家学说要义的学问，在汉代独尊儒术后，特指研究儒家经典的学问。

⑤京：指京师，帝王所在之地，因东汉时定都洛阳，故此处应指洛阳。

⑥长沙郡：今湖南长沙。两汉时期，长沙为长沙国的都城。东汉初期废"长沙国"改立为"长沙郡"。

⑦邮舍：又称驿舍或传舍，是古代供往来官吏休息食宿的地方。

⑧讫(qì)：完结，终了。

⑨仆："我"的谦称。

⑩玉函：玉质的书匣。

⑪素书：此处指仙家之书。

⑫地仙：道教指住在人间，可以长生不死的仙人。

【译文】

成仙公，名讳叫武丁，是桂阳郡临武县乌里人。在后汉时，他十三岁，身高就有七尺了，在县里做一个小官。他为人处世与众不同，很少说话，胸怀开阔，从不趋炎附势，别人都说他有点傻。他年轻时研究经学，没有经过老师教授，但是天生就能懂。

一次他被派往京师，回来的路上，经过长沙郡，因为太晚没能投奔到邮舍住宿，只好在旷野的大树下露宿。夜晚突然听到树上有人说去长沙卖药，早晨天亮一看，树上是两只白鹤。成仙公很是惊异，于是也往市集上走，路上看到两个人，打着白色的伞，一前一后走着。先生于是喊住他们，给他们摆上吃的，那两人吃完就走了，也不答谢。成仙公就跟着他们，走了好几里路，二人回头看到成仙公，对他说："你有什么要求？这么一路不停地跟着我们。"成仙公说："我出生卑微，听说你们有补益生命的道术，所以才跟从你们。"那两人相视一笑，于是拿出一本玉函，翻看里面的素书，上面果然有武丁的姓名。于是他们就给成仙公两丸药，让他吃了。二人对他说："你将来能修成地仙。"然后就让他回家去。他回家后，突然就能明察世间万物的道理，那些鸟兽的鸣叫，他也能懂得是什么意思。

　　仙公到家后，县使送饷府君①。府君周昕②，有知人之鉴。见仙公呼曰："汝何姓名也？"对曰："姓成名武丁，县司小吏。"府君异之，乃留在左右，久之，署为文学主簿③。

　　尝与众共坐，闻群雀鸣而笑之。众问其故，答曰："市东车翻，覆米，群雀相呼往食。"遣视之，信然也。

　　时郡中寮吏豪族④，皆怪不应引寒小之人以乱职位。府君曰："此非卿辈所知也。"经旬日⑤，乃与仙公居阁直⑤。

　　至年初元会之日⑥，三百余人，令仙公行酒。酒巡遍讫，先生忽以杯酒向东南噀之⑦，众客愕然⑧，怪之。府君曰："必有所以。"因问其故。先生曰："临武县火，以此救之。"众客皆笑。明日司仪上事⑨，称武丁不敬，即遣使往临武县验之。县人张济上书，称元日庆集饮酒，晡时火忽延烧厅事⑩，从西北起，时天气清澄，南风极烈，见阵云自西北直耸而上，径止县⑪，大雨，火即灭，雨中皆有酒气。众疑异之，乃知仙公盖非凡人也。

【注释】

　　①饷(xiǎng)：军粮及军队的供给。府君：汉代对郡相、太守的尊称。

　　②周昕(xīn)：字泰明，会稽（今浙江绍兴）人，本为汉末军阀袁绍部将，曾任丹杨（今江苏丹阳）太守。他少游京师，师事太傅陈蕃，博览群书，明于风角（古代一种占卜术，以五音占四方之风而定

吉凶），善推灾异。后还会稽，被孙策破城而斩杀。

③文学主簿：主官属下掌管文书的佐吏。隋、唐以前，为长官的亲吏，权势颇重。

④寮（liáo）：古同"僚"。官。

⑤旬日：十天。亦指较短的时日。

⑤阁直：疑为"直阁"。直阁为官名，北齐时属左、右卫。

⑥元会：古代皇帝于阴历元旦朝会群臣称正会，也称元会，此处指郡里的新年宴会。

⑦噀（xùn）：含在口中而喷出。古代的酒皆用粮食酿造，早期都是低度酒，约至宋代之后才发明蒸馏技术酿造出酒精度含量高的白酒，所以此处喷酒救火的情节有其合理性。

⑧愕（è）然：处于受惊的样子。

⑨司仪：官名。周礼秋官之属，掌理接待宾客的礼仪。

⑩晡（bū）时：即午后三点至五点。厅事：官署视事问案的厅堂。

⑪径（jìng）：直截了当。

【译文】

成仙公回到家后，县里让他送饷银去府君那里。府君叫周昕，具有看出别人品行和才能的眼力。他看见仙公就大声问："你叫什么名字？"仙公回答："我姓成名武丁，是县衙里的小官吏。"府君很惊异，就把他留在了身边，时间一久，又让他做了文学主簿。

有次成仙公与众人坐在一起，他听到一群鸟雀在鸣叫就笑了。众人问他为什么笑，他回答说："市场东边的车子翻了，米都掉到了地上，鸟雀们相互呼唤着要一起去吃。"于是大家派人去查看，果然跟他说的一样。

当时郡城中的官员和当地豪强，都怪府君不应该让这个出身低微的人在郡城里做官，把身份等级都搞乱了。府君说："这件事不是你们这些人能懂的。"又过了十几天，府君就让他升迁做了直阁。

　　在新年元会那一天的宴会上，有三百多人参加，府君让仙公去给他们行酒。行酒结束，先生忽然把酒杯向东南方向泼了出去，众人都很惊讶，怪他无礼。府君说："一定有什么原因。"于是就问他什么缘故。先生说："临武县里起火了，我用酒去救一下。"众人听了都笑了。第二天司仪来报告，说武丁不尊重礼仪，府君就派遣人去临武县验证一下昨天发生的事。正好临武县人张济上书过来，说元旦日大家集会庆祝喝酒，下午晡时突然起火烧了衙门的大厅，火从西北烧起来，当时天气晴朗，刮着很大的南风，他们就看见有一阵云从西北方向升起来，直接停在了县里，接着就下大雨，火就灭了，雨中还有酒的气味。众人听说后，都很疑惑惊讶，才知道成仙公大概不是凡人。

　　后府君令仙公出郡城西立宅居止，只有母、一小弟及两小儿。比及二年，仙公告病，四宿而殒①，府君自临殡之②。

　　经两日，犹未成服③，仙公友人从临武来，于武昌冈上逢仙公，乘白骡西行。友人问曰："日将暮，何所之也？"答曰："暂往迷溪④，斯须却返，我去向来，忘大刀在户侧，履在鸡栖上⑤，可过语家人收之。"友人至其家，闻哭声，大惊曰："吾向来于武昌冈逢之，共语云'暂至迷溪，斯须当返，令过语家人，收刀并履。'何得尔乎？"其家人云："刀履并入棺中，那应在外？"即以此事往启府君，府君遂令发棺视之，不复见尸，棺中唯一青竹杖，长七尺许，方知先生托形仙去。

　　时人谓先生乘骡于武昌冈，乃改为骡冈，在郡西十里也。

【注释】

①殒（yǔn）：死。

②殡(bìn):停放灵柩或把灵柩送到墓地去。

③成服:指盛服。旧时丧礼大殓之后,亲属按照与死者关系的亲疏穿上不同的丧服,叫"成服"。与三周年以后的"脱服""除服"相对应。语出《礼记·奔丧》:"唯父母之丧,见星而行,见星而舍。若未得行,则成服而后行。"

④迷溪:地名,具体不详。

⑤履(lǚ):鞋。鸡栖(qī):鸡栖息之所,鸡窝或鸡笼。

【译文】

后来府君让成仙公在郡城的西边建房子居住,他和母亲、一个年轻的弟弟及两个孩子一起住。到了第二年,成仙公向府君报告说自己生病了,四天后就死了,于是府君亲自过来为他举行葬礼。

过了两天,成仙公的亲属们还没穿上丧葬的衣服,他的朋友从临武县过来,在武昌冈上碰到仙公,骑着一匹白色的骡子往西走。朋友问他:"太阳就要落山了,你要到哪里去?"他回答:"我临时去一趟迷溪,一会儿就回来,我走的时候,忘了把放在家门边的大刀,还有放在鸡笼上的鞋子收起来了,你可以路过告诉我家人,让他们收一下。"他朋友到他家,听到一片哭声,大吃一惊,说:"我刚从武昌冈来还碰到他,跟我说'去迷溪一趟,一会儿就回来,让我路过他家时对他家人说,收一下大刀和鞋子。'怎么一下成这样子了呢?"他家人说:"刀和鞋都放到棺材里了,哪里还在外面?"家人就跑去把这件事告诉了府君,府君就下令把成仙公的棺材打开来看,发现尸体不见了,棺材中只剩下一根青竹竿,有七尺多长,才知道他用竹子假托形体,真人成仙走了。

当时的人因为成仙公骑着骡子出现在武昌冈,就把武昌冈改名叫骡冈,位置就在郡城西边约十里的地方。

郭璞

【题解】

郭璞(276—324),字景纯,河东郡闻喜县(今属山西)人,与葛洪同时代,唐房玄龄等《晋书·郭璞传》中也将他们两人放在一起作传。

郭璞是建平太守郭瑗之子,两晋时期著名文学家、训诂学家、风水学者,他好古文、奇字,精天文、历算、卜筮,擅诗赋,是游仙诗的祖师。

郭璞同时也是正统的正一道教徒,除家传易学外,他还承袭了道教的术数学,是两晋时代最著名的方士,传说他擅长预卜先知和诸多奇异的方术。西晋末为宣城太守殷祐参军,晋元帝拜著作佐郎,后迁尚书郎,曾与王隐共撰《晋史》。后因母丧去职归家,又为王敦起为记室参军,以卜筮不吉阻敦谋反,被杀。王敦之乱平定后,郭璞被追赠弘农太守,宋徽宗时因郭璞在算学方面的成就而追封他为闻喜伯,元顺帝时被追封为灵应侯。

《晋书》本传中说:"璞好经术,博学有高才,而讷于言论,词赋为中兴之冠。"曾从河东郭公学卜筮,得《青囊中书》九卷,此后其卜筮之术和攘灾转祸的才能,"虽京房、管辂不能过也"。他曾"撰前后筮验六十余事,名为《洞林》,又抄京、费诸家要最,更撰《新林》十篇、《卜韵》一篇"。

郭璞长于赋文,尤以"游仙诗"名重其时,是中国游仙诗体的鼻祖,现存十四首。南朝梁钟嵘《诗品·晋弘农太守郭璞诗》称其"始变永嘉平淡之体,故称中兴第一",南朝梁刘勰《文心雕龙·时诗》也说:"景纯仙篇,挺拔而为俊矣。"

郭璞花十八年的时间研究和注解《尔雅》,以当时通行的方言名称,解释了古老的动、植物名称,并为之注音、绘图,使《尔雅》成为历代研究本草的重要参考书。而郭璞开创的动、植物图示分类法,也为唐代以后的所有大型本草著作所沿用。

郭璞同时还是中国风水学鼻祖,其所著《葬经》,亦称《葬书》,对风水及其重要性作了论述,还介绍了相地的具体方法,是中国风水文化之宗。明王祎《青岩丛录》说:"择地以葬,其术本于晋郭璞。"

此外郭璞还注释了《山海经》《穆天子传》《方言》《三苍》和《楚辞》《子虚赋》《上林赋》等。其所作诗赋诔颂亦数万言,明人有辑本《郭弘农集》。其子鳌,后官至临贺太守。

现各地还有纪念郭璞的古迹遗存,如浙江杭州余杭区塘栖镇运河广济桥边有一古井,传为郭璞当年亲自勘察开凿,名郭璞井。江西景德镇昌江区鲶鱼山镇鹊湖村有一山,相传当年郭璞曾隐居于此,名郭璞山。另浙江温州人视郭璞为开城鼻祖,将当地西廓山改名郭公山,并在山下建有郭公祠。传郭璞死后,其后人载其灵柩而消失,无人知晓其埋骨之地,数年后,晋明帝在南京玄武湖畔修建了郭璞的衣冠冢,名"郭公墩",保留至今。

按:郭璞与葛洪同时代,且《抱朴子·内篇》中未提及郭璞,宋之前也未见有文献提及郭璞时称引自《神仙传》,所以近代有学者认为,本篇可能是后世创作的,杂入到《神仙传》之中,而非葛洪原篇。

郭璞①,字景纯,河东人也②。周识博闻,有出世之道。鉴天文地理、龟书龙图、爻象谶纬、安墓卜宅③,莫不穷微,善测人鬼之情状。

李洪范、林明道④,论景纯善于遥寄⑤,缀文之士⑥,皆同宗之。

晋中兴⑦,王导受其成旨⑧,以建国社稷⑨,璞尽规矩制度。仰范太微星辰⑩,俯则《河》《洛》《黄图》⑪。夫帝王之作,必有天人之助者矣。

【注释】

①璞(pú):未雕琢过的玉石,或指包藏着玉的石头。

②河东:约为今山西西南部,秦汉时有河东郡。

③龟书龙图:即指《河图》《洛书》,因相传伏羲时代,"龙马负图,神龟贡书",故以代指。爻(yáo)象:指组成八卦的符号。谶(chèn)

　　纬：谶书和纬书的合称。谶，秦汉间儒家编造的预示吉凶的隐
　　语，后来汉族民间发展为在庙宇或道观里求神问卜，渐渐地更加
　　简化为求签。纬，汉代附会儒家经义衍生出来的一类书，被汉光
　　武帝刘秀之后的人称为"内学"，而原本的经典反被称为"外学"。
　　汉代的谶纬之学主要是帝王受命徵验一类的政治预言。安墓卜
　　宅：属于古代风水之学，即对墓地和住宅的选址和朝向等进行勘
　　验的方术。

④李洪范、林明道：汉代人，事迹不详。

⑤遥寄：这里指作游仙之类题材的诗作以咏怀。

⑥缀文之士：指爱好写文章的人士。缀文，连缀字句而成文章。

⑦晋中兴：指西晋灭亡后，其宗室司马睿南迁后建立起来的东晋政
　　权，定都在建康（今江苏南京）。

⑧王导（276—339）：字茂弘，小字阿龙。琅玡临沂（今属山东）人。
　　东晋时期著名政治家、书法家，历仕晋元帝、明帝和成帝三朝，先
　　拜骠骑大将军、仪同三司，封武冈侯，又进位侍中、司空、假节、录
　　尚书事，领中书监。他是东晋政权的奠基人之一，也是东晋中兴
　　名臣，为东晋早期的政权稳定做出了杰出的贡献。他也是著名
　　书法家王羲之的从祖父。

⑨社稷（jì）：本指土神和谷神，古时君主都祭祀社稷，后来就用社稷
　　代表国家。

⑩太微：中国古代将星空划分为三垣，即紫微垣、太微垣、天市垣，
　　与黄道带上的二十八宿合称三垣二十八宿。太微垣是三垣的上
　　垣，位居于紫微垣之下的东北方。在北斗之南，轸宿和翼宿之
　　北，约占天区六十三度范围，以五帝座为中枢，共含二十个星座，
　　正星七十八颗，增星一百颗，它包含室女、后发、狮子等星座的一
　　部分。古代以为太微为天庭所在，故后人也指代朝廷或帝王
　　之居。

⑪《河》《洛》：即《河图》《洛书》。《黄图》：又名《三辅黄图》，古代地理书籍，作者佚名。原书一卷，后又有六卷或二卷本，可能掺入后世地名及杂说所致。其中主要记载秦汉时期三辅的城池、宫观、陵庙、明堂、辟雍、郊畤等，间涉及周代旧迹。各项建筑，皆指出所在方位。此书条理清晰，为研究关中历史地理的重要资料。

【译文】

郭璞，字景纯，是河东人。他学识渊博，有出离世间而成仙的道术。他对天文地理、《河图》《洛书》、八卦谶纬、安墓选宅等学问，都研究得很透彻，他还能探知人间和鬼神界的事情。

李洪范、林明道，说郭璞善于作追慕神仙的诗文，那些爱好写作的人，一起把他作为师法的榜样。

晋朝中兴的时候，王导承接皇帝的旨意，重新建立国家，于是委派郭璞去制定规章制度。他参考天上的星辰，还有《河图》《洛书》及《三辅黄图》等，设计出了全新的典章制度。一代帝王要兴起，上天必定要派人来辅助他。

王敦镇南州①，欲谋大逆，乃召璞为佐。时明帝年十五②，一夕，集朝士，问太史③："王敦果得天下邪？"史臣曰："王敦致天子，非能得天下。"明帝遂单骑微行，直入姑熟城④。敦正与璞食，璞久之，不白敦，敦惊曰："吾今同议定大计，卿何不即言？"璞曰："向见日月星辰之精灵，五岳四海之神祇⑤，皆为道从翼卫⑥，下官震悸失守⑦，不即得白将军。"敦使闻，谓是小奚戏马⑧，检定非也。

遣三十骑追，不及，敦曰："吾昨夜梦在石头城外江中⑨，扶犁而耕，占之。"璞曰："大江扶犁耕，亦自不成反，反亦无所成。"敦怒谓璞曰："卿命尽几何？"璞曰："下官命尽今日。"

敦诛璞。

【注释】

①王敦（dūn）：字处仲，琅邪临沂（今属山东）人，为东晋名臣王导的堂兄。王敦出身琅邪王氏，曾与王导一同协助司马睿建立东晋政权，形成"王与马，共天下"的格局，成为当时权臣，但他一直有夺权之心，最后在晋明帝时发动政变未成而病死，终年五十九岁，史称"王敦之乱"。南州：历史上设置过多个南州，此处根据上下文，应指后文的姑熟城。

②明帝：指晋明帝司马绍，字道畿，晋元帝司马睿长子，晋简文帝司马昱异母兄，母宫人荀氏，东晋第二位皇帝。322—325 年间在位，二十七岁时因病逝于位上。

③太史：官名。西周、春秋时太史掌管起草文书，策命诸侯卿大夫，记载史事，编写史书，兼管国家典籍、天文历法、祭祀等，为朝廷大臣。秦汉设太史令，职位渐低。魏晋以后修史的任务划归著作郎，太史仅掌管推算历法。

④姑熟城：即今安徽当涂，为东晋时都城建康的西南藩篱。

⑤五岳四海：此处泛指天下。五岳是中国五大名山的总称，指东岳泰山、西岳华山、中岳嵩山、北岳恒山、南岳衡山。四海：指东海、南海、黄海、渤海。神祇（qí）：指天神和地神，泛指神明。

⑥翼（yì）卫：护卫。

⑦震悸：惊怖恐惧。

⑧小奚（xī）：指小男仆。

⑨石头城：当时东晋都城建康西边的军事要塞。

【译文】

　　王敦镇守南州，想要造反，就把郭璞召来辅佐自己。当时晋明帝十五岁，一天傍晚，他召集大臣们，问太史："王敦会得到天下吗？"史官说：

"王敦想要挟持天子,不能得到天下。"晋明帝就一个人换上便衣骑马出来,直接进入姑熟城。当时王敦正和郭璞一起吃饭,很长一段时间,郭璞都不和王敦说话,王敦生气地说:"我现在跟你商议大事,你怎么不马上谈谈呢?"郭璞说:"我刚才看到日月星辰的精灵,还有五岳四海的神明,都护卫着一个人进了姑熟城,我很震惊以至于走神了,所以没有马上跟将军说话。"王敦派人去打听,说是有一个小男仆在骑马游戏,已经检查不是晋明帝。

王敦又派遣了三十个骑兵去追赶,但是没追上,王敦说:"我昨晚梦到自己在石头城外的江中,扶着一个犁在耕地,你帮我占卜一下。"郭璞说:"大江中扶着犁耕地,意思是你不能反,造反了也不会成功。"王敦大怒,对郭璞说:"你能算出自己什么时候死吗?"郭璞说:"我今天就会死。"于是王敦就把郭璞杀了。

江水暴上市,璞尸出城南坑,见璞家载棺器及送终之具,已在坑侧。两松树间上,有鹊巢,璞逆报家书所言也。

谓伍佰曰①:"吾年十三时,于栅塘脱袍与汝②,吾命应在汝手中,可用吾刀。"伍佰感昔念惠,衔涕行法。

殡后三日③,南州市人,见璞货其平生服饰,与相识共语,非但一人。敦不信,开棺无尸,璞得兵解之道④,今为水仙伯⑤。注《山海经》《夏小正》《尔雅》《方言》⑥,著《游仙诗》《江赋》《卜繇》《客傲》《洞林》云⑦。

【注释】

①伍佰(bǎi):役卒伍长,亦作伍百、伍伯,多为舆卫前导或执杖行刑。古军队中五人为伍,一伍之长称伍长。

②栅(zhà)塘:有栅栏围护的水塘。

③殡(bìn)：停放灵柩或把灵柩送到墓地去。

④兵解之道：意谓借兵刃解脱得道。兵解，死于兵刃。

⑤水仙伯：水仙之长。

⑥《山海经》：先秦古籍，一般认为主要记述的是古代神话、地理、物产、巫术、宗教、古史、医药、民俗、民族等方面的内容。《山海经》全书十八卷，其中《山经》五卷，《海经》八卷，《大荒经》四卷，《海内经》一卷，共约三万一千字。记载了一百多邦国，五百五十座山，三百水道以及邦国山水的地理、风土物产等讯息。其中《山经》所载的大部分是历代巫师、方士和祠官的踏勘记录。学者一般认为《山海经》成书非一时，作者亦非一人，时间大约是从战国初年到汉代初年，到西汉校书时才合编在一起，其中许多内容可能来自口头传说。《夏小正》：为中国现存最早的科学文献之一，也是中国现存最早的一部汉族农事历书，原为《大戴礼记》中的第四十七篇。该书在唐宋时期散佚（《大戴礼记》亦有一半同时散佚），现存的《夏小正》为宋朝傅崧卿著《夏小正传》，把当时所藏之两个版本《夏小正》文稿汇集而成。《尔雅》：辞书之祖，收集了比较丰富的古代汉语词汇，同时也是“十三经”之一种，是中国传统文化的核心组成部分。一般认为其成书的上限不会早于战国，下限不会晚于西汉初年。《方言》：全称《輶轩使者绝代语释别国方言》，简称《方言》，作者是西汉的哲学家、文学家、语言学家扬雄。《方言》是汉代训诂学一部重要的工具书，也是中国第一部汉语方言比较词汇集。它的问世表明中国古代的汉语方言研究已经由先前的萌芽状态而渐渐地发展起来。《方言》被誉为中国方言学史上第一部“悬之日月而不刊”的著作，与《尔雅》、东汉刘熙《释名》、东汉许慎《说文解字》构成了我国古代最著名的辞书系统，在世界的方言学史上也具有重要的地位。

⑦《游仙诗》《江赋》《卜繇》《客傲》《洞林》：都是郭璞的作品，其中

《卜繇》《洞林》为卜筮之书，《洞林》原书佚失，清马国翰《玉函山房辑佚书》辑本有其一部分，主要内容是卜筮经验总结及筮验六十余例。

【译文】

郭璞死后，江里的水突然涨到街道上，郭璞的尸体随着漂到了城南的一个水坑里，就见郭璞的家人拉着棺材和办葬礼的器具，已经在水坑边等着了。水坑边两棵松树上有一个喜鹊窝，这是郭璞给家人提前报信告诉他们要来的地方。

郭璞临死的时候，对行刑人说："我十三岁的时候，在栅塘曾经脱掉一件袍子给你穿，我注定在你手里丧命，但请你用我的刀。"行刑人被他往日的恩惠所感动，含着泪执行了刑罚。

郭璞被埋葬后三天，有南州市的人，看见郭璞在卖他平生所穿的衣服，还跟认识的人打招呼，不止一个人跟他说过话。王敦不相信，就打开他的棺材看，果然没有看到尸体，这是郭璞通过兵解而得道成仙了，现在他做了水仙们的首领。郭璞曾经给《山海经》《夏小正》《尔雅》《方言》作过注，写有《游仙诗》《江赋》《卜繇》《客傲》《洞林》等作品。

尹思

【题解】

尹思是西晋晚期的道士，相关资料极少，北宋李昉等《太平御览》卷六六三"地仙"引《真诰》，所述"尹思"的内容与本篇类同，但不见于今本《真诰》。本篇主要讲述尹思有预知天下大势的能力。

尹思者，字小龙，安定人也①。

晋元康五年正月十五夜②，坐屋中，遣儿视月中有异物

否,儿曰:"今年当大水,中有一人,被蓑带剑③。"思目视之
曰:"将有乱卒至。"儿曰:"何以知之?"曰:"月中人,乃带甲
仗矛,当大乱三十年,复当小清耳。"后果如其言④。

【注释】

①安定:郡名,在今甘肃。西汉元狩二年(前 121),汉朝在陇西郡和
　北地郡基础上,增设武威郡和酒泉郡,统辖甘肃西北部。元鼎三
　年(前 114),又增置天水郡、安定郡、武都郡。时安定郡治高平县
　(今宁夏固原),后历经变迁,在唐武德元年(618)废。

②晋元康五年:即 295 年。元康,是西晋惠帝司马衷的第三个
　年号。

③蓑(suō):用草或棕毛做成的防雨器。

④后果如其言:指晋惠帝时期,皇后贾南风专权,引起八王之乱及
　五胡乱华,并最终导致西晋灭亡的一系列事件。

【译文】

尹思,字小龙,安定郡人。

他在晋元康五年正月十五日的晚上,坐在屋子里,让他的儿子去看
看月亮里是不是有怪异的东西,他儿子回来说:"今年应该会发大洪水,
月亮中有一个人,披着蓑衣,带着剑。"尹思盯着儿子说:"要有乱兵来
了。"儿子说:"怎么知道的?"他说:"月亮里的人,其实是穿着盔甲拿着
长矛,预示天下将会有近三十年的大乱,然后才会又有一段太平日子。"
后来发生的事跟他说的丝毫不差。

卷十

沈文泰 附李文渊

【题解】

沈文泰应为汉代仙人，本篇主要记述"红泉丹法"是其与弟子李文渊所传。按东晋葛洪《抱朴子·内篇·金丹》所述，葛洪时代，其所见丹法甚多，"红泉丹法"为其中一种。

沈文泰者，九嶷人也①。得红泉神丹②，去土符延年益命之道③，服之有效。

欲之昆仑④，留安息二十余年⑤，以传李文渊曰⑥："土符却不去，服药行道无益也。"文渊遂受秘要，后亦升仙。

今以竹根汁煮丹，及黄白去三尸法⑦，出此二人矣。

【注释】

①九嶷(yí)：也作九疑，山名，又名苍梧山，位于湖南南部永州宁远境内。

②红泉神丹：《抱朴子·内篇·金丹》曾说此法："又李文丹法，以白

素裹丹,以竹汁煮之,名红泉,乃浮汤上蒸之,合以玄水,服之一
合,一年仙矣。”

③土符:古代择日术中属于月神的一个恶神,此处意已不可考,联
系上下文,应与“三尸”有关联。

④昆仑:指昆仑山,道教神山,在今新疆境内。

⑤安息:即安息帝国,古国名,又名阿萨息斯王朝或帕提亚帝国,是
亚洲西部伊朗地区古典时期的奴隶制帝国。建于前247年,开
国君主为阿尔撒息。226年被萨珊波斯代替。全盛时期的安息
帝国疆域北达小亚细亚东南的幼发拉底河,东抵阿姆河。安息
帝国位于罗马帝国与汉朝中国之间的丝绸之路上,成为商贸中
心,与汉朝、罗马、贵霜帝国并列为当时亚欧四大强国之一。汉
武帝时,曾派使者与之交流。

⑥李文渊:沈文泰弟子,具体不详,注②中所提的“李文”似应为
此人。

⑦黄白:指金银。三尸:指人身中魂灵鬼神之类。详见《刘根》
篇注。

【译文】

沈文泰是湖南九嶷山人。他得到红泉神丹的制作方法,还有去土
符延长生命的道术,他施行后十分有效。

他想去昆仑山,但先待在安息国二十多年,把道术都传给了李文
渊,对他说:“人身中的土符除不掉,服丹药修道术都没有用。”李文渊学
了他的修道秘诀,后来也升天成仙了。

现在用竹根汁煮制丹药的方法,还有用金银去除人身中三尸的方
法,都出自这两人。

涉正

【题解】

涉正为汉末方士,现存资料较少,从本篇所记来看,他应该是当时

修炼各家中的一家。

北宋张君房《云笈七签》卷一○九"涉正"条多一句"李八百(见《李八百》篇)呼正为四百岁儿",南宋陈葆光《三洞群仙录·子房万户涉正一室》篇引《神仙传》,此句则变为"李八百呼为千岁小儿"。

涉正,字玄真,巴东人也[1]。说秦始皇时事,了了似及见者。汉末,从二十弟子入吴[2]。

莫有见其开目者,有一弟子,固请之,正乃为开目。目开时,有音如霹雳[3],而光如电照于室宇。弟子皆不觉顿伏,良久乃能起,正已复还闭目。

正道成,莫见其所服食施行[4],而授诸弟子皆以行气[5],绝房室[6],及服石脑小丹云[7]。

【注释】

①巴东:古名为巴,主要分布在今川东、鄂西一带。周武王克殷,封为子国,称巴子国。秦时为巴郡,东汉建安六年(201)改固陵郡置,治所在鱼复(今重庆奉节东)。

②吴:周代诸侯国名,在今江苏南部和浙江北部,后扩展至淮河下游一带。

③霹雳:又急又响的雷,是云与地面之间发生的强烈雷电现象。

④服食:指修道人士服用草木、矿物药物等以求长生,也作"服饵"。

⑤行气:道教一种修炼方法。详见《老子》篇注。

⑥绝房室:房室,指房中性生活。本句在《云笈七签》卷一○九"涉正"条中为:"而授诸弟子皆以行气、房室及服石脑小丹云。"《云笈七签》承袭的应该是早期《神仙传》的内容,后世把"房室"改为"绝房室",反映了对房中术态度的变化。

⑦石脑：一为矿物药禹余粮别名，为氢氧化物类矿物褐铁矿，主含碱式氧化铁。具有涩肠止泻、收敛止血之功效。另南朝梁陶弘景《真诰》中记载："石脑故如石，但小斑色而软耳，所在有之，服此时时使人发热，又使人不渴……石脑，今大茅东亦有，形状圆，小如曾青，而质色似钟乳床。"此为钟乳石的一种。小丹：相对于服用后能成仙飞升的大丹而言，指仅具有强壮延年而不能成仙飞升的丹药。

【译文】

涉正，字玄真，巴东人。他跟人说起秦始皇时候的事，都一清二楚，就像亲眼看见一样。汉代末年，他带着二十个弟子进入吴地。

没有人见过涉正睁开过眼睛，有一个弟子，就一再请求他开一次眼，涉正就答应为他们开一次。他把眼睛睁开的时候，突然出现打雷的霹雳之声，屋子里也出现一道电光，把整个屋子照得通亮。弟子们吓得不自觉地趴到了地上，过了好久才起身，涉正已经恢复了闭目的状态。

涉正修道成功了，但人们也没看见他服食过什么东西，他传授给弟子们的，就是行气法，并且要他们断绝房室生活，还有服用石脑炼制的小丹药。

皇化

【题解】

九灵子为皇化的号，皇化应为晋代之前一修炼家，但其资料缺失，详情已不可考。从文中来看，葛洪曾见其所著书，并曾引用，可能为《九灵子经》之类。元赵道一《历世真仙体道通鉴》中引《神仙传》，第二段后文字多了几句："田蚕大行，六畜繁孳，奴婢安家，疾病得愈。县官道解，争理得胜，百事皆利。世有专世，行此道者，大得其妙。"

　　九灵子，姓皇名化，得还年却老胎息内视之要①，五行之道②。其《经》曰："此术可以辟五兵③，却虎狼，安全己身，营护家门，保子宜孙，内外和穆，人见则喜，不见则思。

　　"既宜从军，又利远客，他人谋己，消灭不成。千殃万祸，伏而不起。杜奸邪之路，绝妖怪之门。咒咀之者④，其灾不成；厌蛊之者⑤，其祸不行；天下诸贤，皆来宗己，倾神灵之心，得百姓之意。"

　　在人间五百余年，颜色益少，后复炼丹，乃登仙去。

【注释】

①胎息：古代修炼方法之一，指通过静坐行气等，使出现口鼻呼吸自然停顿，但下腹丹田内有呼吸起伏的现象，类似胎儿在母腹中的脐带呼吸，又称内呼吸。清王士端《养真集》："止有一息，腹中旋转，不出不入，名曰胎息。"东晋葛洪《抱朴子·内篇·释滞》中说："得胎息者，能不以鼻口嘘吸，如在胞胎之中，则道成矣。"《抱朴子·内篇·遐览》中记有《胎息经》。内视：又称内观，《胎息经》中说："天之神发于日，人之神发于目，目之所至，心亦至焉。"所以，凡人行静坐胎息法时，需要返观内照，以凝神安息。《抱朴子·内篇·遐览》中记有《内视经》。

②五行之道：指《墨子五行记》之术。

③辟（bì）：古同"避"。躲开的意思。五兵：原指五种兵器，这里指战乱之祸。

④咒咀（zǔ）：又作"咀咒"。诅咒、咒骂的意思。

⑤厌蛊（gǔ）：指用巫术致灾祸于人。

【译文】

九灵子，姓皇名化，他得到了恢复年轻延缓衰老的胎息内视修炼要诀，还有五行修炼秘诀。他的《经》书中说："这个道术可以避开战乱的伤害，能够退却虎狼等野兽，保护自身安全，并能守护家门，还能让子孙后代的家庭都内外和睦，相互看到时就会心生欢喜，见不到时会相互想念。

"如果当兵也不用担心，客居远处也不会有危险，如果有别人来谋害自己，他们就会被消灭而谋害不成。千万种潜在的灾祸，都会被抑制住而不会发生。把奸邪之人都赶走，妖魔鬼怪都不会上门惹祸。如果被人诅咒，那些诅咒的话将不会应验；如果被人施了巫术，巫术的伤害也不会起效；天下的贤人都会来尊奉自己，做事会得到神灵的赞许，也会受到老百姓的拥护。"

他在人间待了五百多年，面容越来越年轻，后来又炼丹服药，于是登天成仙走了。

北极子

【题解】

北极子具体情况不详，本篇主要引述其著作，概括其思想主要为爱神，以及养生需要用生命自身去修炼的思想。

署名唐王松年的《仙苑编珠·九灵却祸北极贵精》篇引《神仙传》说："北极子姓阴名恒，得保神养性、贵精之道，其要曰：'以金治金谓之真，以人治人谓之神。'"文字与本篇略有出入。

北极子，姓阴，名恒，其《经》曰："治身之道，爱神为宝[①]，养性之术[②]，死入生出，常能行之，与天相毕。因生求生，真生矣。以铁治铁之谓真，以人治人之谓神。"

后服神丹仙去。

【注释】

①神：古代修炼家指脑精深细微的物质结构及脑意识思维活动，中医认为，"神、气、形"是生命最重要的三要素，人若要健康长寿，需要保养好它们三者，如《黄帝内经·素问·上古天真论》中说："恬淡虚无，真气从之；精神内守，病安从来。"三者中，又以养神为最重要。

②养性之术：指养生长寿之术。

【译文】

北极子，姓阴，名恒，他的《经》书说："修身的道理，应以爱神为最重要，养生的方法虽多，但首先要知道神在死后会消逝，只有人活着才能发生功用，所以要是能经常施行养神之术，则寿命会与天地共长久。用生命之神来求得长生，才是真正长生的方法。就像用铁来打造铁器才能得到真正的铁器，用人身本来具有的东西来修炼生命才是真正的修炼。"

他后来服用神丹成仙走了。

李修

【题解】

李修属于房中修炼家，与房中修炼家里的五行派（见《天门子》篇）有一定渊源。唐五代杜光庭《墉城集仙录》中有《太阳女》一篇，说太阳女"得内修之要，吐纳之益，敷演五行之道，用之深妙，行之甚验"。并说她"奉事绝洞子"，由此可知，绝洞子的房中术与五行派是有关联的。

绝洞子，姓李，名修。其《经》曰："弱能制强，阴能弊阳①，常若临深履危②，御奔乘驾，长生之道也。"

年四百余岁,颜色不衰,著书四十篇,名曰《道源》③。服还丹升天也④。

【注释】

①弊:使之败或使之疲困。

②履(lǚ)危:步入危险的地方。

③《道源》:为李修所著书名,今已不存。

④还丹:一种炼制的内服丹药,东晋葛洪《抱朴子·内篇·金丹》:"若取九转之丹,内神鼎中,夏至之后,爆之鼎热,内朱儿一斤于盖下。伏伺之,候日精照之。须臾翕然俱起,煌煌辉辉,神光五色,即化为还丹。取而服之一刀圭,即白日升天。"

【译文】

绝洞子,姓李名修。他写的《经》书上说:"柔弱能够克制刚强,阴能败阳,在行房中之事时,要能时刻保持如临深渊、如履薄冰的警觉心,如此御女,就是长生不老之道了。"

他年纪四百多岁时,面容还不衰老,写了四十篇文章,集名叫《道源》。后来他服用还丹升天走了。

柳融

【题解】

关于柳融的资料极少,从本篇看,他会变化之术,与《墨子五行记》似有关联。

南极子,姓柳名融。能含粉成鸡子①,吐之,数十枚。煮而啖之②,与鸡子无异,黄中皆余粉少许,如指端者。

取杯咒之，即成龟，煮之可食，肠藏皆具③。而杯成龟壳，煮取肉，则壳还成杯矣。

取水咒之，即成美酒，饮之醉人。

举手即成大树，人或折其细枝，以刺屋间，连日犹在，以渐萎坏，与真木无异也。

服云霜丹④，得仙去。

【注释】

①鸡子：即鸡蛋。

②啖（dàn）：吃或给人吃。

③藏（zàng）：指内脏。

③云霜丹：具体不详。

【译文】

南极子，姓柳名融。他能含一口面粉然后变成鸡蛋，从嘴里吐出来，有几十个。把那些鸡蛋煮熟吃，跟真鸡蛋味道一样，蛋黄中还会看到一些面粉，有指甲尖那么一点。

他拿来一个杯子对它施咒，杯子就变成了乌龟，把乌龟煮熟了可以吃，乌龟的肠子和脏腑都有。杯子变成了乌龟壳，把煮熟了的乌龟肉剔出来，则乌龟壳又会变成杯子。

他对着水施咒，水就变成了美味的酒，喝了会醉人。

他把手举起来就变成了一棵大树，有人去折断一条细树枝，插在屋子里，那树枝会好几天都在，最后慢慢变得枯萎败坏，跟真的树木一样。

他后来服用云霜丹，成仙走了。

葛越

【题解】

黄卢子葛越，也有版本误作葛起或葛期，其具体情况已不详。

　　南朝梁陶弘景《真灵位业图》中提到黄卢子为："西岳公,姓葛,禁气召龙。"北宋张君房《云笈七签》和署名唐王悬河的《三洞珠囊》等书都有引《神仙传》黄卢子的故事,内容与本篇差异不大。《云笈七签·三洞经教部·三洞并序》中说："昔黄帝东到青丘,过风山,见紫府真人,受《三皇内文》。又黄卢子、西岳公皆受《禁虎豹之术》。"这里似把《真灵位业图》中提到的黄卢子的号和"西岳公"误当作了另外一个人,同时也说明黄卢子的禁术是紫府真人所传授的,紫府真人传与黄帝是同时代人。唐独孤及《毗陵集·华山黄神谷宴临汝裴明府序》题注引《图经》,说华山黄神谷,是"仙人黄卢子得道升仙之所",南宋陈葆光《三洞群仙录》卷十曾说黄卢子为壶公师(见《壶公》篇)。

　　黄卢子,姓葛名越,甚能治病,千里寄姓名与治之,皆愈,不必见病人身也。善气禁之道①,禁虎狼百虫②,皆不得动,飞鸟不得去,水为逆流一里。

　　年二百八十岁,力举千钧③,行及走马。头上常有五色气④,高丈余。天下大旱时,能到渊中召龙出⑤,催促,便升天,使作雨,数数如此。

　　一旦,与亲故别,乘龙而去,遂不复还。

【注释】

①气禁:即禁气术,是一种通过自身的气来禁物,使所禁之物按自己的想法去表现的法术。

②百虫:指百兽。虫,动物的通称。

③千钧:形容非常重。钧,古代重量单位,一钧约等于三十斤。

④五色气:为彩色云气,古人以为五色气为祥瑞之气。

⑤渊:深水,潭。

【译文】

黄卢子,姓葛名越,他很会治病,把一千里之外的病人姓名告诉他,让他治疗,他都能治好,不需要见到病人本人。他会禁气的道术,对虎狼百兽施禁术时,让它们都不能动,飞鸟也飞不走,河水则会逆流而上一里远。

他二百八十岁时,还能举起千钧重的东西,走起路来像奔跑的马那么快。他头顶上经常有五彩的气,有一丈多高。遇到天下大旱,他能从深渊里召唤出龙,催促一下,那龙就飞升到天上,他就让龙下雨,每次都这样。

一天早晨,他跟亲人好友告别,乘着龙飞走了,就再也没有回来。

陈永伯　附增族

【题解】

陈永伯应为汉代人,因资料缺乏,详情已不可考。

陈永伯者,南阳人也①,得淮南王七星散方②,试按合服之,二十一日,忽然不知所在。

永伯有兄子,名增族,年十七,亦服之,其父系其足,密闭户中,昼夜使人守视之,二十八日,亦复不见,不知所之。

本方云:“服之三十日,得仙。”陈氏二子,服未三十日,而失所在,后人不敢服。

仙去必有仙官来迎,但人不见之耳。

【注释】

①南阳:河南省辖市,古称宛,位于河南西南部、豫鄂陕三省交界地

带,因地处伏牛山以南,汉水以北而得名。秦时置南阳郡,汉代延置,三国时南阳为魏国所有,隶属荆州,晋代时南阳曾为南阳国,辖十四县,都宛。

②淮南王:即刘安。七星散:道家散药,具体成分不详。

【译文】

陈永伯是河南南阳人,他得到了淮南王刘安的七星散方,就试着按照方子所说的配药服用,过了二十一天,忽然就不见了。

陈永伯的哥哥有个儿子,叫陈增族,当年十七岁,也要服用那个药,于是他的父亲就把他的脚拴住,放在一个密闭的屋子里,白天黑夜都派人看守着他,等到他吃药的第二十八天,人也不见了,不知道去了哪里。

那个方子里说:"服用三十天,就可以成仙。"陈家有两个孩子,都没有服到三十天,就不见了,于是后人就不敢再去服了。

成仙而去的人必定有仙官来迎接的,只是凡人看不见罢了。

董仲君

【题解】

董仲君,汉代方士,汉武帝时人。北宋李昉等《太平广记·道术一·董仲君》引东晋王嘉《王子年拾遗记》记其为汉武帝刻李夫人石像事,与本篇内容不同。

从本篇内容来看,董仲君善于道术中的幻术。

董仲君者,临淮人也①,少行气炼形②,年百余岁不老。

尝见诬系狱,佯死,臭烂生虫,狱家举出而后复生,尸解而去③。

【注释】

①临淮：汉武帝元狩六年（前117）置临淮郡，郡治徐县（今江苏泗洪南）。

②行气炼形：方士修炼之术。

③尸解：道家指修道者元神离开肉体而成仙。

【译文】

董仲君是临淮郡人，他年轻时练习行气养形之术，到一百多岁了还不衰老。

他曾经遭人诬陷，被关进了监狱，他就假装死了，尸体发臭腐烂生出虫子来，管监狱的人把他抬出来后，他又活了过来，他最后尸解成仙走了。

王仲都

【题解】

王仲都，文渊阁《四库全书》本引《神仙传》说他是汉中人，汉元帝时道士。东汉桓谭《新论》中称汉元帝偶然患病，下诏征召方士，汉中献道士王仲都，因能耐寒，被封为御前待诏。后汉元帝在夏天又试其耐热，故事内容与本篇大致相同。

东晋葛洪《抱朴子·内篇·杂应》中说"不热之道"为"服六壬六癸之符，或行六癸之炁，或服玄冰之丸，或服飞霜之散"。并说："幼伯子、王仲都，此二人衣以重裘，曝之于夏日之中，周以十炉之火，口不称热，身不流汗，盖用此方者也。"就是说葛洪认为，王仲都能耐寒热是因为服用了一些药物所致。

王仲都，汉人也，一云道士，学道于梁山①，遇太白真人②,授以虹丹③,能御寒暑,已二百许年。

汉元帝召至京师④,试其方术。尝以严冬之月,从帝出游,令仲都单衣乘驷马车⑤,于上林昆明池⑥,环水驰走。帝御狐裘⑦,而犹觉寒,仲都貌无变色,背上气蒸然炰然⑧。又当盛夏,曝之日中,围以十炉火⑨,口不称热,身不流汗,后亦仙去。

桓君山著《新论》⑩,称其人。

【注释】

①梁山:位于陕西合阳与黄龙交界处。

②太白真人:具体不详,唐施肩吾《西山群仙会真记·识物》篇中曾引用了太白真人论修行的一段话。

③虹丹:一种内服的丹药,具体不详。

④汉元帝:即刘奭(前74—前33),汉宣帝刘询与嫡妻许平君所生之子,西汉第十一位皇帝。京师:即当时的国都长安(今陕西西安)。

⑤驷(sì)马车:套着四匹马的高盖车。后也形容有权势的人出行时的阔绰场面。也形容显达富贵。

⑥上林:指上林苑,上林苑是汉武帝刘彻于建元三年(前138)在秦代的一个旧苑址上扩建而成的宫苑,规模宏伟,宫室众多,有多种功能和游乐内容,今已无存。上林苑地跨长安、咸阳、周至、户县、蓝田五县县境,纵横三百里,有灞、浐、泾、渭、沣、镐、涝、潏八水出入其中。昆明池:故址位于距陕西西安西南十五公里的长安区斗门镇沣西一带,是汉代上林苑的一部分。昆明池先前是一片面积很大的沼泽洼地,属于西周灵池的一部分,汉武帝时因想开通与天竺国(即今印度)的竹制品贸易,被昆明国阻隔,于是

于元狩六年(前117年)开凿了类似昆明国滇池的昆明池。初衷是为操练水军,以便征讨西南诸国。昆明池至唐开元年间(713—741)依旧烟波浩渺,成为唐代京城长安著名的游览胜地,至晚唐时,已基本干涸。

⑦狐裘(qiú):狐皮大衣。

⑧烋烋(xiū)然:这里形容汗液大量蒸发的样子。

⑨垆(lú):通"炉"。

⑩桓君山:指桓谭(前23—56年前后),东汉哲学家、经学家、琴师、天文学家。字君山,沛国相(今安徽淮北)人。17岁入朝,79岁卒于任上,历事西汉、王莽(新)、东汉三朝,官至议郎、给事中、郡丞。爱好音律,善鼓琴,博学多通,遍习五经,喜非毁俗儒,反对谶纬神学。著有《新论》二十九篇,多已佚。

【译文】

王仲都是汉代人,有人说他是道士,在梁山学道术,遇到太白真人,传授他虹丹法,他学成后能抵御寒暑的变化,已经在世近两百年了。

汉元帝把他召到京师,想试验他的方术。就在严寒的冬天,让他跟着自己一起出游,命令他只穿着单衣乘坐在四匹马拉着的车子上,在上林苑的昆明池周围,绕着昆明池奔跑。汉元帝穿着狐皮大衣,还觉得很冷,仲都却面不改色,后背甚至热气腾腾。又在大夏天的时候,让他到太阳底下暴晒,在周围围上十个带火的火炉,他也不说热,身上也不出汗,后来成仙走了。

桓谭所写的《新论》里,曾提到这个人。

离明

【题解】

离明本属魏晋时房中术修炼家五行派玉子一门,《神仙传·太阴女》篇中，曾提到太阴女多年求师不得，后得遇太阳子而得道。其中有太阳子所说"共事天帝之朝，俱饮神光之水，身登玉子之魁，体有五行之宝"句，可知其与玉子的渊源。

　　太阳子，姓离名明，本玉子同年友也①。

　　玉子学道已成，太阳子乃事玉子，尽弟子之礼，不敢懈怠②。然玉子特亲爱之，有门人三千余人，莫与其比也。好酒，常醉，颇以此见责。然善为五行之道③，虽鬓发斑白，而肌肤丰盛，面目光华，三百余岁，犹自不改。

　　玉子谓之曰："汝当理身养性，而为众贤法师，而低迷大醉，功业不修，大药不合，虽得千岁，犹未足以免死，况数百岁者乎，此凡庸所不为，况于达者乎！"对曰："晚学性刚，俗态未除，故以酒自驱其骄慢。"如此著《七宝树之术》④，深得道要，服丹得仙。

　　时时在世间，五百岁中，面如少童。多酒，故其鬓发皓白也⑤。

【注释】

①玉子：见《玉子》篇。

②懈(xiè)怠：松懈，懒惰。

③五行之道：指善用五行原理行房中术。

④《七宝树之术》：道教中有"七宝林"一说，如《护命妙经注》说："七宝林者，心也，神也。"《太上升玄消灾护命妙经注》："人之一身，三元四象俱足，故谓之七宝林。"疑此处"七宝树之术"即"七宝林之术"，似应讲述修养身心道术。

⑤皓(hào)白：雪白，洁白。

【译文】

太阳子，姓离名明，本来是和玉子同龄的朋友。

玉子学道成功后，太阳子就侍奉玉子，用做弟子的礼节来对待他，不敢有一点懈怠。但是玉子待他特别亲切，玉子有三千多个门人弟子，都不能跟离明相比。离明喜欢喝酒，经常喝醉，他也因此而经常受到责备。但是他善于行五行道法，虽然两鬓斑白，但是肌肉很饱满，脸上和眼睛也很有光彩，三百多岁了，还是没有什么改变。

玉子对他说："你应该修身养性，这样才能做众人的法师，现在沉迷于喝酒还经常喝醉，功夫也不修炼，大药也不炼制，即使能活千岁，最终还是不能免于死亡，何况你现在才几百岁，平庸的人都不会这么做，何况你这么聪明的人呢！"他回答说："我学道晚，性格刚强，世俗的习气还没有消除，所以才用酒来消除身上的骄傲之气和轻慢之心。"然后他写了《七宝树之术》一书，对修道的要领多有阐发，并最终服丹药成仙。

他经常在人间活动，五百多年来，脸色一直像个少年。但是因为他喝酒过多，所以两鬓的头发一直是雪白的。

刘京

【题解】

刘京，《汉武帝外传》中作"刘景"，署名唐王松年《仙苑编珠·御妾娄景，烧炭严青》篇中作"娄景"。《汉武帝外传》中称其"字太玄，南阳人"，并说他除了和邯郸张君学道外，又师从蓟子训（见《蓟子训》篇）。子训授其《五帝灵飞六甲十二事》《神仙十洲真形》等，他修炼后，"能役使鬼神，立起风雨，召致行厨，坐在立亡"。此外，《汉武帝外传》中还提到刘京教给皇甫隆咽津叩齿法："治身之要，当朝朝服玉泉，使人丁壮，有颜色，去三虫而坚齿也。玉泉者，口中液也。朝未起，早漱液，满口乃吞之,琢齿二七过,如此者三,乃止。名曰炼精,使人长生也。"

按《汉武帝外传》中的说法,刘京在"魏黄初三年(222)""入衡山中去,遂不复见"。

刘京者,本汉文帝时侍郎也[1],从邯郸张君学道[2],受饵云母、朱英方服之[3],百三十余岁,视之,如三十许人。

能知吉凶之期,又能为人祭天益命,或延得十年五年。至魏武帝时[4],京游诸弟子家,皇甫隆闻而随事之[5]。以云母、丸子方教隆[6],隆合服之,得三百岁,不能尽其道法,故不得度世[7]。又有王公[8],于京处得九子丸[9],时王公已七十岁,服之,御八十妾[10],生二十儿。骑马猎行,日二百里,饮酒一斛不醉[11],得寿二百岁。

【注释】

①汉文帝:即刘恒(前202—前157),汉高祖刘邦第四子,汉惠帝刘盈之弟,西汉第五位皇帝。侍郎:汉代郎官的一种,本为宫廷的近侍。

②邯郸张君:具体不详,南朝梁陶弘景《真灵位业图》将其列为第三中位右位。北周宇文邕《无上秘要·得太极道人名品》云:"邯郸张君,前汉末人。刘京,张君弟子。"邯郸,河北省辖市,位于河北南端,是国家历史文化名城,八千年前孕育了新石器早期的磁山文化,战国时为赵都。汉代与洛阳、临淄、宛、成都共享"五大都会"盛名。

③饵(ěr):指服饵,即道教的服食。云母:为硅酸盐类矿物,也是一种中药,道教常用之炼服。朱英:一种植物,道教用以炼制服用,认为食之可以长生不老。

④魏武帝：即曹操（155—220），字孟德，一名吉利，小字阿瞒，沛国
　　谯县（今安徽亳州）人。东汉末年杰出的政治家、军事家、文学
　　家、书法家，三国曹魏政权的奠基人。

⑤皇甫隆：安定（今甘肃定西）人，三国时期魏国人，嘉平年间
　　（249—253）任敦煌太守。西晋陈寿《三国志·魏书·仓慈传》裴
　　松之注引《魏略》说，他在敦煌时，曾教授当地人改变耕种的灌溉
　　方法和犁具，从而省力而多收，又改禁当地妇女的一种费布的裙
　　装，从而大量节省民生，所以敦煌人对他的评价是"刚断严毅不
　　及于慈，至于勤恪爱惠，为下兴利，可以亚之"。

⑥云母、丸子方：即上文的云母、朱英方，有《朱英丸方》一书。见
　　《墨子》篇注。

⑦度世：即得道成仙。

⑧王公：指有显贵爵位的人。

⑨九子丸：具体不明。北宋《圣济总录》卷一〇五中有九子丸，分别
　　由中药蔓菁子、五味子、枸杞子、地肤子、青箱子、决明子、楮实、
　　芜蔚子、菟丝子组成，疑即类似药丸。

⑩御（yù）：此处指与女子行房事。妾：妻子之外另娶的女子。

⑪斛（hú）：中国旧量器名，亦是容量单位，一斛本为十斗，后来改为
　　五斗。

【译文】

　　刘京，本来是汉文帝时的侍郎，他跟邯郸的张君学道术，被传授服
用云母和朱英的方法，活了一百三十多岁，但是看上去，像三十几岁
的人。

　　他能预知发生好事或坏事的日期，还能为别人祭祀天地而延长寿
命，有的能延长十年，有的能延长五年。到魏武帝曹操的时候，刘京去
各处弟子家游历，敦煌太守皇甫隆听说后，就跟随并师事于他。他教给
皇甫隆服食云母和朱英丸的配方，皇甫隆炼制好后服用，活了三百岁，

但因为他不能完全施行刘京的道术,所以没能度世成仙。还有个王公,在刘京那里得到了名为九子丸的方子,当时他已经七十岁了,但配药服用后,又和八十个小妾同房,生了二十个子女。他还能骑马打猎,一天走两百里路,喝一斛酒都不醉,获得了两百岁的寿命。

清平吉

【题解】

清平吉,汉代人,其相关事迹已不可考。

清平吉,沛国人①,汉高皇帝时卫卒也②,至光武时③,容色不老,后尸解去④。

百余年,复还乡里,数日间,又尸解而去。

【注释】

①沛(pèi)国:即沛侯国,前196年,汉高祖刘邦封其侄子刘濞为沛侯,建立沛侯国,属沛郡所领侯国。次年,刘濞被封为吴王,沛侯国被撤除,沛侯国国都在今安徽淮北相山区。

②汉高皇帝:即汉太祖高皇帝刘邦(前256—前195),他是汉朝开国皇帝,汉民族和汉文化的伟大开拓者之一,中国历史上杰出的政治家、卓越的战略家和指挥家,对汉族的发展,以及中国的统一做出了突出贡献。

③光武:即汉世祖光武皇帝刘秀(前5—57),刘秀是汉高祖刘邦的九世孙,字文叔,东汉王朝开国皇帝。中国历史上著名的政治家、军事家。

④尸解:道家指修道者元神离开肉体而成仙。

【译文】

清平吉是沛国人，他是汉高皇帝刘邦的卫兵，到东汉光武帝刘秀时，依然相貌不衰老，后来尸解走了。

一百多年后，他又再次回到家乡，几天后，又尸解走了。

黄山君

【题解】

黄山君相传为商朝末年人，相传《彭祖经》由其所编。《彭祖经》为一本主要讲述房中术内容的书，因为此书极有可能为汉代或汉代之后的人假借彭祖之名而写的（见《彭祖》篇），所以如果《彭祖经》真是由黄山君所编，则黄山君倒极有可能是此书的真正作者，由此推断他可能是位精于房中养生的方士，生活年代大约在汉代晚期或之后。

黄山君者，修彭祖之术，年数百岁，犹有少容。亦治地仙①，不取飞升。

彭祖既去，乃追论其言，为《彭祖经》。得《彭祖经》者，便为木中之松柏也②。

【注释】

①地仙：道家指住在人间可以长生不死的仙人。

②松柏：指松树和柏树，代表长寿之树，民间有"千年松，万年柏"之说。

【译文】

黄山君，他修行彭祖的道术，年龄已经有几百岁了，看起来却还是很年轻的样子。他修成了地仙，不愿飞升上天。

彭祖离开后,他记述下彭祖说的话,编成《彭祖经》一书。能领略《彭祖经》精髓的人,就能做到像树木中的松树和柏树一样长寿。

灵寿光

【题解】

灵寿光在西晋张华《博物志·方士》篇中被写作"冷寿光",并说他属于魏王(魏武帝曹操)所集的十六名当时比较著名的方士之一,又说根据"魏文帝、东阿王、仲长统所说",这十六个方士"皆能断谷不食,分形隐没,出入不由门户"。

南朝宋范晔《后汉书·方术传》云:"冷寿光、唐虞、鲁女生三人者,皆与华佗同时。寿光年可百五十岁,行容成公御妇人法。尝曲颈鸱息,须发尽白,而色理如三四十岁,死于江陵。"据此可知,灵寿光也是一位房中养生家。

本篇内容也收入北宋张君房《云笈七签》卷八六《尸解》中。另该书卷四《道教经法传授部·道教相承次第录》中"第二十一代灵寿光"旁有小注称:"寿光本外国人,授十八人。唯一人系代:何述。"

灵寿光者,扶风人也①。年七十余,而得朱英丸方②,合而服之,致得其效,转更少壮,年如二十时。

汉献帝建安元年③,光已二百二十岁,常寄寓于江陵胡田家④,无疾而卒,田殡埋之⑤。百余日,人复见在小黄寄书与田⑥,田得书,掘发棺,视之,中一无所有,钉亦不脱,唯履在棺中。

【注释】

①扶风:位于陕西中西部,今为陕西宝鸡下辖县。

②朱英丸方：一种服食方。详见《墨子》篇注。

③汉献帝建安元年：即196年。汉献帝，为东汉最后一个皇帝刘协
　（181—234）。

④江陵：又名荆州城，位于湖北中部偏南。江陵的前身为楚国国都
　"郢"，从春秋战国到五代十国，先后有三十四代帝王在此建都，
　历时515年。至汉朝起，江陵城长期作为荆州的治所而存在。

⑤殡（bìn）：停放灵柩或把灵柩送到墓地去。

⑥小黄：未知确切地址，今湖北潜江市龙湾镇东部约三公里处有地
　名小黄家台，供参考。

【译文】

灵寿光是陕西扶风人。他七十多岁时，得到了朱英丸方，配制后服用，获得了效果，变得更加年轻强壮，像二十岁时的样子。

汉献帝建安元年，他已经二百二十岁了，经常寄居在江陵胡田家，后来无疾而终，胡田就把他埋葬了。过了一百多天后，人们又在小黄看到他，他还寄信给胡田，胡田收到信后，把他的棺材挖了出来，打开看时，里面没有尸体，棺材钉也没有脱落的痕迹，只有他的鞋在棺材里。

李根

【题解】

依文中所说，李根应为汉末至三国时人，东晋葛洪《抱朴子·内篇·黄白》中记载："成都内史吴大文，博达多知，亦自说昔事道士李根，见根煎铅锡，以少许药如大豆者投鼎中，以铁匙搅之，冷即成银。大文得其秘方，但欲自作，百日斋便为之，而留连在官，竟不能得，恒叹息，言人间不足处也。"则知李根除了能预知世事外，还会黄白术等方术。

李根，字子源，许昌人也①。

有赵买者，闻其父祖言，传世见根。买为儿时，便随事根，至买年八十四，而根年少不老。

尝住寿春吴太文家②，太文从之学道，作金银法③，立成。

根能变化入水火中；坐致行厨④，能供二十人，皆精细之馔⑤，四方奇异之物，非当地所有也。

忽告太文曰："王凌当败⑥，寿春当陷，兵中不复居，可急徙去。"太文窃以语弟，弟无意泄之。

【注释】

①许昌：又称莲城，位于河南省中部，古称"许"，传说尧时，高士许由牧耕此地，洗耳于颍水之滨。

②寿春：位于安徽淮南寿县东北部，现为一镇级行政单位。寿春背靠八公山，曾是春秋蔡国、战国楚国、西汉淮南国都城。吴太文：葛洪《抱朴子·内篇·黄白》中称之为"成都内史吴大文"，但唐房玄龄《晋书·武帝纪》称，晋武帝太康十年（289）才改诸王国相为内史，而下文所说王凌为三国时事，所以《抱朴子》所记可能有误。

③金银法：即黄白术，指古代方士用其他金属如铅、锡等炼制出黄金、白银的方法。详见《程伟妻》篇注。

④坐致行厨：一种可以招来酒食的法术。见《左慈》篇注。

⑤馔（zhuàn）：饮食，吃喝之物。

⑥王凌（172—251）：字彦云，太原祁（今山西祁县）人，三国时期曹魏将领，东汉司徒王允之侄，《三国志·魏书》有传。曹魏齐王曹芳正始九年（248），王凌代高柔为司空，嘉平元年（249）代蒋济为太尉，后与其甥令狐愚谋废曹芳，事泄，太傅司马懿帅兵征讨，凌出降，在押付洛阳途中服毒自尽。

【译文】

李根，字子源，河南许昌人。

有个叫赵买的人，听他的祖父说，他们家好几辈都看见过李根。赵买还是小孩子的时候，就跟随侍奉李根，到他八十四岁时，李根还是那样年轻不老。

李根曾住在寿春吴太文家，吴太文跟他学道，按他的方法炼制金银，立刻就成功了。

李根能变化之后进入水火之中而不受伤害；凭空招来酒食，足够供应二十个人，都是很精致的美食，由各地出产的奇异食材制成，不是本地所有的。

他有一天忽然对吴太文说："王凌会失败，寿春会沦陷，战乱中不能安居，你应该马上搬家。"太文私下把这些话告诉了他的弟弟，他弟弟无意间泄露了出去。

王凌闻之，以为妖言惑众，乃使人收根，欲杀之。根时乃方欲书疏①，奄闻外有千余人围吴家求根②。根语太文父曰③："但语'吾不知'，官自来搜之。"太文出户，还顾窥，根失所在，左右书器物，皆不复见。于是官兵入索，困食、衣箧之中④，无处不遍，不得根。及良久，太文出，见根故在向坐，俨然如故⑤。语太文曰："王太尉当族诛，卿弟泄语，十日中当死。"皆果如言。

弟子家又有以女给根者，此女知书，根出行，窃取根素书一卷读之⑥，得根自记其学道经疏云："以汉元封中学道于某⑦。"以甲子计之⑧，根已七百余年也⑨。又太文说，根两目瞳子皆方⑩，按《仙经》云："八百岁，人瞳子方也。"

根告诸弟子言："我不得神丹大道之诀，唯得地仙方尔^⑪，寿毕天地，然不为下土之士也。"

【注释】

①疏：分条说明的文字。

②奄：忽然，突然。

③根语太文父曰：从前后文看，此处"父"字应为衍文，翻译时已略去。

④囷（qūn）食：粮仓。囷，古代一种圆形谷仓。衣箧（qiè）：装衣服的狭长小箱，一般为板式结构，上有盖，正面有铜饰。

⑤俨（yǎn）然：形容庄重严肃。

⑥素书：此处指道书。

⑦汉元封：元封是汉武帝的第六个年号。前110年四月汉武帝封禅泰山，因而改元元封。

⑧甲子计之：即用甲子纪年的方法来推算。甲子纪年是我国独有的纪年方法，又名干支纪年法，由十天干的甲、丙、戊、庚、壬和十二地支的子、寅、辰、午、申、戌相配，以十天干的乙、丁、己、辛、癸和十二地支的丑、卯、巳、未、酉、亥相配，共六十组，周而复始循环使用。

⑨根已七百余年也：从元封时算起，至三国曹魏时约三百多年，此处说七百多年，是夸饰之词。

⑩根两目瞳（tóng）子皆方：葛洪《抱朴子·内篇·祛惑》中引《仙经》云："仙人目瞳皆方。"指两眼的瞳孔变成方形。

⑪地仙：道家指住在人间可以长生不死的仙人。见《王遥》篇注。

【译文】

王凌听说后，认为李根妖言惑众，就让人去逮捕李根，想杀了他。李根当时正要给书写注释，突然听到屋外有几千人围着吴家要捉拿他。李根对吴太文说："你只需要对他们说'我不知道'，让官府自己来搜捕我就行了。"吴太文出门，回头看时，李根已经不见了，他旁边的书和写字的用具，也都不见了。于是官兵来屋子里搜索，粮仓、衣柜里，整个屋子都搜遍了，还是没有找到李根。官兵走后过了很久，吴太文回来，看见李根还是在原来的地方朝着原来的方向坐着，和之前一样端正。他对吴太文说："王太尉会被灭九族，你的弟弟泄露了我的话，十天之内会死掉。"后来他的话都应验了。

李根的弟子送了一个侍女给他，这个侍女认识字，李根出门的时候，她偷偷拿了李根的一卷书看，看到李根记录的自己的学道经历，其中说："在汉代元封年间跟某人学道。"用甲子推算，李根当时已经七百多岁了。吴太文还说过，李根两个眼睛的瞳仁都是方的，按照《仙经》里的说法："八百岁的人，他的瞳仁是方的。"

李根对他的弟子们说："我没有得到神丹大道的秘诀，只得到了成为地仙的方法，能跟天地同寿，不会成为会死掉而被埋进土里的人。"

黄敬

【题解】

黄敬应为魏晋时人，从他对王紫阳所述的修炼方法来看，他的方法与道教上清派《黄庭经》的修法类似。《黄庭经》的修炼思想是从道教早期的守一、内照法而来，由道教上清派魏华存夫人所传。魏夫人生于曹魏时期，生活于晋代，其所传《黄庭内景经》以炼神存想为主。

黄敬，字伯严，武陵人也①。少读诵经书，仕州②，为部从事③。后弃世，学道于霍山④，八十余年，复入中岳⑤，专行服气断谷⑥，为吞吐之事⑦，胎息内视⑧。召六甲、玉女⑨，吞阴阳符⑩，又思赤星在洞房前，转大如火周身⑪。至二百岁，转还少壮。

【注释】

①武陵：古代地名，在今湖南常德地区。武陵最早出现在西汉初年，东汉班固《汉书·地理志》记载："武陵郡，高帝置，莽曰建平，属荆州。"

②仕（shì）：做官。

③从事：古代官名，即从吏史，亦称从事掾，汉刺史的佐吏。汉武帝初设刺史时，刺史于秋季视察郡国，郡国遣吏至界上迎接，"自言受命移郡国，与刺史从事"东汉卫宏（《汉旧仪》），后因而以"从事"为刺史属吏之称，分为别驾从事史、治中从事史等，又有部郡国从事史。大致刺史辖几郡，即设几人，每人主管一郡（国）的文书，察举非法。汉末刺史权重，从事名目更多，文有文学从事、劝学从事等，武有武猛从事、都督从事等，均由刺史自行辟任。

④霍山：安徽天柱山，位于安徽安庆潜山县。

⑤中岳：即嵩山，位于河南西部，登封西北面。

⑥服气：又称行气。断谷：即辟谷术，也称绝谷。

⑦吞吐之事：指吐纳法，属于一种呼吸锻炼方法，道家认为这种锻炼可以吐出人身中浊气，吸纳自然的清气，从而有养生保健的功效。

⑧胎息：指静坐时出现的口鼻呼吸停止，只有腹部呼吸的现象，也叫"闭息"。见《皇化》篇注。内视：又称内观。见《皇化》篇注。

⑨六甲：此处指神名，即六个阳神甲子、甲寅、甲辰、甲午、甲申、甲戌。元脱脱等《宋史·律历志》："六甲天之使，行风雹，策鬼神。"唐张万福《传授三洞经戒法箓略说》卷上："阴阳翕辟，万二千物具而有神焉。主之者，六甲也……六甲者，一切之纲纪也。"南宋王契真编《上清灵宝大法》卷二有："甲子护我身、甲戌保我形、甲

申固我命、甲午守我魂、甲辰镇我灵、甲寅育我真。"玉女：指仙女。

⑩吞阴阳符：阴阳符，道教斋醮法事中，称高功封章之时，函上所书之符为阴阳符。南朝梁陶弘景《真诰·真胄世谱》中曾记载许迈传授王子猷"六甲阴阳符"，南宋吕元素《道门定制》卷六："符出六甲箓中，谓之阴阳符。如甲子属阳，符则卓剑；乙丑属阴，符下三画。"吞阴阳符，即把写有阴阳符的纸张烧后用水吞服。服符水又叫"吞字"，道教方术认为可以召神劾鬼、驱邪镇魔。

⑪又思赤星在洞房前，转大如火周身：这是说的道教方士修炼中的守一内照法，即通过对身体内部的观想意守，激发正气，既可养生，又可防病。《黄帝内经·素问·刺法论》中说："气出于脑，即不邪干。气出于脑，即室先想心如日，欲将入于疫室，先想青气自肝而出，左行于东，化作林木；次想白气自肺而出，右行于西，化作戈甲；次想赤气自心而出，南行于上，化作焰明；次想黑气自肾而出，北行于下，化作水；次想黄气自脾而出，存于中央，化作土。五气护身之毕，以想头上如北斗之煌煌，然后可入于疫室。"《太平经·太平经佚文》："守一明法，明正赤，若火光者度世。""守一之法，光通六外，身乃无害，可终其世，子得长久"。洞房，内炼术语，《大洞经》云："两眉间……却入二寸为洞房，左有无英君，右有白元君，中有黄老君。"东晋葛洪《抱朴子·内篇·地真》："故仙经曰：子欲长生，守一当明；思一至饥，一与之粮；思一至渴，一与之浆。一有姓字服色，男长九分，女长六分，或在脐下二寸四分下丹田中，或在心下绛宫金阙中丹田也，或在人两眉间，却行一寸为明堂，二寸为洞房，三寸为上丹田也。此乃是道家所重，世世歃血传其姓名耳。"

【译文】

黄敬，字伯严，湖南武陵人。他年轻时诵读儒家经典，在州里做官，任职部从事。后来放弃做官,在霍山学道,学了八十多年,又来到中岳嵩山,专门练习服气术和辟谷术,以及呼吸吐纳法,还有静坐胎息内视法。他能召六甲神和仙女,吞阴阳符召神劾鬼、驱邪镇魔,他有时静坐,想象一颗红色的星在头顶之上,然后慢慢变大,像一团火一样包围着全身。这样一直修行到二百岁时,他变得像年轻人一样强壮。

道士王紫阳①,数往见之,求要言,敬告紫阳曰:"吾不修服药之道,但守自然,盖地仙耳②,何足诘问③,新野阴君④,神丹升天之法,此真大道之极也,子可从之。人能除遣嗜欲如我者⑤,亦可以学我所为也。"

紫阳固请不止,敬告紫阳曰:"大关之中有辅星⑥,想而见之翕习成⑦,赤童在焉指朱庭⑧,指而摇之,炼身形消,遣三尸⑨,除死名。审能守之可长生⑩,失之不久沦幽冥⑪。"紫阳受之,得长生之道也。

【注释】

①王紫阳:道士名,生平无考。

②地仙:指长住人间可以长生不死的仙人。

③诘(jié)问:追问,责问。

④新野阴君:指河南新野阴长生。

⑤嗜(shì)欲:指肉体感官上追求享受的要求。

⑥大关之中有辅星:此段话主要讲述守一内照法的关键处,与《黄庭内景经》中描述大致相同。大关,指修炼进入到某个关键阶段,《黄庭内景经·三关章第十八》:"三关之中精气深,九微之内幽且阴。口为天关精神机,足为地关生命柴,手为人关把盛衰。"大关一般指进入精、气、神合一的境界。辅星,即大熊座(北斗七

星)⑧，是大熊座ζ(开阳)的伴星，又称左辅。西汉司马迁《史记·天官书》："辅星明近，辅臣亲强；斥小，疏弱。"唐房玄龄等《晋书·天文志》："辅星傅乎开阳，所以佐斗成功，丞相之象也。七政星明，其国昌，辅星明，则臣强。"另外，中国古称北斗七星为北斗神君，俗谚有"南斗注生，北斗注死"，认为北斗神君掌握人的生死大权。又相传北斗本有九星，其中两颗星深藏于斗中，是玉皇大帝元神所在，不易被人看见，若有人看见即能延年增寿，此处"辅星"似暗喻北斗中的这两颗暗星。

⑦想而见之翕(xī)习成：此句似指通过意守的方法逐渐使自身的元神呈现。翕，合，聚。

⑧赤童在焉指朱庭：本句的意思是指整个修炼的过程需要心神来主导。赤童，赤城童子的简称，指心之神。《黄庭内景经》中又称其为黄童、黄庭真人。《黄庭内景经·天中章第六》"宅中有真常衣丹"，务成子注："'真'谓心神，即赤城童子也。"朱庭，应指人的心脏。《黄庭外景经·上部经第一》："黄庭中人衣朱衣。"

⑨三尸：指人身体中使人衰老死亡的各种因素。详见《刘根》篇注。

⑩审能守之可长生：《黄庭外景经·上部经第一》有"审能修之可长存"句。

⑪沦幽冥(míng)：意指死去。幽冥，指阴间。

【译文】

有个道士叫王紫阳，多次去拜见他，向他求教修道的要诀，他郑重地对紫阳说："我不修炼服用丹药的道术，只是静守自然之道，只能算地仙，不值得你一再追问，新野的阴君，他有神丹升天成仙的方法，那才是最高的仙道，你可以去师从他。要是有人能像我一样把自身的嗜欲都清除掉，那他也可以学我的修行。"

紫阳一再向他请求，他只好郑重地对紫阳说："修道进入关键的时候，会看到辅星出现，紧守住并慢慢向它聚拢就能使它越来越明亮，有一个穿着红色衣服的小孩在红色的房间中指挥着,顺着他的指点去改变自身的意念,时间久了,就能消去形体,除去身内的三尸,名字就永远不会出现在死亡的名单上。要是能守住这个就能长生不老,守不住的话,过不了多久,就会堕落到阴间去。"王紫阳学到了他的方法,获得了长生不老的道术。

甘始

【题解】

甘始是三国时人,据西晋张华《博物志》记载,曹操所集十六方士中就有甘始,南朝宋范晔《后汉书·甘始传》称:"甘始、东郭延年、封君达三人者,皆方士也。率能行容成御妇人术,或饮小便,或自倒悬,爱啬精气,不极视大言。甘始、元放、延年皆为操所录,问其术而行之。君达号'青牛师'。凡此数人,皆百余岁及二百岁也。"

另外,三国魏曹植在《辩道论》中称甘始为甘陵人,甘陵约在今山东临清东,故《神仙传》所记或有误。曹植在《辩道论》中说曹操招揽这些人的原因是"诚恐此人之徒接奸诡以欺众,行妖恶以惑民",故聚而禁之也。也就是说,曹操招揽这些人,并非想跟他们学方术,而是怕他们借方术惹事,所以集中起来方便管控。

　　甘始者,太原人也,善行气①,不饮食。又服天门冬②,行房中之事③,依容成、玄素之法④,更演益之,为一卷,用之甚有近效。

　　治病不用针灸汤药,在世百余岁,乃入王屋山仙去⑤。

【注释】

①行气:又称服气、炼气,分外息法和内息法两大类。详见《老子》

篇注。

②天门冬：一种中药，为百合科，天门冬属多年生草本植物。《神农本草经》认为其味苦，性平。主治阴虚发热、咳嗽吐血、肺痿、肺痈、咽喉肿痛、消渴、便秘、小便不利等。东晋葛洪《抱朴子·内篇·仙药》："天门冬，或名地门冬，或名莛门冬，或名颠棘，或名淫羊食，或名管松，其生高地，根短而味甜，气香者善。其生水侧下地者，叶细似蕴而微黄，根长而味多苦，气臭者下，亦可服食。然喜令人下气，为益尤迟也。服之百日，皆丁壮倍驶于术及黄精也。入山便可蒸，若煮啖之，取足可以断谷。若有力可饵之，亦可作散，并及绞其汁作酒，以服散尤佳。"

③行房中之事：指房中术。

④容成：又称容成子或容成公，是古代汉族神话传说中的仙人，黄帝的老师，传说他曾指导黄帝学习养生，其事最早记载于《列子·汤问》："唯黄帝与容成子，居空峒之上，同斋三月，心死形废。"汉代后逐渐把他作为房中养生家加以推崇，东汉班固《汉书·艺文志》除著录《容成阴道》二十八卷列为房中家之外，另有《容成子》十四篇归入阴阳家，与邹衍等人为俦。《列仙传·容成公》："容成公者，自称黄帝师，见于周穆王。能善补导之事，取精于玄牝。其要，谷神不死，守生养气者也。发白更黑，齿落更生。事与老子同。亦云老子师也。"玄素：即善于房中术的玄女和素女，传说她们以房中术授道教黄帝，见北宋张君房《云笈七签·轩辕本纪》。《抱朴子·内篇·微旨》云："又患好事之徒，各伏其所长，知玄素之术者，则曰唯房中之术，可以度世矣。"世传有《玄女经》《素女经》。

⑤王屋山：位于河南西北部的济源，东依太行，西接中条，北连太岳，南临黄河，是中国古代九大名山之一，被道教称为"小有清虚之天"，位列十大洞天之首，道教主流全真派圣地。王屋山主峰

据说为轩辕黄帝祭天之所。王屋山因愚公移山的故事而家喻户晓。

【译文】

甘始是太原人,他擅长行气术,可以不吃不喝。他又服食天门冬,练习房中术,在容成子和玄女、素女的方法基础上,又对房中术进行了补充完善,编成一卷书,按他的方法应用,短期十分见效。

他治病不用针灸和汤药,在世间活了一百多岁,后来进入王屋山成仙走了。

平仲节

【题解】

从文中所述来看,平仲节应为东晋末年人,和葛洪同时代,且极有可能为少数民族,即当时所称的胡人。他所学的修行方法应为道教上清派的修法,从文中可以看出,当时汉文明的修仙文化也对异域产生了影响。

另外,有人认为,"平仲节"的故事本出自南朝梁陶弘景《真诰》,明代时才被人掺入《神仙传》,所以可能不是葛洪原书中的篇目。

括苍山有学道者平仲节①,河中人②。以大胡乱中国时谓刘渊、刘聪也来③,渡江入括苍山,受师宋君④,存心镜之道⑤,具百神⑥,行洞房事⑦,如此积四十五年,中有精思⑧,身形更少,体有真气。

晋穆帝永和元年五月一日⑨,中央黄老君遣迎⑩,即日乘云驾龙,白日升天,今在沧浪云台⑪。

【注释】

①括苍山：在今浙江丽水东南。

②河中：即"中亚河中地区"。指中亚锡尔河和阿姆河流域以及泽拉夫尚河流域，包括今乌兹别克斯坦全境和哈萨克斯坦西南部。中国古代称之为"河中"，近代称之为"河中地区"，现代称之为"中亚河中地区"。河中为古代欧亚陆路主商道丝绸之路的重要通道，自波斯帝国前后，该地区在大多数时间为各个伊朗语民族与突厥语民族所统治。七世纪，唐朝在击溃东西突厥汗国之后曾在此区域设置河中府。

③大胡乱中国时：指西晋末年的五胡乱华时期。晋惠帝永康元年（300），西晋发生八王之乱，塞外众多游牧民族趁机陆续建立其政权，形成与汉人政权对峙的局面。五胡主要指匈奴、鲜卑、羯、氐、羌五个胡人大部落，但事实上五胡是西晋末各乱华胡人的代表，实际数目远非五个。五胡乱华的时间一般从西晋灭亡（316年）开始算起，一直到鲜卑北魏统一北方（439年）。有的学者也称之为"永嘉之乱""神州陆沉"等。这一时期，历史学家普遍认为是汉民族的一场灾难，几近亡国灭种。后由隋文帝杨坚统一并建立隋朝，方结束了三百年的动乱和分治。五胡乱华的百余年间，北方各族及汉人在华北地区建立数十个强弱不等、大小各异的国家，其中存在时间较长并具有重大影响力的主要有五胡十六国。中国，指中原地区。刘渊（？—310）：字元海，新兴（今山西忻州北）人，匈奴首领冒顿单于之后，南匈奴单于于夫罗之孙，左贤王刘豹之子，母呼延氏，十六国时期前赵政权开国皇帝，304—310年在位。刘渊在父亲死后接掌其部属，八王之乱时诸王互相攻伐，刘渊乘朝廷内乱而在并州自立，称汉王，建立汉国（后改为赵，泛称前赵，亦作汉赵），308年称帝，改元永凤。310年，刘渊病死，在位六年，谥号光文皇帝，庙号高祖。刘聪：刘渊

第四子,刘渊死后,杀太子刘和即位,310—318 年在位。他在位时俘虏并杀害晋怀帝及晋愍帝,谥号昭武皇帝。陶弘景《真诰·稽神枢第四》记载有本篇故事,后有陶弘景注曰:"大胡乱者是刘渊、刘聪时也。石勒为小胡。"

④宋君:人名,具体不详,从后文看,应该属于道教上清派人士。

⑤心镜之道:此处指入静养生炼性。心镜,指如明镜般清净光明可以揽照万象的心。唐房玄龄等《晋书·王湛传》:"国宝检行无闻,坐升彼相,混暗识于心镜,开险路于情田。"道家又有六种神通之心境通,元玄全子《诸真内丹集要》卷下:"静坐之间,忽一性跳出形躯之外,便嫌四大臭秽,若到此时,慧性觉之,乃心境通。"

⑥百神:道教认为人若修行,则身有百神扶卫。《黄庭经》注:"入静思存,百神森然。"约出于唐代的《太上大道玉清经·下元品第十一》:"若有善男女等,修此十念,生十善道,一善之中,十神扶卫,故名神之身;人无十念,名为百恶。"

⑦洞房:道教上清派内修的一个概念,指脑中的一个部位。魏晋《黄庭经》有:"洞房紫极灵门户"句,东晋《大洞经》释之云:"两眉间入三分为守寸双田,入骨际三分为有台阙明堂,正深七分,左有青房,右为紫户。却入一寸为明堂宫,左有明童真君,右有明女真君,中有明镜神君;却入二寸为洞房,左有无英君,右有白元君,中有黄老君;却入三寸为丹田宫,亦名泥丸宫,左有上元赤子,右有帝卿君;却入四寸为流珠宫,有流珠真神居之;却入五寸为玉帝宫,有上清神母居之。又当明堂上一寸为天庭宫,有上清真女居之;洞房上一寸为极真宫,有太极帝妃居之;丹田上一寸为玄丹宫,有中黄太一真君居之;流珠上一寸为太皇宫,有太上真君居之,故曰'灵门户'。"

⑧精思:一种意守修行方法。见《伯山甫》篇注。

⑨晋穆帝:指司马聃(343 — 361),字彭子,东晋第五代皇帝。永和

元年：即 345 年。永和，晋穆帝的第一个年号。

⑩中央黄老君：中国古代传说中的五个天帝之一，主要是由五方发展而来，分别为东方青帝青灵始老九炁天君、南方赤帝丹灵真老三炁天君、中央黄帝玄灵黄老一炁天君、西方白帝皓灵皇老七炁天君、北方黑帝五灵玄老五炁天君。约为晋朝时的《九真中经》云："中央黄老君者，太上太微天帝君之弟子也，以清虚上皇二年，混尔始生……年七岁，仍自知长生之要，天仙之法。乃眇纶上思，钦纳玄真，萧条灵想，心栖神源……解脱于文蔚之罗，披素于空住之肆……于是太上授以帝君《九真之经》《八道秘言》之章，施修道成，受书为太极真人。"

⑪沧浪：古水名。《尚书·禹贡》："幡冢导漾，东流为汉，又东为沧浪之水。"孔传："别流在荆州。"云台：不知所指，或解为高耸入云的台阁，具体地点不详。

【译文】

括苍山有个学道的人叫平仲节，是河中人。他在五胡乱华时也就是刘渊、刘聪当政时来到中原，渡过长江后在括苍山落脚，拜宋君为师，修炼存心守静的道术，渐渐身中百神皆备，然后又专心洞房的修行，这样连续不断有四十五年，获得了很高的静思功夫，身体也变得更年轻了，体内常有真气鼓荡。

晋穆帝永和元年五月一日，天宫的中央黄老君派遣使者来迎接他，当时他就乘着龙驾着云，白天升天而去，他升天的地点就在现在的沧浪云台那里。

宫嵩

【题解】

宫嵩为西汉末年人，其主要事迹是献出了《太平经》，该书对道教的形成和发展产生过重要的影响,南朝宋范晔《后汉书》载有其事。

宫嵩者,琅琊人也[1],有文才,著书百余卷,师事仙人干吉[2]。

汉元帝时[3],嵩随吉于曲阳泉上[4],遇天仙,授吉青缣朱字《太平经》十部[5]。吉行之得道,以付嵩。

后上此书,书多论阴阳否泰灾眚之事[6]。有天道地道人道,云治国者用之,可以长生,此其旨也。

嵩服云母[7],数百岁有童子之色,后出入纻屿山仙去[8]。

【注释】

①琅琊(láng yá):又作琅玡。在今山东临沂、诸城一带,秦时设有琅邪郡,汉时有琅邪国。

②干吉:又称"于吉"或"干室"。《后汉书·襄楷传》称:"顺帝时,琅邪宫崇诣阙,上其师于吉于曲阳泉水上所得神书百七十卷,皆缥白素朱介青首朱目,号《太平清领书》。其言以阴阳五行为家,而多巫觋杂语。有司奏崇所上妖妄不经,乃收臧之。后张角颇有其书焉。"另,西晋陈寿《三国志·吴书·孙破虏讨逆传》注引《江表传》,说有吴国琅邪道士于吉,善用符水治病,吴会人多事之,后被孙策所杀。又引东晋干宝《搜神记》说于吉乃是与孙策一同准备"渡江袭许"时,为孙策所杀。关于于吉传说的这几个版本孰是孰非,尚无定论。

③汉元帝:即刘奭(前74—前33),西汉第十一位皇帝。他在位期间,因宠信宦官,导致皇权式微,朝政混乱不堪,西汉由此走向衰落。他在位十六年,终年四十二岁,后葬于渭陵。

④曲阳:为县治,秦时始置,属钜鹿郡,今属河北保定。

⑤青缣(jiān)：青色的细绢。《太平经》：又称《太平清领书》，相传为干吉所传，是汉代黄老道的主要经典。该书成书于东汉中晚期，受当时的谶纬神学的影响，是道家从老庄思想演化为宗教的重要文献，相传原书本为170卷，但今本仅存57卷，今人王明据有关资料辑校补遗，编有《太平经合校》。

⑥阴阳：指阴阳五行思想。否泰：原是《易经》中的两个卦象，这里指世道盛衰、人世通塞或运气好坏。灾眚(shěng)：灾殃，祸患。

⑦云母：一种矿物药，方士认为服用可以飞升成仙。

⑧纻(zhù)屿山：也作苧屿山、纻屿山。传说是东海中的神山。

【译文】

宫嵩是琅琊人，他很有才华，写的书有一百多卷，后来师从仙人干吉。

汉元帝时，宫嵩跟随干吉去曲阳县的泉水边，遇到了天仙，天仙传授干吉在青绢布上用红字写的《太平经》十部。干吉按照其中的方法修行得了道，后来就把《太平经》交付给了宫嵩。

宫嵩后来把这本书献给皇上，书中都是讲述阴阳五行、人世通塞和祛灾避祸之事。其中有关于上天之事的，还有关于大地之事的，还有关于人世的，说这书可以给治国的人使用，可以用它修行长生不老，这是他献书的目的。

宫嵩服食云母，几百岁了还有着少年一样的容貌，他后来进入纻屿山成仙走了。

王真

【题解】

王真为汉代人，南朝宋范晔《后汉书·王真传》，文字较简略。《汉武帝内传》中也有其传，内容比本篇稍多，并提到他曾拜蓟子训（见《蓟子训》篇)为师。另外西晋张华《博物志》卷五称魏王所集方士中有"上党王真"。

王真,字叔经,上党人也①,年七十九,乃学道行胎息之术②,断谷三十余年③,容少而色美,行及走马,力兼数人。

魏武帝闻之④,召相见,似三十许人,意疑其诈,遂验问其乡里,皆异口同辞,多自儿童时见之者。

真年已四百岁矣,武帝乃信其道,甚加钦礼焉⑤。郤元节事真十余年⑥,真以蒸丹小饵法授之⑦,容常不衰。

后登女几山仙去⑧。

【注释】

① 上党:古时指山西东南部,今为山西长治辖区。

② 胎息:也叫内息。见《彭祖》篇注。

③ 断谷:又称辟谷、绝谷。

④ 魏武帝:即曹操,三国时魏国的奠基人。

⑤ 钦:恭敬。

⑥ 郤元节:魏晋时方士。见《孔元方》篇注。《后汉书》卷八二下中作"郝孟节",与王真一同为传。

⑦ 蒸丹:一种丹药服用前的处理方法,东晋葛洪《抱朴子·内篇·金丹》中说:"又崔文子丹法,纳丹鹜腹中蒸之,服,令人延年,长服不死。""又李文丹法,以白素裹丹,以竹汁煮之,名红泉,乃浮汤上蒸之,合以玄水,服之一合,一年仙矣"。小饵:是相对于金丹大药的服食之物的称呼,《抱朴子·内篇·地真》中说:"师言:'服金丹大药,虽未去世,百邪不近也。'若但服草木及小小饵八石,适可令疾除命益耳,不足以攘外来之祸也。"《抱朴子·内

篇·退览》中有《小饵经》。

⑧女几(jǐ)山：位置在河南宜阳城西约五十公里处。

【译文】

王真，字叔经，山西上党人，他七十九岁时，开始学习道术，练习胎息的方法，并断谷三十多年，然后面容变得年轻且有光泽，走起路来像奔跑的马一样有力，力气也比好几个人都大。

曹操听说后，就召见他，看他像三十几岁的人，心里怀疑他欺骗自己，就派人去他的家乡询问，他的同乡都众口一词，说从小就见他这样。

王真实际年龄已经四百岁了，曹操才相信他有道术，对他特别尊重礼待。郗元节师从王真十几年，王真告诉他蒸丹服食的方法，于是郗元节的面容也一直不衰老。

王真后来登上女几山成仙走了。

陈长

【题解】

陈长可能为三国时人，关于其事迹，主要见于此篇。从文中所记来看，他善于治病，并以服食成仙。其中所述"纻屿山"具体位置不详，可能是个有点类似"桃花源"的地方。

陈长，在纻屿山上①，已六百余岁。纻屿山中人，为架屋，每四时，烹杀以祭之②。

长亦不饮食，颜色如六十岁人，诸奉事者，每有疾病，即以器诣长③，乞祭水饮之④，皆愈。纻屿山上，累世相承事之，莫知其所来，及服食本末⑤。

纻屿在东海中⑥，吴中周详者⑦，误到其上，留三年，乃得还，具说之如此：纻屿山，其地方圆千里，上有千余家，有五谷成熟⑧，莫知其年纪，风俗与吴同⑨。

【注释】

①纻(zhù)屿山：也有写作"苎屿山"或"纻芋山"。传说是东海中的神山。

②烹(pēng)：烧煮。

③诣(yì)：到，特指到尊长那里去。

④祭水：这里指被陈长祭祀或作法后的水。

⑤服食：也作服饵。指服用草木、矿物药物等以求长生或成仙。

⑥东海：此处指太平洋西部边缘海，在中国大陆东面。

⑦吴中：在今江苏苏州南城，曾为县制，现属苏州市区，为吴文化的发祥地。

⑧五谷：通常指稻、黍、稷、麦、菽，一说指稻、稷、麦、豆、麻。也用为粮食作物的总称。

⑨吴：周代诸侯国名，在今江苏南部和浙江北部，后扩展至淮河下游一带，也是东汉末年三国之一。

【译文】

陈长在纻屿山上住，已经六百多岁了。纻屿山里的人，为他建了一座房子，每当四季来临的时候，就宰杀牲畜来拜祭他。

陈长不吃喝东西，面色像六十岁的人，那些侍奉他的人，每当有人生病，就拿着器皿去拜见他，求他的祭水喝，病就好了。纻屿山上的人，一代接一代地供奉他，但没人知道他来自哪里及其服食成仙的经过。

纻屿山在东海里，吴中有个叫周详的人，误到山上，留在那里三年，才得到机会回家，他说的情况是这样的：纻屿山周围有一千里大小，山上有几千户人家，他们也种植五谷，也不知道从什么年代搬过去的，那里的风俗跟吴地是一样的。

班孟

【题解】

班孟传说为晋代仙人，北宋李昉等《太平广记》卷六一将之列入《女仙传》，并说出自《神仙传》，关于其详情则不得而知。

班孟者，不知何许人，或云女子也。

能飞行终日，又能坐空虚之中与人言语，又能入地中。初去时，没足至胸，渐入，但余冠帻①，良久而尽没不见。又以指刺地，即成井可汲②。又吹人屋上瓦，瓦即飞入人家。

人家有桑果数千株③，孟皆拔聚之，成积如山，如此十余日，吹之各还本处。又能含墨一口中，舒纸著前，嚼墨喷之④，皆成文字，满纸各有意义。

后服丹饵⑤，年四百岁，更少，入大冶山中仙去⑥。

【注释】

①冠帻（zé）：指代表一定官衔的头巾，此处代指头巾。帻，头巾。

②汲（jí）：从井里打水。

③桑果：即桑树，结果名桑葚。

④嚼（jiáo）：用牙齿咬碎。墨：此处指墨锭，是将墨团分成小块放入铜模或木头模压成的干硬小块状物，使用时，需要在墨砚里用水研磨化开。

⑤丹饵（ěr）：指丹药。

⑥大冶（yě）山：未知所在。

【译文】

班孟，不知道他是什么人，有人说他是个女子。

他能整天在空中飞行，又能坐在虚空之中跟人说话，还能进入大地之中。一开始入地的时候，从脚到胸，渐渐进入，最后只剩下头巾，又过好久，整个身子都进去了，就什么也看不到了。他用手指刺一下地面，地面上就出现一口井，还能从井里打水。他对着别人家屋子上的瓦吹一口气，那些瓦就飞到人家里。

有户人家有好几千棵桑树，班孟把树都拔了出来，堆在了一起，像山一样，这样拔了十几天，他吹一口气，那些树又各自回到了原来的地方。他还能把墨锭含在嘴里，在面前铺开一张纸，把墨嚼碎喷出去，喷出的墨在纸上就成了文字，整张纸上的文字还各具意义。

他后来服食丹药，活到四百岁时，变得更加年轻，进入大冶山中成仙走了。

董子阳

【题解】

董子阳，南朝梁陶弘景《真诰》中作"黄子阳"，并说他是战国时魏国人。本篇除北宋李昉等《太平御览》外，未见他本引作《神仙传》，且皆称引自《真诰》，所以本篇故事可能出自《真诰》，后混入《神仙传》。

另北宋曾丰《贺广东黄漕生辰六绝》中写作"黄子杨"，并说他曾师从"李生"（原句：博落山中黄子杨，少从李生受仙方）。

董子阳，少知长生之道，隐博落山中九十余年①。但食桃饮石泉，后逢司马季主②，季主以导仙八方与之，遂度世③。

【注释】

①博落山：未知所在。

②司马季主：西汉初年楚人。西汉司马迁《史记·日者传》中记载
他精通《周易》，曾在长安东市开设卜馆。当时的中大夫宋忠和
博士贾谊曾去拜访他，他与他们论述卜筮之道，使他们最后"怅
然噤口不能言"。署名唐王松年《仙苑编珠》也有记载，并说他最
后成仙而去。唐吴筠有诗《高士咏·司马季主》。

③度世：这里指成仙。

【译文】

董子阳，他年轻时就知道长生之道，一直隐居在博落山中达九十多
年。他只吃桃子，喝山石上的泉水，后来他碰到司马季主，季主传授他
可以成仙的八个药方，他才成仙而去。

东郭延

【题解】

东郭延，西晋张华《博物志》卷五引三国魏文帝曹丕《典论》称："王
仲统云：甘始、左元放、东郭延年行容成御妇人法，并为丞相（曹操）所
录，间行其术，亦得其验。"南朝宋范晔《后汉书·甘始传》中说："甘始、
东郭延年、封君达三人者，皆方士也。率能行容成御妇人术。"说明东郭
延也作"东郭延年"，并说他精通房中术。《汉武帝外传》中也有关于东
郭延的记载，较本篇详，主要述其曾拜李少君（见《李少君》篇）为师，并
得李少君所传道法，后又传道于尹轨（见《尹轨》篇）。

东郭延者，山阳人①，服云散②，能夜书，有数十人乘虎豹
来迎，比邻尽见之。与亲友辞别而去，云诣昆仑山③。

【注释】

①山阳：郡名，西汉始置，在今山东菏泽巨野一带，后曾被封为山阳
　　国、昌邑国等。

②云散：意不甚明，疑即"云母散"，有版本作"灵飞散"。

③昆仑山：最早见于《山海经》，原为道教神山，被称为"百神之乡"，
　　相传为西王母所居之处。今昆仑山在新疆和西藏之间，西接帕
　　米尔高原，东延入青海境内。

【译文】

　　东郭延是山阳人，他服用云散后，能在晚上写字，有几十个人乘着
老虎、豹子等猛兽来迎接他，他的邻居都看到了。他跟亲朋好友告别后
就走了，说是到昆仑山那里去。

戴孟

【题解】

　　戴孟，汉代仙人。据疑为南朝道士见素子所撰的《洞仙传》记载，戴
孟为武威（今属甘肃）人，字成子，汉武帝时为殿中将军，本姓燕名济，字
仲微，得道后改了姓名。相传他在华阴山（即华山）学道于裴君，常与仙
人郭子华、张季连、赵叔达、山世远交游，周游名山，能日行七百里，后在
武当山修道。一日白日飞升，落帽于武当山，留今武当山落帽峰。有弟
子山炼师，成仙后为太和真人。南朝梁陶弘景《真诰·稽神枢第四》中
也有载。

　　戴孟，本姓燕，名济，字仲微①，汉明帝时人也②。入华山
及武当山③，受裴君《玉佩金珰经》④，及受《石精金光符》⑤，
复有《太微黄书》⑥，能周游名山。

【注释】

①仲（zhòng）：兄弟排行次序第二或指在当中的。

②汉明帝：即刘庄（28—75），初名刘阳，光武帝刘秀第四子，母光烈皇后阴丽华，东汉第二位皇帝。

③华山：即西岳华山，在陕西华阴南。武当山：道教圣地，位于湖北十堰境内，又名太和山、谢罗山、参上山、仙室山，古有太岳、玄岳、大岳之称。唐乾宁年间，武当山被列为"七十二福地"第九位。明代时，武当山被皇帝封为"大岳""治世玄岳"，被尊为至高无上的"皇室家庙"，以"四大名山皆拱揖，五方仙岳共朝宗"的"五岳之冠"的显赫地位闻名于世。"武当"之名最早出现在《汉书》中，汉末至魏晋隋唐时期，是求仙学道者的栖隐之地。宋代，道经始将传说中的真武神与武当山联系起来，将武当山附会成真武的出生地和飞升处。元末明初，道士张三丰开创中华武术的武当派，影响至今。武当山现为联合国公布的世界文化遗产地之一。

④裴（péi）君：即裴玄仁，也作裴元仁，称清灵真人。据自称其弟子的邓云子所撰《清灵真人裴君记》记载，他是陕西右扶风夏阳（今陕西韩城南）人，生于汉孝文帝前元二年（前178），汉武帝时因讨伐匈奴有功，被封为滩阳侯，又升迁至冀州刺史，后弃官入华山中修行多年，受仙人道书、神芝等，成仙后上天被封为清灵真人。《玉佩金珰经》：具体不详，明《道藏》中有《太上玉佩金珰太极金书上经》，又称《玉佩金珰太霄隐书玄真洞飞二景宝经》，撰人不详，约出于东晋，为道教上清派早期重要经典，疑即此书。

⑤《石精金光符》：道教符箓的一种，主要功用为净化身心和防范外邪侵害。石精金光，北宋张君房《云笈七签·尸解·释石精金光藏景录形法》篇中说："夫石者，铁之质；精者，石之津；金者，剑之干；光者，刃之神。"

⑥《太微黄书》：明《道藏》中存两本道教上清派《太微黄书》，分别是
《洞真太微黄书九天八篆真文》《洞真太微黄书天帝君石景金阳
素经》，前者主要讲服符役鬼之事，后者倡导胎息、服气、存神、呼
神祝咒等术，也有服符服印、役使鬼神等内容。

【译文】

戴孟，本来姓燕，名济，字仲微，他是汉明帝时候的人。他去华山和
武当山修道，得到了裴君的《玉佩金珰经》以及《石精金光符》，还有《太
微黄书》，他能在名山大川之间任意游走。

鲁女生

【题解】

鲁女生约为东汉时人，南朝宋范晔《后汉书·华佗传》说他与名医
华佗同时，并说："鲁女生数说显宗（东汉明帝，57—75年在位）时事，甚
明了，议者疑其时人也。董卓乱后，莫知所在。"西晋张华《博物志》卷五
载曹操所集方士十六人中，即有鲁女生。《汉武帝内传》对其有记载，称
其传《五岳真形图》与蓟子训（见《蓟子训》篇）。

今华山白鹿院传说就是鲁女生修道之处，据说她和华佗是好友，华
佗被害后，她曾为华佗在华山立有衣冠冢。

鲁女生，长乐人①，初，饵胡麻及术②，绝谷八十余年③，
益少壮，色如桃花，日能行三百里，走及獐鹿④，传世见之。

云三百余年后，采药嵩高山⑤，见一女人，曰："我三天太
上侍官也⑥。"以《五岳真形》与之⑦，并告其施行，女生道成。

一旦，与知友故人别，云入华山去⑧，后五十年，先相识
者，逢女生华山庙前，乘白鹿，从玉女三十人⑨，并令谢其乡

里故人。

【注释】

①长乐：在今河北衡水冀州区一带，三国时曾为安平郡，晋武帝泰始元年(265)，安平郡改为安平国，太康五年(284)安平国又改为长乐国，治所在信都(今冀州区旧城)。

②饵：指通过服食药物等成仙的一类方法。胡麻：即芝麻，古又称巨胜。东晋葛洪《抱朴子·内篇·仙药》中说："巨胜一名胡麻，饵服之不老，耐风湿，补衰老也。"术(zhú)：即中药白术。

③绝谷：即辟谷。

④獐(zhāng)鹿：即麝，又名香獐、獐子、山驴子。属哺乳类偶蹄目鹿科。

⑤嵩高山：即中岳嵩山。

⑥三天：又称三清天、三清境，是道教所称最高神(三清天尊)所居之最高天界，即元始天尊所居之清微天玉清境，灵宝天尊所居之禹余天上清境，道德天尊所居之大赤天太清境。太上：指天宫中的最高天神太乙。见《彭祖》篇注。

⑦《五岳真形》：即《五岳真形图》。

⑧华山：即西岳华山，在陕西华阴南。

⑨玉女：指仙女。

【译文】

鲁女生是长乐国人，她起初服食胡麻和白术，辟谷八十多年，变得越来越年轻，脸色像桃花一样娇艳，一天能走三百里路，比獐鹿跑得都快，好几代人都见过她。

传说三百多年后，她在嵩山采药，看到一个女人，对她说："我是三天之上太上的侍从官。"然后传授给她《五岳真形图》，并告诉她怎么修炼，于是鲁女生就修道成功了。

　　一天早晨,她跟朋友和熟人告别,说是去华山,后来又过了五十年,有以前认识她的人,在华山庙前碰到她,看见她乘一头白鹿,有三十个仙女跟随她,鲁女生让那人回去后对家乡的熟人问候致谢。

陈子皇

【题解】

陈子皇是一位靠服食成仙的人,具体事迹已不详。

　　陈子皇,得饵术要方^①,服之得仙,去霍山^②。

　　妻姜氏疾病^③,其婿用饵术法服之,病自愈,寿一百七十岁,登山取术,重担而归,不息不极,颜色气如二十许人。

【注释】

①饵术(zhú):即服食中药白术。

②霍(huò)山:即今安徽安庆潜山县境内天柱山。

③妻姜氏疾病:唐欧阳询等《艺文类聚·术》引《神仙传》曰:"其妻姜疲病。"

【译文】

　　陈子皇得到服食白术的秘方,服用后成了神仙,去霍山了。

　　他的妻子姜氏生了病,他的女婿用服食白术的方法也给她服用,她的病就自愈了,并且活到一百七十岁,还能爬山去采白术,挑着很重的担子回来,不气喘也不累,脸上的气色像二十几岁的人。

封衡

【题解】

封衡是传说中的古代十大名医,与华佗、葛洪、李时珍、皇甫谧等齐名，有"西有封衡，东有华佗"之称。他是东汉末年人，曹操所集十六方士中有他的名字。西晋张华《博物志》卷五说皇甫隆遇青牛道士，问其养性大略，所言与本文第二段略同。南朝梁陶弘景《真诰·协昌期第二》载有"青牛道士口诀"，陶弘景注曰："即封君达也。出《神仙传》《五岳序》。"南朝宋范晔《后汉书·方术传》中，封衡与甘始、东郭延年同在一传，并说封衡号"青牛师"。《汉武帝内传》也记载其事，与本篇略有不同，说他传道于左元放（见《左慈》篇）。另外，其事迹也载于《陇西县志》《武山史话》等相关文献，故事基本与本篇同。

封衡，字君达，陇西人也①。幼学道，通老庄学②，勤访真诀③。初服黄连④，五十年后，入鸟兽山采药⑤，又服术百余年⑥，还乡里如二十许人。

闻有病死者，识与不识，便以腰间竹管药与之，或下针，应手立愈。

爱啬精气不极⑦，视大言⑧，凡图籍传记，无不习诵⑨。复遇鲁女生⑩，授还丹诀及《五岳真形图》⑪，遂周游天下。故山官水神，潜相迎伺⑫，而凶鬼怪物，无不窜避。人或疑之，以矢刃刺⑬，御皆不能害⑭。常驾一青牛，人莫知其名，因号青牛道士。

【注释】

①陇西：在今甘肃东南部陇西一带，秦时有陇西郡。

②老庄：即老子和庄子，他们都是中国道家学派代表人物。老子，见《老子》篇。庄子，又称庄周。见《老子》篇注。

③真诀：指修道的诀窍或关键词句。

④黄连：一种中药，《神农本草经》称其味苦寒，主热气、目痛、眦伤、

泣出等。又说:"久服,令人不忘。一名王连,生川谷。"

⑤鸟兽山:文渊阁《四库全书》本作"鸟鼠山",北魏郦道元《水经注·渭水》说:"渭水出陇西首阳县渭谷亭南鸟鼠山。"首阳县在今甘肃渭源。史载该山"鸟、鼠同穴",鼠深而鸟浅,各自繁衍生息,不相侵害,故名。

⑥服术(zhú):即服用中药白术。见《泰山老父》篇注。

⑦爱啬(sè)精气不极:本句意指封衡极端爱惜自己的精气。爱啬,爱惜。不极,无穷、无限意。

⑧大言:指能给人启发,助人悟道的言论。《庄子·齐物论》:"大言炎炎,小言詹詹。"

⑨诵(sòng):用高低抑扬的腔调念出来。

⑩鲁女生:东汉时人。见《鲁女生》篇。

⑪《五岳真形图》:道教符箓类图书。见《帛和》篇注。

⑫迎伺(cì):迎接并招待伺候。

⑬矢:指弓箭。刃:指刀剑。

⑭御:抵挡,防御。

【译文】

封衡,字君达,甘肃陇西人。他自幼学道,精通老子和庄子的学说,并且四处寻访真正的修道要诀。他一开始服用黄连,五十年后,去鸟兽山采药,又服食白术一百多年,回到家乡时像二十几岁的人。

他听说哪里有得病要死的人,不管认不认识,都从别在腰间的竹管里拿药给他,或者用针刺,针扎进去病马上就好了。

他十分爱惜自身的精气,看与修道有关的书,只要是与神仙有关的图书传记,他都要读一读。后来碰到鲁女生,鲁女生传授给他炼制仙丹的要诀,还有《五岳真形图》,他便带着这些周游天下。那些掌管山川河水的神,都默默前来迎接侍奉他,而妖魔鬼怪之类,见到他都逃窜躲避。有人怀疑他的本领,就用锋利的刀剑去刺他,他都能随意防御,都伤害不到他。他经常骑着一头青牛,人们都不知道他的名字,就称呼他为青牛道士。

魏武帝问养性大略①,师曰:"体欲常劳,食欲常少,劳勿过极,少勿过虚;去肥浓②,节酸咸;减思虑,损喜怒;除驰逐,慎房室③,则几于道矣。圣人春夏养阳,秋冬养阴④,以顺其根,以契造化之妙⑤。"

有二侍者,一负书笈⑥,一携药笥⑦。有《容成养气术》十二卷⑧,《墨子隐形法》一篇⑨,《灵宝卫生经》一卷⑩。笥有炼成水银霜、黄连屑等⑪。在人间仅二百余年,后入元丘山不见⑫。

【注释】

①魏武帝:即曹操。见《刘京》篇注。

②肥浓:指脂肪含量高的肉类食品。

③房室:指性生活。

④圣人春夏养阳,秋冬养阴:"春夏养阳,秋冬养阴"语出约成书于汉代的医书《黄帝内经·素问·四气调神大论》,清代医家高世栻注解:"圣人春夏养阳,使少阳之气生,太阳之气长;秋冬养阴,使太阴之气收,少阴之气藏。"圣人,指得道行道的人。

⑤契(qì):相合,相投。造化:指产生万物的大自然。

⑥负:驮,背。书笈(jí):书箱。

⑦携药笥(sì):拿着盛药的竹筐。携,带。笥,盛饭或盛衣物的方形竹器。

⑧《容成养气术》:书名,今已不存。容成,即容成子,是古代神话传说中的仙人,黄帝的老师。详见《甘始》篇注。

⑨《墨子隐形法》：书名，今已不存。

⑩《灵宝卫生经》：书名，今已不存。

⑪水银霜：又名粉霜，用水银混合胆矾、食盐、红土等物烧炼升华而成。中医认为其辛、温、有毒，可用于小儿急惊风，小儿烦躁口渴，还可用于风热惊狂、斑疹生翳、杨梅恶疮等。黄连屑（xiè）：即黄连的碎末。

⑫元丘山：又名玄丘山。传说中的神山。见《马鸣生》篇注。

【译文】

魏武帝曹操向他请教养生的概要，他说："身体应该经常做些活动，吃东西不要吃太饱，劳作但是不要太劳累，适度运动不要把身体弄得太虚；不要吃太肥腻的东西，口味要清淡，对酸味和咸味食物要节制；思虑不可过度，喜怒哀乐等情绪变化也不要太激烈；不要骑马打猎去追逐野物，谨慎房中之事，做到这些就跟得道差不多了。圣人们都是春夏养阳气，秋冬养阴气，顺应天地变化的根本而动，以符合大自然精妙的造化。"

他有两个侍从，一个给他背书箱，一个给他拿药箱。书箱里有《容成养气术》十二卷、《墨子隐形法》一篇、《灵宝卫生经》一卷。药箱里有炼制成的水银霜、黄连屑等等。他在人世间只待了二百多年，后来进入元丘山就不见了。

附录

太阴女

【题解】

太阴女有版本也称其名为"卢全",其事迹主要见于《神仙传》中此篇。太阴女属于古代极少见的女性房中术修炼者,署名西汉刘向的《列仙传》中曾记有一女性房中术修炼者名女丸,事迹与太阴女有类似之处。

太阴女者,姓卢名全。为人聪达,知慧过人,好玉子之道①,颇得其法,未能精妙。

时无明师,乃当道沽酒②,密欲求贤,积年累久,未得胜己者。会太阳子过之③,饮酒,见女礼节恭修,言词闲雅,太阳子喟然叹曰④:"彼行白虎螣蛇,我行青龙玄武⑤,天下悠悠⑥,知者为谁!"女闻之大喜,使妹问客:"土数为几⑦?"对曰:"不知也,但南三北五,东九西七,中一耳⑧。"妹还报曰:"客大贤者,至德道人也,我始问一,已知五矣!"

【注释】

①玉子：一位房中养生家。见《玉子》篇。

②沽（gū）酒：卖酒。

③太阳子：玉子弟子，名离明。见《离明》篇。

④喟（kuì）然：形容叹气的样子。

⑤彼行白虎螣（téng）蛇，我行青龙玄武：此句可与《天门子》篇中"我
　行青龙，彼行白虎，取彼朱雀，煎我玄武"一句相参，是用五行思
　想描述房中一事。螣蛇，也作腾蛇，古书上说的能飞的蛇。晋郭
　璞注："龙类也，能兴云雾而游其中。"在古代占卜术中，螣蛇代表
　中央己土，色尚黄。

⑥悠悠：形容众多。

⑦土数为几：此为五行学说与古代术数学的配合之说。《尚书·洪
　范》篇中说："一曰水，二曰火，三曰木，四曰金，五曰土。"《周易》
　中有："天一生水，地六成之；地二生火，天七成之；天三生木，地
　八成之；地四生金，天九成之；天五生土，地十成之。"此外五行又
　与《河图》《洛书》的数字相配伍，代表五行术数的生成关系，其中
　的土数，一般都是五。

⑧"但南三北五"几句：此是叙述五行方位，与《周易》及《河图》《洛
　书》之说有别。五行学说派别甚多，此或为一家之说。

【译文】

　　太阴女，姓卢名全。她为人既聪明又通情达理，知识和智慧都超过
别人，她喜欢玉子的道术，也精通其方法，只是对精妙之处还不是很明了。

　　她一时也找不到贤明的老师，就在路边开店卖酒，暗中寻查会此道
术的人，但是过了好几年，也没碰到比自己更懂的人。等到太阳子路过
她那里，在她店里喝酒，看到她既礼貌又谦恭，说话既闲适又高雅，于是太
阳子叹了一口气说："你属白虎螣蛇，我属青龙玄武，悠悠天下众生，谁是
我们的知音呢！"太阴女听到这些话后大喜过望，就赶紧让她的妹妹去问

太阳子:"土数是几?"太阳子回答说:"我不知道,只是南方属三,北方属五,东方属九,西方属七,中间是一。"太阴女的妹妹回来报告说:"这个客人是个大贤之人,是有大德的得道者,我刚问一,他就知道五了!"

　　遂请入道室,改进妙馔①,盛设嘉珍而享之,以自陈,讫②,太阳子曰:"共事天帝之朝,俱饮神光之水③,身登玉子之魁④,体有五行之宝,唯贤是亲,岂有所悋⑤。"遂授补道之要⑥,授以蒸丹之方⑦。

　　合服得仙,仙时年已二百岁,而有少童之色也⑧。

【注释】

①馔(zhuàn):饮食,吃喝。

②讫(qì):完结,终了。

③神光:指日、月、星三光。

④魁(kuí):为首的,居第一位的。

⑤悋(lìn):古同"吝",吝啬,小气。原为"怪",据唐五代杜光庭《墉城集仙录》改。

⑥补道:即补导。指采补和导引,属于房中术。

⑦蒸丹:一类丹药服用前的处理方法。见《王真》篇注。

⑧少童:指男性少年。东晋王嘉《王子年拾遗记·燕昭王》:"臣游昆台之山,见有垂发之叟,宛若少童。"唐李大师等《北史·李先传》:"年九十余,颜如少童。"

【译文】

　　于是太阴女把太阳子请入她修道的内室,改奉美味的食物,摆设很多山珍海味供他享用,自己又把情况对他说了一遍,说完后,太阳子说:"成仙的人可以一起在天帝的朝堂共事,一起喝着神光所照耀的水,都达到了玉子道术的顶峰,体内有五行之宝,我们会把有贤德的人引为同道,我怎么会对你有所保留呢。"于是传授给太阴女房中采补、导引的要领,又传授给她蒸丹的方法。

太阴女后来合用药物炼成丹药,服后成仙,成仙时年龄已经两百岁了,但是却有着青少年一样的容颜。

太阳女

【题解】

太阳女,其事迹主要见于此篇,也是女性房中术修炼者,其房中术属于五行派。有说她与绝洞子李修为夫妻,唐五代杜光庭《墉城集仙录》中说,她尽得李修道要,后服金液之丹升天。

太阳女者,姓朱名翼。敷演五行之道①,加思增益,致为微妙,行用其道,甚验甚速。

年二百八十岁,色如桃花,口如含丹,肌肤冲泽,眉鬓如画,有如十七八者也②。

奉事绝洞子③,丹成以赐之,亦得仙升天也。

【注释】

①敷(fū)演:指在原有材料的基础上进一步的发挥。五行之道:指用五行思想指导的房中术。

③"肌肤冲泽"几句:署名唐王悬河《三洞珠囊·相好品》引《神仙传》作"肌理光泽,发肤有如十七八者。"

③绝洞子:姓李名修,古代房中养生家。详见《李修》篇。

【译文】

太阳女,姓朱名翼。她在五行之道的基础上进一步发挥,并增加完善,使其达到了微妙的境界,按她的道术施行,能十分快速地得到效验。

她二百八十岁时,脸色还像桃花一样娇艳,唇色鲜红美艳,肌肤充满光泽,眉毛和鬓发犹如画上去的一般,看上去像十七八岁的人。

她奉事绝洞子为师,绝洞子炼丹成功后赐给了她一些丹药,她也就成仙升天了。

乐子长

【题解】

乐子长为汉代人,北宋李昉等《太平御览·天仙》引东汉应劭《风俗通》即记其事,北宋李昉等《太平广记》卷二七"刘白云"条引唐末五代杜光庭《仙传拾遗》(称唐朝人刘白云在江都(今江苏扬州)遇一道士,自称乐子长,可知其在汉唐期间有一定影响。东晋葛洪《抱朴子·内篇·金丹》中记有乐子长丹法,是用铅汞丹砂等作原料。南朝梁陶弘景《真诰》中记有一"南阳乐子长",从事迹来看与本篇所记非同一人。

乐子长者,齐人也①。少好道,因到霍林山②,遇仙人③。授以服巨胜赤松散方④,仙人告之曰:"蛇服此药化为龙,人服此药老成童。又能升云上下,改人形容,崇气益精⑤,起死养生。子能行之,可以度世⑥。"

子长服之,年一百八十岁,色如少女。妻子九人,皆服其药,老者返少,小者不老。乃入海登劳盛山而仙去也⑦。

【注释】

①齐:周朝时吕尚(姜子牙)的封地,在今山东偏北的大部及河北西南部。

② 霍林山：北宋张君房《云笈七签》卷二七"天地官府图"记有"三十
六小洞天"，其中"第一霍桐山洞，周回三千里，名霍林洞天，在福
州长溪县，属仙人王纬玄治之。"

③ 遇仙人：《太平御览》卷六七二"仙经上"引《太上太霄琅书》（约为
南北朝时上清派道经）说"齐人乐子长受之于霍林山人韩众，乃
敷演服御之方，藏于东海北阴之室"。可知他这里遇到的仙人应
是韩众（见《刘根》篇注）。

④ 巨胜赤松散方：成分不明，葛洪《抱朴子·内篇·金丹》中有"乐
子长丹法"云："以曾青铅丹合汞及丹砂，著铜筩中，干瓦白滑石
封之，于白砂中蒸之，八十日，服如小豆，三年仙矣。"或即此方。

⑤ 崇（chóng）气益精：精气得到补充增长的意思。崇，增长，兴盛。

⑥ 度世：指成仙。

⑦ 劳盛山：北宋乐史《太平寰宇记·河南道二十·莱州·即墨县》
引《神仙传》作"劳山"，并说"山高十五里，周八里，在县东南三十
八里"。《太上灵宝五符序》卷中"灵宝巨胜众方"注说："霍林仙
人授乐子长，隐于劳山之阴。"所以此处"劳盛山"应为"劳山"。

【译文】

乐子长是齐地的人。他年轻时即喜欢修道，于是来到霍林山，遇到
了仙人。仙人传授他巨胜赤松散方服用，并且对他说："蛇吃了这个药
能变成龙，人服了这个药，老年可返还成少年。还能跟着云上下飞，改
变人的相貌，增长人的精气，让垂死的人重新活过来。你要是能坚持服
用，就可以成仙。"

乐子长一直吃这个药，到一百八十岁的时候，肤色还像少女一样红
润。他的妻子和孩子共有九人，也都服用这个药，于是年老的都变年轻
了，年纪小的也不再变老。他后来到大海中登上劳山成仙走了。

中华经典名著
全本全注全译丛书
（已出书目）

周易	晏子春秋
尚书	穆天子传
诗经	战国策
周礼	史记
仪礼	吴越春秋
礼记	越绝书
左传	华阳国志
韩诗外传	水经注
春秋公羊传	洛阳伽蓝记
春秋穀梁传	大唐西域记
孝经·忠经	史通
论语·大学·中庸	贞观政要
尔雅	营造法式
孟子	东京梦华录
春秋繁露	唐才子传
说文解字	大明律
释名	廉吏传
国语	徐霞客游记

读通鉴论	素书
宋论	新书
文史通义	淮南子
老子	九章算术(附海岛算经)
道德经	新序
帛书老子	说苑
鹖冠子	列仙传
黄帝四经·关尹子·尸子	盐铁论
孙子兵法	法言
墨子	方言
管子	白虎通义
孔子家语	论衡
曾子·子思子·孔丛子	潜夫论
吴子·司马法	政论·昌言
商君书	风俗通义
慎子·太白阴经	申鉴·中论
列子	太平经
鬼谷子	伤寒论
庄子	周易参同契
公孙龙子(外三种)	人物志
荀子	博物志
六韬	抱朴子内篇
吕氏春秋	抱朴子外篇
韩非子	西京杂记
山海经	神仙传
黄帝内经	搜神记